# VR原論

人とテクノロジーの
新しいリアル

服部 桂
KATSURA HATTORI

THE PRINCIPLES OF VIRTUAL REALITY

SE
SHOEISHA

# 本書内容に関するお問い合わせについて

このたびは翔泳社の書籍をお買い上げいただき、誠にありがとうございます。弊社では、読者の皆様からのお問い合わせに適切に対応させていただくため、以下のガイドラインへのご協力をお願い致しております。下記項目をお読みいただき、手順に従ってお問い合わせください。

**●ご質問される前に**

弊社Webサイトの「正誤表」をご参照ください。これまでに判明した正誤や追加情報を掲載しています。

正誤表　https://www.shoeisha.co.jp/book/errata/

**●ご質問方法**

弊社Webサイトの「刊行物Q&A」をご利用ください。

刊行物Q&A　https://www.shoeisha.co.jp/book/qa/

インターネットをご利用でない場合は、FAXまたは郵便にて、下記“翔泳社 愛読者サービスセンター”までお問い合わせください。
電話でのご質問は、お受けしておりません。

**●回答について**

回答は、ご質問いただいた手段によってご返事申し上げます。ご質問の内容によっては、回答に数日ないしはそれ以上の期間を要する場合があります。

**●ご質問に際してのご注意**

本書の対象を越えるもの、記述個所を特定されないもの、また読者固有の環境に起因するご質問等にはお答えできませんので、予めご了承ください。

**●郵便物送付先およびFAX番号**

| | |
|---|---|
| 送付先住所 | 〒160-0006　東京都新宿区舟町5 |
| FAX番号 | 03-5362-3818 |
| 宛先 | （株）翔泳社 愛読者サービスセンター |

※本書に記載されたURL等は予告なく変更される場合があります。
※本書の出版にあたっては正確な記述につとめましたが、著者や出版社などのいずれも、本書の内容に対してなんらかの保証をするものではありません。
※本書に記載されている会社名、製品名はそれぞれ各社の商標および登録商標です。

❶

❷
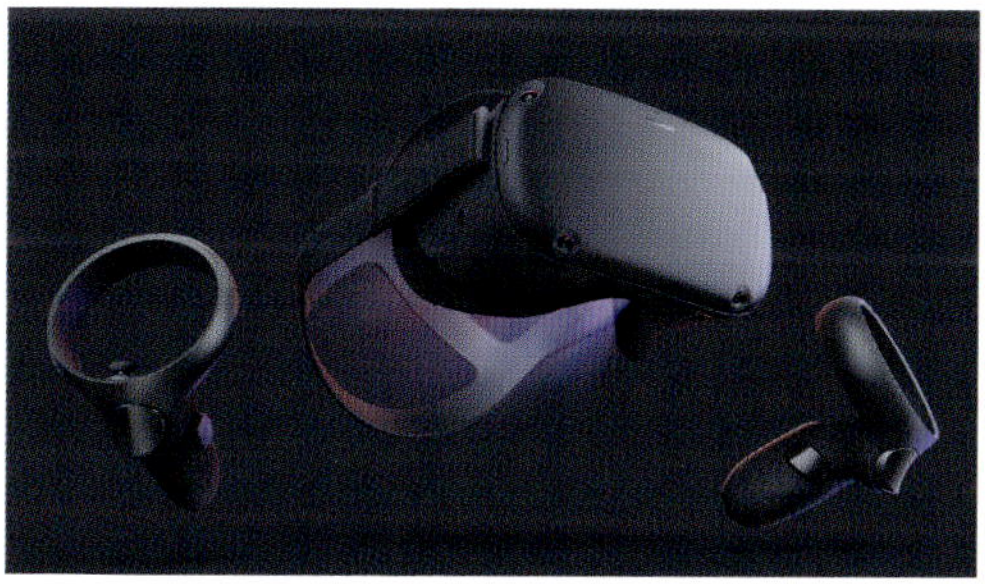

❶ オールインワン型のVRヘッドセット「Oculus Quest」の使用イメージ。PCやスマートフォンは不要で、ヘッドマウントディスプレイとコントローラーのみでゲームなどを楽しむことができる(フェイスブックジャパン)

❷ Oculus Quest本体(フェイスブックジャパン)

❸ ソーシャルVRアプリの「Facebook Spaces」。VR空間で交流でき、Oculus Riftなどで利用可能(Oculus Questでは利用不可)(フェイスブックジャパン)

❸

❹

©うたっておんぷっコ♪ / ©Gugenka®　https://shinonomemegu.com

❹ VR技術を使ってアニメ映像制作・アニメライブ配信をより直感的に行えるというコンセプトで開発されたツール「AniCast®」。ユーザー自身がVR空間に入り、撮影環境の構築、キャラクターになりきっての演技、撮影が可能（2018年3月）（株式会社エクシヴィ）

❺ Oculusの最初のバージョン「Oculus DK1」を利用し、国内で最初期に行われたVRのプロモーションイベント「Red Bull X-Fighters World Tour 2014 VRモトクロス体験」（2014年5月）（株式会社HOME360／株式会社エクシヴィ）

❺

❻

❼

“ぶれないアイで”by Mitchie M
feat. 初音ミク
3D modeled by 加速サトウ


❻❼VR空間でアバターとなり、キャラクターのライブに参加できるイベントも開催されている。画像は10人同時にアバターで参加できる　Hatsune Miku VR Special Live “ALIVE”（2015年4月）（株式会社エクシヴィ）

❽

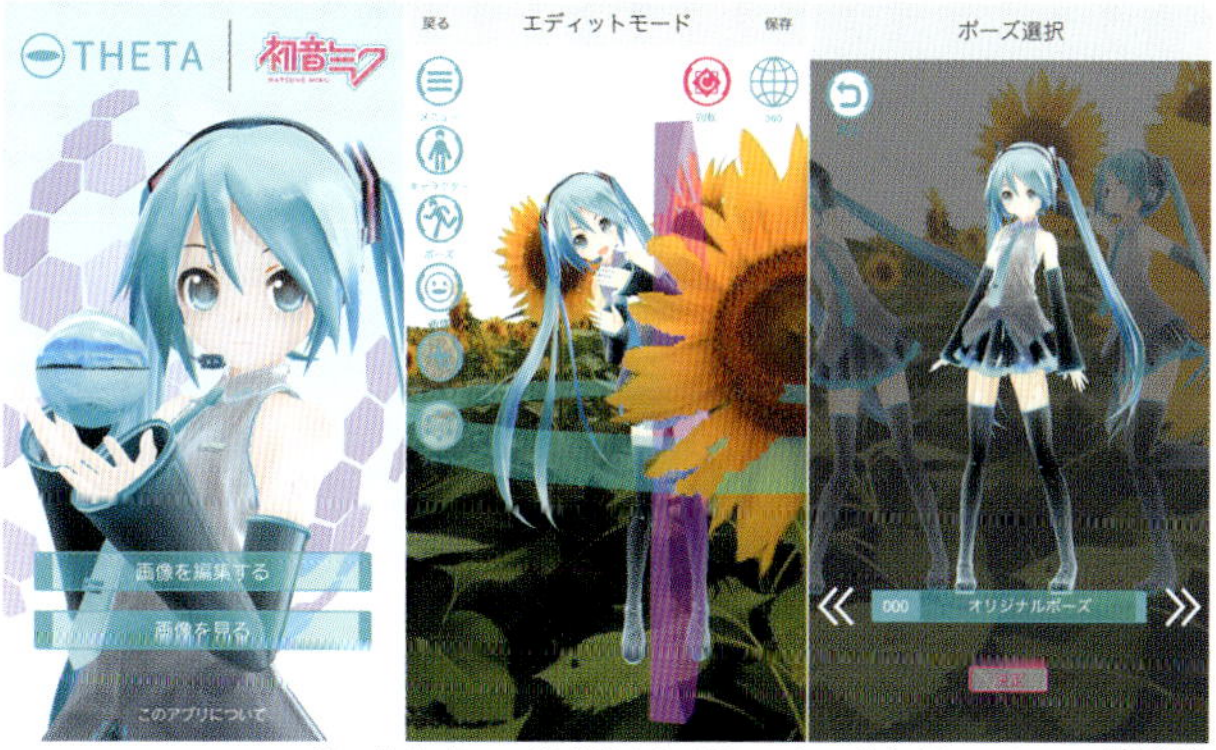




❽初音ミクと一緒の360度写真を手軽に撮影できる「RICOH THETA Type HATSUNE MIKU」専用アプリ（2017年9月）（株式会社エクシヴィ）

❾ あたかも自分の指が伸びたかのようにピアノを演奏することができる「えくす手」（東京大学　廣瀬・葛岡・鳴海研究室）

❿ カメラに映った表情を疑似的に変化させることで、当人の感情を無自覚的に喚起させる「扇情的な鏡」（東京大学　廣瀬・葛岡・鳴海研究室）

⓫ 無限にまっすぐ歩き続けられるような錯覚を与える「無限回廊」。半円状の壁に手を当てながら歩くことで、ヘッドマウントディスプレイに映っている一本道を歩いているように感じる（東京大学　廣瀬・葛岡・鳴海研究室）

## 推薦の言葉

本書の著者はバーチャル・リアリティーについて初めて本を書いた人だ。だがそれだけではなく、この分野を最もよく知り未来を見据えている書き手として尊敬され、ここ数十年間そのことを証明してきた。こんなに意味のあるテクノロジーを理解するために、彼のような深い経験を持った人がいたことは幸運だった。

この本は、現代のデジタル世界がどのように創造されたか、実際にそれを目撃してきた人の目を通して垣間見ることができる稀有な本である。

**ジャロン・ラニアー**

［コンピューター科学者／アーティスト］

ＶＲという言葉ができたのは１９８９年のことですが、日本では１９８０年代にＶＲの先駆的な研究がなされ、今日のブームの下地を作りました。

服部桂氏が１９９１年に出版した『人工現実感の世界』では、その経緯が詳細に書かれています。その増補改訂版となる本書はまさにＶＲの原点となるもので、この技術に携わる人すべてにとっての必読書と言えるでしょう。

**岩田 洋夫**

［筑波大学教授／日本バーチャルリアリティ学会会長］

## 推薦の言葉

1991年に出た『人工現実感の世界』は、バーチャル・リアリティーの起源と歴史を学びたい人にとっての原典ともいうべき本だったが、本書はそれを元に、それからほぼ30年経ったVRのテクノロジーにも触れた最新版だ。

初期の研究の多くは日本でも行われていたが、こうした事例もすべからく取り上げてバーチャル・リアリティーの本質に迫った本は、他に例をみないだろう。

[『思考のための道具』『バーチャル・リアリティ』著者]

ハワード・ラインゴールド

常にデジタル技術の先端に現れるジャーナリスト服部桂が、1991年に未来へ繋がる技術としてまとめた『人工現実感の世界』。そのVRの世界が30年を経て再度ブレイクしている。今度は手軽なデバイスと圧倒的な計算力が大きな武器だ。しかし目指す世界は30年前とさほど変わりはしない。

新たな挑戦者たちには、新バージョンとなって現れた『VR原論』を教科書として、過去の成功も失敗も頭に叩き込み、思い切ってVRによる世界革新へ向かってほしいものである。

杉山知之
[デジタルハリウッド大学学長/工学博士]

# 『VR原論』のためのまえがき

今年2019年はVRが商用化されて30年、はたまたインターネットの前身ARPAネットが開始されて50年という記念すべき年だ。そう言われると、最近は「VR元年」という言葉がいろいろな場面で使われているので、そんなに前からあったのか？　と疑問を抱く人も多いだろう。

VRといえば、2016年3月に米オキュラス（Oculus）社が599ドルで市場に出したHMD（ヘッドマウントディスプレイ）システムOculus Riftが近年のブームに火をつけたと言われ、その後にはスマホを取り付けて手軽に使える安価なタイプから、ハイエンドの製品までが各社から続々と売り出されたことは記憶に新しい。それを受けるように、HMDを使ったゲームやVRを体験できるテーマパーク型のシアターも全世界で続々と作られ、ネットでVRゲーム動画や360度映像を配信するサービスも多数始まった。

VRはHMDに限られるわけではなく、最近のスマホのGPS機能やジャイロセンサーなどを使ったAR的な利用法は広がっており、2016年にはポケモンGOが大ヒットした。また2018年にはスティーブン・スピルバーグ監督のVRのゲーム世界を描いた映画「レ

DMM VR THEATER外観

DMM VR THEATERのスクリーン投影の様子

ディ・プレイヤー１」も公開された（物語の鍵を握るイースターエッグを初めて仕組んだアタリのAdventure作者は、なんと本書に登場するウォーレン・ロビネットだった！）。

ハリウッドも映画のコンテンツをＶＲで楽しめる、新しいエンターテインメント開発に力を入れており、オリンピックやワールドカップのような世界的なスポーツイベントや各種の博覧会、様々なセールスプロモーションの場面でも、大型３ＤシアターやＨＭＤを使った事例が増えつつあり、ＶＲは次世代のトレンドを牽引するキーワードとなっている。

IDC Japanの調査によれば、ＶＲ関係の世界のハードやソフトの市場は２０１７年には１４０億ドルで、それが２０１８年には２７０億ドル、２０２２年には２０８７億ドルと年間平均成長率は71・6％に達し、高い成長を見込めるとされる。２０１４年にはフェイスブックがオキュラスを20億ドルで買収し、創業者のパルマー・ラッキーは２０１５年８月にはＴＩＭＥ誌の表紙の人となって時代の寵児ともてはやされた。

ＶＲに目を付けたフェイスブックのＣＥＯマーク・ザッカーバーグの意気込みはたいへんなもので、２０１７年の開発者会議（Oculus Connect4：ＯＣ４）では「10億人がＶＲを使えるようにするのが目標だ」と宣言しており、中国やインドの人口を上回る20億人以上の利用者を誇るＳＮＳで活用されることになれば、世界的な普及が始まると期待感が高まった。

また翌年９月末のＯＣ５ではＰＣなどの外部機器やワイヤーを使わないオールインワン型のOculus Questが２０１９年春に３９９ドルで発売されるとの発表があり、新たなジャンル

『レディ・プレイヤー１』ブルーレイ ¥2,381＋税／DVD¥1,429＋税
デジタル配信中 ワーナー・ブラザース ホームエンターテイメント © 2018 Warner Bros. Entertainment Inc., Village Roadshow Films (BVI) Limited and RatPac-Dune Entertainment LLC. All rights reserved.

ＴＩＭＥ誌の表紙を飾ったパルマー・ラッキー

の市場が拓けると関係者は新しいアプリの開発に余念がない。

さらにグーグルによるゲームのストリーミング配信が発表され、フェイスブックによるゲームエンジンのUnity社買収の噂や、アップルが新しいグラス型デバイスを出すのではないかという観測もされており、ＧＡＦＡと言われるネット時代の世界の覇者となったアメリカのシリコンバレーの企業ばかりか、ＩＴに力を入れて追い上げる中国など、ここ数年のＶＲ産業にかける投資は過熱している。また今年から始まった第5世代移動通信システム（５Ｇ）では、高速で時間遅れの少ない通信ができるため、ネットＶＲがキラーコンテンツになるとも言われている。こうした話題を日々目にすると、どうしてもＶＲが最近急に起きたトレンドのように思えるが、それは事実と異なる。

ＶＲの市場デビューは、１９８９年6月7日、サンフランシスコでのことだった。Texpo'89というハイテクのイベントが開催され、そこに出展していたパシフィック・ベルという電話会社のブースで、VPL Research社（以下ＶＰＬ）という会社がＲＢ２（Reality Built for 2）という初のＶＲを使ったコミュニケーションシステムのデモを行ったのだ。それはＨＭＤを被った2人の参加者が、同じＶＲ空間の中で会話できる３Ｄテレビ会議システムのような電話の未来をイメージさせるものだった。

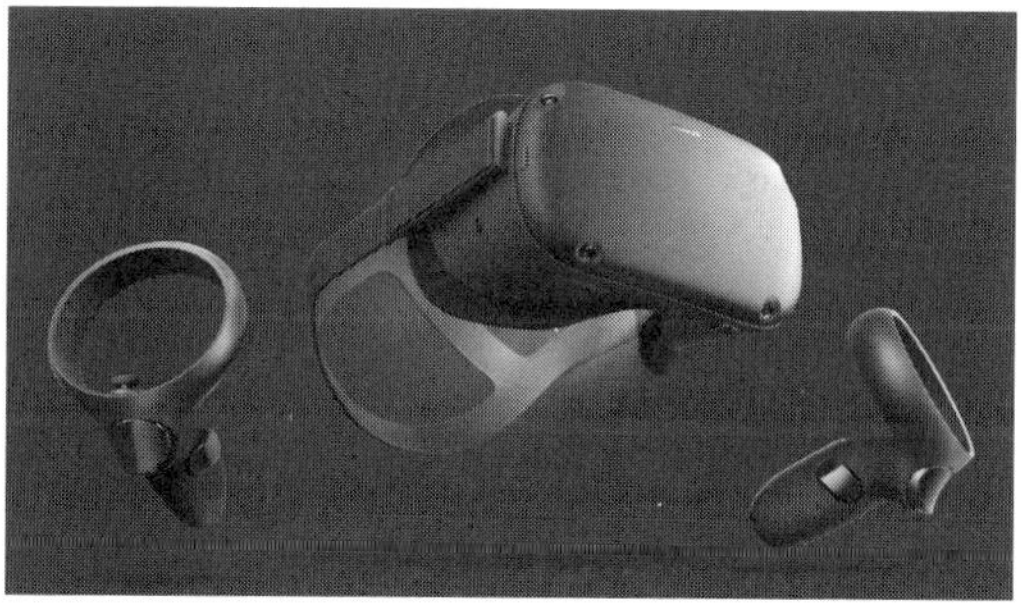

**Oculus Quest**

ＶＰＬはビジュアル・プログラミング・ランゲージ（Visual Programming Language）という言葉を略したもので、同社はもともと視覚的なオブジェクトを使ってプログラミングを行うシステムを開発しており、そのために世界で初めてＨＭＤと、手の動きを入力するセンサー付きの手袋であるデータグローブを製品化して売り出した。そして創業者のジャロン・ラニアーこそが、Virtual Reality（バーチャル・リアリティー＝ＶＲ）という言葉の元祖で、この言葉を普及させた張本人とされている。

この言葉の語源については、フランスのシュールレアリストのアルトナン・アルトーが言い出したとする説もあるが、ラニアーがこの言葉に行きつくきっかけになったのは、ＣＧ研究の元祖ともされるアイバン・サザランド教授のＨＭＤ研究で使われていた仮想世界（Virtual World）という言葉に違和感を覚えたからだという。彼はそれにはコミュニケーションの要素が欠けていると感じ、利用者がこうしたシステムを使って感じるリアリティーに注目すべきだと考え、80年代の初めにこの言葉を思いつき、アルトーの造語については知らなかったと言っている（著者とのインタビューでは、比べられることは光栄だとも語っている）。

ＶＲという言葉や、それを実現するためのシステムやソフトは、ＶＰＬの製品が90年代初頭に普及することで加速し始め、民族楽器のミュージシャンでもあるドレッドヘアーのジャロン・ラニアーが、ＶＲのカリスマのような雰囲気をまき散らしながら各地で講演することで一気に世界に広まっていった。

1993年に来日し、「ＡＳＡＨＩパソコン」誌の表紙も飾ったジャロン・ラニアーと著者（本田晋一氏提供）

コンピューター関連の学会がヒューマン・インターフェースやテレロボティクスの新分野として取り上げ始める一方、１９６０年代のカウンターカルチャーやドラッグカルチャーの雰囲気が残る米西海岸では、ＶＲが創り出す幻想的な映像やＳＦ的な雰囲気に影響を受けたカルチャーイベントがいくつも開催され、新しいデジタル文化のアイコンとして注目が集まった。

１９９０年10月にサンフランシスコで開催された「サイバーソン」は、「ＶＲのウッドストック」（１９６９年８月に40万人を集めた伝説のロックコンサートになぞらえ）とも呼ばれ、一般の人が当時作られていたほとんどすべてのＶＲ関連の製品やプロジェクトを現場で体験できる、90年代のＶＲブームを決定づけるものだった。おまけに、１９９２年にはＶＰＬをモデルにして、スティーブン・キングのホラー小説を映画化した「バーチャルウォーズ」が公開され、一気に一般にそのイメージが広がった。ＶＲを研究するアンジェロ博士が、ジョーブという芝刈りをする知的発達障害の少年の知能回復にＶＲを応用するが、軍の策略でジョーブのパワーが抑えられなくなる、という話だが、ピアース・ブロスナン演じるアンジェロ博士はラニアーがモデルになっているとされる。

本書はこのＶＲデビュー30年というタイミングに、「原論」といういささか大げさなタイトルで出すことになったが、もともとは１９９１年５月に工業調査会から出版された拙書

**「バーチャルウォーズ」のパンフレットやプロモーションシート他。続編も作られた**

『人工現実感の世界』に新たな文章を加えたものだ。「人工現実感」という言葉は、90年代には定訳がないままに英語のVirtual Realityの訳語として、バーチャル・リアリティーや仮想現実（感）、人工現実などさまざまな言葉とともに用いられていたが、残念なことに現在ではほとんど使われていない（この言葉を使った理由は本書のはしがきと第1章を参照）。

現在普及しているバーチャル・リアリティーやＶＲという言葉も、そもそもバーチャルという言葉や概念がはっきりせず、それがリアリティーというさらに曖昧模糊とした言葉と一緒になり、捉えどころがない。世間では言葉の定義とは無関係に、ＨＭＤを被って３ＤのＣＧが動くゲームなどのコンテンツをなんとなくＶＲと呼んでいるに過ぎないが、その不思議な魅力はいまでは日本語訳よりも原語で表現したほうがより伝わるようになったのだろう。

当時の記録をひも解いてみると、この本は非常に多くの書評に取り上げられており、ＶＲに対する世間の関心がかなり高かったことがわかる。まだ実際のシステムが世に出ていないにもかかわらず、新聞各紙をはじめ、ビジネスやパソコン、トレンド系やオカルト系の雑誌までが反応して特集し、コミック誌にも当時のＶＲをそのまま取り入れた「横浜ホメロス」が登場し、著者も何十という解説記事を依頼された。また、ＶＲを取り上げた講演会やテレビ番組も数多く、１９９１年10月には名古屋で国際ヴァーチャルリアリティシンポジウムが開催され、ＶＰＬのジャン・グリモー社長や映画「２００１年宇宙の旅」の特殊効果を担当したダグラス・トランブルも来日して、ＶＲが創る未来のＩＴや映像産業の夢を語った。

『人工現実感の世界』

「横浜ホメロス」は「コミック・シュート」で連載され、現在は文庫化されている

そしてこの本は幸いなことに、初のVR本として注目を浴びてベストセラーとなり、韓国でも出版され、また平成3年度の第7回日刊工業新聞技術・科学図書文化賞優秀賞をいただくことになった。しかし今では、どういうわけか90年代にこれほど熱いVRブームがあったことは忘れ去られ、最近初めてVRができたかのように語られている。

1991年にはまだインターネットは一般化しておらず、パソコンはやっと、文字だけでなく画像や映像、音声を扱えるまでになって、「マルチメディア」という言葉がトレンド語になっていた時代だった。VRの作る3DでインタラクティブなCGを扱うテクノロジーは、まだ最先端の研究所の未来に属する話題で、HMDは数百万円し、CG専用のコンピューターは億単位の価格のものも必要で、一般人の手に届くものではなかった。そのためVRは、テーマパークで話題となる新規の出し物に使われている特殊なハイテク程度の認知しか得られず、その後は大きな話題にもならず、インターネットのブームが起きるとその奥で深く静かに潜航していたように思える。

著者は米国のMITメディアラボで1987年から2年間にわたって最先端メディアの調査研究をする機会があり、当時から動き出していたVRの動向にただならぬものを感じ、帰国後もこの分野の取材を続けて新聞紙面で紹介していた。その源泉を探り、多くの関係者に会って取材を進めると、VRはただ単にコンピューターを使ってHMDで3DのCGを扱っ特殊なインターフェースを用いるテクノロジーではなく、コンピューターが本来持っている

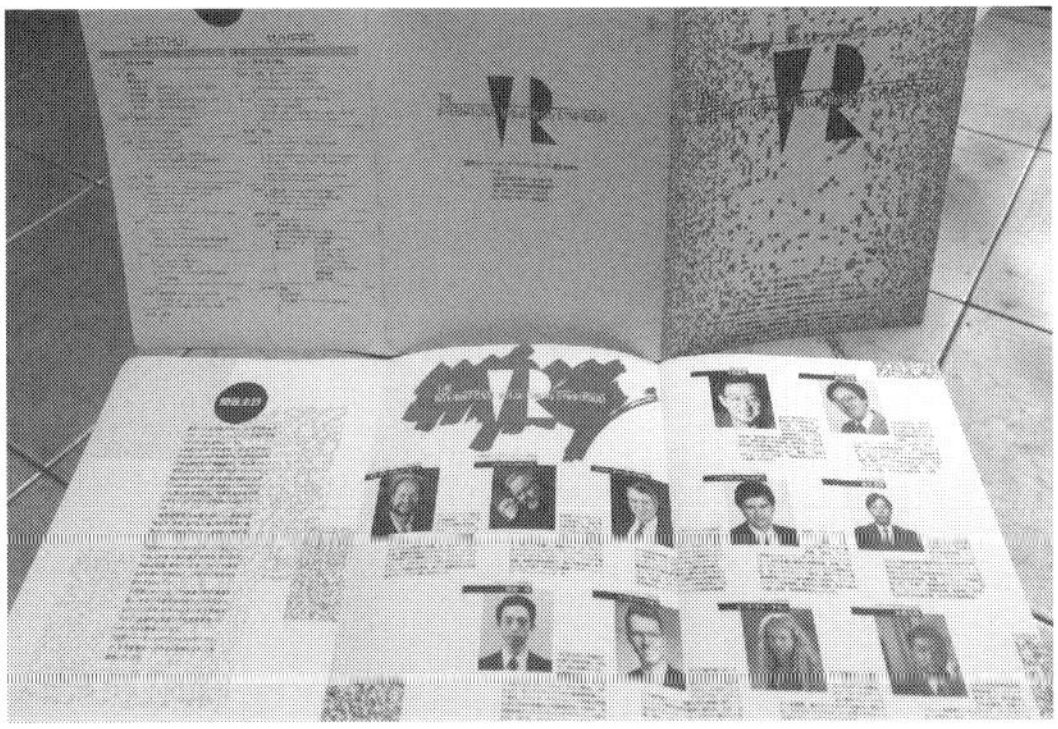

1991年に名古屋で開催された国際ヴァーチャルリアリティシンポジウムのパンフレット

情報を扱う可能性を利用者である人間に最大限近づけるという、もっと大きな人とテクノロジーの関係を問う今日的なテーマであることがわかってきた。

あれから30年近くが経ち、最近のVRブームを見るにつけ、登場人物やプレーヤーは変わったものの、最初のブームの頃に考えられていた基本的なアイデアはいまも変わらず、当時話題になっていたのと同じようなテーマや試みが繰り返されているのを見て、この本に書かれたことは現在でも参考になるのではないかと思った。

2015年には日本バーチャルリアリティ学会で「日本のVRの黒歴史」(東京大学の鳴海拓志助教(当時)司会)というパネルに参加させていただき、また東京大学の稲見昌彦教授や明治大学の大黒岳彦教授(近著に『ヴァーチャル社会の〈哲学〉—ビットコイン・VR・ポストトゥルース—』)の授業でVRの講義をさせていただく機会もあり、学生さんのこの分野の歴史に対する関心の高さに驚いた。

しかし残念なことに、この本を出版した工業調査会が倒産し、古書市場にも十分出回っていないことを知り、どうにかまた本書を市場に出したいと考えるようになった。知人の編集者などにも相談すると、現在こそこの本を読み返す意義があると応援してくれたので、いくつかの出版社にあたったところ、グラハム・ハンコックの『神々の指紋』などの出版でも有名なテクノロジー系出版社の翔泳社が快く引き受けてくださった。

本書の構成は、この新版のまえがき以降は、『人工現実感の世界』をなるべくオリジナルの形で、はしがき、第1章〜第4章、あとがきまですべてを収録してある。さらに原著が出てから30年経った現在の著者が考えるVRの意義について、コンピューターと人間の関係から読み解こうとする新たな論考を追加した。そしてそれに加えて最後に、VR界の重鎮ともいえる東京大学の廣瀬通孝教授と、第2次ブームの仕掛け人ともいえるGOROmanことエクシヴィの近藤義仁社長にVRの過去から未来までを語っていただいた鼎談を収録した。

オリジナルの部分については、あえて「人工現実感」という言葉を「VR」に置き換えることや内容をアップデートせず、第1次ブームの時点の歴史を記録した文書として読んでいただこうと考えたため、現在の状況との若干のずれや、用語、肩書きや企業名他のデータが古い点はご容赦いただき、第1次VRブームの時代の熱気や夢を読み取っていただければと考える。

旧著『人工現実感の世界』は、まず著者自身のVRとの最初の未知との遭遇であり、この世に出た最初のVRの本であったことから、その後の流れの一端を担えたと自負しており、いまでは第1次VRブームの息吹を伝える歴史的な記録とも言える存在となった。そのため、この本を今日的な視点から再度読み直し、原点に還って今後を見通したいという思いで、新たに原論と銘打って世に問うこととした。本書が著者と同時代を生きた人々と、これから未来を切り開く若い世代の架け橋になれるよう願ってやまない。

2019年2月22日　著者識

Contents

# 人工現実感の世界

What's Virtual Reality?

HATTORI KATSURA
服部 桂

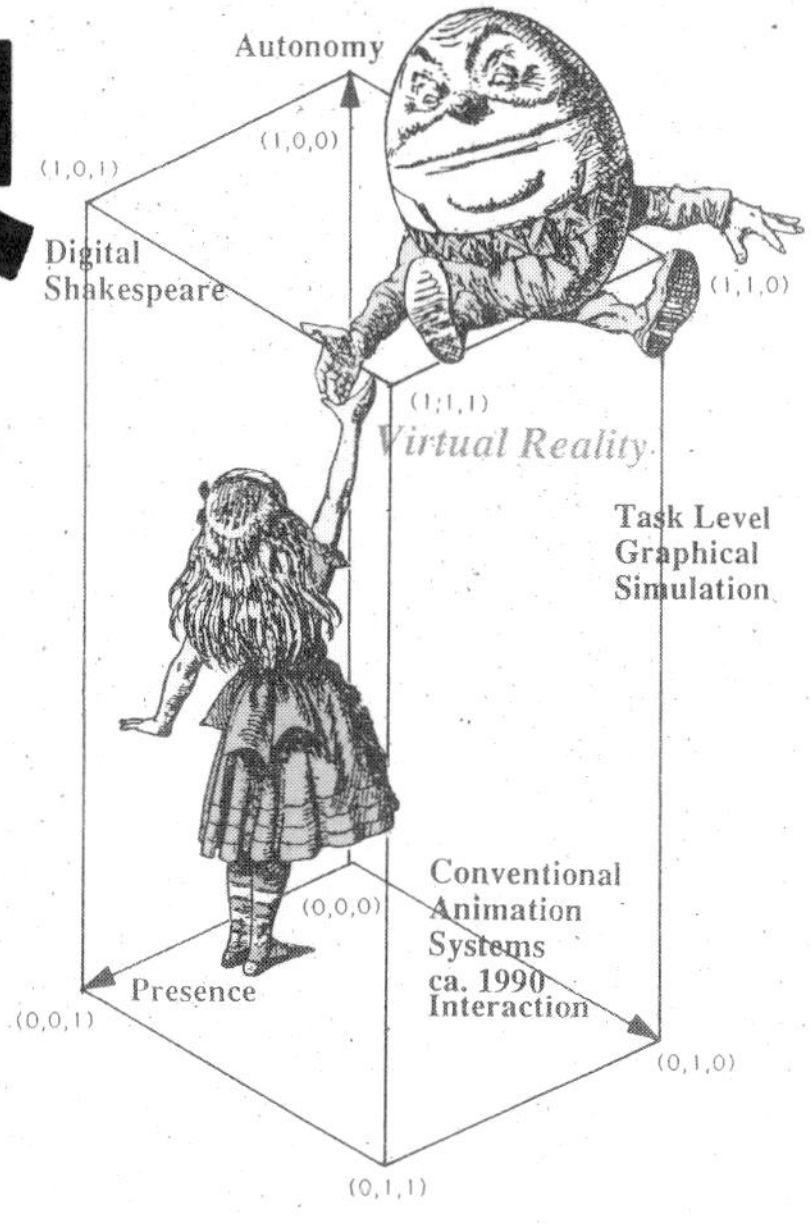


工業調査会

※19ページから295ページは『人工現実感の世界』（工業調査会／1991年）の内容を再現しました。人物の所属や肩書き、団体・企業名、製品名などは当時のものです。ご了承ください。

## 街に出た人工現実感

❶ 31世紀の未来戦争のシミュレーターを備えたゲームセンター。粒子砲やレーザー兵器を駆使した超ハイテク戦争を、リアルに体感できる（米国イリノイ州シカゴのバトルテック・センター）

❷ 戦闘員の入るコックピット。チタン合金でできた戦闘ロボット、バトルメックを味方チームと音声チャネルで連絡を取り合いながら操作して、敵のチームを攻撃する

❶

❷

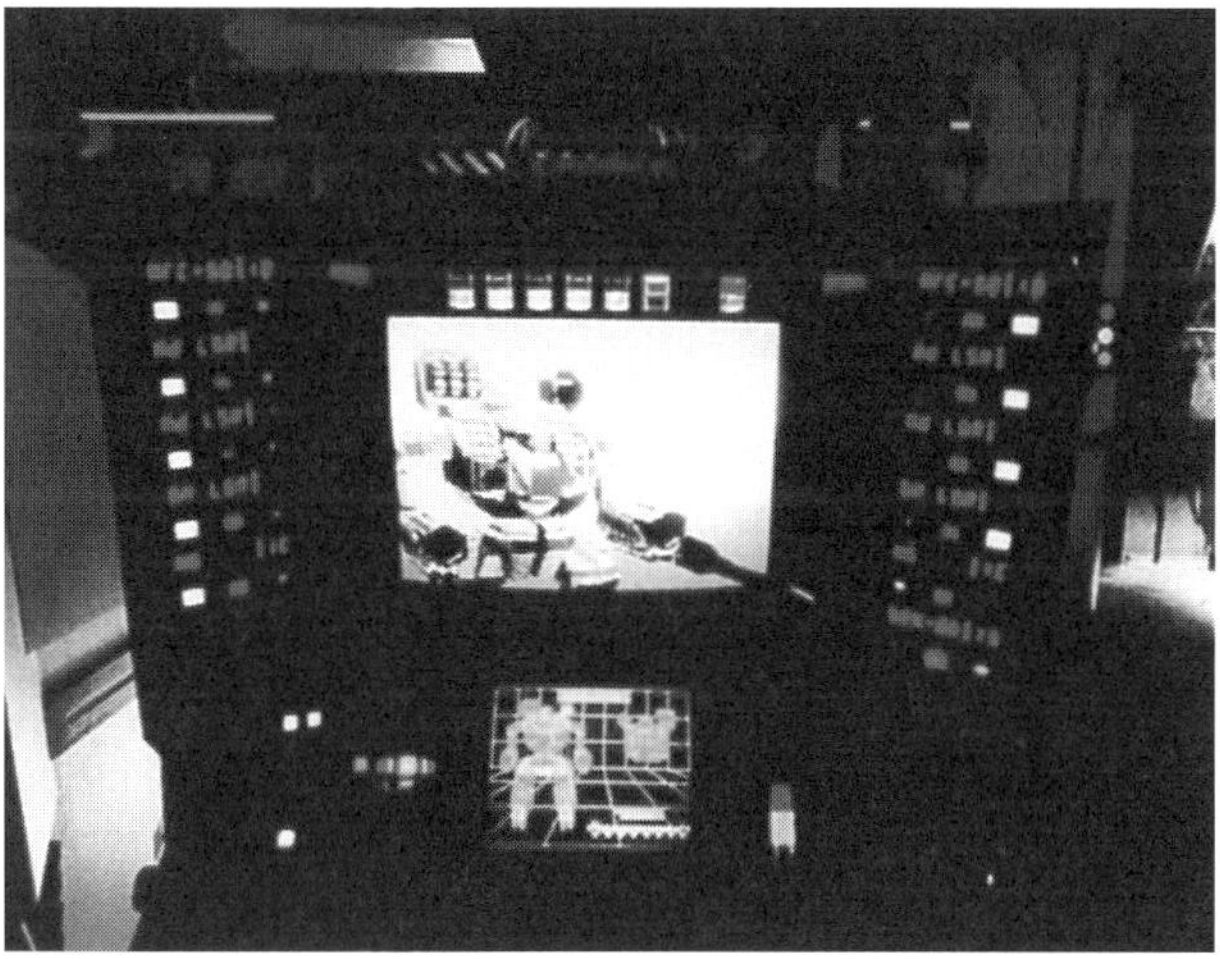

❸

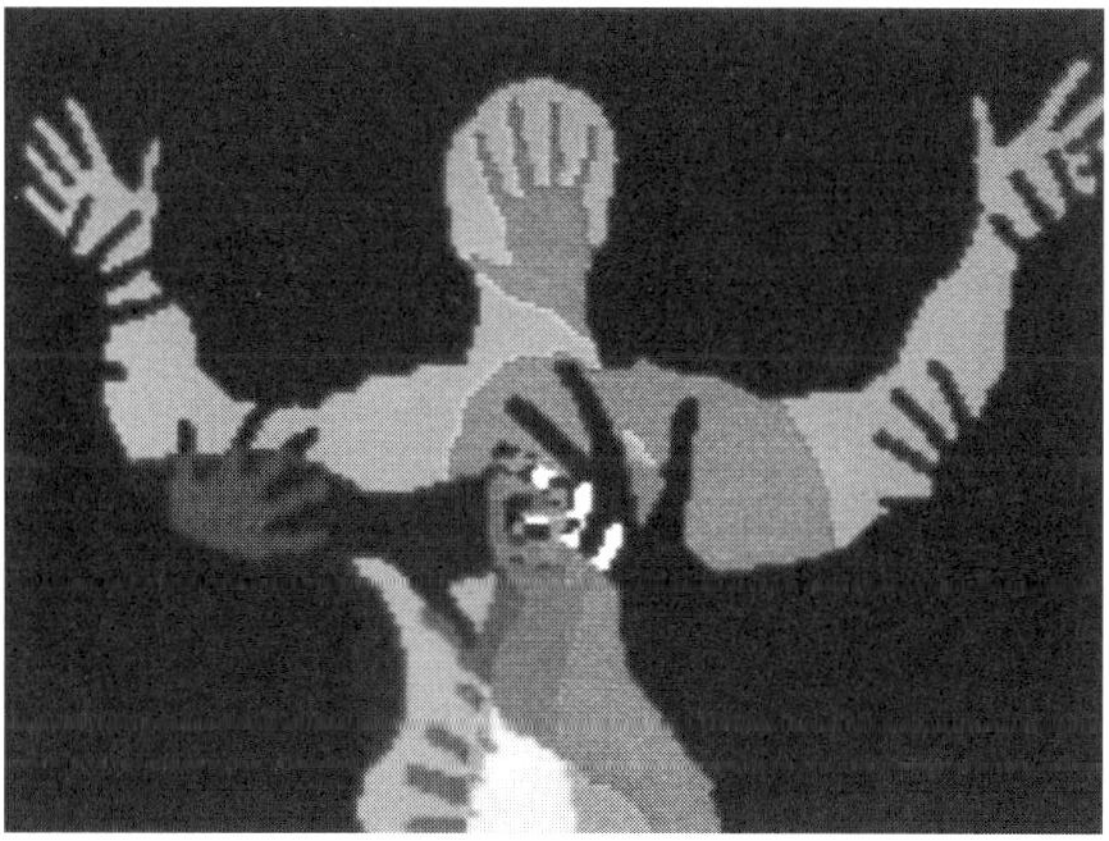

❸ マイロン・クルーガー氏の人工現実感アート、「ビデオプレイス」

❹
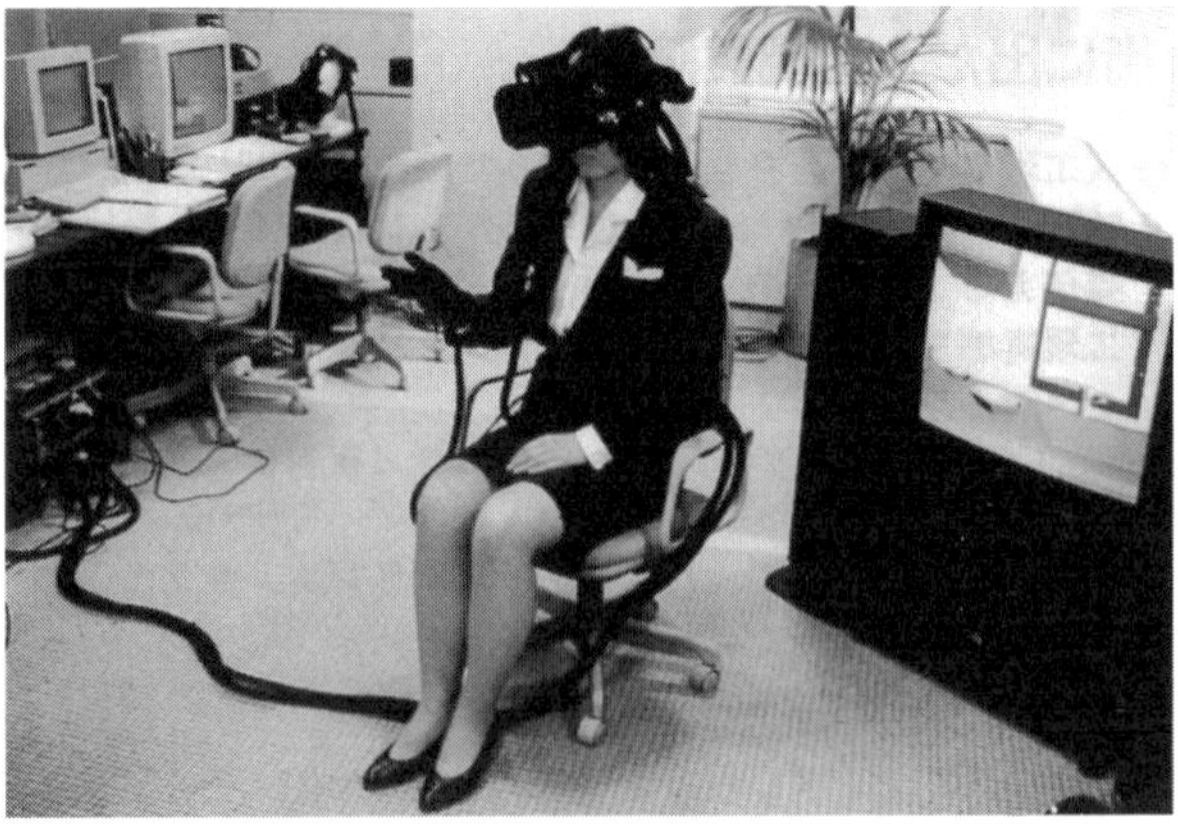

❺

❹人工現実感の利用は企業も熱心に取り組み始めた。写真は、東京・西新宿にある松下電工のショールームで体験できるデモの風景。オーダーしたシステムキッチンの仕様を、人工現実感で再現し事前チェックを行っている
（松下電工）

❺データグローブをつけて指を動かすと、画面の指人形がそれに合わせて動く
（TEPIA）

❻データスーツを着た女性の動きが、コンピューター・グラフィックスの猫になって動く
（TEPIA）

❻
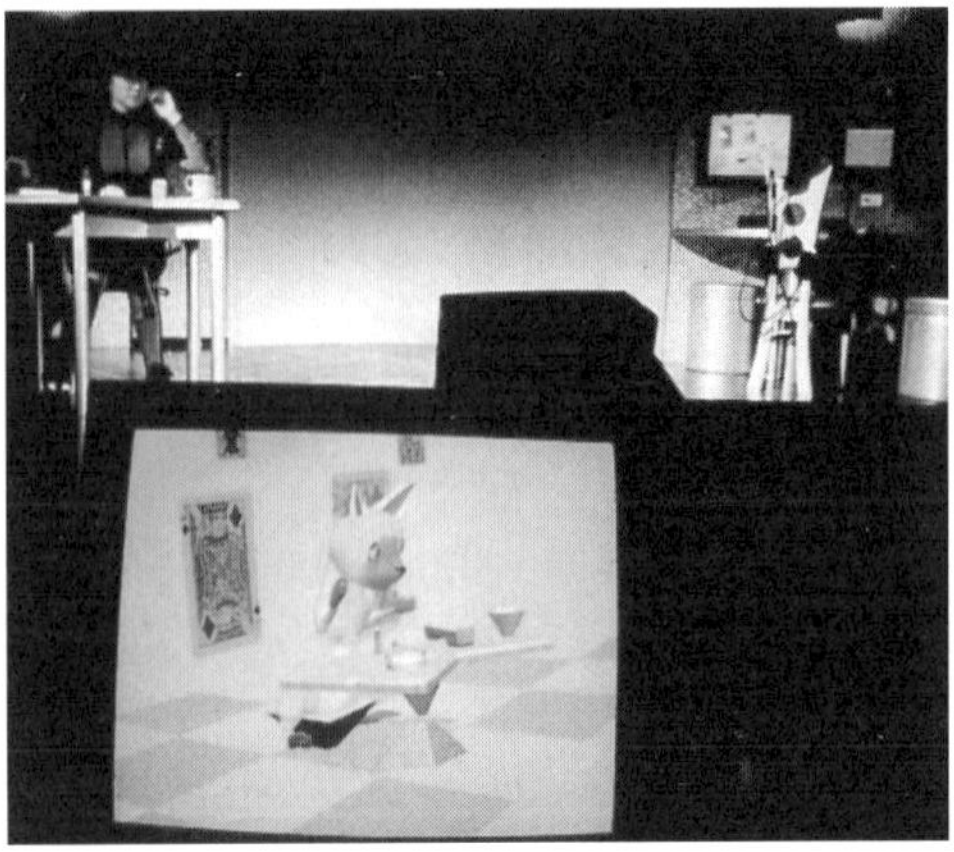

❼
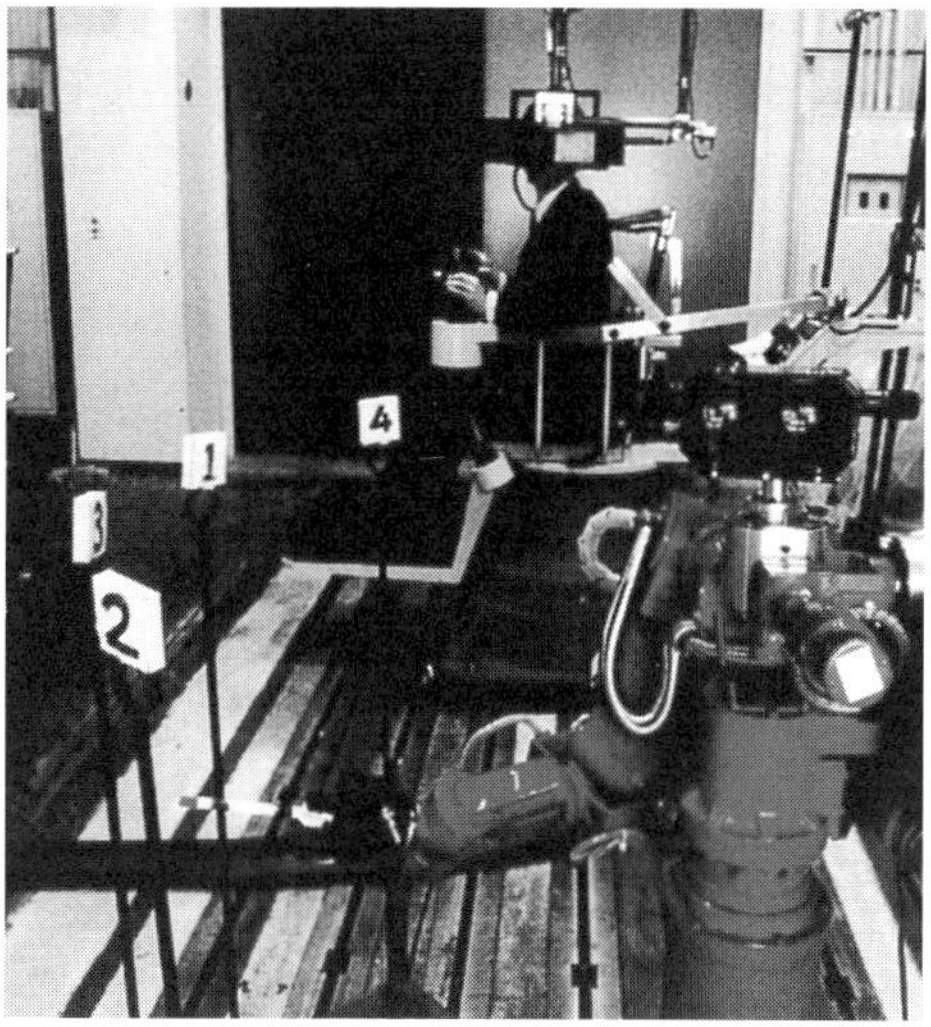


## 加速する人工現実感研究

❼ オペレーターと同じ動きをする遠隔操作ロボット。ロボットにつけられたカメラのレンズに映る映像が、オペレーターの目にそのまま飛び込んでくる
（工業技術院 機械技術研究所）

❽ 人間型遠隔操作ロボット、グリーンマン。両手のスレーブ・アームだけでなく、上半身や首を曲げたりできる
（米国海軍 海洋システムセンター）

❾ 視線の中心付近だけを精細表示する大型ディスプレイ
（ATR通信システム研究所）

❽
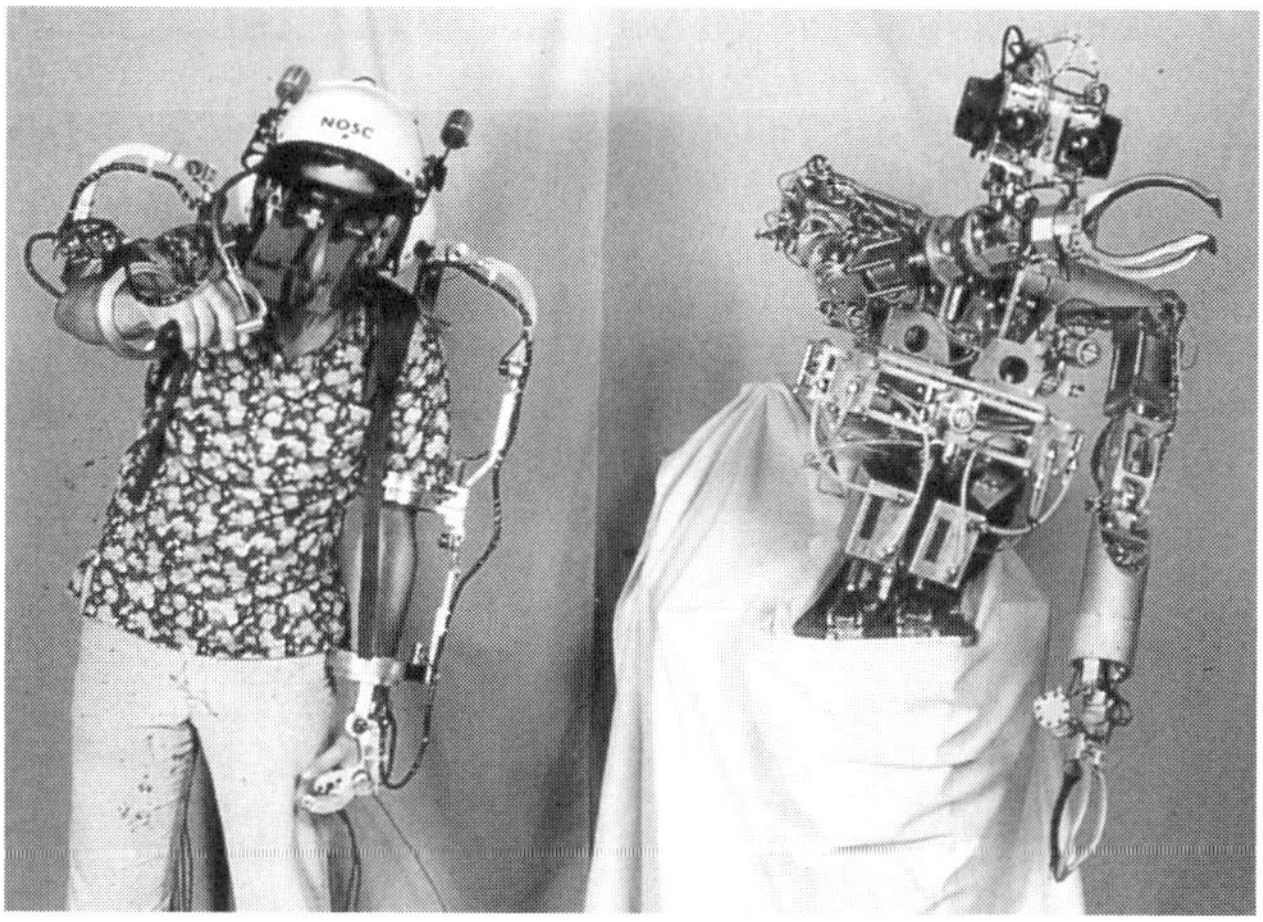


❾

❿

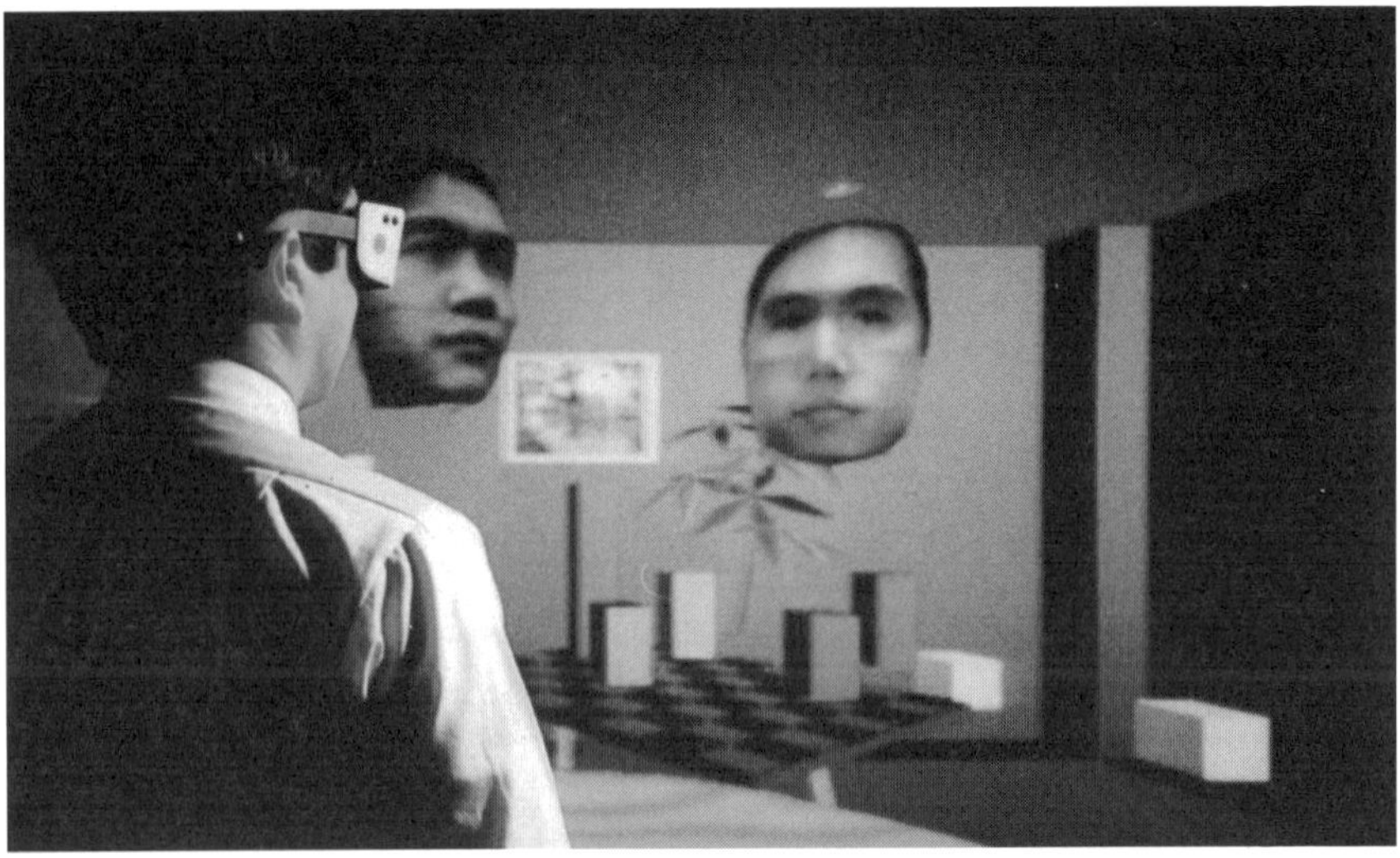

⓫

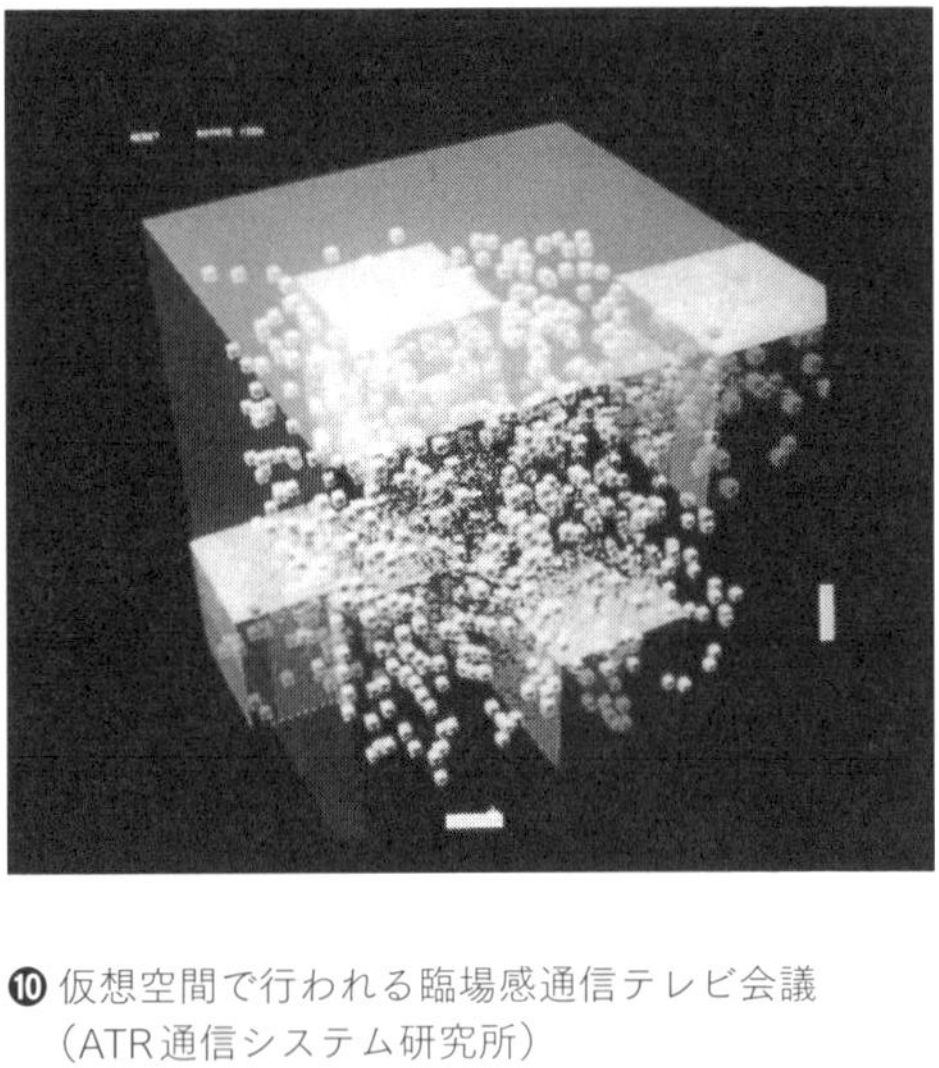

⓬

❿ 仮想空間で行われる臨場感通信テレビ会議
（ATR通信システム研究所）

⓫ 複雑なコンピューターのプロセスを可視化。超ミクロの世界や宇宙など、人間がこれまで見ることのできなかった不可視の世界を、コンピューター・グラフィックスで再現するビジュアリゼーションの研究もさかんになってきた
（東京大学工学部 廣瀬研究室）

⓬ コンピューターでデザインされた架空のカメラを、製作前に視覚、触覚レベルで試してみることも可能になった
（筑波大学構造工学系 岩田研究室）

⓭ コンピューター・グラフィックスで作られた薬の分子を手で組み合わせてデザインする。分子結合の瞬間にはコツンという音がする
(ノースカロライナ大学)

⓮ 仮想テニスコートでテニスゲームを楽しむ
(オートデスク社)

⓯ コンピューター・ゲームでもおなじみのフライト・シミュレーターは、第2次世界大戦中にその開発が始まった。現在ではパイロットの訓練に欠かせないもののひとつになっている。写真は三菱重工の開発したシステム。1秒間あたり60コマの映像が動く
(三菱重工提供)

⓭

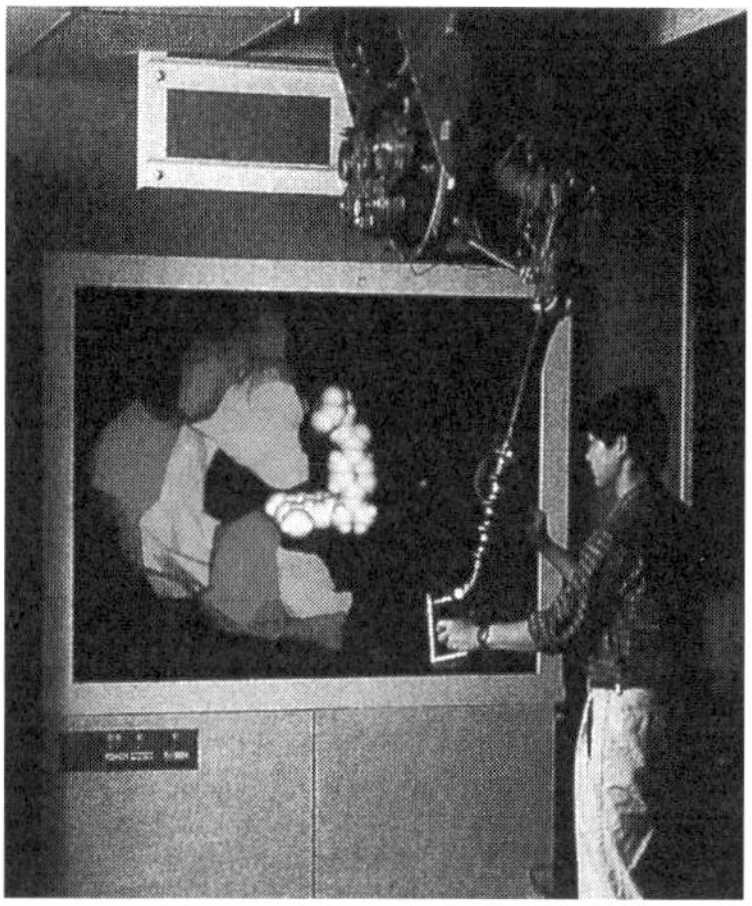

⓮

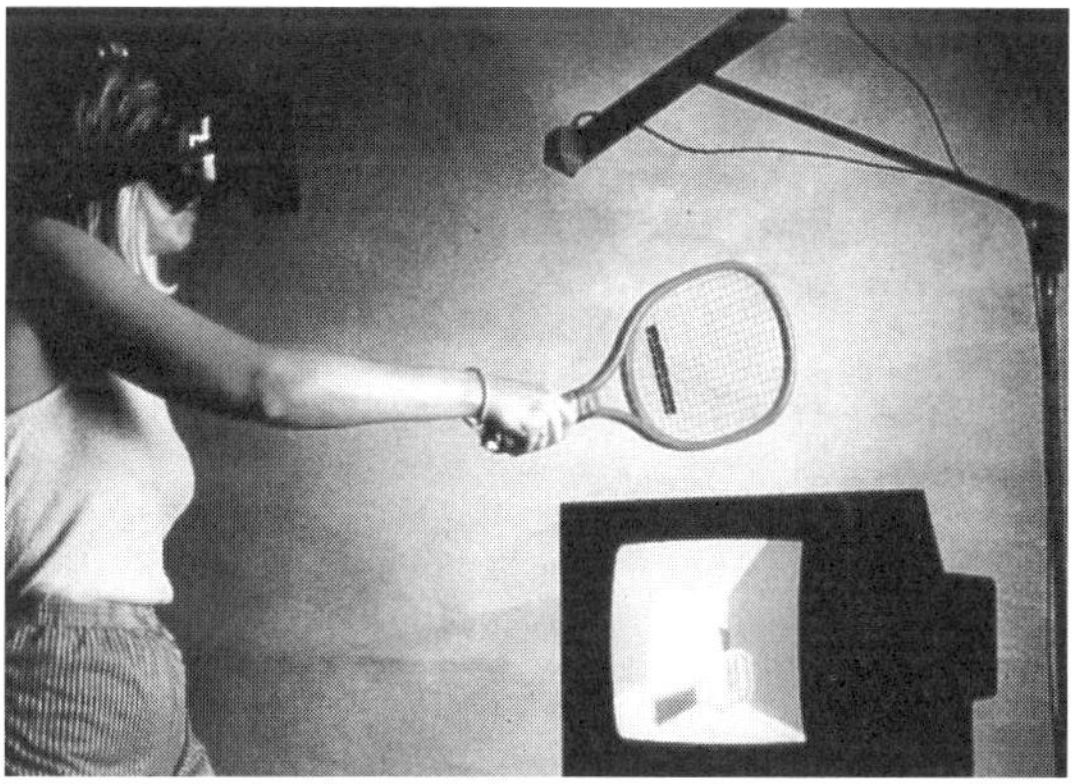

⓯

⑯設計図面から作った建物の立体CGの中を事前に歩き回る研究
（ノースカロライナ大学）

⑰歩行機の上で歩く動作をすると、その場所から見えるはずの風景が頭にかぶったヘッドマウントディスプレイのモニターに映って見える。設計図段階で間取りが狭いことを証明した事例もある
（ノースカロライナ大学）

⑱コンピューターの画面の中に生息する仮想生物。それぞれの動物が自らの行動様式や判断基準を持ち、論理的な環境の中で本物の動物のように動く
（富士通研究所提供）

⑲仮想生物たちの平和な時間も、凶暴な魚の登場で大混乱に陥る。写真はパニック状態をきたし、真っ青になったキノコクラゲ
（富士通研究所提供）

⑯

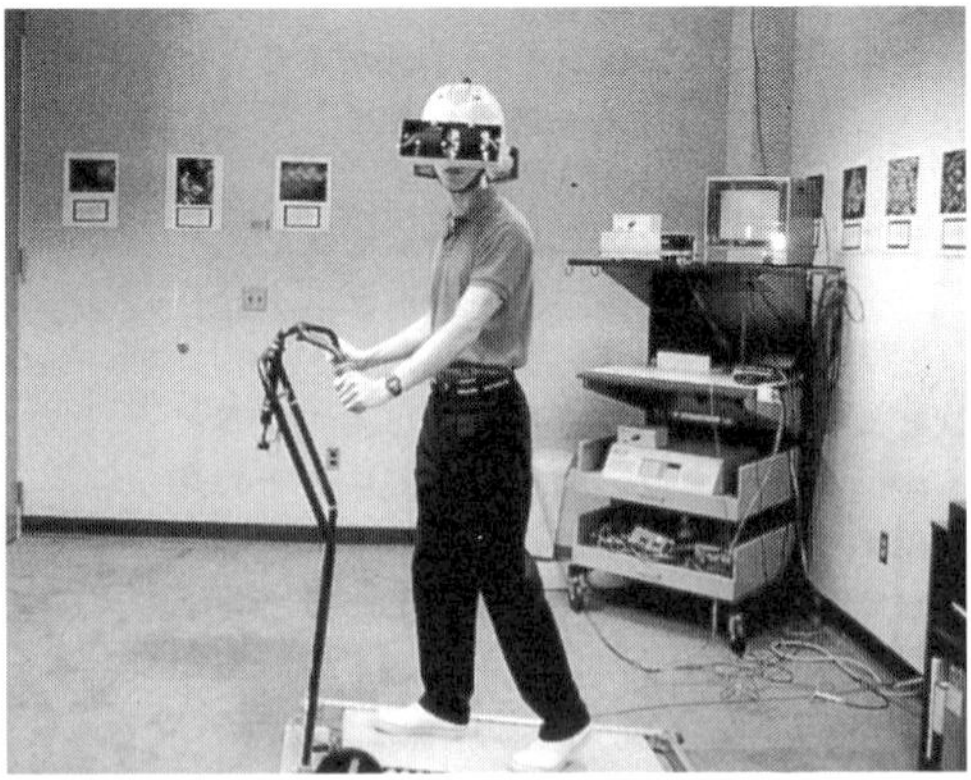

⑰

⑱

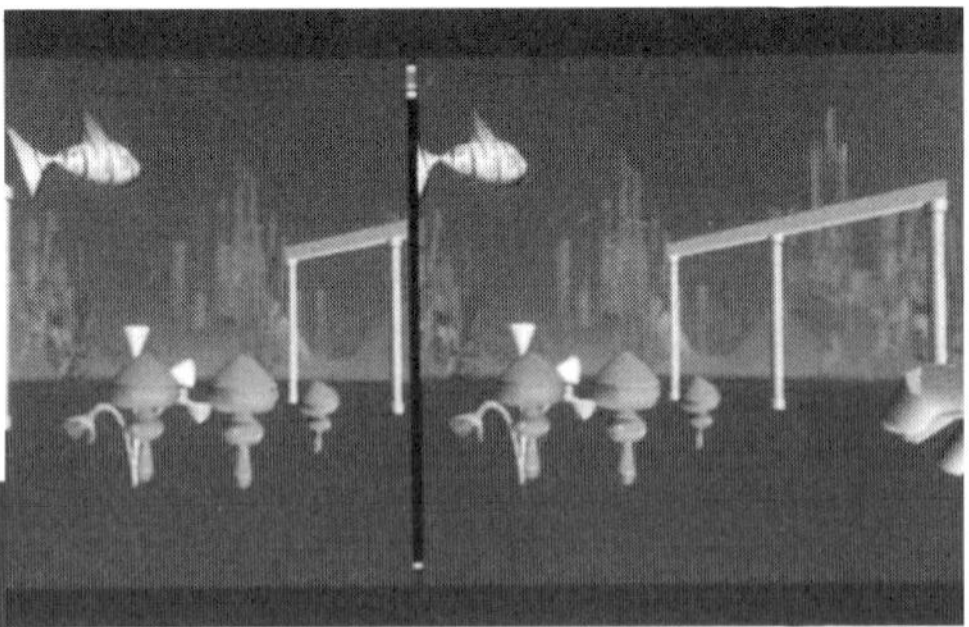

⑲

# はしがき

最近アメリカのコンピューター関連のコミュニティーやビジネスの場面でも、アーティフィシャル・リアリティー（Artificial Reality：ＡＲ）とかバーチャル・リアリティー（Virtual Reality：ＶＲ）という言葉が頻繁に現れるようになった。それぱかりではない。ニューヨーク・タイムズが、"What is Artificial Reality? Wear a Computer and See"という題で、１９８９年4月にカバーストーリーを掲載したのを皮切りに、ウォールストリート・ジャーナルやニューズウィークまでもが、これらの話題を取り上げ始めた。

また１９９０年の1年間だけでも、3月のサンタ・バーバラにおける「テレオペレーターと仮想環境のためのヒューマン・マシン・インターフェース」会議を始めとして、アメリカではこの関連の学会やシンポジウムが１００回近く開催されたといわれ、リサーチ会社も続々とビジネスの可能性を調査し始め、話題が過熱している。

これらの言葉は、文字通り日本語に訳せば、「人工現実」とか「仮想現実」となるはずだ。「現実」が「人工」的だったり、「仮想」的だったりするのだろうか？

簡単にいえば、これらはコンピューターが作り出す世界の「中」に人間が入り込むテクノロジーを指す。コンピューターの「中」に入るとは、一体どのようにすれば可能なのだろうか？

コンピューターの箱を開けても、そこにはICや基板といった無機質なハードウェアが並んでいるばかりだ。ここでいう「中」とは、コンピューターがソフトウェアを介して作り出す世界の中を指す。

すでにコンピューター・ゲームで遊ぶ人達は、コンピューターの作り出す世界の中をアドベンチャーゲームやロールプレイング・ゲーム（RPG）を通してさまよっている。

コンピューターの作り出す架空の世界でありながら、ディスプレイの画像や音を使いプレイするうちに、精神的にその世界に現実味を感じてくる経験は誰にでもある。巨大な画面と迫力ある立体音響システムを使えば、さらに臨場感を高めることも可能だろう。コンピューターの対話能力をさまざまな入出力方法を使って高め、コンピューターとより現実的なコミュニケーションをする。そう考えるところからこのテクノロジーを解明してみたい。

日本でも大学を中心とした研究がいくつか開始されている。アメリカやカナダでは20以上の研究が開始されており、すでに製品として市場に出されたものもかなりある。コンピューター関連の研究を行う大学や企業の研究所ばかりでなく、ソフトハウスや小さなベンチャー企業までが参入して多くの話題を提供している。

1990年10月にサンフランシスコで開催された会議「サイバーソン」には、これらの研究者ばかりか、アーチストや社会学者など幅広い層の人が参加し、技術的可能性ばかりでなく、このテクノロジーが社会や文化に与える影響までが論議された。この会議では、「コンピューターの次の世代を築くテクノロジー」、「新しい文化や社会環境を切り開く可能性が高い」という評価から、過熱気味の期待に対して、「エレクトロニック・ドラッグの作り出すイリュージョン。人間の精神にどういう影響を与えるか分からない」、「話題が先行し過ぎて、実質的なものがまだできる可能性はない」という批判も出された。

コンピューターが現実感の高い対話能力を持つこのテクノロジーについて、人工現実感ばかりでなく「サイバースペース（Cyberspace）」や「テレプレゼンス（Tele-presence）」などの多くの言葉が入り乱れ、日本語の訳にもまだ確定したものはない。一般の話題になり始めてから日が浅く、これを扱う人の立場や分野によって、表現の仕方に違いがあるためだ。

このテクノロジーがユニークなのは、デバイスやソフトのコンピューター技術の側面ばかりでなく、利用する側の人間に注目した点にある。

本書では、このテクノロジーがコンピューター側から見たマン・マシン・インターフェースのみでなく、人間の側に立って感性に訴えて「現実感」を与えるという側面に注目し、「人工現実感」という言葉を選んだ。

コンピューターの分野で使いやすいコンピューターとのインターフェースを「ユーザーフレンドリー」というが、これも人間がコンピューターの反応の仕方をフレンドリーと感じるかどうか、にかかっている。今、人工現実感という1つの流れの中で、コンピューターの利用法ばかりでなく人間のテクノロジーに対する感性も問われているのだ。

この本では人工現実感が急激に注目度を増した1990年までの現状を紹介し、このテクノロジーの持つ可能性についての展望を試みた。

第1章は人工現実感の研究でもっとも有名なアメリカ航空宇宙局（NASA）のエイムズ研究所へ皆さんをご招待したい。この世界は個人的な体験を通してこそ理解しやすいため、本当は人工現実感を作り出すシステムの中に入って、それを使っていただくのが一番だ。なぜこんなものができてきたのか、過去から現在に至る歴史的な経緯からも解説を試みた。そしてこのテクノロジーをとらえるための簡単なガイドラインも示した。

第2章は、今まさに進んでいる日米の研究の現状を、1990年までの状況をもとにリポートするものだ。ここ数年の市場のフィーバーが起こる前から、大学などの研究機関や大企業が地道な研究を続けている。研究者の口から出る情熱と展望を通し、このテクノロジーの「なぜ」を聞いた。英・独・仏の欧州各国でも研究が開始されているが、今回は十分解説する余裕がないため省いた。

第3章では、すでにマーケットに飛び出した製品を通して現状を探る。今回紹介したものは、米国とカナダのもの。まだ日本で作られた製品は出ていない。

第4章は現在から未来への旅を試みた。今ではもう、街角で体験できる人工現実感の世界にジャックイン（没入）して、このテクノロジーが映し出す鏡の世界の向こうへと入っていけるが、そこには何が待っているのだろうか？

まだ話題になり始めてからわずかな時間しか経っていない現状で、すべてを語りつくすことは難しい。人工現実感の世界に触れた筆者の目から垣間見た現実を、できるだけ多くの実例を集めて紹介し、始まったばかりのこの世界の可能性を多くの人に論じてもらうための場を提供しようと、今年に入ってから本業のかたわら急いで書き下ろした。

専門的な用語や関連するハイテク技術のキーワードは、本文の下に解説をつけ、このテクノロジーの周辺が分かるようにした。この本を通してコンピューター関係者ばかりでなく、広い分野の方々が人工現実感技術の予感させる未来について論じるきっかけができれば、筆者としてもこれにまさる幸せはない。筆者の力不足から理解の足りない点や誤解した点も多々あると思う。読者の皆さんのご批判を仰ぎたい。

父に捧ぐ

# 第1章　人工現実感とは何か？

# 1 人工現実感の世界へようこそ

米国西海岸のサンフランシスコから、朝早く南へドライブする。町を出てしばらく行ってもカリフォルニアの青い空は見えない。有名なサンフランシスコの霧が乾いた丘陵地帯の上にもたなびき、通勤のマイカー達もスピードを緩める。車が今走っているルート101は、ハイテクのメッカ、シリコンバレーやスタンフォード大学へも通じる南北に延びる幹線道路だ。サンフランシスコの町を出て、ベイを通り過ぎ、国際空港を抜ける。

南に1時間近くドライブを続けると、次第に道の両側に日本でもよく知られているコンピューターやテレコムのハイテク・ベンチャー企業のオフィスが見えてくる。スタンフォード大学を越えてしばらく走り続けると、あたりが開けてくる。モフェット・フィールドに着き、車はここでルート101からはずれる。

と、突然、広大な飛行場が道路わきに現れ、軍の飛行機が爆音を立てて離着陸を繰り返す姿が見える。これが海軍のモフェット・フィールド基地だ。戦略爆撃機B－1Bも真っ黒な機体を見せる。基地内に見える巨大なかまぼこ型の奇妙な形をした格納庫は、昔は飛行船を収容していたものだ。道を曲がってちょっと行き基地の入り口を左に折れると、奥の方にまた巨大な建築物が現れる。



**シリコンバレー**
米国カリフォルニア州のサンフランシスコの南東に広がる、半導体メーカーやコンピューター産業を中心とした企業が集まるハイテク産業地帯。半導体の主原料であるシリコンから命名された。ナショナル・セミコンダクター社やアップル社をはじめ数百の大小のベンチャー企業がある。モフェット・フィールド基地はシリコンバレーのマウンテンビュー近くに位置する。

**ジョセフ・エイムズ**
NASAの前身NACA（米国航空諮問委員会）の会長を1927～1939年まで務める。元ジョン・ホプキンス大学学長。

ここが有名なアメリカ航空宇宙局（NASA）のエイムズ研究所だ。1940年にNASAの前身であるNACAによりジョセフ・エイムズ会長の名を採って航空機の研究所として設立され、1958年から新たにできたNASAの研究所になった。以来米国の航空宇宙の分野に多大な貢献をし続け、現在も約2000人の人が働いている。

先程見えた建物は、米国が誇る世界でも最大級の風胴実験設備。高さ40メートル、横幅110メートルの巨大な空気の吹出口があり、6基のファンがそれぞれ最高出力13万5000馬力を出す大型の風胴を始め17の風胴がある。垂直離着陸飛行機やジェット戦闘機の実物大の模型がテストされたばかりでなく、スペースシャトルの機体模型の風胴実験も行われた。

これらの施設のうち、もっとも古いものはNACA時代の1916年に作られており、現在まで米国の航空技術のリードを保つため大きく貢献してきた。また将来日米間を2時間で結ぶはずの超々音速旅客機ニュー・オリエント・エキスプレスの設計も行われているが、風胴で出せる風速はマッハ14まで。マッハ25で飛ぶこの機体の設計は、スーパーコンピューター・クレイ2やクレイX－MPを用いてシミュレーションによる架空の風胴を使って行うしか方法はない。

構内の警備は厳重で、受付でその日の来訪者のリストでチェックを受け、目的の建物まで車でエスコートされる。

1カ月以上も前に予約し、パスポートやビザの番号まで厳重にチェックされながら、物好



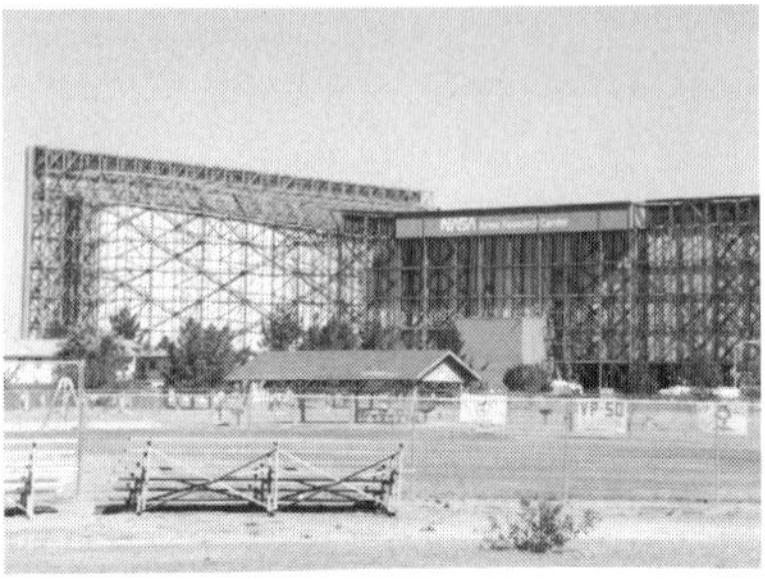
NASAエイムズ研究所

風胴実験設備の吹出口

きにもここまでやってきたのには、きちんとした理由がある。オリエント・エキスプレスもさることながら、ここでは世界でもっとも進んだ「人工現実感」の研究が行われているからだ。ここではこの分野の研究を早くから行い、いちはやくこれを目に見える形にしたのだ。

2階建ての研究棟に入り、目的の研究室に通される。比較的狭い研究室の中はコンピューターやケーブルがあたりを埋めつくし、何人かの研究者が忙しそうにワークステーションのキーボードに向かって作業を続けている。出迎えたスコット・フィッシャー氏はかつて、東部の名門マサチューセッツ工科大学（MIT）に在籍し、ビデオ・ゲームで有名なアタリ社にも勤めていたコンピューター技術者だ。

「まずは説明をする前に、実際のものを試して見て下さい」と、彼は部屋の真ん中に私を立たせた。

彼はおもむろに電子機器が散りばめられたハイテク・ヘルメットを取り出し、私の頭に装着した。かなり重い。このヘルメットは一般的に、「HMD《ヘッドマウントディスプレイ》（Head Mounted Display：頭部搭載型ディスプレイ）」と呼ばれているもの。これをかぶると、目は電子ディスプレイで覆われ、左右のスクリーンから立体映像が映し出されるようになっている。このため、自分の回りはまったく見えなくなる。次に右手にワイヤーのたくさんつけられた手袋「データグローブ」をはめる。

「まず初期設定をするので、部屋の真ん中に立って、手袋をはめた右手を握りしめて下さ



**ニュー・オリエント・エキスプレス**
レーガン元大統領が1986年、一般教書で発表した超々音速機。米国防総省とNASAが共同し1990年代の飛行を目指す。スクラムジェットエンジンを使い、最高速度は音速の25倍で日米間を2時間で結ぶ。機体は1600度以上に熱せられ、今までの材料や航空技術を超える高度な技術が要求される。

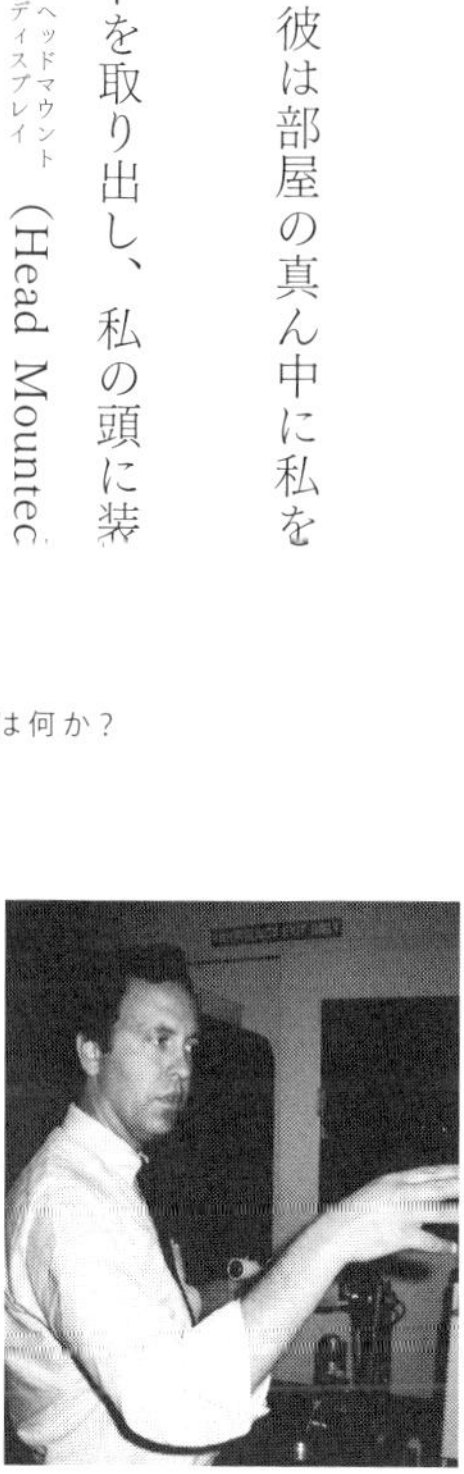

**スコット・フィッシャー氏**

い」といわれる。人によって、それぞれ身体のサイズやバランスが違うので、機械を利用する人に合わせるのだ。

「それでは、スタートしますよ」

とその途端、ディスプレイに電源が入り、目の前に不思議な風景が映し出された。よく見ると、私がまさに今いる部屋の様子がコンピューター・グラフィックス（CG）で立体ディスプレイに表示されているのだ。よく見ると画面の右手に、何やら手のような形をしたCGが見える。それもちょうど、自分の手があるはずの方向に見えるのだ。

手を動かすと、自分の手が動いていくはずの方向にCGの手が移動していく。これは自分の手のかわりなんだ、と気づく。続いて首を右の方向に向けると、実際の部屋の中で自分の右にあるはずの風景が見えてくる。左を見れば左が、上を見れば上の風景が本当の部屋を見ているようにスムーズに変化しながらディスプレイに映し出されるのだ。つまり、コンピューターが部屋の風景や自分の手と同じCGを、動きに合わせて作り出しているわけだ。それというのも頭と手に、それぞれの位置を検出する磁気センサーがつけられており、実際の頭や手の動きに合わせた映像がリアルタイムで計算されて作られているからだ。

コンピューターの作り出した部屋の中で、中3本の指を立てる特別なポーズをすると、画面の中にアップル社のパソコン——マッキントッシュのようなプルダウン・メニューが現れる。この中から、パソコンを使うように、いろいろなコマンドを選んで実行することができる。まるで昔公開された映画「トロン」の中で、主人公たちがコンピューターの世界の中に



**コンピューター・グラフィックス（CG）**
コンピューターで事象や事物を画像にして表示したり、編集する技術や装置、画像そのものを指す。図を線ごとに表現するベクター型と点（画素）の集まりとして表すラスター型がある。最近のコンピューターの高速化やメモリーの増大によって、計算結果を数値で表すより理解しやすい方法として、デザインや科学分野でも利用が進む。

**マッキントッシュ**
アップル社が1984年に発表したパソコン。机の上を模した画面が表示され、アイコンと呼ばれる図形を操作したりメニューを使えば、初心者でも使えるパソコンとして普及した。1987年には、カラーも使える上位機種マッキントッシュⅡも出され、アメリカではIBM‐PCと市場を二分する。

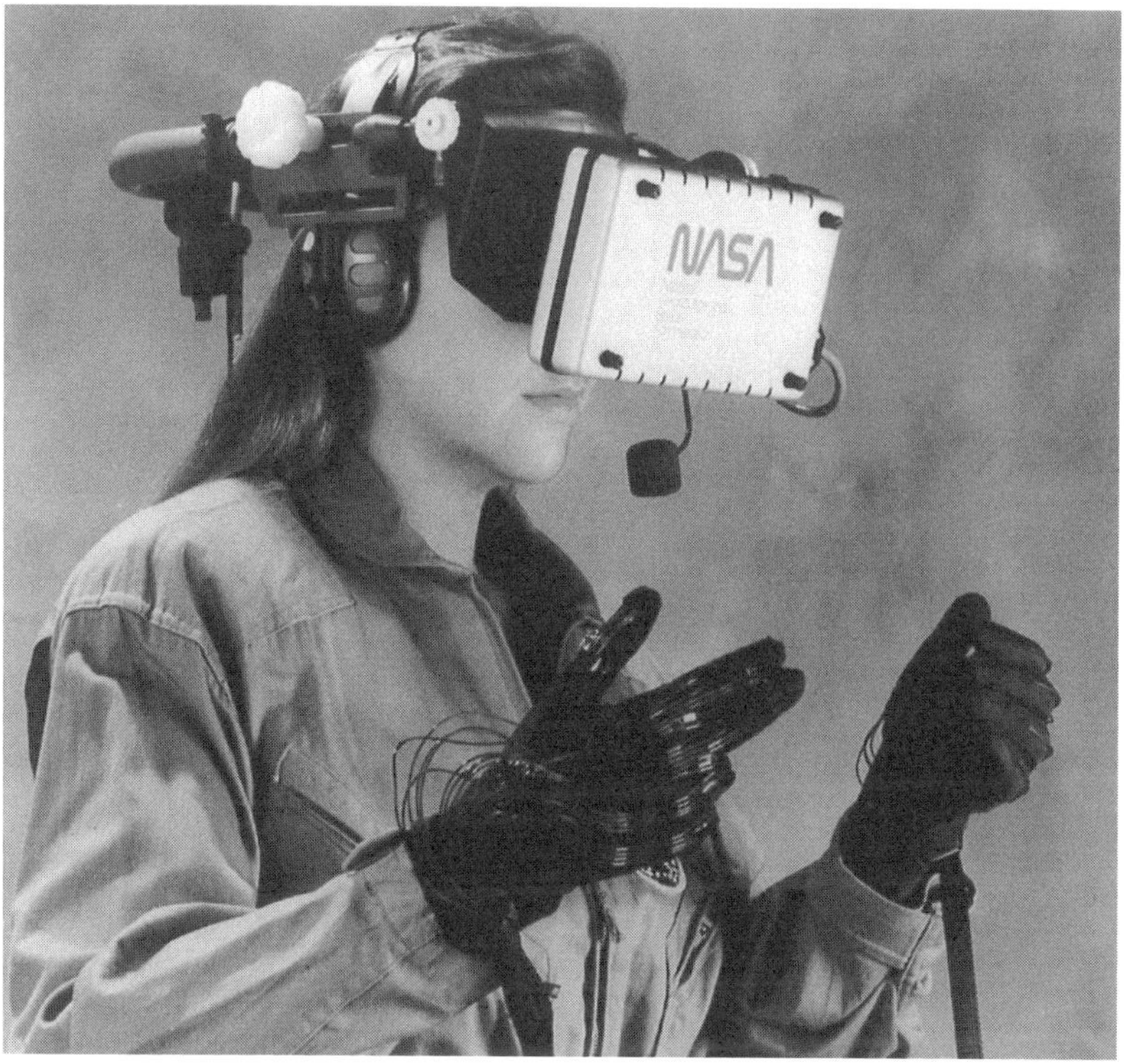


NASAが開発した最新モデルのHMD

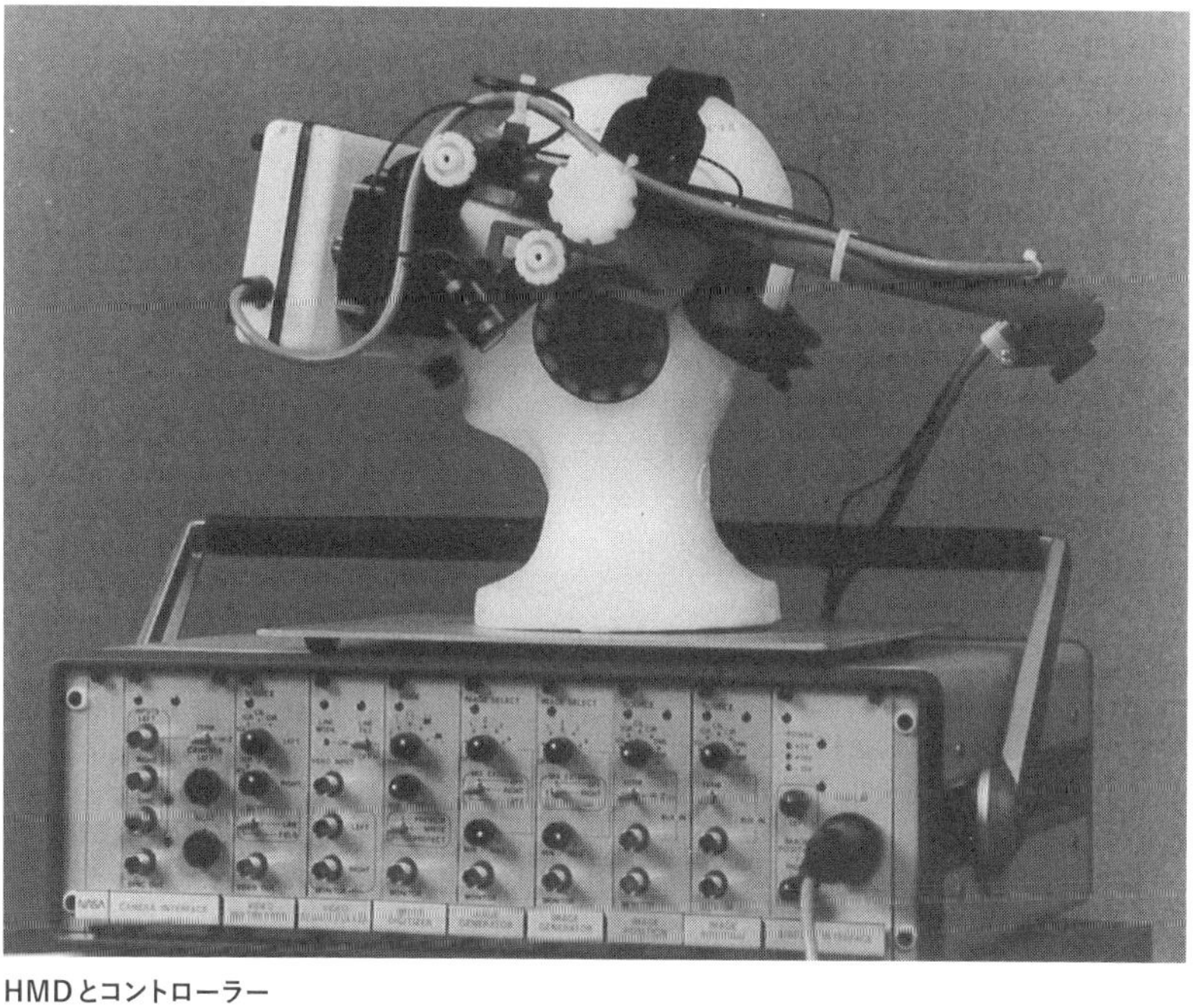


HMDとコントローラー

入ってしまったように、自分がコンピューターのワンダーランドの住人になったような気がしてくる。

それればかりではない。「自分が行きたい方向を、親指と人指し指2本で指して下さい」といわれて、前を指す。すると自分が前に動いているように、ディスプレイの中の映像が自分の方に向かってくる。つまり、コンピューターが作り出した架空の部屋の中に自分がいて、おまけに勝手に中を歩き回れるわけだ。

腕を前に突き出すとスピードが増し、手前に引くと減速もできる。あまりスピードを上げて壁や机にぶつからないかと急に不安になるが、ぶつかっても身体には何のリアクションも感じられず、ゴーストのように障害物を突き抜けてしまう。

さらに天井を指さすと、何と天井の方に昇って行くではないか。まるで重力がないかのように、コンピューターの作り出した世界の中を飛行できるのだ。

前に進んでいくと、エスカレータらしきものが動いているのでそのステップの方へ進むと、それに乗って階下へと降りていける。実際に身体が動いているわけではないのに、回りの風景が動くと自分の身体も動いているような錯覚におちいる。

「まるでありもしない世界で遊んでいるみたいでしょう。次に行きますよ」とフィッシャー氏が外から呼びかける。

とその途端、今度は身体が宇宙空間に放り出され宙に浮かんでいるではないか。眼下にはスペースシャトルが見える。人指し指と中指の2本指であっちこっちと指すと、シャトルの



**プルダウン・メニュー**
常時画面上に表示しておかず、マウスなどで巻紙式に引っ張り出し機能を選択できるメニュー。

周りを自由に泳ぎ回れる。シャトルのエンジンの中に潜り込むと、周りを液体燃料が渦を巻いて流れており、どんな仕組みで全体が動いているかが分かる。燃料の流れの中に手をかざすと、架空の燃料の中に手を入れたように流れが乱れる。実際にこんなことをしたら、手が凍りついてしまうに違いないのだが。

宇宙服も着けず宇宙空間をさまよったり、実際は不可能なエンジンの燃料の中を泳いだり、何か奇妙な気分になる。

次はロボットアームを操作するデモだ。右手をコンピューターが作り出すロボットアームに直結すると、今まで見えていた自分の手のCGがロボットアームに変化する。壁に差し込まれているボードをつかみ、引っ張り出したり、また差し込んだりして作業が行える。ボードをしっかりつかめたかどうか、差し込むための穴にはまったかどうか。手に操作感は直接は伝わってこないが、そのかわりにうまくいけばチャイムのような音がして知らせてくれる。

またロボットアームの先に架空のカメラをセットしてアームを操作すると、カメラで撮った映像を空中に開いたウインドウに映し出すこともできる。これは船外で活動するロボットのリモートコントロールをロボットになりきって行うための研究で、テレロボティクスと呼ばれる分野のデモだ。

フィッシャー氏のチームはNASAで、なぜこんな不思議なものを作っているのだろうか？

「狭い宇宙ステーションの中では、複雑な操作をするためのたくさんのメーターやボタンをすべて、壁いっぱいに張りつけておくスペースはありません。もしコンピューターの作り出した部屋を作り、コンピューターによってパネルや操作盤のイメージを作り出せば、狭いスペースで多くの操作が可能になります。我々はこれを仮想環境ワークステーション（ＶＩＥＷ：Virtual Interface Environment Workstation）と呼んでいます。また宇宙服を着て船外活動を行う場合、ＶＩＥＷを使ってヘルメット内部に情報を表示し、声などを使って複雑な作業も行えます」

「また宇宙空間の中で、危険な作業はロボットを使うことが考えられています。ロボットが宇宙空間に出て作業をするのですが、今までのハンドルや操縦桿を使った方法ではうまく作業ができません。そこで、ロボットの頭部についたテレビカメラで撮影した映像をそのまま操縦者の目の前に映し出し、操縦者の手を動かすと、同じようにロボットの手が動くようにします。そうすれば、ほとんどロボットと同じ状況に自分がいる感じで操縦ができるのです」とフィッシャー氏は解説する。

ＶＩＥＷはオペレーターがワークステーションの中に入り込み、こうした多様で複雑な作業に対応できる総合的な機能を持った、仮想的なワークステーションのモデルなのだ。

この技術を使えば、自分が部屋の中にいるのに、コンピューターの作り出した風景の中にいたり、実際には、いるはずもない場所に存在しているような気になる。映画やテレビで見



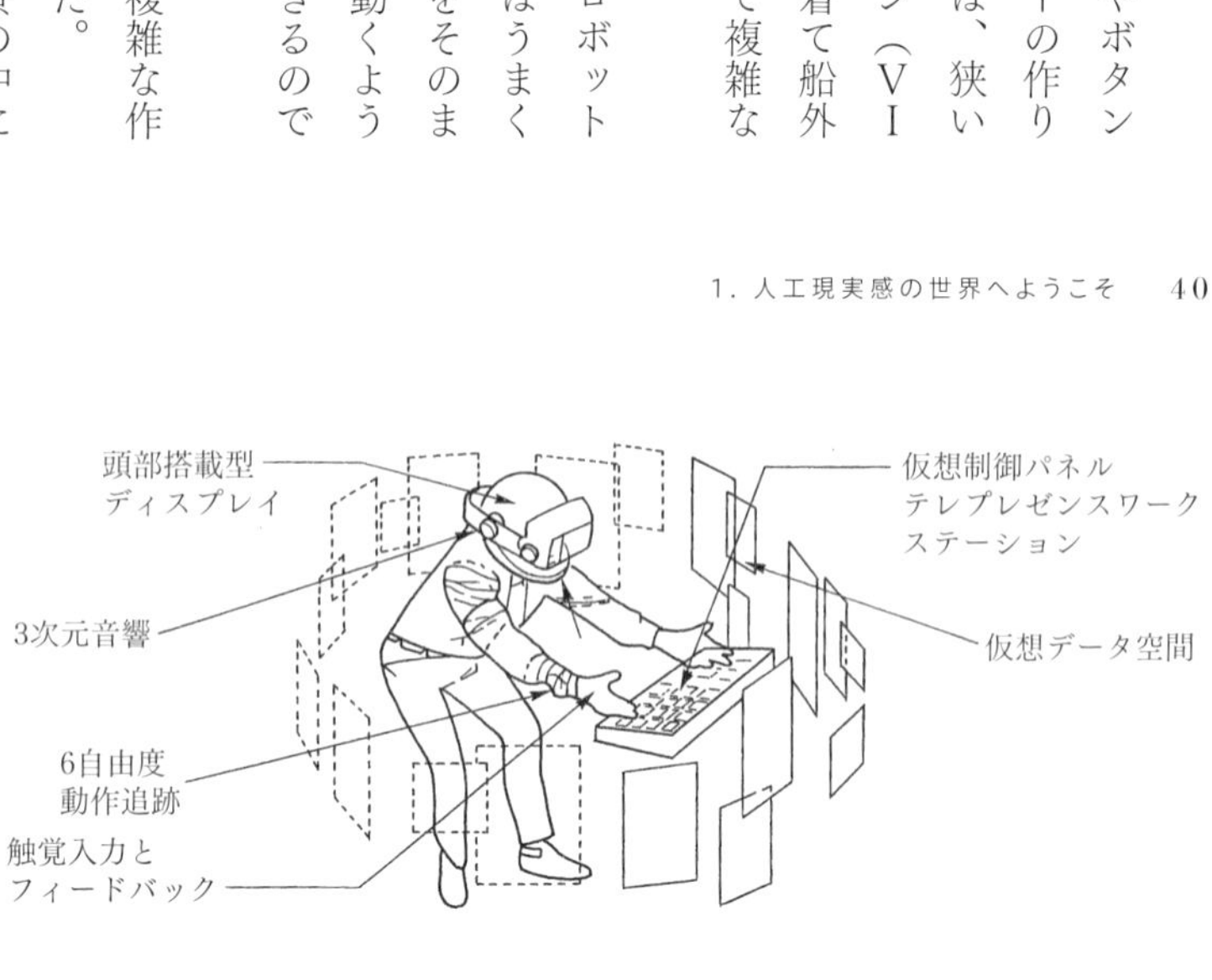


**NASAのイメージする仮想環境ワークステーション**

たり聞いたりする体験を超えて、コンピューターの作り出す風景は自分の回り360度の環境を作り出し、おまけに作り出された風景を手で「触った」り「動かし」たりすることが可能になるのだ。

つまり、「人工現実感」とは、コンピューターが視覚や聴覚や運動感覚に訴える人工的な空間を作り出し、人間があたかもその環境の中にいる感覚で機械と対話できる技術なのだ。

スコット・フィッシャー氏はNASAにくる前の1970年代、MITで研究生活を送っていた。彼が籍を置いていたのは、「アーキテクチャー・マシン・グループ（略称アーク・マック：ArchMac）」といわれる研究グループ。ここでは、建築学部の異才ニコラス・ネグロポンテ氏が、当時のコンピューター関係者に大きな衝撃を与えた研究を行っていた。

当時、建築の分野にもコンピューター化の波が押し寄せ、設計や都市計画を行うため大型コンピューターの導入が検討されていた。大型コンピューターを素人が使いこなすのは至難の技だ。コマンドや使用法などコンピューターの決まりごとの詳細を理解していないと、まったくどう操作していいか分からない。呪文のようなコマンドを間違いなく打ったとしても、どんな結果になるか予測もできない。これに業を煮やしたネグロポンテ氏が作ったグループが、アーキテクチャー・マシン・グループだった。

ネグロポンテ氏が1970年に著した『アーキテクチャ・マシン』という本には、建築に用いられるURBAN5というコンピューターが提案され、かつ氏がその後作ることになる

**ニコラス・ネグロポンテ**
1943年、ニューヨークでギリシャ人の両親の下に生まれる。マサチューセッツ工科大学で学び、建築学科で教える。建築へのコンピューターの応用から、新しいコンピューターと人間の関係を模索するアーキテクチャー・マシン・グループを率いる。その後この成果をもとに、日本企業にも出資を呼びかけ1985年にメディアラボを設立する。メディアの将来に対する独自のビジョンで世界的に知られる。

「メディアラボ」という研究所の基本となるコンセプトや多くのアイデアが盛り込まれている。

ここで行われたいくつかの研究は、当時コンピューター・メーカーや大学の研究者を大いに驚かせた。自分がしたいことを、難しい操作をしないでもそのまま実現してくれるコンピューター。こんな発想で作られたいくつかのデモは、当時のコンピューターをビジネスとする専門家には考えもつかないものだった。

スキーで有名なリゾート地コロラド州アスペンの町の、通りのすべての方向の風景がビデオディスクに収められ、コンピューターにコントロールされる。テレビに映し出された町の画面を見ながら自分の行きたい方向を画面に触れて示せば、その方向の風景が映し出される地上版フライト・シミュレーター「アスペン・ムービー・マップ」。

コンピューターやセンサーが多数埋め込まれた部屋「メディアルーム」で、椅子に座って壁の大型スクリーンに向かって指や声で指示すれば、センサーや音声認識装置がそれを理解して、スクリーンの上に表示された物を動かしてくれる「プット・ザット・ゼア」。

ボディスーツに発光ダイオードを散りばめ、テレビカメラでこれらの位置を検出して身体の動きをコンピューターに認識させる「ボディ・トラッキング・スーツ」。

そのほか多くの先進的な研究が行われたこのグループで、もともとニューヨーク州サラトガ・スプリングスのスキッドモア・カレッジを卒業後、アートのグループと活動していたフィッシャー氏は、立体画像の専門家として1978年にアスペン・ムービー・マップのクルーに加わった。



**アーキテクチャー・マシン**

ネグロポンテ氏が建築や都市計画へ応用できるコンピューターの可能性を論じた本。IBMとMITが共同開発したURBAN5というコンピューターの成果を通し、人間とコンピューターがどう協調作業できるか、ネグロポンテ氏のその後の活動の基本になるアイデアが展開されている。1970年、MITプレス刊。

**メディアラボの入るウィズナービル**

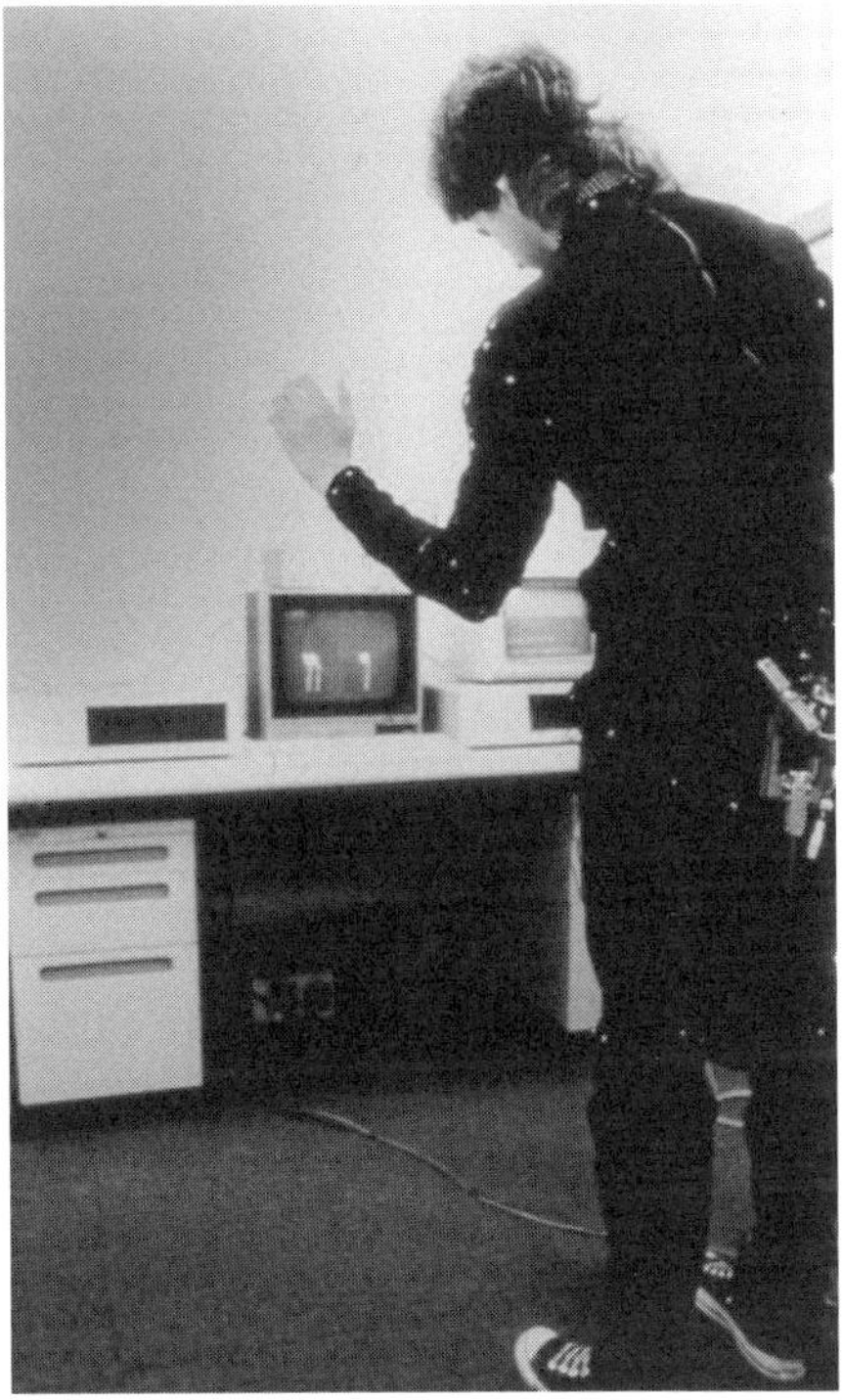

ボディ・トラッキング・スーツ／右上　身体の動きに合わせ、コンピューターで作られたキャラクターが同じ動作をする。／左上　スーツにつけられたLEDの光はテレビカメラによってモニターされ、身体の動きがコンピューターで解析される。／左下　身体にコントローラーを装着する

アスペン・ムービー・マップの作成は、碁盤の目状に張り巡らされた町の道路をありとあらゆる方向に走り、自動車の屋根につけられた魚眼レンズつきのムービーカメラで、全方向の映像を映画に記録する作業から始まった。その映像を当時出始めたばかりのビデオディスクに入れ、ランダムに読み出せるようにした。また町の中にある博物館などの建物を指示すれば、その中に入ってみることもできるようプログラムが作られていた。利用者が自ら操作してナビゲーションを行うことにより、実際にその場所に行くことなく、疑似的な体験を通してその場所についての知識や経験を得ることが可能で、町のガイドとして、また教育用にも使える秀逸な研究だった。

この研究は、１９７６年ウガンダのエンテベ空港でパレスチナ・ゲリラに乗っ取られた旅客機を奪回するため、イスラエル軍が奇襲をかけた際、あらかじめエンテベ空港の模型を作り演習を行い、現地の状況を把握して成功した例に刺激を受け開始されたといわれる。行ったことのない場所は地図や写真を見ただけではなかなか分からない。こうした経験したことのない新しいことを学ぶには、シミュレーションによる疑似体験は大いに役に立つ。

この研究では、アスペン・ムービー・マップを体験した人と使っていない人が実際アスペンの町に行ってみて、初めて行った場所をどの程度簡単に歩き回れるかの評価実験も行われた。もちろん、かつて一度アスペンに「行った」ことのあるアスペン・ムービー・マップの体験者が、高い得点をあげた。

このマップは、あらかじめ利用者の動く道順がプログラムに組み込まれておらず、利用者



**アスペン**
コロラド州デンバーから３００キロ離れたコロラド・ロッキーの山中にあるリゾート地。昔は鉱山の町だったが、今はスキーを始めあらゆるスポーツや音楽を楽しめる町として、また高級別荘地としても有名。

**アスペン・ムービー・マップ**

のそれぞれの時点における判断で、自分の見方で町を体験できる。町の中のナビゲーションに限らず、現実世界の現象は多様で複雑、その中にいる人々の個々の視点からさまざまな見方を許す。この新しいメディアはインタラクティブ・ムービーの手法による個人別の新しい経験を作り出した。

もともとテレビ映像は、遠くにいる誰か他人の目を介して対象を見ているという印象を与える。アスペン・ムービー・マップはそれを主体的に利用者が操作して、自分の目から見た自分の体験として情報を得ることが可能だ。

「ボストンのローガン空港からMITまでたどりつく唯一の方法は、それ以前にその道を通った経験をすることだ」と、アスペン・ムービー・マップの論文の最初のページには、このプロジェクトのリーダーを務めたアンドリュー・リップマン氏の言葉が書かれている。

当たり前のことだが、道順を知るもっともよい方法とは、ガイドブックや人の話を聞くより、その道を実際に通ってみること。未知のものを知るには、そのものをなるべくそのままに近い形で体験することが必要であることをこの研究は教える。

アスペン・ムービー・マップの研究では、立体映像や大型スクリーンを用いてさらに高い臨場感を得るための試みも行われた。スクリーンに映るアスペンの町の映像は、それぞれの時点では1種類の映像だ。また一般的に立体映像を得るためのステレオスコープの方式でも、同じコマの映像を見ている限り視点が固定されてしまい、どの方向から見ても基本的には同じ絵しか見えない。左右の目の角度から見える2枚の絵によって生じる両眼視差により、も

**製作のために車の上に取りつけられたカメラ**

**インタラクティブ・ムービー**
観客が対話式に参加できる映画。フィルムを何種類か用意しており、観客の投票でストーリーの展開を決めるものがあるが、通常はコンピューターとレーザディスクをつないで、利用者がコマンドなどを使い、ストーリーに参加したり質問を使って教育用に使ったりするものを指す。

**ステレオスコープ**
2つのカメラで左右の目から見える映像を映し、これらを左右の目で見て立体画像が見えるようにした光学機器を指す。

のは立体的に見えるが、自分の視点を動かした時に移り変わる画像から生じる動的な視差を使っても立体視はできる。

フィッシャー氏の次の課題は、スクリーンを見る人が頭の位置を変えると、その視点から見えるはずの映像が出される、いわゆる動的視差を用いて立体表示を行う研究だった。その結果作られたシステムは、同じディスプレイの画面でも、ディスプレイの前で上下左右に頭を動かし見る方向を変えると、頭の位置をセンサーが検出して、スクリーンにその角度から見える映像を瞬時にビデオディスクから呼び出して作るものだった。

当時はCGを用いるのは大変だったので、各視点から見える画像をやはり16ミリ・ムービーカメラで撮り、アナログ画像として収録した。ありとあらゆる方向から見える画像を得るために、机の上にカメラを置き、机のXY座標方向に少しずつ移動して4000枚以上の画像を撮影し、ビデオディスクの中に収めた。

この方式は広い範囲の視点から見えるはずの映像を、頭の位置検出と画面の切りかえによって作り出し、結果的にホログラフィーと同じような効果を得る。しかしホログラフィーよりもっと少ない情報量で、同じような効果が得られる点に特徴がある。

またディスプレイを大きくしていくと、より迫力のある映像が得られる。

「アスペン・ムービー・マップの画像を、メディアルームのような大型スクリーンを部屋の全面に張り巡らして投影し、臨場感を高めることも検討されました。しかし大がかりすぎるし、経費もかさみ、これでは一般の人が使えるテクノロジーにはなりません」と彼は当時



**両眼視差、動的視差**

左右の目の位置が違い対象を見る角度が違うため、両目の網膜に映る映像が少し異なる。これを両眼視差という。また身体が動くことによって、時間的に対象の見える角度が異なっていく。これを動的視差という。人間が立体視できるのは、両眼視差や動的視差や背景の濃度差などさまざまな情報を用いている。

**ホログラフィー**

光の干渉する性質を使い、立体像を記録したり再生したりする技術。通常は対象にレーザー光を当て反射した光と、もとのレーザー光によってできる干渉縞を記録する。再生時に同じレーザー光を当てると立体像が再生できる。最近は通常の白色光でも再生できるものができ、利用が広がっている。

を回想する。

フィッシャー氏はその後、アタリ社に1982年から1984年まで勤める。当時アタリ社は創業者のノーラン・ブッシュネル氏が事業に失敗し、ワーナーに買収された状況だった。そんな中でアラン・ケイ氏が主宰する研究所が作られ、家庭用コンピューターでどんなソフトが必要かを始め、未来のコンピューターのあるべき姿を探るため、さまざまな研究が行われていた。

「アーキテクチャー・マシン・グループをアラン・ケイ氏とアタリ社のCEO（最高責任者）が見にきたことがあります。アタリ社のCEOは大変興味を示し、このグループを買い取ろうと提案しましたが、もちろんネグロポンテ氏は応じませんでした。そこでアタリ社は自分の研究所を作り、大変よい条件で我々を引き抜こうとしたんです。このグループからは私を含めて結局6人が移籍しました。いろいろなバックグラウンドの人が集まり、研究費が十分出て、皆が20年先に初めて商品化が可能になるようなさまざまな研究を続けていたのです」と氏は当時の状況を話す。

フィッシャー氏は家庭のパソコンやアーケード・ゲームに立体ディスプレイをつけたり、シミュレーションの手法をゲームに取り入れることに興味を持っていた。この研究所の多くのプロジェクトに参加した氏は、キーボードばかりでなく、動作や感情表現をどうコンピューターに伝えるかというための研究も行った。

ここではバレリーナの動きをコンピューターに伝えるための研究や、演劇の手法を使った



**アラン・ケイ**
コロラド大学で数学と分子生物学を学ぶ。ユタ大学で博士号取得。スタンフォード大学の人工知能研究所、ゼロックスのパロアルト研究所（PARC）の研究員になり、パーソナル・コンピューターの実現を可能にする多くの研究に従事。個人の究極の道具となるパソコン「ダイナブック」を発想する。1981年にアタリ社の研究所を作り、1984年までアップル社のチーフ・サイエンティスト。現在、アップル・フェロー。プロのジャズ・ミュージシャンでもあり、コンピューターの将来を見通すビジョナリーとしても有名。

コンピューターゲームなど興味深い研究も行われている。またメディアラボのように、マルチメディアや人工現実感の分野で現在も活躍している人を多く輩出している。

NASAではその頃、スタンフォード大学のマグレビー氏らがHMD関係の研究を開始しており、立体映像のエキスパートとして有名になっていたフィッシャー氏はNASAに招かれることになる。

「何か新しいことをしてみたかったし、宇宙にも興味があったんです。私が抱いていた夢が本当に実現したのはここにきてからです」

フィッシャー氏はアタリ社からNASAへ移る。

# 2 鏡の国への旅 ～3人の祖父達の軌跡

## バーチャル・リアリティー・デイ

「1時23分45秒、6月7日89年。この瞬間がバーチャル・リアリティー誕生の瞬間だったの。そして、この日をバーチャル・リアリティー・デイという記念日に決めたのよ」

VPL社でデビーさんはこういって微笑んだ。

1から9までがきれいに並んだ1989年6月7日のこの日、サンフランシスコのシビッ



**アタリ社**
ノーラン・ブッシュネル氏が1972年に設立した、ビデオゲーム会社。社名は囲碁の「当たり」から取られた。最初に売り出されたピンポンゲーム「ポン」は、大ヒットとなりビデオゲーム業界を創設した。1976年ブッシュネル氏がワーナー・コミュニケーションに売却。その後の事業不振でゲーム部門は1985年に日本のナムコ社に買収される。

ク・センターで西海岸の地方電話会社パシフィック・ベルが、通信技術を中心としたトレードショー、Texpo '89を開催していた。

近未来のネットワークISDNや、カラーファクシミリなど先端的な他社の展示に混じって、VPL社が出展していたのは、この日初めて一般に公開された新製品「RB2」。RB2というのは「Reality Built for 2」。つまり2人のために作られたリアリティーという名の製品だ。参加した1万8000人の観客は、この一風変わった名前の製品のデモを行うブースの周りに殺到した。

VPL社の創設者の1人でCEOでもあるジャロン・ラニアー氏は、オズの魔法使いの中から出てきたライオンのような巨体に、レゲエ歌手のようなドレッドヘアーという目を引くスタイルで観客に説明を始めた。

2人の人が頭に真っ黒な大型のゴーグル――アイフォンをかぶり、手には黒いセンサーつき手袋――データグローブというロボットのような異様ないでたちで座っている。アイフォンの中にはカラーLCDのディスプレイが入っており、これをつけた人にはコンピューターの作り出した立体像が見える。その映像が観客にも見えるように、大きなテレビに映し出されている。

2人の目に映っているのは、相手の格好をしたCGと自分の手の格好をしたCG。ディスプレイの中にはコンピューターが作り出した相手のイメージが、相手の動きとまったく同じように動いている。2人はコンピューターの作り出した架空の部屋の中を歩き回ったり、相

ジャロン・ラニアー氏

手を見つけ出し、近づいて握手をしたりする。お互い離れた椅子に座ったままの2人が、腕を伸ばして手を握るジェスチャーをすると、テレビに映ったコンピューターの作り出した夢の世界で2人の手が握られる。

コンピューターの中のイメージは変幻自在。デイ・ケア・センター（託児所）というデモでは、遠くにいるはずの子どもの頭をなでたり、自分の身体を子供のサイズに縮小して子供の視点から部屋の中を見回したりできる。部屋のイメージの中にはスポンサーのパシフィック・ベルのロゴマークが描かれ、ちゃっかり「バーチャル世界初」の広告となっている。不思議の国でアリスになって「マッド・ティーパーティー」に参加したり、自分がロブスターやティーポットに変身できるデモもある。

彼らが座ったまま首を振ったり手をあちこちに動かす姿は、まるで瞑想中の僧が現実の世界から自らの意識を切り離し、空中を舞っているかのようにも見える。

「コンピューターを媒介にして2人の情報は交換されるので、同じ部屋にいようと、サンフランシスコとボストンに離れていても同じことです。2人はRB2の作り出す世界の中に入って、コミュニケーションをしているのです。それも本当に相手を目の前に見ているように」

未来の電話はこんな姿になるのだろうか？　観客はグラハム・ベルの発明した電話を生まれて初めて見た時のように、驚きの目でこのデモの周りに立ちつくした。



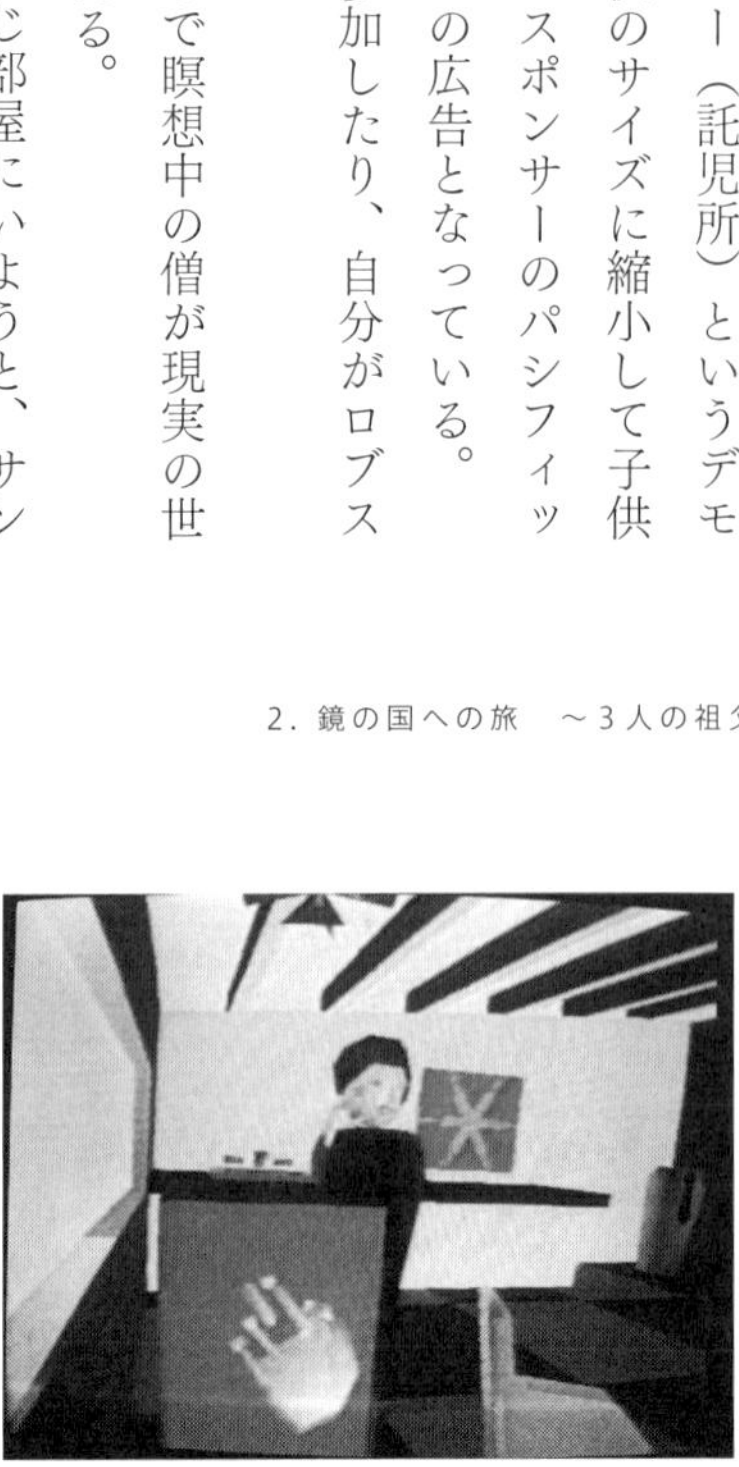

**デイ・ケア・センターのデモ画面。子供の右に見えるのがパシフィック・ベルのロゴマーク**

1990年2月6日に東京の外苑前にあるTEPIAで、未来のコンピューターとのインターフェースを予感させるようなイベントがスタートした。このアドバンスト・インターフェース（高度インターフェース）をテーマにした展示会の1つの呼びものは、VPL社のデータグローブと、データスーツというセンサーつきのボディスーツを使ったシアターだ。

毎日午後になると、青いダイバースーツに似たデータスーツを着て帽子をかぶった女性が、舞台の上に登り何やらおかしな動きを始める。まるでパントマイムを行うようにいろいろなポーズを取ると、その格好に応じて舞台の周りにあるディスプレイの中でCGのキャラクターが演技を始めるのだ。

スーツのセンサーから出た何本ものワイヤーが束ねられ、舞台中央のアームの方へと延びている。女性はまるでワイヤーで吊るされた操り人形のように手足を動かす。これらの線を伝って流れるのは、今まさに動いている女性の身体の動きの情報だ。この信号は舞台の裏にあるCG専用のコンピューターに伝えられ、この動きにしたがってCGのいろいろなキャラクターが動くのだ。

「時空の錯誤〜M氏の夢」の幕があがる。キャラクターは紳士になって架空の部屋を訪ねる。あたりをうかがっていると、突然時計が逆転したり、外の風景が夜になったり、不思議な魚が現れる。驚いた紳士はテーブルの上にあるビンを手に取り、中身を飲んでしまう。す



**TEPIA**

わが国の機械情報産業関連における最先端技術の紹介を通じて、その未来像を展望し、国際的な情報交流を図ることを目的に設立されたパビリオン。ハイテクノロジーやニューメディアを紹介するTEPIAプラザを中心に、3つのゾーンから構成されている。運営は財団法人機械産業記念事業財団。

ると自分の身体が消えて透明人間になってしまう。

そればかりではない。もう1人の自分が現れたり、天井を歩けたりいろいろなものに変身していく。不思議の国のアリスのような世界が、そのまま舞台で演じられる。舞台の上の奇妙な一人芝居はまだ続く。

今度はテーブルの前に座った女性が、電話をしたり雑誌を読んだり背伸びをしたりしている。ディスプレイの中では猫がまったく同じ動作をしている。観客がデータグローブをはめて手のひらを動かすと、ディスプレイの映像は、まるで手のひらの位置にあるカメラから見たかのように、見える角度が変化する。

「奇妙だけど、面白い。ハイテクそうでハイタッチ」。観客は戸惑いながらもこの新しい体験に親しみを覚えた。センサーやワイヤーに包み込まれた身体がコンピューターと作り出す新しい世界は、日常の世界から人間のイマジネーションを抽出し、どこにもない場所への旅に観客を誘っているかのようだ。

「観衆の前までたどりついた人工現実感。実はこの旅は遠い昔に始まっていたんです。このテクノロジーの歴史は人間が道具に出会った時から始まり、人間の心を拡張するコンピューターという道具が生まれてから大きく進歩しました。このテクノロジーの長い歴史の中で、近年、アイバン・サザランド、モートン・ハイリグ、マイロン・クルーガーという3人の祖



（左頁）データスーツを着た女性が演技をするとCGの紳士が同じように動く

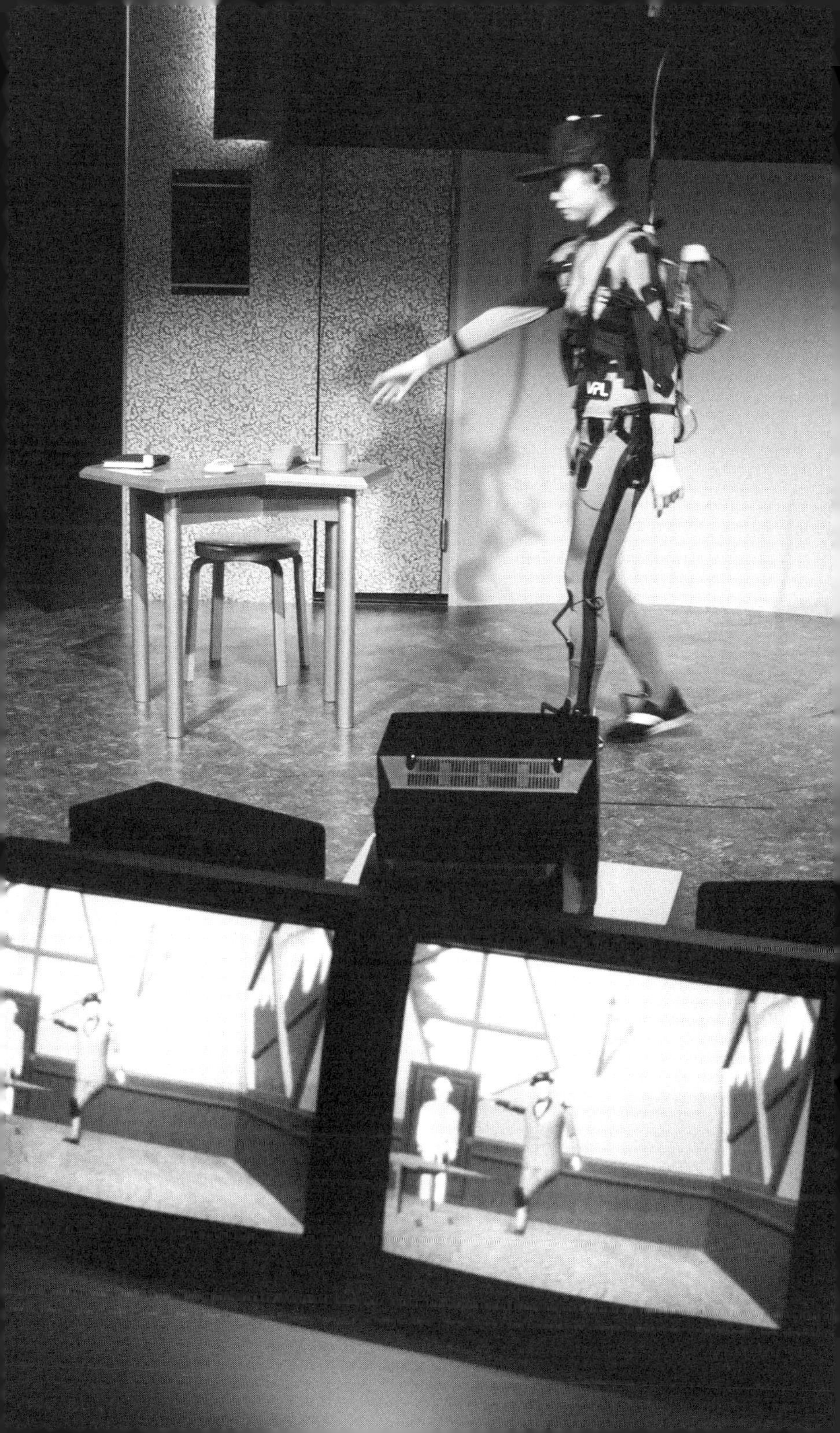
VPL

父ともいえる人が出現したのです」
コンピューターにかかわった人々の姿を『思考のための道具』という著作の中で生き生きと描いた米国の作家ハワード・ラインゴールド氏はいう。

## 空中に浮かぶ架空の立体　～アイバン・サザランドの夢

弾道計算や暗号解析という膨大な数値を処理するために作られた電子計算機。歯車を使った機械式の計算機にかわって、それまでにない高速処理を可能にした初期のコンピューターは、部屋ほどの大きさを持つ筐体の中に何万本もの真空管が入り、さながら電熱器のような巨大なモニュメントだった。プログラムを作るには何人もの人がパッチコードをつないで行う。まさに特殊技能を持った専門家のための機械だった。

そんな中でも１９５１年ＭＩＴでは、数値制御ができる工作機械（ＮＣフライス盤）が作られ、これをコントロールするためのＡＰＴというプログラミング言語が開発されていた。また１９５９年には設計・生産のために、広くコンピューターを使う検討も進んでいた。

当時の計算機はまだほとんどが、バッチ処理といわれる一括処理方式を使って運用されていた。一度プログラムを走らすと、結果が出るまでもうデータを途中で変更したりやり直しができない方式だ。

しかしそんな中ですでに実際の問題にコンピューターを応用しようと、新たな試みが進行していた。シンクロスコープのディスプレイを表示装置に使い、コンピューターを対話的に



**ハワード・ラインゴールド**
米国の作家。オレゴン州のリードカレッジで心理学を専攻する。『思考のための道具』（パーソナル・メディア社刊）や『コンピュータ言語進化論』（アスキー出版局刊）を始め多くの著書がある。現在、ホール・アース・レビュー編集長。

使い、作図や設計変更や強度計算を行う現在のＣＡＤに相当する方式の検討だ。

１９６０年夏のこと、カーネギーメロン大学を卒業しカリフォルニア工科大学を修了した学生アイバン・サザランド氏が、ＭＩＴで情報理論を作り上げたクロード・シャノン教授のところへ博士課程の学生としてやってきた。これだけ検討が進む中で、まだコンピューターによる図形処理の実際の研究が進んでいないことにサザランド氏は驚き、１９６１年から自ら研究を始めた。

氏が試行錯誤を繰り返し、やっとのことで作り出したのは、「スケッチパッド」と呼ばれるシステム。ライトペンを使ってコンピューターの画面の上に、本物の落書き帳の上に描くような手軽さで、対話式に図形を作り出せるものだ。

計算機に対していちいちキーボードやパンチカードを使って指示を与えて図形を作ったり変更するのではなく、その場で図面そのものを取り扱える。現在はパソコンでもできる簡単な作業だが、当時はＭＩＴのリンカーン研究所にあった世界最大級のコンピューターＴＸ－０とＴＸ－２を用いて行う必要があった。

ディスプレイの上でライトペンで位置を決めると、ワイヤーフレームの図形が作り出され、拡大、回転や移動などが自由にできた。

例えば「draw」というコマンドのボタンを押し、ライトペンで指示した2点の間に線を引いたり、中心点だけを決めて円を描いたり、できた図形を「move」というコマンドで図形ごと画面上で移動するといったことが簡単に行えた。コンピューターを使ったデザインが

**CAD（Computer Aided Design）**
コンピューター援用設計とも呼ばれ、コンピューターを利用して設計図面を描く方法。図面の作成や変更、管理、再利用が簡単にでき、生産性の向上が図れる。この図面をもとに生産機械に結びつけて行うのがＣＡＭ（コンピューター援用生産）。また設計したモデルを解析し事前に製品の評価を行うＣＡＥ（コンピューター援用エンジニアリング）もある。

**クロード・シャノン**
１９１６年ミシガン州生まれ。ミシガン大学で学び、ＭＩＴの大学院でバネバー・ブッシュの指導を受ける。１９４１年にＡＴ＆Ｔのベル研究所に移り、通信の雑音の研究や暗号解読などを手がけた。第2次大戦後、熱力学などで使われるエントロピーという概念を情報に応用し、「通信の数学的理論」という論文を出し、今日の情報理論の基礎を作った。

図面を描くようにでき、現在のグラフィックス用システムの基本機能を備えた完成度の高いシステムだった。

このスケッチパッドは1963年にSJCC（Spring Joint Computer Conference）という会合で学会発表がなされ、関係者に大きな衝撃を与えた。この発表をきっかけに、新たにコンピューター・グラフィックスという分野が生み出されることになる。

サザランド氏の研究はそこにとどまらなかった。1965年にIFIP会議（情報処理国際連合）で発表された「究極のディスプレイ」という論文には、コンピューターにつながれたディスプレイが、「数学的なワンダーランドを映す鏡になる」という主張が展開された。

臭覚や味覚や力を伝えたり、視点の位置でその方向から見える画像を表示するディスプレイや、コンピューターでコントロールされたディスプレイが、人間が親しんでいる実世界の物理法則とは違う論理的な世界を作り出したり、反重力物質の動きなど、現実にはありえない世界を表示できる可能性が示唆されている。

「究極のディスプレイ」とは、内部に存在するものが、すべてコンピューターでコントロールされる部屋の大きさのディスプレイを指す。

「これこそ文字通りアリスの歩いた不思議の国だ」という言葉でこの論文は終わる。

その後ハーバード大学に移って研究を続けた氏は、もう2次元の画像には飽き足らず、3次元の世界に挑戦を始めていた。そしてついに1968年、ユタ大学に招かれた直後に「3次元ヘッドマウントディスプレイ」を発表する。



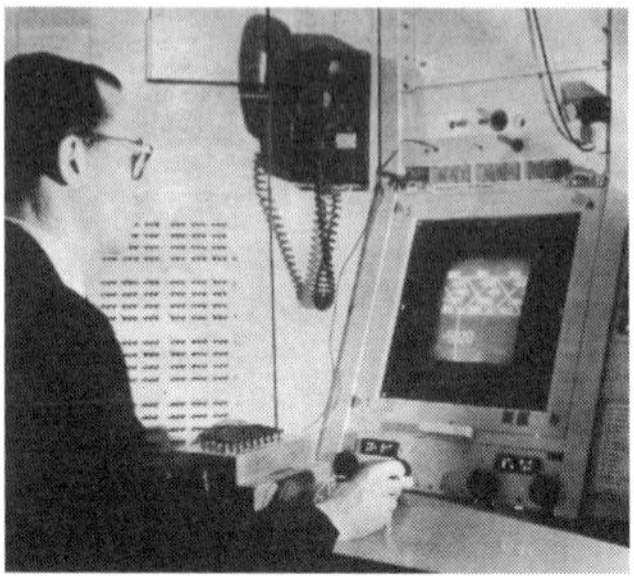

スケッチパッドを操作するアイバン・サザランド氏（早稲田大学理工学部 山口富士夫教授提供）

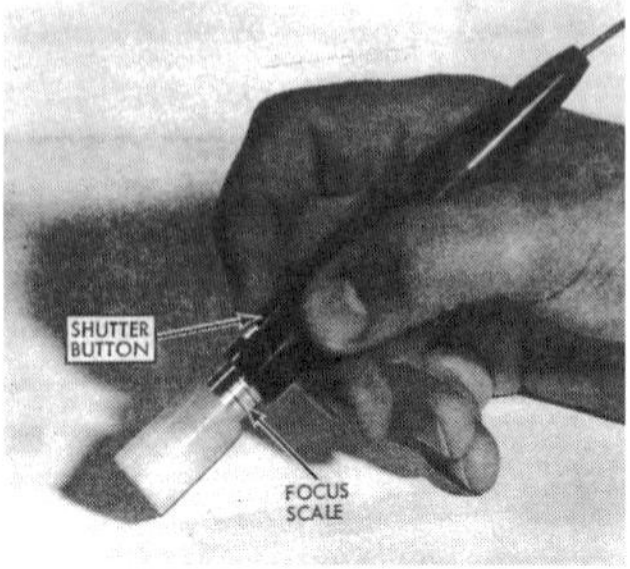


ライトペン（山口教授提供）

国防総省のＤＡＲＰＡ（国防高等研究計画局）や海軍の資金によって研究されたこの画期的なディスプレイは、氏が以前主張した究極のディスプレイのような部屋全体のサイズではなく、小型のディスプレイを頭に着ける方式だった。音の世界で部屋全体の音響を作り出すスピーカーに対して、耳のそばで音を流すヘッドホンがあるように、映像の世界でも大型スクリーンのかわりに、ディスプレイをじかに人の目の前にもってくる方式だ。

このヘッドマウントディスプレイ（ＨＭＤ）は、左右の目の脇に固定された2本のミニチュアＣＲＴを使って画像を作り、ハーフミラーで反射させて目の前18インチの位置に像があるように見せるようにするものだ。コンピューターで生成したワイヤーフレームの画像は、目の前に置かれたハーフミラー上で現実の風景と重なり合って表示される。視点を移動するとその位置から見える映像がすぐさま計算されて表示され、空中に浮かぶ立体像を作り出す。

簡単な構造のＨＭＤはすでに、ＭＩＴでサザランド氏の博士論文を審査したマービン・ミンスキー教授らによって作られていた。

「最初のものは頭にＣＲＴをくりつけた、まったく簡単なものでした。しかしこれがあまり重要なものだとは、誰も考えていませんでした。サザランド氏は私の受け持った中でももっとも優れた学生の1人でした。彼はこれの持つ重要性にいち早く気づいたのです」とミンスキー教授は当時を回想する。

「この3次元ディスプレイはこれを着けた利用者が動くと、それに応じて変化する映像を



**マービン・ミンスキー**

1927年ニューヨークに生まれる。小さいときから数学の才能を見せ、天才児を対象にした学校に通う。ハーバード大学で数学を学び、プリンストン大学の大学院に進む。1956年にダートマス大学でジョン・マッカーシーやハーバート・サイモンらと、人工知能に関する初の会議を開催しこの分野をリードする。その後ＭＩＴに移り、人工知能研究所を創設し所長も務める。最近は著書『心の社会』（産業図書刊）も邦訳され、新しいコンピューターのパラダイムを提案するものとして注目される。

提供しようというものです。網膜に映った映像は所詮は2次元です。だから網膜上に適切な2次元映像を映せば、3次元の対象を見ているような錯覚を作り出すことができるのです。しかしもっと重要なことは、観察者が動いたときに生じる変化です。3次元ディスプレイの映像は観察者の頭が動いた時に、実際の対象の映像が変化するのとまったく同じように変化させなくてはなりません。心理学で昔から知られているように、動きにより生じるパースペクティブの変化を伴った像は、ステレオ映像でなくても3次元の像に見えるのです。このディスプレイは、この運動によって生じる奥行き感覚を用いたものです」と、サザランド教授は3次元ヘッドマウントディスプレイを論文の中で紹介している。

東海岸のボストンに隣接するケンブリッジにあるハーバード大学時代にすでに作られていた3次元HMDは、サザランド氏がソルトレークシティにあるユタ大学に着任するほんの数日前に完成した。そして再びユタ大学で組み立てられた。しかしこのHMDに火が入れられるのは1970年の正月を待たなくてはならなかった。

装置はまだ巨大で、頭にかぶる表示部分は「ダモクレスの剣」と呼ばれる太い可動性のパイプで天井から吊るされていた。このパイプは2つのジョイントからなり、HMDを頭に載せた人はこの軸から半径3フィートの範囲を動き回ったり、首を上下に30度から40度振ることもできた。このパイプの位置と首の角度を使ったり、3つの周波数の超音波をセンサーで受け、これらのデータからコンピューターがHMDを着けた人の頭の向いている方向を計算し、その方向に見える画像を計算して作り出した。



（左頁）サザランド氏の作ったHMD。両目の上にあるハーフミラーの外側にはミニチュアCRTのチューブが見える

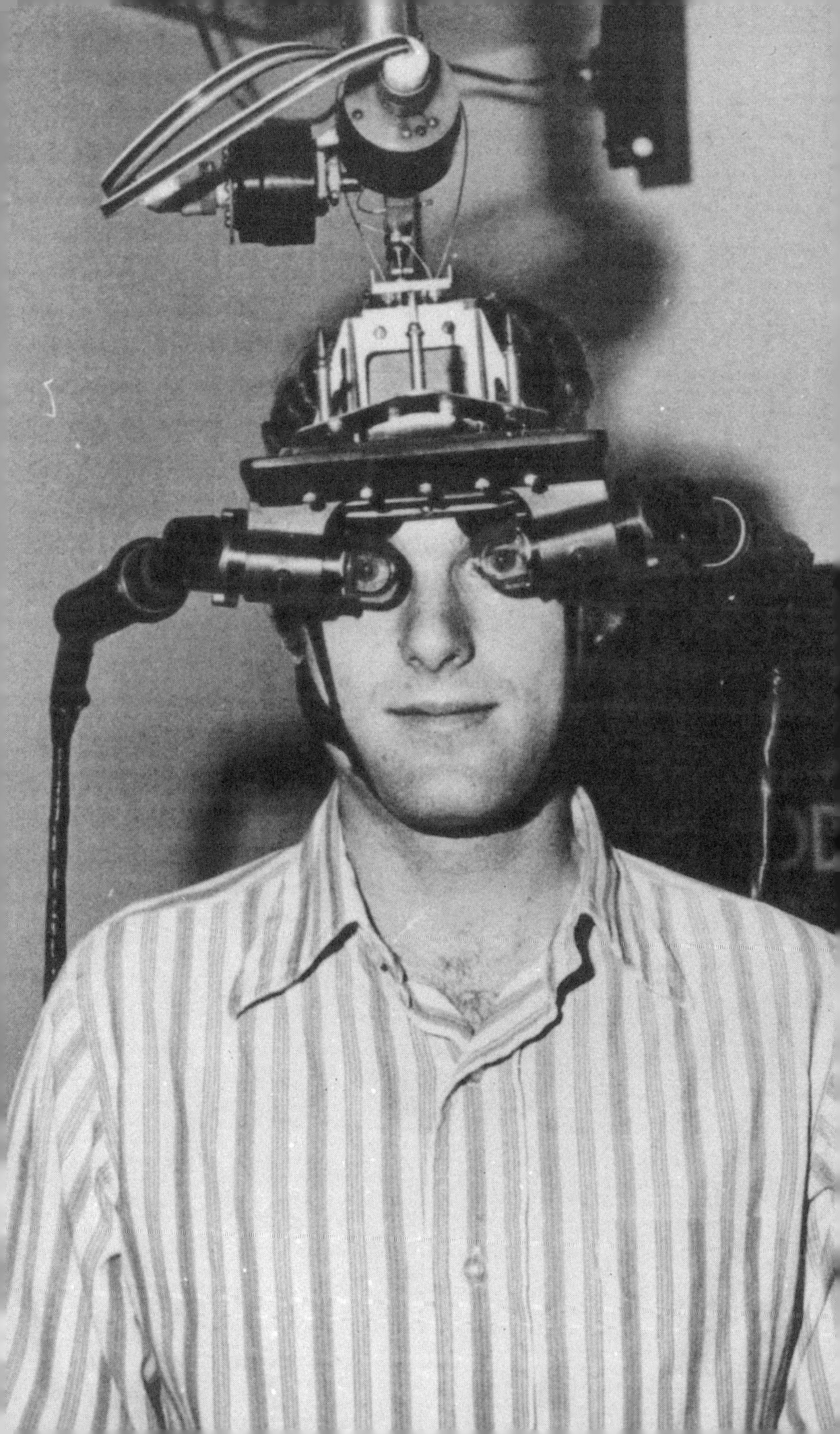

まだ眼球の位置は検出できず、手前にあるものの後ろに隠れていて、こちらからは見えないはずの線を消す処理（いわゆる隠線処理）は当時は難しかったため、ワイヤーフレームの画像は針金で作った表面のない図形としてしか表示できなかった。それでもデジタル・マトリックス・マルチプレクサやクリッピング・デバイダとよばれる現在のCGディスプレイには欠かせないものになっている特別なハードウェアを備えたこの装置は、毎秒3000本のラインを30コマ作り出す高い能力を持っていた。このシステムで作り出された映像は、現在のCGのように解像度の高いものではなかったが、空間のある位置に浮遊し、実在する立体模型のように見えた。

「当時日本の大学で使えるのは、せいぜい機械式の計算機。そんな中でスケッチパッドやHMDに接したのは大変な驚きでした。これらのシステムの完成度は大変高く、今のコンピューター・グラフィックスに必要なほとんどの機能をすでに備えていました。私はユタ大学で、このHMDを試す機会がありました。家の格好の図形が見え、これをただ眺めるばかりでなく、頭の位置を移動すると、その中に入ったりすることもできる大変面白いものでした」と、1969年に初めてサザランド氏に会い、その後ユタ大学で研究生活を送った早稲田大学理工学部の山口富士夫教授は思い出を語る。

スケッチパッドがライトペンで2次元の画像を自由に操作できたように、このHMDではカメラのフラッシュのグリップを利用して作った金属製の杖を使い、立体画像を触ったり操作できた。杖を用いて対象物を手で操作することにより、空中の架空の図形に実在感が生ま



**デジタル・マトリックス・マルチプレクサ（MM）／クリッピング・デバイダ（CD）**
MMは行列の演算を高速に行うハードウェア。座標の移動や画像の変化を計算する。CDは変換された図形が視線のうちにあるかどうかを判定し、透視変換を行い、見えない部分をカットする。

れた。

この杖を持ち空中に線を引く動作をすると図形が描けた。図形の見える位置に持っていって「つかむ」というコマンドを使うと、杖の先で図形をつかんで移動したり、「引っ張る」というコマンドである部分を引っ張って伸ばすことさえでき、まるで空中で針金製の模型を手で操作するようだった。

杖にはワイヤーをつけたり超音波の発振器をつけ、その空間内の位置をワイヤーの長さや天井についた超音波のセンサーで測り、杖が立体図形とどのような位置関係にあるかがコンピューターに分かるようになっていた。また壁に書かれたコマンド・メニューを杖でポイントして、コマンドも実行できるというものだった。

この研究を担当した彼の研究生ドナルド・ビッカーズ氏は、このシステムを冗談めかして「魔法使いの弟子」と名づけた。まさに魔法使いが自分の思いを込めて杖を振りながら呪文を唱えると、思念の世界が現実のものになるように、これを使った人は自分の想像力を空中に表現することができた。

ユタ大学には、現在では人工現実感研究に欠かせない3次元グラフィックス・コンピューターを作るシリコン・グラフィックス社のジム・クラーク会長、ダイナブックを提唱したアラン・ケイ氏やノースカロライナ大学でやはり人工現実感の研究に携わるヘンリー・フックス教授もかつて在籍していた。

このHMDは彼の研究室の学生に引き継がれていったが、サザランド氏本人は、すでに同

杖でボード上のコマンドを操作しているところ

**シリコン・グラフィックス社**
シリコンバレーのマウンテンビューにあり、3次元CGを高速に処理するIRIS4Dなどのワークステーションを作る会社として有名。人工現実感のシステムでグラフィック・エンジンとして多用される。

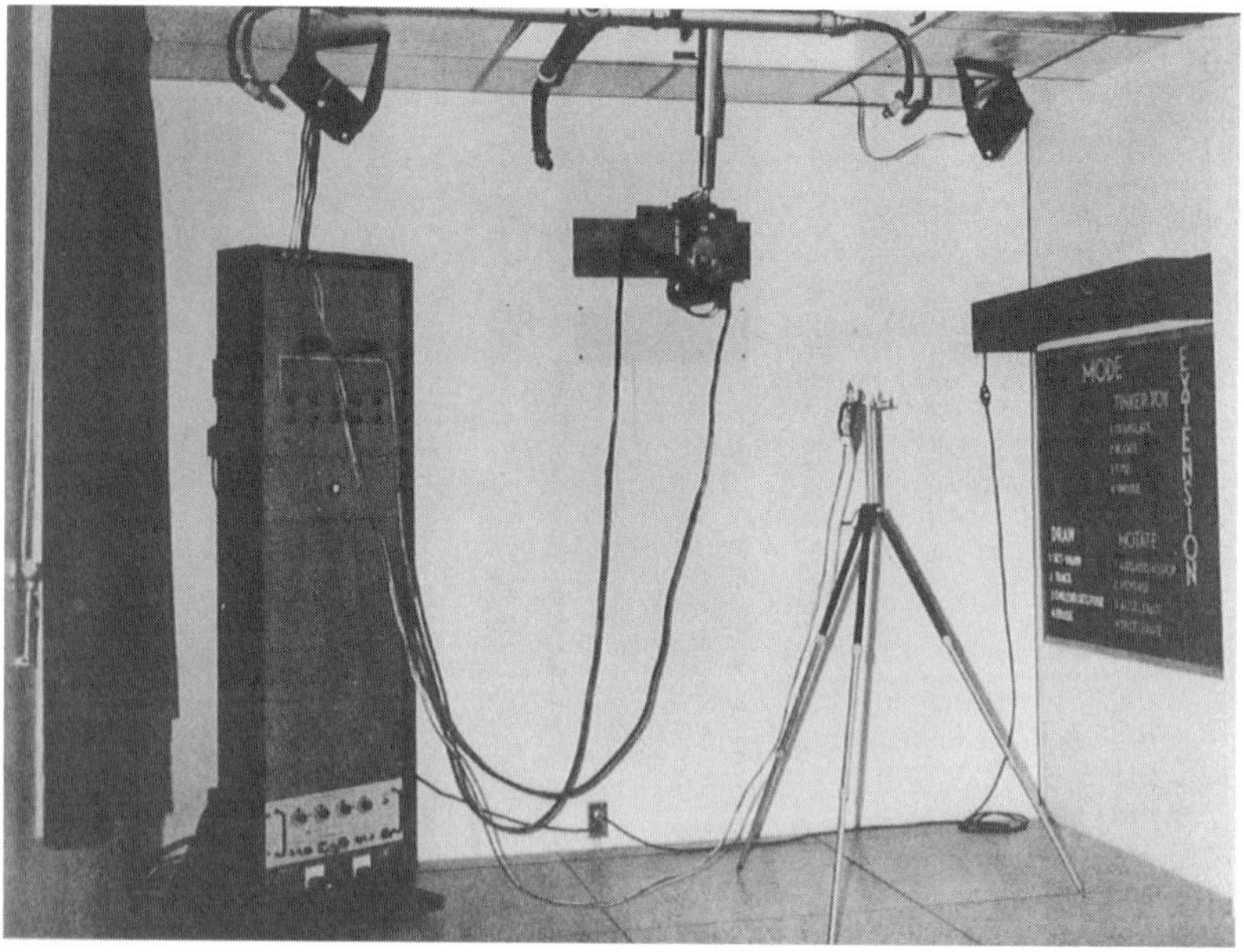


「魔法使いの弟子」のシステム。左のラックはアナログ回路を収容したもの。中央天井から金属の棒が延び、HMDが見える。右の三脚にはグリップつきの杖がある。右端のボードはコマンドを選択するためのメニュー。天井のパイプは位置センサー

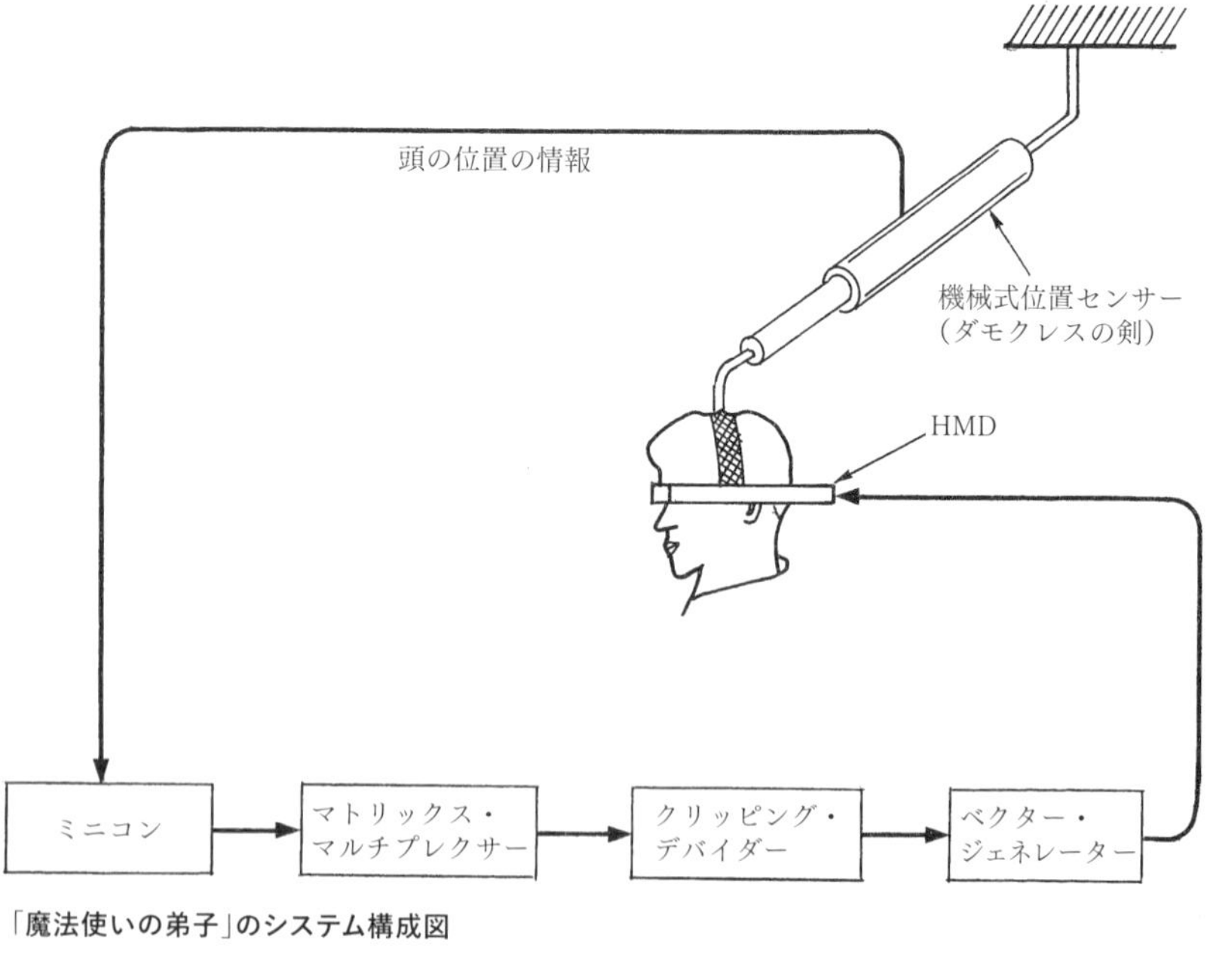


「魔法使いの弟子」のシステム構成図

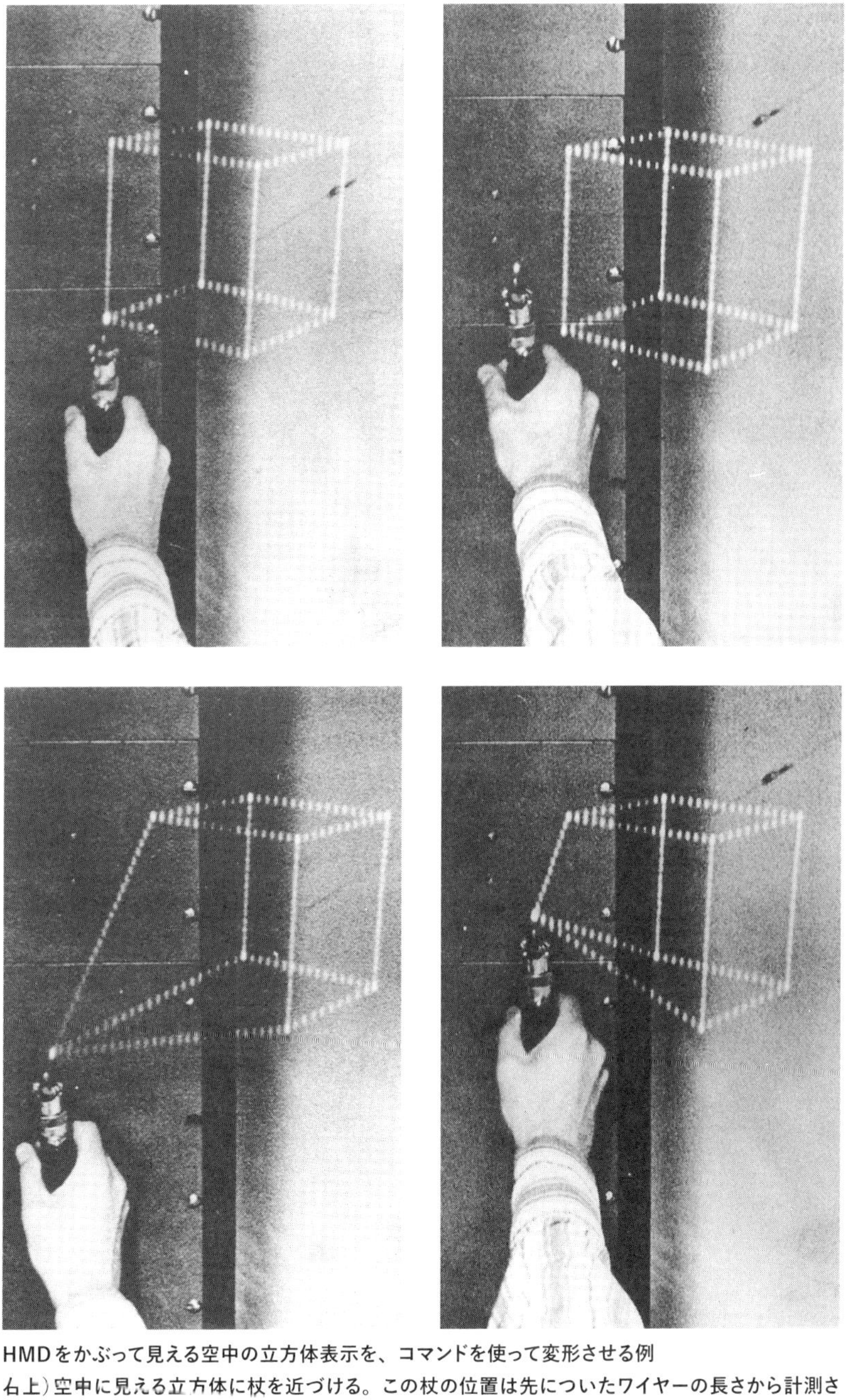

HMDをかぶって見える空中の立方体表示を、コマンドを使って変形させる例
右上）空中に見える立方体に杖を近づける。この杖の位置は先についたワイヤーの長さから計測され、コンピューターに伝えられる
左上）立方体の1つの角に触れる
右下・左下）「DEFORM」というコマンドで立方体を自由に引っ張ったり、変形したりできる

じユタ大学のエバンズ氏とコンピューター・グラフィックスのエバンズ・アンド・サザランドという会社（E&S社）を興しており、その後はもっぱらビジネスに力を注ぐようになる。

若き天才はすでに自分のやるべき研究を見通してしまったのだろうか。サザランド氏はその後自らHMDの研究を進めたり製品化することはなく、氏の先駆的なビジョンから生み出されたこの稀有の装置は、その後発展することもなく倉庫に収納され、埃をかぶることになる。

## 第2次大戦中に始まった体感マシン開発

人為的に架空の風景や状況を作り出し、その中を動き回って訓練を行うためのシミュレーターは、人工的な世界と対話する人工現実感のもっとも分かりやすい応用形態ともいえる。よく知られているフライト・シミュレーターは、飛行機のコックピットの模型の中に人間が入って飛行訓練を行うもので、離陸、航行、着陸などの状態に対応した風景が窓に映し出され、飛行機の姿勢や加速度に対応して座席を動かして運動感覚を作り出す。空気で膨らみ身体を圧迫し、加速度により生じる圧迫感を再現できるフライトスーツ（Gスーツ）もあり、実際の飛行で生じる状況を、視覚、聴覚や体感を通して再現して臨場感の高い疑似飛行体験ができる。実際のフライト訓練のほとんどの部分を代行できるので、今ではパイロットの訓練には欠かせない道具となっている。



**シミュレーション**
現実のモデルや架空の事象を作り、コンピューターなどでその働きや機能を模擬実験し、これらの理解や設計に役立てようとする技法。コンピューターの発達により、工業製品の設計や物理現象の理解のために広く応用されている。最近はパソコン用に歴史をシミュレーションするゲームも現れた。

フライト・シミュレーターは第2次大戦中から、パイロットの離着陸を中心とした飛行訓練のために使われ始めた。最初のものは遊園地の乗りもののような簡単な装置で、模型の操縦席が操縦桿の操作に合わせて動くだけのものだった。それでもこれを使うことにより、教科書を読むより有効に疑似的な飛行経験を積むことができる。飛行機を飛ばすより安価に、危険の少ない訓練が行える。また実際にはめったに起こらない緊急事態を作り出すことによって、事故を回避するための訓練を地上で安全に行いながらいろいろなスキルを体得できる。

初期のものは窓の外の映像を作り出すため、実際に飛行する地上風景の立体模型を作り、飛行機が航行しているはずの位置からカメラで模型の映像を撮影していた。部屋いっぱいの大きさに作られた模型は、実際の10キロ平方ほどの風景を模したもの。飛行機が飛び回るかわりに、テレビカメラを吊り下げたクレーンが動き回り、その映像がパイロットの前にあるシミュレーターのテレビモニターに映し出される。

しかし、低空飛行を再現しようとすればレンズが模型と接触してしまうし、複雑な動きをするためにはいろいろ物理的制約も多いのが欠点だ。

コンピューターによるグラフィックスの技術が進むにつれ、サザランド氏がエバンズ氏と始めたE&S社やゼネラル・エレクトリック社（GE）などを中心に、地形データをもとにして、コンピューターを使って作られる映像が次第に利用されるようになってきた。コンピューターの映像は模型のサイズやメカニクスの制約を超え、どんな広い領域でも自由に風景を作り出せる利点があるが、リアルタイムで本物らしい画像を作り出すのはまだ計算量が多くて難しい。

パイロットに、なるべく実際の状況に近い形で訓練を行わせるため、画像は一般的に大型スクリーンに表示された。視界全体を包み込み高い臨場感を作り出すため、何台かのディスプレイ装置が並べられたり、球形の全天周型スクリーンも用いられた。また大型スクリーンの煩わしさを除くため、HMDを使う方式も検討された。

現在ではフライト・シミュレーター以外にも自動車のドライビング・シミュレーターや鉄道用のシミュレーターなどさまざまな種類のものが登場している。これらはおもに専門家養成のための高価な装置で、一般の人には縁遠いものだ。しかし最近は各種の博覧会や地域のセンターで、全天周型のプラネタリウムのようなスクリーンを使ったアイマックス（IMAX）やオムニマックス（OMNIMAX）のような臨場感に溢れた映画や、ディズニーランドの「スターツアーズ」のような宇宙空間を疑似旅行するシステムが現れ始めた。これらのシミュレーターは、イベントの大型プレゼンテーションやエンターテインメント用として、多くの人に多様な情報を伝えるのに効果を発揮している。

シミュレーションは新しい知識や技能を学ぶのに、自ら参加することにより効果的な学習を行える手法でもある。こうした専門家や劇場などの多数の人への応用ばかりでなく、個人が手軽に使えるようになれば、強力な学習のツールとして大きな可能性が開けるはずだ。いずれはパソコンがシミュレーターの機能を標準的に備えるようになり、パーソナル・シミュレーターとして、個人が自由にいろいろな分野の知識を得るためのツールとなっていくかも



**IMAX／OMNIMAX**
カナダのアイマックス社によって1970年に開発された大型映像システム。70ミリ映画の3倍のサイズのフィルムを使い、球形の超大型スクリーンを用い、迫力ある映像を作り出す。

しれない。

しかしすでに、1950年代という早い時期から、こんなシミュレーターの機能を生かしたゲームマシンを本気で考えている発明家がいた。

## マンハッタン疑似体感マシン 〜M・ハイリグのセンソラマ

目と耳と鼻と皮膚のありとあらゆる感覚を動員する究極のアーケード・ゲームマシン――センソラマが、サンタモニカの埠頭に設置されたのは1964年のことだった。5万ドルを元手に作られ、高さ6フィート、幅2・5フィート、奥行き5フィート、重量750ポンドの白く塗られたこのマシンの外観は、一見どこにでもあるゲームセンターのボックスのように見えた。

このゲーム機に取りつけられた椅子に座りフードの中に顔を突っ込み、25セント玉を入れると、ニューヨークのマンハッタンの街の風景が見える。エンジンの音がして手元のハンドルにバイクの振動が伝わり、街の中を走り出す。両耳からは通りのざわめきが聞こえ、顔の前方から吹きつける風が心地よい。ダウンタウンにさしかかると突然、街角のピザの匂いがし空腹感を覚える。

「ヘリコプターの試乗」、「サビーナとのドライブ」に続いて、次に映像はクラブの中の景色となる。エキゾチックな音楽が聞こえ、なんと妖艶なベリーダンサーが踊っているではないか。踊りが最高潮に達すると踊り子が目の前に迫ってくる。それにしたがい、いかにも安物の濃厚な香水の匂いが鼻を直撃する。

これらのあまりにリアルなショーは、それぞれが80秒程度の長さの作品で、観客の反応も上々だった。これを作り出したのは、写真家で映画の専門家でもあり、自らをコミュニケーション・デザイナーと称するモートン・ハイリグ氏だった。地元紙は、「オルダス・ハックスリーの未来小説『すばらしき世界』の中に出てくる「触感映画（フィーリー）」が実現した」と、このセンソラマを紹介した。

「ハリウッドで長い間映画の仕事に携わりましたが、映画はまだその表現の可能性を十分に開拓しきっていません。私の仕事の前にも、スクリーンを3つとか5つ併せ広い視野が得られるシネラマのような技術が、1940年代から開発されていました。自分の回りを包み込む映像に接した時、私はまったく新しい可能性を直感しました」とハイリグ氏は当時を回想する。

「しかしシネラマのような広い視野を与える映像だけでは、実際に近い経験を与えることはまだできませんでした。感覚をうまくフィードバックする機構があり、映像に主体的に参加できるような方法があれば、映画は経験や意識というものを伝えられる手段になりうるはずです。その限界を打ち破り新しい可能性に挑戦しようと考えた結果、このセンソラマという機械を作ったのです。映画の世界の中に入り込み、五感を駆使して現実の世界にいるような体験ができる。それがセンソラマです」

シネラマという言葉の前半部の映画を意味するシネマのかわりに、感覚を表すセンスとい



**すばらしき世界**
イギリスの作家オルダス・ハックスリーが、1932年に発表した未来小説。人工受精で生まれた人々が全体主義的な世界で支配を受ける。ユートピアの荒廃を描いたアンチユートピア小説。

**（左頁）センソラマ**

sensorama

う言葉を結合したセンソラマは、シネラマの機能を五感にまで拡張した新しいメディアだ。
ハイリグ氏はまず2台の35ミリカメラを連結し、左右の目から見える映像を同時に撮影できるステレオ・カメラを作り、このカメラを身体に取りつけて町の中を歩き回って立体映画を撮影した。すでにＨＭＤと同じ立体視のできる頭部搭載型のビュアーを１９５７年に考案していた氏は、映画のシーンに合わせ風を起こすファンや、匂いのする物質の入った容器の蓋を電動で開け閉めできるようにし、これらを組み合わせてセンソラマを作り出した。この装置はすでに１９６１年に特許申請が行われている。

「エンターテインメントばかりではありません。新製品の案内や観光地の紹介などの広報用に、短い時間でいろいろな情報をコンパクトに生徒に伝える教育用に、また観客にいろいろな状況をあるがままに見せ、その反応から心理学のテストや心理療法に使うなど、多様な目的に応用できるのです」と、氏はこのマシンの効用を訴える。

デモンストレーションを通してこのアイデアをマーケットに出そうと、資金を出してくれる人を募った。一時ニューヨークのマンハッタンに備えつけてテストを行ったが、あっという間に機械は壊されたという。

ハイリグ氏がまず考えていたのは、シネラマより大きな視野を提供し、多人数の人を収容してセンソラマのような機能を提供する「エクスペリエンス・シアター」だった。氏は自らのアイデアを聞いてくれる人を求め、メキシコにも足を運んだ。

メキシコで壁面の芸術家シケイロス氏などと親交を結んだハイリグ氏は、１９５５年スペ



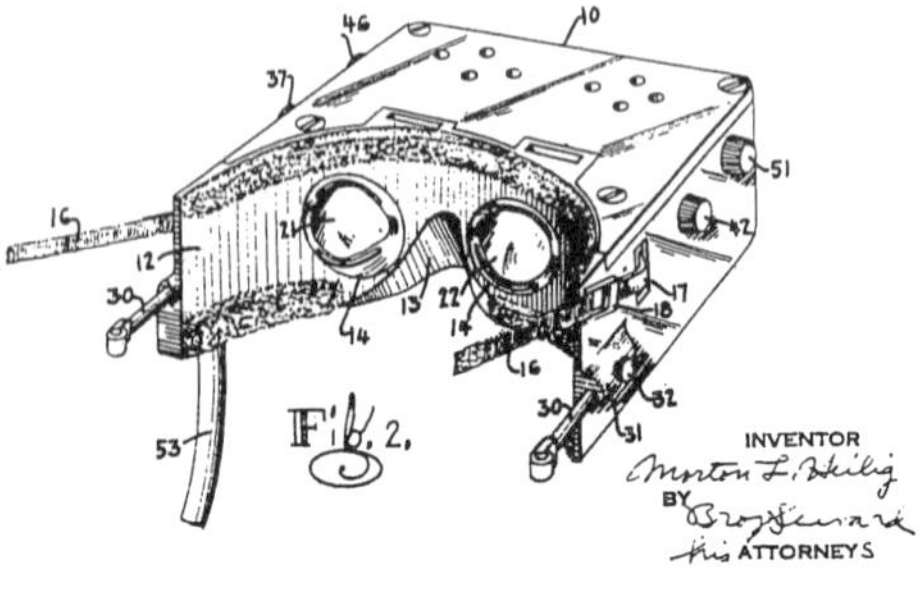

ハイリグ氏が１９５７年に考案していたＨＭＤ

（左頁）3次元カメラを持つモートン・ハイリグ氏

イン語で「未来の映画」と題した論文を発表する。この中には五感とメディアの関係が論じられ、まだメディアがカバーしていない感覚の領域を探るべく、原子の周期表ならぬ「感覚とメディアの周期表」が描かれる。そこにはまだメディアが満たしていない広大な感覚の大陸があることが示されている。

その後も、映画作家としてフロリダにあるエプコット・センターやディズニーで3D映画を作ったり、コンサルティング活動を続けながら、ハイリグ氏は自分のアイデアを実現するための道を探る努力を続けた。しかし運命とは皮肉なもので、映画界を始め氏のアイデアをまともに理解し資金を出す人を見つけることはついにできなかった。

センソラマはビジネスとして離陸せず、エクスペリエンス・シアターの実現の希望も遠のいた。疲れきったハイリグ氏はサンタモニカ埠頭からマシンを撤去し、庭の隅へと移した。

「裸の王様になった映画産業はこのままでは滅亡します。映画はセルロイドではなく、経験を相手にするビジネスのはずです。私のセンソラマはまだ動かせる状態にあります。まだビジネスの可能性を諦めたわけではないんです。ほかにもいろいろなアイデアを持っているので、日本の人ともコンタクトしたい」という氏の見果てぬ夢は続く。

## 侵入者に反応する不思議な迷路 ～M・クルーガーの対話型コンピューター・アート

ビデオ・アーチストのマイロン・クルーガー氏によって1983年に文字通り『アーティフィシャル・リアリティー』という本が出版された。

センソラマの広告ポスター

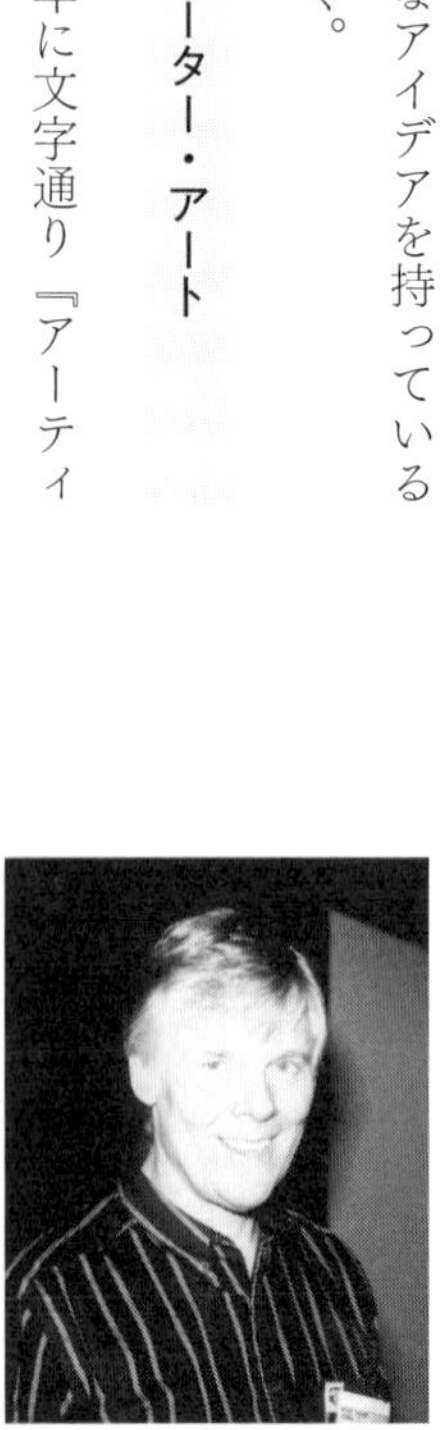
マイロン・クルーガー氏

実はこの本は、すでに1972年に氏が自らの芸術活動を介して得た人工現実感に対する知見と、数々のアイデアを盛り込んで書かれていた原稿をもとに刊行されたものだ。この本では、アートにとってテクノロジーがどのような役割を持っているかについて、氏の考えが示される。またコンピューターとビデオの作り出す、「反応する環境（responsive environment）」を通して、新たに開ける人工的な現実感を生み出す環境について、氏が自ら手がけたさまざまな試みが紹介されている。

反応する環境とは一体何のことだろう。まずクルーガー氏の開いたイベントを覗いてみよう。

部屋に入ると奥の壁にダイヤモンド形のマークが現れる。何があるのかと思い近づくと、そのマークも移動する。こちらが左右に動けば相手も左右に動き、壁に近づくとマークは下から上へと昇っていく。しばらく部屋の中を歩き回ると、マークが部屋の中の自分の位置に対応して動いていることが分かってくる。何かがこちらを見ており、それにしたがってマークを動かしているのだ。

すると突然、今度は壁に迷路のような模様が現れる。身体を移動しては迷路の中でダイヤモンド形の自分のマークを動かし、迷路の中をさまよいゴールに向かって進んでいく。袋小路に入って無理やり進もうとすると、マークが2つに分裂して、もとに戻って正しい経路をたどらないと1つに戻らない。部屋全体が、まるでコンピューター・ゲームの空間に変身したようだ。

世界で最初にアーティフィシャル・リアリティーという言葉を使って書かれた本（アディソン・ウェスレイ社刊）

キーボードもマウスも使う必要はない。自分の動きが壁のコンピューター・スクリーンを操作するマウスのように感じられ、自分自身がこの人工的な空間の一部になったような印象を受ける。

この人の動きに反応する不思議な迷路は、1970年代初頭にビデオアーチストのマイロン・クルーガー氏の作り出した空間だ。ビデオによる映像にコンピューターを結びつけ、今まで一方的だったアートに観客を巻き込み参加させ、新しいインタラクティブな関係を作り出すものだった。

1969年にウイスコンシン大学でコンピューター・アート「グローフロー(GLOWFLOW)」のプロジェクトに加わった氏は、コンピューターを用いることにより観客とアートに新しい関係が生まれることに気づく。ダン・サンディン氏やジェリー・エルドマン氏らと一緒に作られたこの実験アートは、部屋の床にある圧力センサーが観客の足で踏まれると、シンセサイザーの作り出す音を流したり、部屋の壁に斜めに描かれた発光チューブが光り部屋の奥行き感を狂わせるという、仕組みとしては比較的簡単なものだった。

その頃はアートの分野にコンピューターを使おうとしても、簡単なタブレットや杖状のポインティング・デバイスしかなく、その対話能力の低さにクルーガー氏は不満を持っていた。しかしこの試みを通して、氏は鑑賞者とのインタラクションがより重要であることに気づく。この経験を通して、コンピューターを使ったインタラクティブ・アートの可能性を確信したクルーガー氏は、その後具体的な実験を通して新しい可能性を追求し始める。

1970年にウイスコンシン大学のメモリアル・ユニオン・ギャラリーに展示されたのは、新たに考案された「メタプレイ（METAPLAY）」と呼ばれる作品だった。部屋に入ると大型のテレビスクリーンがあり、スクリーンの脇にあるテレビカメラによって、入ってきた人のイメージがスクリーンに映し出される。

そればかりでなく、このスクリーンには離れた部屋でその映像を見ながらグラフィック・タブレットにアーチストが描く映像が重ねて表示された。アーチストは人の映像に架空のインテリアや自分の好きなものやメッセージを書き加え、部屋に入ってきた人とスクリーンを通したコミュニケーションを行った。何回か試行錯誤を繰り返すうちに、ある日、入ってきた人との間に偶然面白い関係が生じた。

アーチストが観客の手の動きに合わせてタブレットを操作し、手の動きをなぞる線を描き込んだ。観客が手を動かし続け、それを次々と追いかけながらなぞっていくうちに、手の動きに沿って絵ができた。こうして観客が空中で手を動かすと、スクリーン上に何も使わなくても絵が描ける遊びが生まれた。複数の人が入ってきて、前の人の描いた絵を引き継いで、自分のアイデアを加えて大きな絵を作っていった。

1971年に作られたのは「サイキック・スペース（PSYCHICSPACE）」。スクリーンにメタプレイのようにイラストを重ねられるばかりでなく、部屋の床に2×4フィートの圧力スイッチが8個ついたセンサーを8×6個並べ、入ってきた人の足の動きを検出して音を出す試みだった。

初めて入ってきた人は、わけが分からず歩き回ったが、そのうち床の位置によって音階がプログラムされていることに気づき、音を自分で作ろうと行動を開始するようになった。

コンピューターやビデオ機器を使って、インタラクションをどうやって行っていくかについてクルーガー氏はいう。

「私は長年にわたって一般の人を対象に、テクノロジーというより芸術の分野からのアプローチをしてきました。私の作った空間に初めて入ってきた人が、最初の30秒間でどういう反応をし、その機構をどう理解できるかを観察してきたのです。人々は言葉で教えなくても自分の身体で学んでいくんです。その結果、本当に大切なのはテクノロジーでなくメディアとしての側面であることが分かったのです。最近話題になっているＨＭＤやデータグローブも結構だとは思いますが、これらは人工現実感にとって不可欠なものではないと思います。コンピューターと人間の間の究極のヒューマン・インターフェースとは、人間の身体そのものではないでしょうか」

これらの経験を通して氏が得た教訓は「反応こそがミディアム（メディアの単数形）」、つまり機械を通した反応が、コミュニケーションの有力な手段である、ということだった。したがってクルーガー氏は、特に人工現実感を通したコミュニケーションに興味を持つ。

１９７５年には、それまで個別に行われた試みをまとめる形で、双方向ビデオ伝送を使った「ビデオプレイス（VIDEOPLACE）」という作品の展示が行われた。



（左頁）メタプレイの構成図

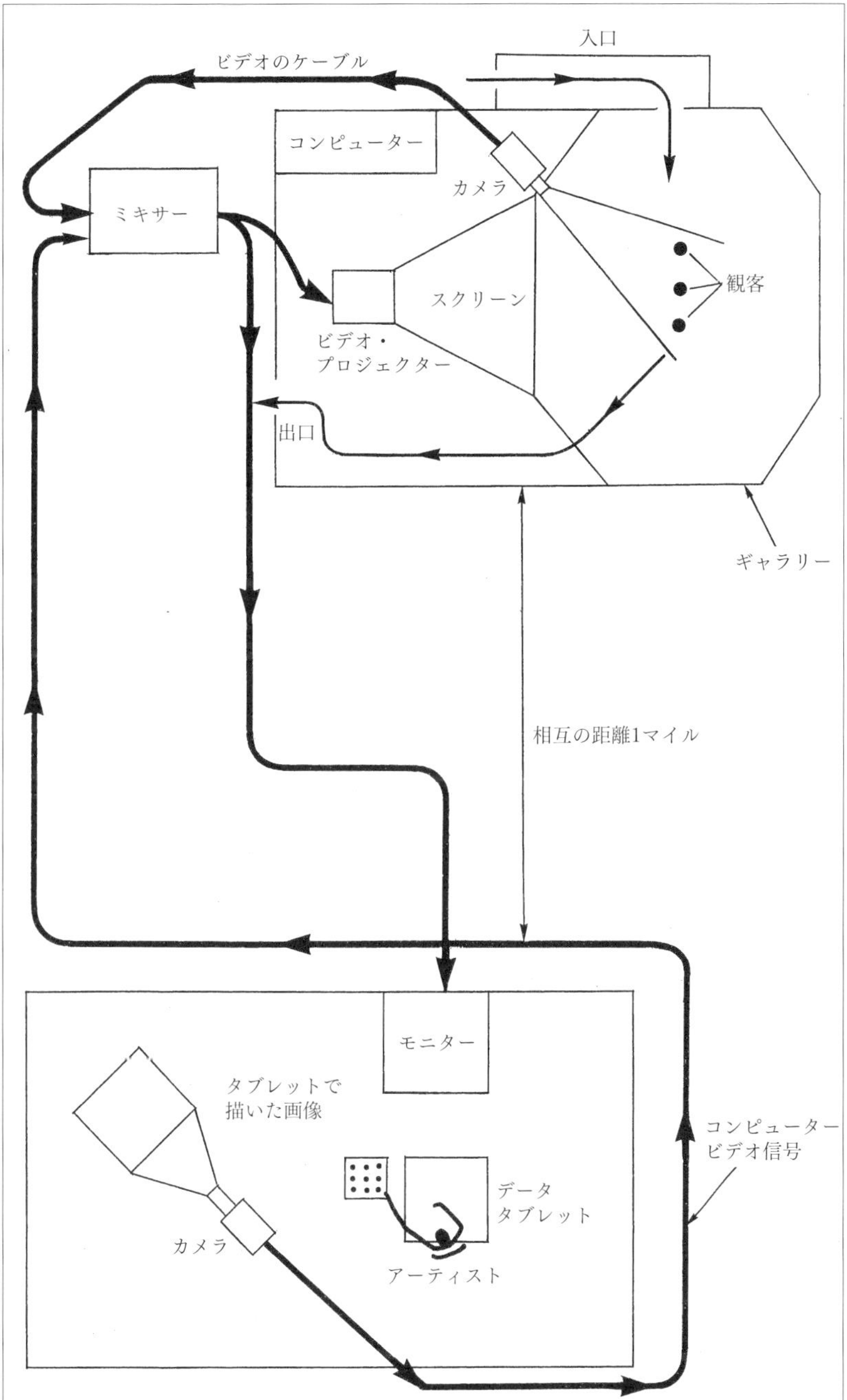
入口
ビデオのケーブル
コンピューター
カメラ
ミキサー
観客
スクリーン
ビデオ・
プロジェクター
出口
ギャラリー
相互の距離1マイル
モニター
タブレットで
描いた画像
コンピューター
ビデオ信号
データ
タブレット
カメラ
アーティスト
コンピューター・センター

メタプレイでは観客とアーチストがタブレットで描いた絵が同じスクリーンの上で対話したが、これを離れた場所にいる人同士の画像で行おうというものだ。

自分の映像と遠くにいる人が同じスクリーンの上で出会い、お互いに握手したり一緒に何かを演じることもできる。もちろん、握手をしても相手の手の感覚が伝わってくるわけではないが、自分の画像がここにいない人と共同して、ここでもあそこでもない場所に何かを作り出すさまは、不思議な経験を与える。

「ここでは自分のイメージは、自分の考えの延長となります。イメージ化した自己はもっと自由に動き回り、自分の身体に起きるよりもっと多くのことを経験するようになります。それに自分のイメージがスクリーンの上に映され、客観化された自分の存在を通して自分に起こったことを第三者的に経験することができます。自分の認識をコンピューターの認識に置きかえることだって可能になるはずです」

クルーガー氏はこれらを通してコミュニケーションというものに対して独自のアイデアを持つようになる。

「従来のコミュニケーションの概念は、ある地点Aから地点Bに情報を移動するという関係のみに注目してきましたが、ビデオプレイスが明らかにしたのは、コミュニケーションはAとBという地点の間に、情報を共有し両者の理解のための共通の場を設けることだということです」

氏にとって、ビデオプレイスのプレイスとは独自の意味を持つ言葉だ。

マイロン・クルーガー氏の作品

キット・ギャロウェイ氏らが主催し、衛星によるビデオを通して行っているコミュニケーション・アート主体の「エレクトロニック・カフェ」も、衛星回線を介して各所で撮られたビデオ映像を1つのスクリーンに重ねて表示するものだ。同じ画面の上に各所にいる人々が集い、一緒にパフォーマンスを演じるもので、多くの話題を呼んだ。新しいメディアを通した、こんなどこにもない場所の演出は、コミュニケーションの持っている第三者的な側面を明らかにしてくれた。

氏の著作『アーティフィシャル・リアリティー』には、これらの手段を用いた、教育や研究、ダンスや演劇などの芸術活動への応用や、精神療法への応用などを含む広い範囲の可能性が示されている。現在、その後の成果を加えた改訂版が準備されている。

アメリカ建国200年祭が行われた際、氏は西海岸と東海岸の間でビデオプレイスを使ったコミュニケーションを提案した。これを使ってアメリカ全土にいるさまざまなルーツを持つ人達が1つのビデオ・スクリーンの上に集い、建国を祝おうという提案だ。結局この提案は採用されなかったが、クルーガー氏の試みは続いている。

氏の作品は日本にもやってきた。1989年に神奈川県川崎市のかながわサイエンスパーク（KSP）で開かれた「インタラクティブ・アート」展に、氏の最近の作品が出展され注目を浴びた。

アナログのビデオ技術ばかりでなく、コンピューターによる画像処理を使いスクリーン上の人を認識したり、人工知能を使った新しいインタラクションも考えられている。もっぱらインタラクションを重視する氏にとって、3次元グラフィックスは必要不可欠な要素ではない。氏の作り出すプラニバースのような、電子が演出する新しい宇宙空間は、我々に新しいインターパーソナルな世界を提供し続ける。

「1日が始まってから終わるまで、あなたの経験するものはすべて人工的（アーティフィシャル）なのです。人類はもう自然の環境の中には住んでいないのです。我々がそこにつけ加えたのは、コンピューターというものを使って、物事の因果関係というものを変えていくことなのです」

## コンピューター・ゲームと化す21世紀の空中戦　～アメリカ空軍のスーパーコックピット

3人の人工現実感の祖父達が夢を追い続けていた頃、一般の人の目に触れないフェンスの裏では、巨額の予算を使い極限の世界に挑む人達がいた。

パイロットがコックピットに座りヘルメットをかぶる。戦闘機が発進するとパイロットの目に敵機の姿が飛び込んでくる。機影をにらみながらパイロットがかすかに「ファイア」と呟いた途端、ミサイルが発射され敵機は撃墜された。パイロットが何ごともなかったかのようにヘルメットをはずすと、そこは部屋の中。今の戦闘シーンは実はパイロットのヘルメットに映し出されたコンピューターの作り出した映像に過ぎなかったが、敵機はシミュレーターにつながれリモートコントロールされた戦闘機によって実際撃ち落とされていた。

21世紀の空中戦は、コンピューターの作り出した世界の中で、まるでシューティング・ゲームを行うように、シミュレーターの映像を介して行われるようになるかもしれない。しかし現在でもこの話はSFの物語ではない。

米国オハイオ州デイトンにあるライト・パターソン基地で1986年から研究が進む「スーパーコックピット」は、まさにこんなシステムを今世紀中に完成しようと、1億2000万ドルもの予算をかけて開発が進められる一大プロジェクトだ。

映画「スターウォーズ」に出てくるダースベーダのような黒光りする大型ヘルメットをかぶる。プログラムがスタートすると、ディスプレイにコックピットのパネルや飛行姿勢やエンジン燃料の状況など飛行状態を示す情報、地上の地形図、兵器の装備状況などがワイヤーフレームの画像で表示される。外部の状況の画像を拡大したり、赤外線を使って暗闇でも映像を映し出せる。音声による警報や音声認識を使ったコマンド、回りの飛行体の位置を確認するための立体音響装置も装備される。

仮想的にコンピューター映像によって作られた窓に現れた風景の中に、ターゲットが表示され、これを目で追うと照準が現れてその上に重なる。ターゲットを捕捉してロックし、声で指示したり、指の動きをセンスできる手袋を使ってトリガーを引く動作をすると、敵の動きや状況に合わせ最適な兵器を選択したり、ミサイルを発射できる。

そんなオペレーション環境を作り出すVCASS（Visually Coupled Airborne Systems Simulator：視覚結合型飛行システム・シミュレーター）は、すでに1982年までに完成していた。これを進めた仮想パノラマディスプレイを使ったスーパーコックピットが、いずれ地上や戦闘機に搭載されるだろう。極限的な戦闘状況の中で、パイロットがたくさんの情報を消化できなくなったり、意識が失われてしまう場合も想定されており、脳波をモニターすることも考えられている。

「F15のコックピットでは300もコントロールしないといけないものがあり、75もディスプレイがついています。戦闘時には最高9Gもの加速度がかかり、パイロットは必死に歯をくいしばるのがやっと。座席に押しつけられた状態で、操作パネルに手を伸ばすのも大変な状況です。こんな中で味方と敵を瞬時に判断し、的確な判断をするのは至難の技です。判断のわずかな遅れがパイロットの生死を分けることになります」とスーパーコックピットの責任者をかつて務めていたトム・ファーネス氏はいう。

ファーネス氏はすでに1960年代から空軍で研究を始めていたベテラン。すでにその頃、スーパーコックピットの前身に当たる研究が開始されており、空軍独自のHMDが検討されていた。民間の研究所よりも潤沢な資金を投じ、最高の精度を狙ったHMDのシステムは、100万ドル単位の値段がつく。

まず輸送機を改造し、砲座から地上の目標物を赤外線を使ってとらえる試みが、1966年から1967年にかけて行われた。1969年にはF106ジェット戦闘機のように飛行時に7G近い加速度がかかり、手足の自由が大幅に失われる状況下で目標を目で捕捉するため、超音波マイクつきのヘルメットでコックピット内の超音波を受ける方式で、頭の位置が測定された。さらに精度を高めるために磁気センサーが開発され、その後マクダネル・ダグ



**F15**
アメリカ空軍がF4ファントムの後継機として、ベトナム戦争中に開発着手した戦闘機。戦術能力より、制空能力を重視した設計が最大の特徴。マクダネル・ダグラス社が開発し、1972年7月に初飛行。1975年には上昇高度、上昇時間の世界記録を樹立。SDI（戦略防衛構想）で注目を集めたASAT衛星破壊ミサイルの発射母機としても採用された。

**G**
重力加速度。地球表面上で物体に働く力を質量で割った値。地上ではほぼ一定で約9・8m/s²の値を取る。ジェット戦闘機が急速な回転などを行うと、時にはGの9倍程度の強い加速度がかかり、頭から血が引き失神することもあるので、身体に圧力をかけ血液の偏在を防ぐGスーツなどが工夫されている。

**（左頁）ライト・パターソン基地にあるVCASS（朝日新聞社提供）**

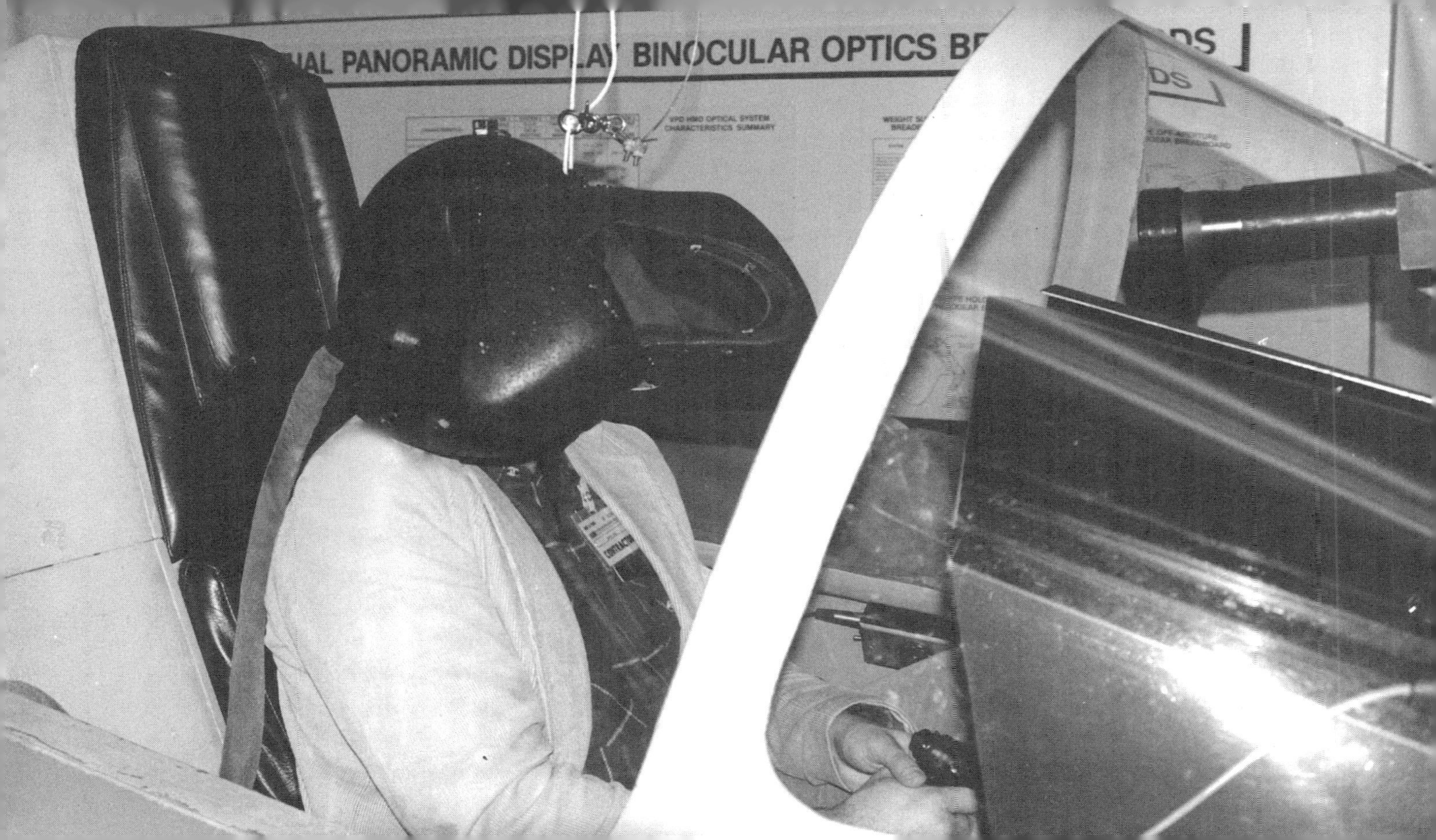
PANORAMIC DISPLAY BINOCULAR OPTICS

ラス社に買収されたポヒマス社が製品として広く市販している。

　またパイロットに必要な情報を提供するために、ヘルメットのバイザー（風防）の内側に、解像度が高く高輝度の4分の3インチの超小型CRTに表示された情報を投射した。通常の500本程度の走査線しかない家庭用テレビよりはるかに多くの、1200×1200の画素を表示できる特別製のCRTが作られ、現在これを2000×2000まで高める開発が進んでいる。

　赤外線によって暗闇でも画像が得られる暗視装置の画像情報を、HMDに結びつける試みも新たに行われた。またトラックや飛行機に2台のテレビカメラを取りつけ、この映像を目の前のCRTに映してラジオコントロールする実験も行われた。

「頭の位置検出とカメラによる映像を組み合わせたことによって、まったく新しい人工現実感といえる状況が作り出されました。飛行機では人間の目の間の距離より離したカメラを使い、非常に誇張された立体像が得られました。しかしこれを使うと乗りもの酔いが起こることがありました。この実験を通してヒューマン・ファクターについての理解が重要であることもよく分かりました」とファーネス氏は回想する。

　トラックの遠隔操縦の実験では、操縦がきかなくなった緊急事態を考えて人が乗っていた。遠隔地で操縦する人にとっては、急カーブを猛スピードで曲がるのもただのゲームだが、乗っている人には恐怖の体験だった。一方、飛行機の遠隔操縦の実験では一度コントロールがうまくいかなくなり、将軍の家の庭先に機体が墜落し、このプロジェクトは即取り止めにな



**ポヒマス・センサー**
直角に交差するコイルに交流を流し、磁界を発生する。この中に同じコイルを置くと電流が発生し、それをコンピューターで処理することによって位置や角度を検出する。マクダネル・ダグラス社がパテントを持つ。

**画素（ピクセル）**
ラスタースキャン型のCGで、CGの画面を表現するデータの最小の単位となる点。画面内に表現できる画素の数が増えるほど、精細な画像を表現できる。

ってしまった。

結局このディスプレイはうまくいかなかったが、その後もシステムの改良を重ね、目のトラッキングや立体音響を付加してＶＣＡＳＳで使えるシステムが作られた。

「優秀なパイロットに評価のため試してもらいましたが、最初は『一体何だ』という顔をされました。しかし一度使うと、『こいつは凄い、いつ本当に使えるようになるんだ』と催促されるようになりました。でも本当に驚いたのは私の高校生の娘が試した時です。これを使うと、パイロットの訓練などまったく受けたことのない娘が、ベテランのパイロットと同じことをいとも簡単にできたんです」

このプロジェクトが発表されマスコミが大きく取り上げるようになると、ファーネス氏が考えてもみなかったことが起こった。ＡＢＣ、ＣＢＳやＢＢＣなどのテレビ局や新聞が取材に押しかけ、一般の人が氏の研究のことを知るようになる。するとそれ以来、氏のところにいろいろな問い合わせがくるようになった。

「身体が不自由な自分の息子や娘が動けるようになるために使えないか。消防署が火事の際、火災現場で消火作業用のロボットのコントロールに使えないか。などと思いもかけないリクエストを受けたんです。私は長年続けた研究から得たものを戦争のために使うより、もっと一般の人の生活に役立てる方法はないかと考えるようになりました」

ファーネス氏は１９８７年に空軍を去り、軍の技術をもっと一般の人の役に立てようと民間で研究を行える場所を求め全米を渡り歩く。



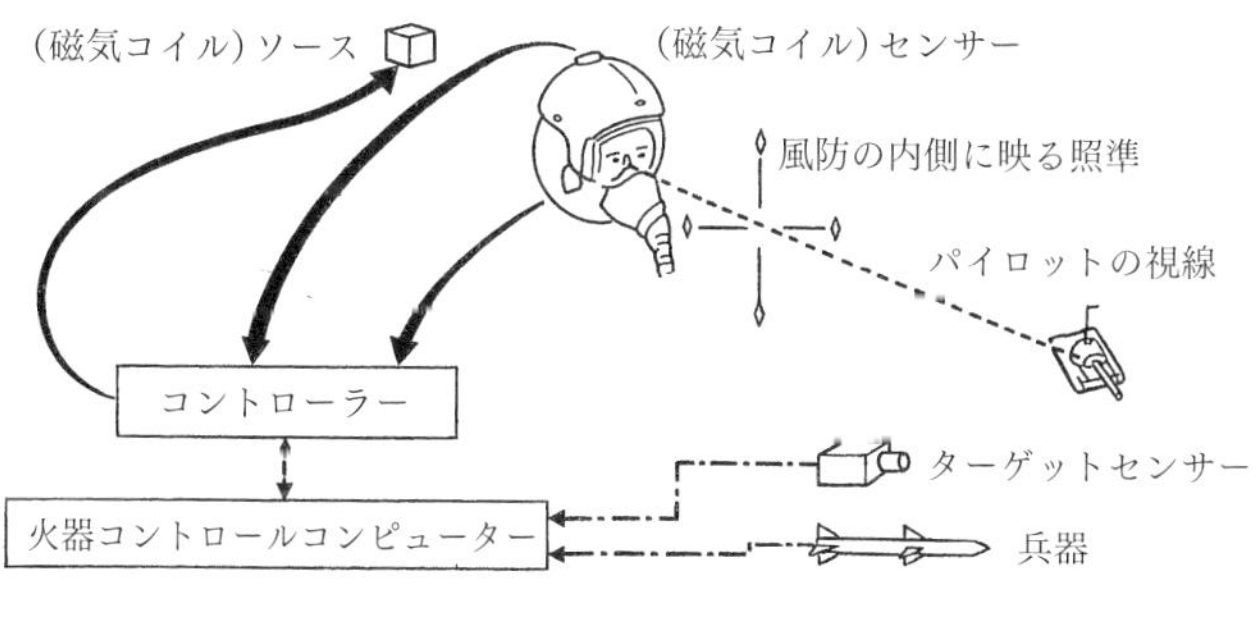


パイロットが目でターゲッティングを行うためのシステムの構成

## 分子空間から宇宙空間まで　~加速するテレロボティクス研究

ロボットと人工現実感。この一見関係なさそうなテクノロジーは、実は深いところでしっかり結びついている。遠隔地にいるロボットを操縦する技術が、「現実の世界をどう伝えるか？」という新しい問いを投げかけたのだ。

バイキング1号と2号は1976年に相次いで火星に軟着陸した。これらの高度な惑星探査機は火星表面の土壌をロボットアームで採取し、その成分を化学的に分析した。まだ人類が火星にまで直接飛んでいけない状況で、何億キロも離れた遠隔の地で何かを行わせるのには、人間のかわりに作業を行ってくれるロボット技術が必要になる。地球上のコントロールセンターでは、火星表面から送られてくるテレビ画像を見ながら、採取したい土壌や岩石を見つけてバイキングに電波で指令を送る。

この指令によってバイキングのロボットアームが伸びて、目標物を着陸船内に取り込み分析を行った。あらかじめバイキングに何を採取すべきかプログラムしておき、事前の予定にしたがって動作を行わせることも可能だが、まだ一度も人類が足を踏み入れていない場所の状況は実際に行ってみないと何があるか分からない。こんな場合、人間の意思を反映した形での遠隔操縦がどうしても必要になる。

米国では、この遠隔操縦の技術はテレオペレーターと呼ばれ、第2次大戦直後から研究が



**バイキング**
アメリカの火星探査機。アメリカ建国200年祭のあった1976年に、1号と2号がそれぞれパラシュートと逆噴射ロケットを使い、軟着陸。火星表面のカラー写真を撮影したり、生命が存在するかどうかの実験を行った。

進んでいる。1940年代にはアルゴンヌ国立研究所などで、放射性物質を取り扱うための、いわゆるマジック・ハンドといわれる遠隔操縦の腕が作られていた。

これは人間の手と腕でコントロールするマスターハンドと呼ばれる機械の手が、ガラス越しに見えるスレーブハンドと呼ばれる機械の手と腕に直接ワイヤーやプーリーを介して機械的につながっており、人がマスターハンドを使い目でスレーブハンドの動きを確認しながらコントロールするものだった。

その後機械部分が電気モーターに置きかわり、さらには電子的にコントロールされるようになり、オペレーターと機械の間は電気的なケーブルで結ばれたり、無線でつながれるようになった。この技術を用いてロボットをコントロールするテレロボティクスが発達し、小型潜水ロボットを陸上からコントロールしたり、67年には月にサーベイヤーという名のロボットアームつきの探査機が送り込まれたり、火星へ行ったバイキングへとつながっていく。

人間の両腕の動きを機械に伝えるため、腕の動きを計測するための装置、エクゾスケルトンをつけ、これをマスターハンドにしてロボットアームを動かす「ハンディマン」は1960年代半ばにゼネラル・エレクトリック社が、NASAのために作った本格的なテレオペレーション型のアームだった。このモデルはスレーブアームにフラフープを回すような細かい芸当をさせることもできた。

またマサチューセッツ州にあるウッズホール海洋研究所の作ったジェイソン・ジュニアという海底探査ロボットは、テレビカメラとロボットアームをつけ、深海に潜って大西洋に今も眠るタイタニック号を発見した。1989年にはこのロボットを地中海に潜らせ、衛星回線を通じて全米の博物館にあるマスターアームでコントロールし、全米の人達が海のシルクロードを探るイベントも開かれるまでになった。

しかし人間とロボットの間が離れ、機械的で直接的な関係が電子的になり、両者の関係がより間接的になるにしたがって新たな問題も生じた。

宇宙探査の例で特に問題になるのは時間遅れだ。実際にロボットからの信号の到着には電波を使っても数秒から数十分かかり、オンラインでのリアルタイム操作は事実上不可能だ。地上でも情報の伝達に静止衛星を介したコミュニケーションリンクを使った場合、往復で0・5秒程度の遅れが生じてしまう。人間が介入した場合、普通は0・1秒程度の遅れまでしか許容できないといわれる。これを操縦側の操縦桿のトルクを強くして、ロボット側が動きを予測しながら動かしたりする工夫もなされたりし、2秒程度までは安定した制御が行えるような研究も行われている。

また初期の多くのものは、人間の意思を直接ロボットに伝えるだけで、ロボットからは映像を中心としたわずかな情報しか返ってこない一方的な制御方式だった。このため靴の上から足を掻くような不自然な動きしかできず、小さなものをそっと落とさずにつかんだり、複雑な地形の場所でロボットを移動させるようなデリケートなコントロールは難しかった。このためロボットが受ける力や触覚情報なども操作側にフィードバックし、双方向に情報を交換する方式が試みられた。



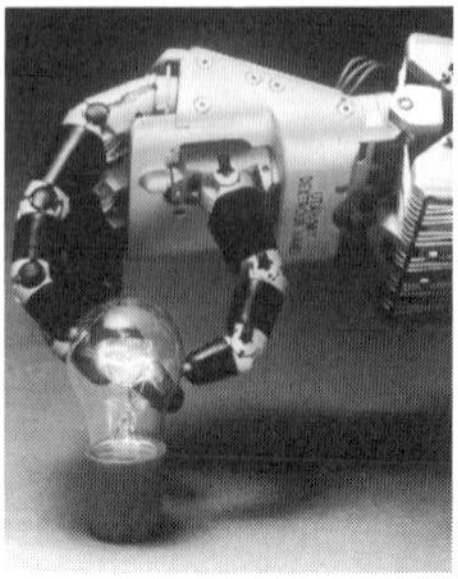
ユタ大学とMITが共同開発したロボットハンド

石川島播磨工業が開発した宇宙用マニピュレーター

これらの経験を通して、ロボットのいる遠方から、限られたコミュニケーションのチャネルを通してどれだけの情報を提供すれば、人間とロボットがうまく協調して作業ができるかが論議された。やみくもに情報量を増やしても、これらの情報の間の関係がうまく関連づけられていないと、かえって作業効率が下がる場合もある。

それにロボットの置かれた環境から、人間の五感に感じられるすべての情報を送る必要はない。そんなことをしても膨大な情報量になるばかりか、人間の行けない危険な場所の高温、高圧、真空、放射能といった不必要かつ危険な情報もある。

逆に人間の五感でカバーできない領域の問題を扱うために、このテクノロジーを使おうという提案もなされている。紫外線や赤外線、X線などの人間の感覚外の情報を変換して扱ったり、人間のサイズを越える大型ロボットの操作や、生体の中に入っていけるようなマイクロメカニズムを使ったミクロなサイズのロボットを作る計画も各所で浮上している。

これら現実的な環境情報を効率よく伝えコントロールするテクノロジーの開発は、現実世界のとらえ方やモデル化や操作という多様な問題を提起する。人工現実感は広義には、電子メディアを通して人間に伝えられる世界の多次元の情報を操作するテクノロジーだ。テレロボティクスから得られたノウハウは、コンピューターの中に作られる世界のコントロールにも適用できる多くの部分を含む。

離れた場所の情報を送り臨場感を得る方法をテレプレゼンス（Telepresence）という言葉で表現したリポートが、1979年にMITのAI研究所のマービン・ミンスキー教授によ

原子力発電所などで活躍する極限作業ロボット

って書かれた。氏は人間の手と同じ形のロボットアームを高度なテレプレゼンスを使った遠隔操縦技術でコントロールするシステムの開発を、産官学の大型プロジェクトとして推し進めることによって、エネルギー、健康、生産や環境の質を大いに高め、多くの問題を解決できると提言した。

　その後世界各所で、ロボットのいる作業空間の臨場感をいかに伝え、十分なコントロールができるかが研究されている。この提案はその後ＡＲＡＭＩＳなどのリポートの形でＮＡＳＡに提出され、宇宙ロボットに関するモデル作りに生かされる。ＮＡＳＡはその後もテレロボティクスの研究をリードし、ＦＴＳ（Flight Telerobotics Servicer）などの試みが続いている。

　宇宙は常に人類にとってバーチャルな存在で、テレロボティクスにとってもチャレンジングな問題をかかえている。

　ここでは人工現実感を広義にとらえた場合、その一部として、実世界を操作することに注目したテクノロジーをテレプレゼンス、架空の論理世界を操作するテクノロジーを狭義の人工現実感と分けて考えることとする。

**マイクロメカニズム（マシン）**

明確なサイズの規定はないが、それぞれの部品が1ミリメーター以下で10ナノメーター以上の、ほぼ顕微鏡で見える大きさの微小な機械。超精密工作機械や大規模集積回路で使われるリソグラフィーの技法で作られ、マイクロセンサーや静電モーターなどが試作されている。生体用の機能部品（弁や機能膜）や、いずれは映画「ミクロの決死圏」のように身体の中に入り手術ができるロボットの応用も考えられている。通常の機械の延長で設計も可能だが、これ以下のサイズはナノマシンと呼ばれ、量子力学の作用を受ける超微細な世界になる。

## 3 人工現実感をどうとらえるか

今、HMDの開発、周辺デバイスやコンピューター技術の進歩、コンピューター・グラフィックスの3次元化やインタラクティブ化、ロボットのコントロールを行うテレロボティクス、シミュレーション技術の進歩といったさまざまな要素が急激に統合され、人工現実感という1つの方向性を獲得しつつある。

これらに先立つアイバン・サザランド氏のHMDやモートン・ハイリグ氏のセンソラマに共通するものは、世界をよりあるがままにとらえ、かつそれを操作したいという思いだ。デジタル・コンピューターによるコンピューター・グラフィックス、アナログのフィルムを使ったアーケード・ゲームと分野は違うが、人間の五感がとらえる世界を機械を介してどう表現するか。これは感覚器官を通したリアリズムへの、極めて工学的なアプローチでもある。

またインタラクションというものを通し、コミュニケーションという視点からアプローチを繰り返すマイロン・クルーガー氏の世界は、現実感というものの持つ動的な側面をアートの立場から明らかにしている。

ロボットのコントロールが明らかにした遠隔地の環境を伝える必要性は、人間の感覚の総体と実世界との関係を、どういうバランスのもとに解体しかつ再構築していくかについて1

つの問題を提起している。

当初は空軍やNASAが、極限の環境に対応するために巨額の予算を投じて行ってきた技術研究開発は、スピンオフし民間企業の間に、熱い興奮を呼び起こしている。NASAの研究が発表され、VPL社のデータグローブやアイフォンといった製品が出て、コンセプトが目に見える形で世の中に現れるようになることで、これらのデバイスを購入して研究を始めるところが多く現れた。大学などの研究機関ばかりでなく、最近は企業でも関心が高まり研究を開始するところが増えてきた。

人工現実感の研究は大きく分けて、テレロボティクス、シミュレーション、データやモデルの可視化、ヒューマン・インターフェース、テレコミュニケーションなどを含む総合的なものになる。

## 「人工現実感」という言葉

この本ではとりあえず（いわゆる括弧つきの言葉として）人工現実感という言葉を使った。このテクノロジーを指す英語においても混乱があり、さらに日本語においても適切な訳も定着していないためだ。

人工現実感を一言でとらえることは難しい。いくつも言葉が入り乱れ、いまだに1つの言葉に統一されていない状況からも、この分野の方向性がまだ不透明なことがうかがえる。ここでは、「どの言葉が最も正しいか」という論議より、それぞれの言葉が使われている現状を概観し、この分野の持つ多様な側面を明らかにしたい。

もっとも一般的な言葉として用いられているバーチャル・リアリティー（ＶＲ）、アーティフィシャル・リアリティー（ＡＲ）という言葉については、米国でもその使用法に関して論議がある。

最近は米国の大学を中心としたコンピューター・ネットワークの中のバーチャル・リアリティーを論議するニューズ・グループの中で、「もっと新しい名前を考えたほうがよい」、という論議が盛んに行われている。中には３次元の空間に時間とほかの感覚を含め、５次元を意味する「５Ｄ」という名前を提唱する人もいる。

ＭＩＴのメディアラボのネグロポンテ所長や多くの人は、これらの言葉は相入れない２つの言葉を結びつけたいわゆる oxymoron（撞着語法）だ、と評する。つまりＶＲやＡＲという言葉は、リアリティーというものと両立しないはずの、バーチャルとかアーティフィシャルとかいうものを結びつけた言葉、という意味だ。リアルという肯定的な言葉に、アーティフィシャルとかバーチャルという、偽物を思わせる否定的なニュアンスの言葉がつく。まさにこれらの言葉の持つアンバランスさと緊張感が、多くの人の関心を引きつける要因の１つにもなっている。人工知能を指すＡＩという言葉が出た時の世間の驚きも、同じようなものがあったに違いない。

アーティフィシャル・リアリティーという言葉を生み出したマイロン・クルーガー氏がア

メリカで提出した特許資料には、「アーティフィシャル・リアリティーとは、邪魔されない（自由な状態にある）参加者やユーザーの行動に対する、リアルタイムの認識とレスポンス」という記述がなされている。現実の行動に対するコンピューター・メディアの恣意的な認識や反応は、アーティフィシャルな行為だ。我々の日常の生活を支えるリアリティーは、人間の作り出したメディアの伝える情報をもとに作られた、人工的な体験に裏づけられた幻想でしかないのかもしれない。

アメリカでは「バーチャル・リアリティーはアーティフィシャル・リアリティーの西海岸での呼び名」と解説する雑誌がある。一部ではアーティフィシャル・リアリティーが日本語の人工現実感の英訳と解説するものもあり、混乱は続いている。

カリフォルニアに本拠を置くバーチャル・リアリティーのスポークスマンともいうべきVPL社のジャロン・ラニアー氏はVRとARの違いについて、「バーチャル（virtual）という英語は、物理的には存在しないが機能面からは存在しうるものを指します。ですからアーティフィシャル（artificial）であることを必ずしも意味するものではないのです。例えば電話で話をするとき、相手の声は電気信号になって伝わって行きますが、アーティフィシャルな体験をしているのではありません。これは電話というテクノロジーを使ったリアル（real）な会話です。同じようにVRの中ではリアルな経験やコミュニケーションが成り立ちます」と述べる。

バーチャルという言葉はコンピューターの世界では「バーチャル・メモリー」とか「バーチャル・ターミナル」という用語の中で以前から使われている。バーチャルという形容詞で表されるテクノロジーは、実際はないのに、ユーザーから見るとあるように見える機能を指している。

例えばバーチャル・ストレージという言葉は、物理的には64KBしかメインメモリーを実装していなくても、そのコンピューターを共有する何人かのユーザーやアプリケーションから見ると、それぞれが64KB専有しているように見えるテクニックだ。

各ユーザーやアプリケーションが現時点で使っている部分は、コンピューターが実行するためにメインメモリー上に置いておき、今は使っていない部分はコンピューターの外にある外部のディスクに格納しておくのだ。そうしてほかの部分を使い始めそうになったら、何ごともなかったようにメインメモリーに戻してくる、「アパートの鍵貸します」方式のテクノロジーなのだ。しかし実際に使わなくてはならない部分を予測して、常にリアルなメモリー上に置いておくためのスケジューリングに失敗すると、全員が同じ場所で鉢合わせをする悲劇が生まれる。

この例からも分かるように、無から有を生じさせることはできない。バーチャルと名のつくテクニックにはタネがある。このトリックは、有限の場所を専有せず時間別に切り売りすることにある。つまり空間的に同時に実現しない事象を、利用者の注意が向いた方向にのみ割り振って、空間の不足を時間的に展開することによって時間的に処理して補い、利用者は自分の意識の中ではその空間をすべて専有している気にさせる。つまり1つのイベントの、時間と空間を分解して再構成する方法なのだ。今のコンピューターは、実際的にはリアリティーを構成するすべての要素を、同時に全空間に作り出すことはできない。

さてバーチャル・リアリティーをそういう見方で解釈すれば、イベントという形で切り取られたリアリティーの側面を、時間的・空間的に分解して再構成するテクノロジーといえるかもしれない。人間の感性は現象のもつ空間的な様相と、時間的辻褄が合っているかで、それがリアルであると判断しているに過ぎない面がある。

コンピューターのシミュレーションの中にある世界は、現実世界の空間的な構造をプログラムの形式に記述し、時間的にも矛盾がないように表現している。「そのもの」ではないのだが、空間・時間的には「そのもの」と同じように辻褄が合っており、人間の各時点での感覚器官に対して矛盾しない「そのもの」のイメージを再構成してくれる。これを指して、「合成されたリアリティー(synthesized reality)」と呼ぶ人もいる。

「VRやARといった言葉より、むしろこのテクノロジーを解く鍵は『経験(experience)』という言葉ではないでしょうか。電話は空間的に離れた場所を、写真は空間的に離れた場所を、顕微鏡はスケール、ガイガーカウンターは、放射能という見えないものの経験を合成することによってもたらしてくれます。このテクノロジーは我々に新しい合成された経験を与えてくれる手段となりうるのです」とノースカロライナ大学で人工現実感の研究を行うウォーレン・ロビネット氏はいう。

「このテクノロジーは知らない世界を誰か他人の目を通してではなく、自分の『第一人称の経験（first person experience）』として教えてくれます。勝手にお仕着せで与えられる情報でなく、自分で手に触れ操作して経験をすることができるのです。私はARもVRもよい言葉だとは思いません。むしろ『プレゼンス（presence）』という言葉の方がよいと思います」と、スコット・フィッシャー氏。1990年にNASAのエイムズ研究所を辞めて、テレプレゼンス・リサーチという自分の会社を最近ブレンダ・ローレルさんと始めた。

経験が主観的な言葉だとすると、プレゼンスは時間と空間の整合性の取れた存在感という言葉に近い。ロボットや現実の物理世界を操作しようとする人の間では「テレプレゼンス（telepresence）」という言葉がよく用いられる。おもに空間的隔たりを経て伝えられるリアリティーに注目する。

MITプレスでは、MITのトム・シェリダン教授（機械工学）とワシントン大学のトム・ファーネス氏を編集主幹に、またMITとボストン大学で生体工学を手がけるネイサン・デュラック教授を編集長に迎え、マービン・ミンスキー教授、スコット・フィッシャー氏、ジャロン・ラニアー氏やノースカロライナ大学のウォーレン・ロビネット氏など、この本で紹介した人々を加えた錚々たるメンバーで、テレプレゼンスと仮想環境を主題にした、季刊誌「PRESENCE」を1991年の夏に発刊しようと計画が進んでいる。日本からは1991年春に東大の先端科学技術研究センターに移籍した舘暲氏（元工業技術院機械技術研究所バイオロボティクス課長）が編集委員として参加しており、この分野に対する日本からの寄与が期待されている。

「サイバースペース（cyberspace）」という言葉を使うのはオートデスク社の創設者ジョン・ウォーカー氏。１９８０年代のサイバーパンクSFを作り出した、カナダのバンクーバーに在住する作家ウィリアム・ギブスン氏のSF『ニューロマンサー』で使われた言葉だ。高度にネットワーク化が進む未来社会では、電子化した空間「サイバースペース（電脳空間）」に、サイバースペース・デッキという装置を介してジャックイン（没入）すると、自由にその世界を移動してデータやソフトウェアに接しながら活動できる。このSFはヒューゴー、ネビュラの両賞やそのほかの賞を総なめにした。

「テッド・ネルソン氏がいっている『バーチュアリティー（virtuality）』という言葉はもっと広いコンピューターの世界のクラスを指します。『ワールド・シミュレーター（World Simulator）』という言葉はおおげさすぎますし、『サイバースペース』というのも、サイバーという言葉が舵取りを示す語源を持っており、コンピューターというより制御に注目する言葉なのでふさわしいとはいえません。それにもかかわらず、ほかの言葉との混乱を避けるため私は『サイバースペース』を使います。私はマン・マシンのインタラクションに注目しているので、この用語をサイバネティックなフィードバックとコントロールが生じる3次元の領域という意味で用いることにします」と、ウォーカー氏は１９８８年9月に自社の社員に向けて書かれた論文の中で述べている。

**ウィリアム・ギブスン**

１９４８年、米国サウスカロライナ州生まれ。18才の時、兵役を拒否しカナダに移住する。１９８２年にオムニ誌に発表した「クローム襲撃」という作品で注目される。機械と人間が結合した未来社会を描き、ハイテク用語がスラングとして飛びかうサイバーパンクというジャンルを生み出した。

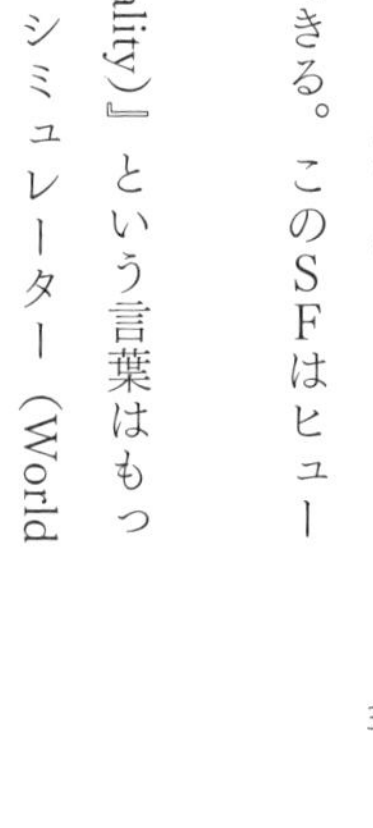


**ヒューゴー賞、ネビュラ賞**

世界の2大SF賞。ヒューゴー賞は世界SF大会に参加したSFファンによって選ばれる世界でもっとも権威のある賞。SF作家ヒューゴー・ガーンズバック氏の名を採り１９５３年より続いている。ネビュラ賞はアメリカSF作家協会に属する作家や評論家などによって選ばれる。

この論文は、「Through the Looking Glass――Beyond User Interfaces（前半はルイス・キャロルの『鏡の国のアリス』の原題）」と題され、サイバースペース憲章ともいえる重要なものだ。

## 人間の側から見たインターフェースの時代

ウォーカー氏はコンピューターと人間の関係に注目して、この論文を書いた。この中で氏はコンピューターの進歩を第1世代は真空管で次はトランジスター、ICというように、コンピューターを構成するハードウェアの生産テクノロジーで論じるのはおかしいと主張する。これらは作る側の技術や経済上の問題で、ユーザーからは関係のないことだ。

「どうやってコンピューターとインタラクションをするか」、また「コンピューターとどうやればつき合えるか」、というようなユーザーがコンピューターに対して持っているイメージがある。これらは「どれだけコンピューターを使うのに特別な知識が要るのか」という、ユーザーがコンピューターを使う場合の実際的な困難さを反映している。つまりどういう道具を使うかで、何ができるかが決まってしまうのだ。

パンチカードを使わなくてはならないといわれたら、とてもコンピューターには近づけないと思う人も多いが、ディスプレイの上に絵で表示されたコマンドを、マウスでちょっとクリックすれば使えるとなれば、コンピューターの知識がない人も恐れをなしたりしない。インターフェースに対してユーザーが抱くイメージは、どれだけの人口がコンピューターを使



**テッド・ネルソン**
1937年生まれ。スワースモア大学で哲学を学び、ハーバード大学で社会学を修める。父は映画「ソルジャー・ブルー」などを作ったラルフ・ネルソン氏。1974年に、パソコンによる社会変革をうたった『コンピュータ・リブ』を出版。ありとあらゆる電子化された文書を自由に参照できる「ザナドゥー」というシステムを作ろうと、見果てぬ夢を追う。

**オートデスク社**
1982年、ジョン・ウォーカー氏とダニエル・ドレーク氏らが設立し、パソコンによるCADソフトウェア「オートキャド」を20万セット以上売り有名になる。各国に現地法人を設立。日本法人は1985年に設立された。

えるかという全体量も規定してしまうのだ。

こういう視点からコンピューターの発展を振り返ると、第1世代はプラグボード、第2世代はパンチカードやRJEのバッチ方式、第3世代はテレタイプによるタイムシェアリング、第4世代はメニュー方式、第5世代はグラフィック・コントロールやウインドウとなる。

第1世代はENIACの世代だ。やたらと大きくて複雑なダイヤルやパッチ・ボードがついたコンピューターは、ほんの一握りの専門家しか使えなかった。第2世代になると事態は少しは改善されたが、ユーザーにとってコンピューターは、パンチカードの束を持ってカウンターまで行き、結果が出るまで長い間待たされる偉そうな機械だった。1つの仕事が終了するまで、ほかの仕事はどんなに簡単で小さなものでも待たされた。

しかしその後こうした無駄をなくすための工夫がなされ、コンピューターが動いている時間を細かく分け、「大量のコピーをしている最中に1枚だけ割り込ませてもらう」というような効率のよい使い方ができるようになった。こうしてコンピューターの働く時間を分けて複数のユーザーが使える、第3世代のタイムシェアリングが生まれた。しかしまだ、プログラムを書くには訓練が要り、誰でもが使える状態ではなかった。

第4世代にはメニューを選んで、自分のしたいことを指示できるようになった。それでもこの方式を作ったデザイナーの意思とは裏腹に、ユーザーは必要な情報を読んでくれなかったり、勝手な使い方をした。まだユーザーはコンピューターにとっての端末の1つとしてしか見なされていなかった。

1946年に発表され、世界初とされる電子式の計算機ENIAC

徐々にプログラムの作り方がオブジェクト指向になり、やりたいことを直接指示できる環境が整い始めた。デスクトップのように机の上の風景を画面上に再現したインターフェースを持つ対話方式が登場し、第5世代が始まった。これはまさに1次元のインターフェースから2次元のインターフェースへの進化といえる。

第1世代の頃のダイヤルやメーターがついた専門家用のコンピューターは、第5世代になると個人が専有できるようになり大きな変革を遂げたが、デスクトップのようなインターフェースにはソフトウェアの作ったグラフィックなダイヤルがつき、どういうわけか昔の操作盤と外見は似てくる。

「コンピューターと人間の関係を『対話（conversation）』というモデルで考えるのは正しくありません。コンピューターが一見利口そうに見える動作をするので、我々が無理やり人間的なイメージで動くようにしているだけなのです。コンピューターとインタラクションをしている時、あなたは他人と話しているのではなく、ほかの世界を『探検（explore）』しているのです」とウォーカー氏は続ける。

このような世界はプログラマーのイマジネーションの産物でもある。プログラマーはこの世界の創造者。プログラマーという気まぐれな神の視点を反映した世界は、その形によってユーザーを受け入れもすれば拒絶もする。こうした世界とユーザーの間に横たわる障壁を取り除き、コンピューターの作り出す3次元の世界の中へスクリーンを超えてユーザーを招き入れるのが、次の世代のテクノロジーであるサイバースペースである、と氏は主張する。

**オブジェクト指向**
行いたい仕事の手順を指示するのではなく、データとそれに対する操作をひとまとめにしたオブジェクトという単位に対してコンピューターに仕事を指示する方式。

この論議はコンピューターに限らず、人間と道具一般の関係についても当てはまる。原始時代には、もっとも重要な情報の1つである食料としての獲物と人間の関係は、見つけ次第道具である石器を持って襲いかかるというものだった。情報と情報処理のプロセスは身体を中心にして直接的でかつ短いサイクルで行われた。

時代が進み人間の活動範囲が広がるにしたがい、視覚を処理して遠くや微小なものの世界を見せる顕微鏡や望遠鏡によって宇宙への理解も進み、交通手段の進歩による地理的な行動範囲も広がった。しかし征服すべき自然との関係はどんどん間接的になっていった。

さらに電信や電話、電子メディアの発達によって、世界に対する知覚はより広く抽象的にかつシンボリックな関係になっていく。人間の知覚が関知しうる世界は自ら触れて確かめられる範囲を越え、数式や理論を使えば宇宙サイズの空間を理解できるまでに拡張されているが、知覚の対象と人間の距離はますます広がる一方だ。

コンピューターもその機能を高めるにしたがい、プラグボードで配線をするような原始的で触覚的なインターフェースから、言語、画像へと視覚的な方式へと進化し、シンボリックな対話の手段を獲得しつつある。

こんな時代に人工現実感のテクノロジーは、シンボリックで視覚的な3次元画像による表現に、新たに触覚的なインターフェースを提供しつつあり、人間とコンピューターのより直接的な関係を求めつつある。人工現実感はコンピューターと人間のシンボルを介したコミュニケーションを超えた、新たなポスト・シンボリック・コミュニケーションを実現するメディアになっていくのではないか、そんな期待を込めてこのテクノロジーを見守る人達もいる。

またインターフェースという言葉は、人間とコンピューターの間の界面を表すと解釈できるが、今までのインターフェースという境界は、人間と機械の中点にあるのではなく、機械に非常に近い位置にあった。

VPL社の共同創業者のジャン・ジャック・グリモー社長は、彼が昔手がけていたポケット型のコンピューター「PBB（Pocket Big Brain）」のことを、ヒューマン・エイディッド・コンピューター（HAC）と冗談めかして呼ぶ。当時は人間が手を貸さないと十分動けない、能力の低いコンピューターが多かった。最近はコンピューターが人間のデザイン作りや教育を助けるという、CADやCAIなどが論議されているが、まだコンピューターが人間を助けるよりコンピューターの面倒を見るほうに手間がかかるものが多い。事情はあまりよくなっているとはいえない。

いまだにヒューマン・インターフェースという呼ばれる手法は、「人間をどううまくコンピューターに合わせるようにするか」、という視点で作られたものが多い。人間に例えれば、赤ん坊程度の対話能力しか持たないコンピューターとの関係においては、人間が手を差し伸べる必要も生じることは致し方ない点もある。コンピューターが少し人間に歩み寄った「ユーザーフレンドリー」というインターフェースも、悪くいえば人間を怒らせない程度に機械に協力を強いるための方法だ。

ジャン・ジャック・グリモー氏

しかし今や、コンピューターの処理スピードやメモリーも増え、表現能力も少しは向上している。もう少し利用者としての人間の視点から、インターフェースというものを考え直してみる必要がありそうだ。

アメリカでも「人工現実感のテクノロジーは従来のインターフェース技術と方法を大幅に超える、いわゆるクオンタム・リープ（量子力学的飛躍）をもたらすものではない」という意見が一部にはある。従来のテクノロジーに、いくつかの新しいデバイスやCGの3次元化というものを組み合わせた、量的な変化にしか過ぎないという考えを持つ人も多い。

しかしむしろ重要なのは、こうした量的な点ではない。コンピューターと人間の関係を、今までのようにコンピューター側からではなく逆に人間側から見る、視点の転換を伴うパラダイムの変換としての質的な変化ではないだろうか。人間とコンピューターの関係は、コンピューターという地球から眺めた天動説では十分説明できない。人間を中心にしたコンピューターを惑星とする地動説に改める、逆コペルニクス的転回をする必要があるだろう。

人間にとってどんなインターフェースがあれば、本当にコンピューターが使いやすくなるのか。人間の感性や心理的な側面からのアプローチを総合的に行うことにより、コンピューターは本当に役に立つ機械となる可能性を持ち始めた。しかし問題は、まだ人間の知覚や感覚の特性が十分に分かっていない点にある。

こうしたよく分かっていない人間の知覚を総合的に論議できる場として、人間の感性に訴える人工現実感を扱うシステムは有効な道具になる。従来の心理学や人間工学の手法にコンピューター・サイエンスの成果を取り入れ、何が一体リアルなのかということを論じることのできる「リアリティー工学」という分野ができてもよい気がする。

## 人工現実感世界の立方体 ～AIPキューブ

さて、シミュレーション、アーケード・ゲーム、架空のワークステーションとさまざまな形で現れ、多様な局面を持ったこのテクノロジーをどうとらえるべきか。1つの言葉で大まかにくくるだけでなく、これら実際の要素を整理する必要がありそうだ。

オハイオ州立大学からMITのメディアラボに移り、現在VPL社のコンサルティングも行っているデビット・ゼルツァー教授は、コンピューターによるCGアニメーションのエキスパートだ。

氏は新しいアニメーションの可能性を追求し、オハイオ州立大学時代に「ジョージ(George)」という優れたアニメーションを作った。ジョージは人間の骸骨のCGが動き回る作品だが、このアニメーションはセル画のように、いちいち各コマを描いて連続撮影した従来の方法で作られたものではなかった。

ジョージには身体の骨の組み合わせでできた物理的な構造によって生じる運動時の拘束条件が与えられており、その知識がコンピューターの中にプログラムとして入っていた。このため、ジョージの身体を表すプログラムに対して「この位置からこの位置まで移動せよ」と指令すると、この知識を使って自動的に、実際に起こるようなスムーズな動きが計算されそれぞれのコマが作られた。

この自律性を持つアニメーションはさらに発展し、エキスパート・シェルを使って構成される登場人物の知識を持ったプログラムを自由に操り、行動をタスクレベルという小さな仕事の単位で処理できるアニメーションを行うシステム「ボリオ（bolio）」が作られた。

ボリオが目指すのは従来の画像の表現レベルでのアニメーションではなく、もっと深いレベルでの知識を用いたものだ。例えるならば、これは映画や演劇の手法をアニメーションに応用したものといえる。ちょうど監督が役者に対して台本で状況説明をし、役者が自分の持っている知識を使ってもっともよいと思われる演技をする、という方法でアニメーションを作り出せる。

またより自然なアニメーションを作るには、現実世界の知識をどうコンピューターのプログラムに反映させるかの研究も必要だ。一度ルールが分かれば、これを変更したり、まったく自然界に存在しないルールを反映したアニメーションも作れる。

ボリオには早くからデータグローブがつけられ、ワークステーションの中に作られた世界を手でコントロールしたり、これを用いたアニメーションがシーグラフ（SIGGRAPH）などのCGを主題とした会議に数多く出された。

アン・マリオンという学生がコンピューターでアニメを作る時、「バックスバニーがコンピューターの中に住んでいればいいのに」といったことに端を発するといわれる、コンピュ

ボリオ

ボリオで作られたアニメーション

ーターの中に作られた生態系「ビバリウム（Vivarium）」。このプロジェクトはメディアラボとアップル社でアラン・ケイ氏を中心に進められてきたが、同じ頃ボリオの中にも、世界のルールを取り込んで自律的に行動のシミュレーションを行える環境が整いつつあった。

ゼルツァー教授はいう。「普通、我々は一体どこへ向かうのかと問う時には、今我々はどこにいるのか、ということを知る必要があります。これに答えるためには地図があれば便利です。私は（人工現実感を表現するための）グラフィック・シミュレーション・システムを3つの言葉で分類しています」

ゼルツァー氏が提唱するのは「AIPキューブ」と呼ばれる分類法。オートノミー（Autonomy：自律性）、インタラクション（Interaction）、プレゼンス（Presence）の3つの性質を軸にしてシステムを分類し、全体を3次元の空間にマッピングして、それぞれのシステムの相対的な位置と特性を明らかにするものだ。

まず人工現実感のシステムを考える場合、プレゼンスは重要な要素だ。各種の感覚を使い非常に高い精細度で表現し、その中に浸かっているような効果を作り出すハイバンドの方向を追求する軸が、プレゼンスの方向であるとする。聴覚におけるハイファイ、視覚の場合にはフォト・リアリズムとも表現できる。プレゼンスの程度を決定する要素には、システムがどれだけの種類のデバイスを扱えるかも含まれ、人間にとって機械との対話がどれだけ自然に行えるか、入出力のバランスもこの中では問題になる。



**エキスパート・シェル**
人工知能において専門家の知識を備えて知的な処理を行うエキスパート・システムを、簡単に組み立てられるようにしたソフトウェアのツール。

**シーグラフ（SIGGRAPH）**
アメリカ計算機学会（ACM）のコンピューター・グラフィックスを専門に扱う分科会名。この分科会が毎年開く学会も指す。

インタラクションは実際に作られた世界の、いくつのパラメーターを実際に操作できるかを指す。コンピューターのバッチ処理はまったく途中における変更を認めないので、インタラクションは「0」と考え、すべての要素をアクセスできる場合「1」と考える。

オートノミーは、どれだけその対象が自分1人で自律的に動けるかを指す。普通の絵はまったく動かずパッシブなので「0」。美術館で鑑賞する絵画などは、自律性を持つ必要はない。コンピューターの中であたかも勝手に生きているように振舞うエージェントは「1」と考えられる。

これらの要素を3次元のXYZの軸に例え、これらの3要素をどれだけ持っているかで人工現実感と関連すると思われるシステムを分類しプロットしてみると、一見バラバラに見える各システムが整然と分類される。

この分類で（0、0、0）にあるのが、昔のアニメーションだとすると、ゼルツァー氏はすべての要素を持った（1、1、1）に位置するのが完全な人工現実感のシステムだと考える。この中では実際の世界のようにいろいろなものが勝手に動いており、それぞれをいろいろな方法で知覚でき、またこれらと対話できる。

これらの両極の間に現在の各種のシステムを並べてみることによって、各システムの持つ特性と相対的な位置づけを把握できる。

この分類の中でVPL社のRB2は（0、1、1）の位置を目指すものだ。インタラクションとプレゼンスはあるが、中に登場する要素に自律性がない。ボリオのようなタスクレベル



**ビバリウム**

アップル社でアラン・ケイ氏を中心に進められるプロジェクト。コンピューターの中で生態系のシミュレーションを行い、子供の教育や新しいコンピューター分野インターフェースのあり方を探る。ロサンゼルスの小学校オープン・スクールで実験が行われている。

**（左頁）A-I-Pキューブ**

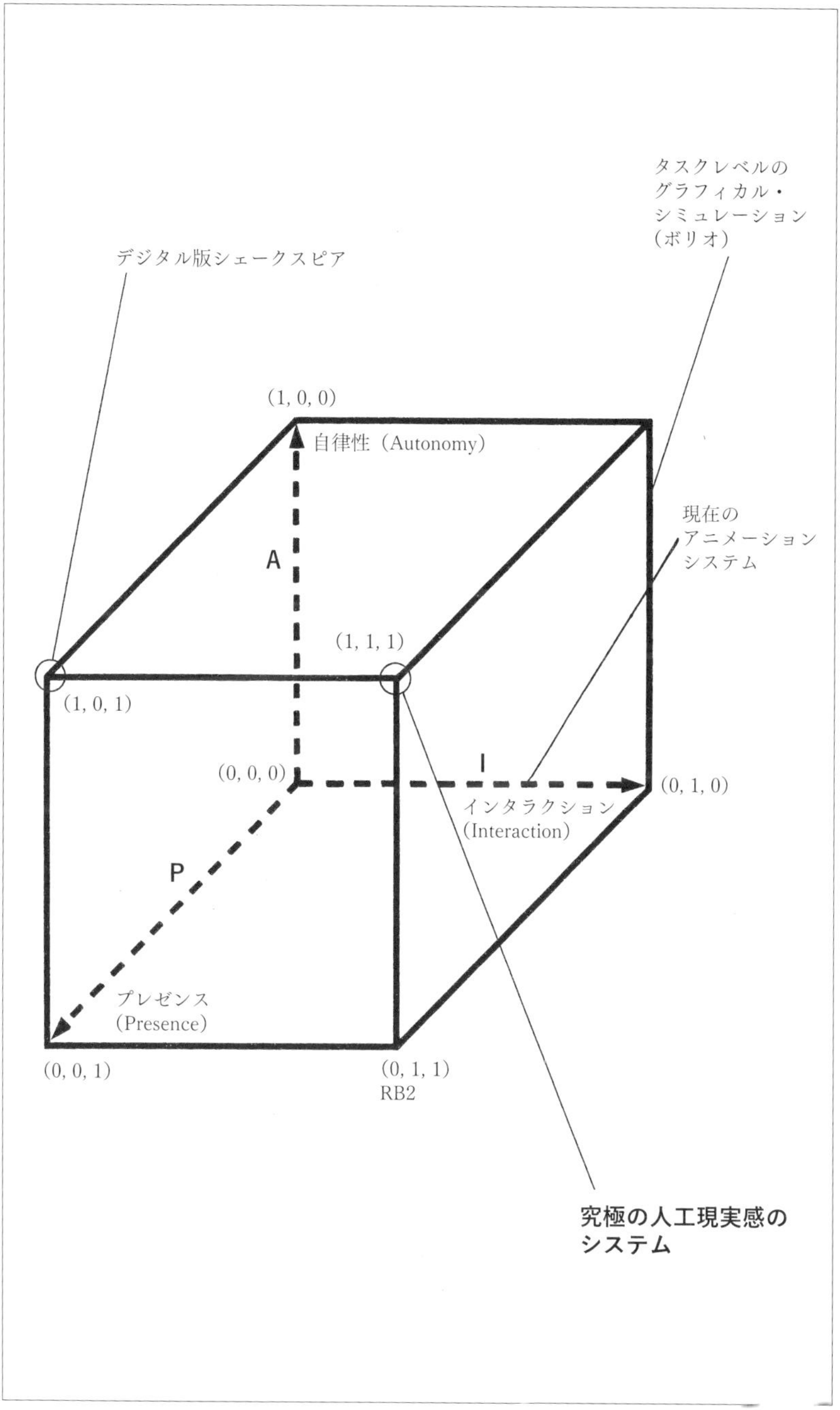
タスクレベルの
グラフィカル・
シミュレーション
(ボリオ)
デジタル版シェークスピア
(1, 0, 0)
自律性（Autonomy）
A
現在の
アニメーションシステム
(1, 1, 1)
(1, 0, 1)
(0, 0, 0)
I
(0, 1, 0)
インタラクション
(Interaction)
P
プレゼンス
(Presence)
(0, 0, 1)
(0, 1, 1)
RB2
究極の人工現実感の
システム

のシミュレーション・システムは（1、1、0）にくる。また（1、0、1）にくるものは、インタラクションができないが登場人物がそれぞれの法則で動き、臨場感のある演劇のような世界。ゼルツァー氏はさまざまな視点から鑑賞できる「デジタル版シェークスピア劇」のようなものをイメージする。この種のシステムは、コマーシャル的に成功する可能性が高いと氏は考えている。

人工現実感を規定する要素はこの3つに限るとはいえず、別の特性によって軸を設定することも可能だろう。従来はどれだけリアルかを評価するとき、どれだけ精緻さを持っているかのみが論議されることが多く、自律性が論議されることは少なかった。

またこれら3つの要素を十分に満たすには、非常に大きなコンピューター・パワーが必要とされ、そんなシステムを作ることはコスト的に引き合わないという論議もある。（1、1、1）に位置するすべての要素を十分含んだシステムが、すべてのアプリケーションに有効であるとは限らない。

プレゼンスの高いハイファイ・システムは、かえって利用者に参加する意欲を失わせるかもしれない。自律性の高いキャラクターの闊歩する世界と、どの程度のインタラクションをすべきか。これらの軸のバランスもある程度考慮しなくてはならないだろう。

しかしこのような方法で、それぞれがバラバラに見える人工現実感のシステムを分類することができ、現在我々にどの程度のことが可能かが明らかになる。これをもとに、どんな傾向を持つシステムが、どんな分野に向いているかを相対的に評価する基準が作れる。人工現実感の到達した現在を正確に把握することによって、その将来を占うことも可能になるだろう。

# 第2章　走り出した人工現実感研究

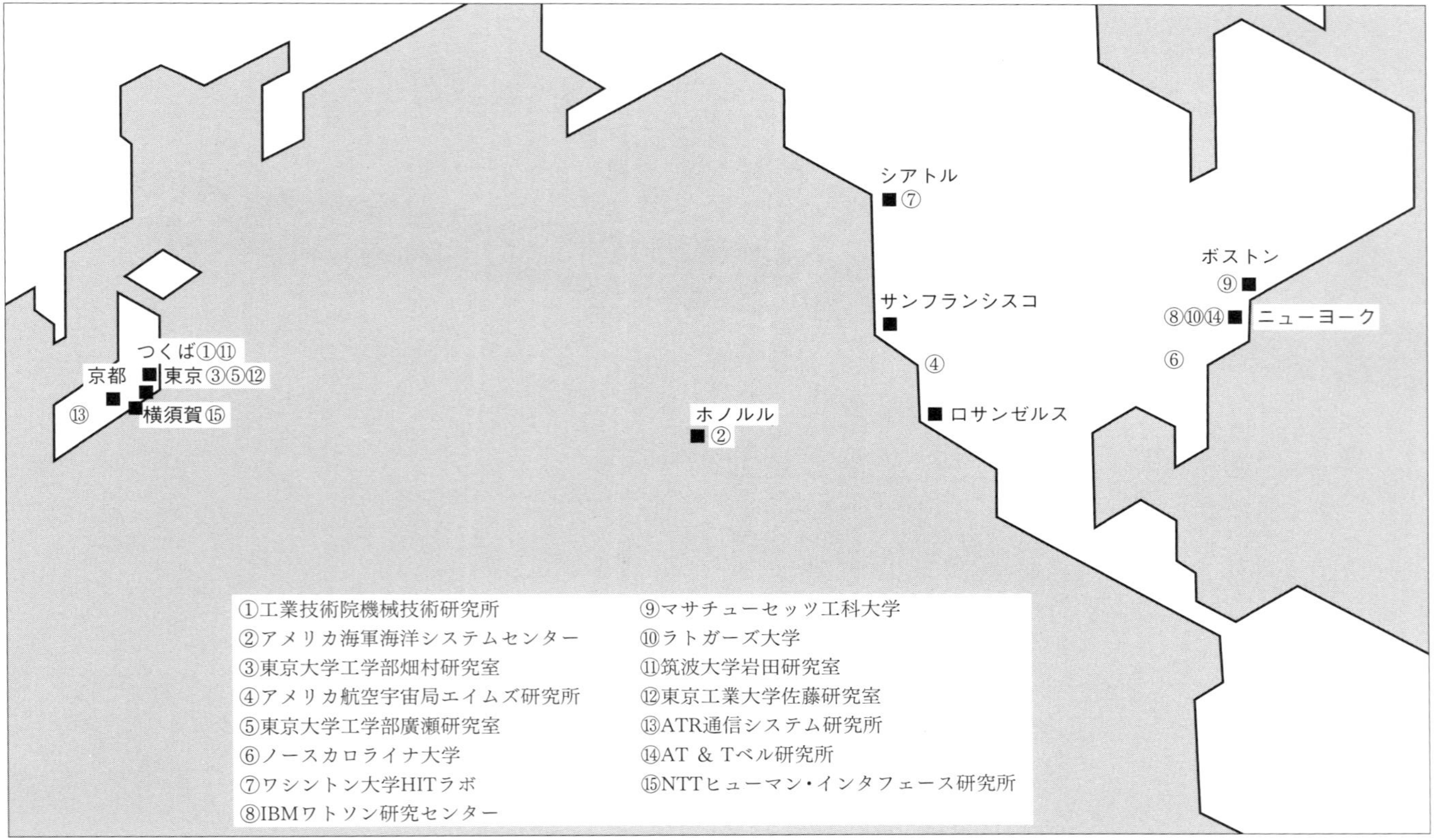
つくば①⑪
京都
東京③⑤⑫
横須賀⑮
⑬
ホノルル
②
シアトル
⑦
サンフランシスコ
④
ロサンゼルス
ボストン
⑨
⑧⑩⑭
ニューヨーク
⑥
①工業技術院機械技術研究所
②アメリカ海軍海洋システムセンター
③東京大学工学部畑村研究室
④アメリカ航空宇宙局エイムズ研究所
⑤東京大学工学部廣瀬研究室
⑥ノースカロライナ大学
⑦ワシントン大学HITラボ
⑧IBMワトソン研究センター
⑨マサチューセッツ工科大学
⑩ラトガーズ大学
⑪筑波大学岩田研究室
⑫東京工業大学佐藤研究室
⑬ATR通信システム研究所
⑭AT & Tベル研究所
⑮NTTヒューマン・インタフェース研究所

# 1 ロボットと人間が一体になる日 ～通産省工業技術院機械技術研究所

遠隔地のロボットを操作するテレロボティクスは、いろいろチャレンジングな問題を提供する。メディアを介して得られる現実の世界を、よりよく操作するために発達したテクノロジーは、そのまま仮想的なモデルを操作するノウハウにつながる。

ロボットの研究が進むにつれ、より複雑な仕事を効率よくこなすためには、やはり人間型のロボットを作る方が有利であることも明らかになってきた。

人間型のロボット、つまり遠隔地にいる人間の身体のコピーが十分な仕事をするためには、一方的にロボットを操作するより、高い臨場感を操作する側に伝えることによって効率が大幅に向上する。

人工知能を駆使した完全な自立型ロボット開発がなかなか進まないこともあり、「より利口な機械を作るより、人間の持っている優れた能力をロボットのコントロールのループの中に取り込み、かつ人間の持つ優れた能力を引き出す方がよいのではないか」、という意見も関係者の間で出されるようになった。

通産省工業技術院の機械技術研究所でこの分野に早くから取り組んでいるのは、バイオロ



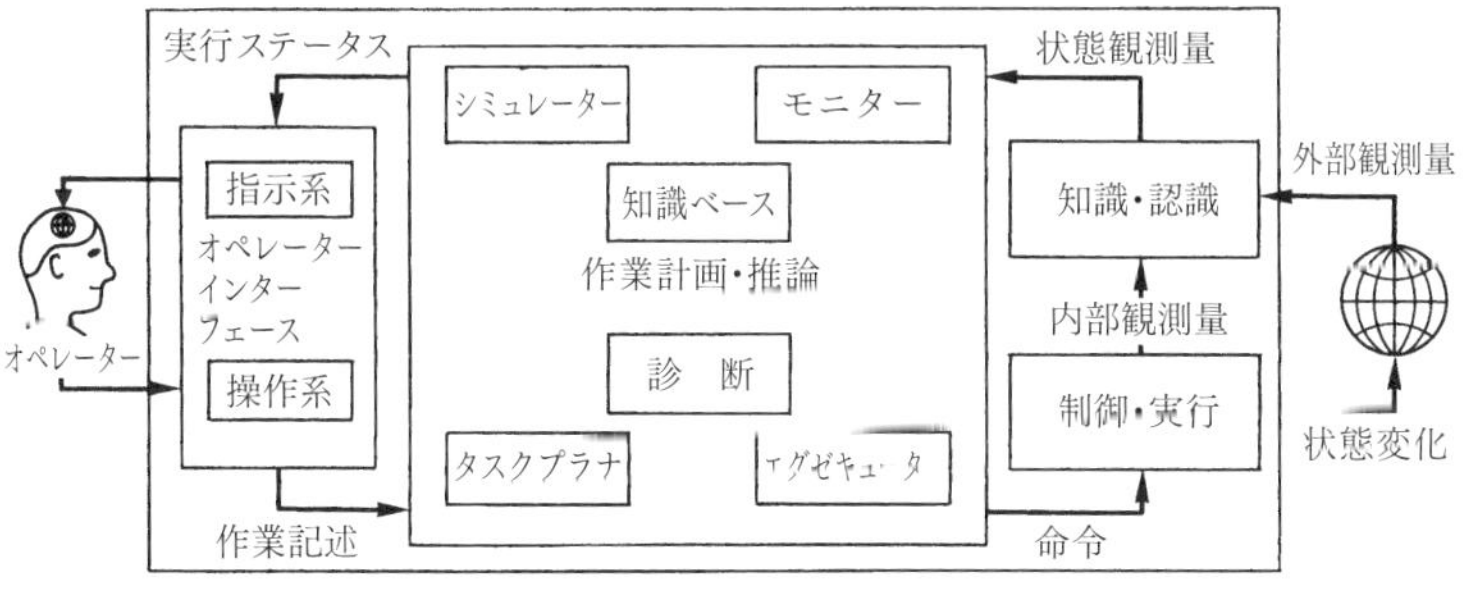


一般的なテレロボティクスのシステム構成

ボティクス課長の舘暲氏（現東京大学先端科学技術研究センター助教授）。ロボットをコントロールするための臨場感を高める方法は、最近の電子デバイスやセンサー、コンピューターの発達によってさらに高度なものになってきている。舘氏はこれを応用して、離れたところにいる操作者がロボットの存在する場所で直接作業しているような高度の臨場感をもって遠隔制御する技術を、「テレイグジスタンス（Tele-existence）」と名づけた。ロボットを制御するためには、ロボット自身の知能化よりどれだけ人間の意のままに操れるかに関心を寄せる。

舘氏はもともと、身体が不自由な人のための義手や盲導犬のかわりをするロボット（メルドッグ）の研究を行っていた。

１９７９年に米マサチューセッツ工科大学（ＭＩＴ）に留学し、リハビリテーション・エンジニアリング（福祉工学）を専攻した。ＭＩＴとハーバード大学が共同して１９６９年に開発した手の筋肉からの電気信号を受けて動く電動の義手・ボストンアームを開発したマン教授のもとで研究生活を送る。

「身体が不自由な人を助けるためにはさまざまな機械が作られていましたが、これらは実際に使ってみないと、なかなかその性能を評価することが難しいんです。車椅子などの器具の良し悪しを評価するにしても、同じコースを設定して同じ条件下で同じ人が使ってみなくては、客観的に評価することができません。こうした問題をどうすれば解決することができるのかを考えました」という舘氏の関心は、テスト環境のコンピューターモデル化や、どう

舘暲氏

いう情報があればよい機械が作れるかに移っていった。

人間の五感は非常にうまく統合され、視覚や聴覚や運動感覚が組み合わさって人間の活動を支えている。これらのいくつかが失われたら、どういう情報を補ってやればよいか。例えば目を閉じて決められたコースを間違いなく歩くには、どうすればよいか。これらの疑問が解決すれば、遠隔地のロボットをコントロールするのにも役に立つ。

舘氏の提案は、1983年から原子力発電所や海底といった危険な状況下で作業が行えるロボットの開発を目指す通産省の大型プロジェクト「極限作業ロボット」の1つの大きな柱として取り上げられ、実際的なモデルが作られ成果を上げた。

## 移動型テレイグジスタンス・ロボット

電動の三輪車型の移動車に、人間の目と同じ間隔で離した2台のテレビカメラをつけ、この映像を電波で遠隔地の操縦者に送りコントロールする。操縦者は両眼でロボットのとらえた映像を見て、ロボットの進み方を操作する。カメラは人間の頭についた目のように左右を見回すことが可能で、ロボットの動きに連動して送られてくる立体画像を見ていると、あたかも自分が車に乗って運転している気分になる。実際の実験では、通常の平面画像によるコントロールより対向車や歩行者にもぶつからないように避けることができ、また目的地にも短い時間で達することができた。

「すべてのコントロールをオペレーターが行うのは、人間側の負担が多すぎます。ある程

移動型テレイグジスタンス・ロボット

度ロボットの自律的な動きに任せ、必要な時に人間が介入する方式にすべきです。このロボットを操縦してみると、ある定位置に固定されたロボットからの決まったテレビ映像を見ているより、左右を向いたり、視点を移動させていくと遠方にいるような臨場感が高まります。これは人間が動的な視差を利用して空間を知覚しているためでしょう。しかし、両眼の間隔や映像の動きが人間の間隔とずれると、操縦者が船酔いに似ためまい（motion sickness）を覚えることもあります」と舘氏は実験の結果を解説する。

## マニピュレーション作業用テレイグジスタンス・ロボット

遠方にある人間型ロボットの両眼からテレビ映像を使って、操縦席にあるマスターアームを使い、ロボットのスレーブアームに細かい作業を行わせようとするもの。

人間型ロボットは、右腕として7自由度のスレーブアームを1本持ち、手は対象物を挟むか離すかの1自由度の操作を行う。先端の位置は1ミリの精度で決めることができ、1キログラムの物体を持ち上げる能力を持つ。頭部にはCCDカメラが65ミリ離れて2台と、耳の位置に対応したマイクが取りつけられ、上下左右に回転できる。腕や頭部の位置関係は平均的な人間の身体に合わせて配置されている。

操縦席には立体映像を映すディスプレイとスピーカー、腕をコントロールするためのマスターアームがつけられている。ディスプレイはCRTの映像を使ったもので、かなりの重量があるためバランサーによって全体を持ち上げつり合いを取り、頭に負担がかからないよう

**モーション・シックネス**
人工現実感では、視覚が急激に動く映像が与えられても、通常の運動感覚が三半器官などに伝わらないため、この感覚のアンバランスから利用者に乗りもの酔いに似た現象が生じると考えられている。

**（左頁）マニピュレーション作業用ロボットを自ら操作する舘暲氏**

4
1
3
2

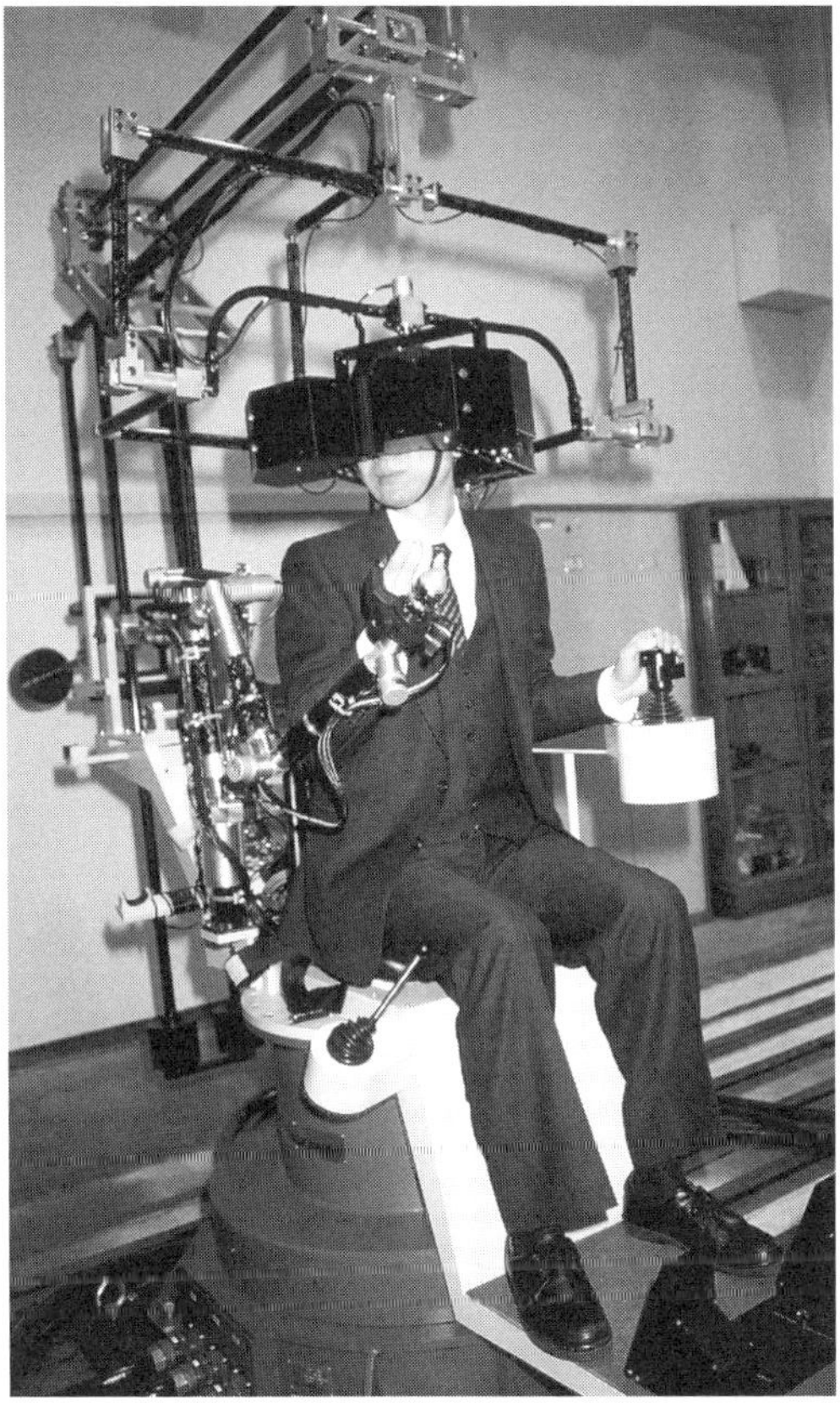

になっている。CRTは33度の視野角を持ち、ロボットのカメラと全体で1メートル先の1ミリのものを見分けられる高い分解能力を持つ。

頭を動かせる範囲は上下左右前後にかなり多めに取られており、あまり束縛感はない。頭と一緒にディスプレイが動くと、テレビカメラのついたロボットの頭部もまったく同じ動きをするため、「人間の視覚＝ロボットの視覚」という関係が成り立っていて、非常に高い臨場感が得られる。

また人間の頭部と腕の位置関係がそのまま、ロボットの頭部と腕の関係に対応しており、かつ運動制御も同じスケールで行えるようになっているので、視野の中に現れるロボットの腕が操作者の腕と同じ位置に見え、ロボットとの一体感が得られる。

小さな穴に棒を通したり、ひもで吊り下げたピンポンの球をラケットで打つ、といったかなりの精度と機敏な動きを要する精密な作業が可能になる。いろいろな位置に置かれた穴に棒を通す実験では、固定した従来のテレビカメラのモニターを使った操作の、約半分の時間で作業を行える結果が得られた。

「このロボットは移動式ではありませんが、将来は操作席の足の部分についたペダルを踏むとロボットが歩くようにすることも考えています。また原子炉や海底などで極限作業を行うためのものなので、人間と一対一の関係を保って設計されていますが、超大型ロボットやマイクロメカニクスを使った超小型ロボットを制御したり、人間の感覚では分からない電磁波の情報などを使う拡張型のテレイグジスタンス・ロボットも考えられます」と舘氏は実際



（左頁）マニピュレーション作業用ロボット。ロボットのカメラに映った映像がそのまま操作者の視覚だ

に操作をしながら解説する。

舘氏の巧みな操作に刺激され、試しに操縦席に座らせてもらった。

操縦席と赤く塗られた人間型のロボットが、1階の実験室の特殊な強化加工をした床の上に、数メートル離れて並ぶ。

歯医者の椅子のような座席の上には、ディスプレイを支える支柱や操作のための装置が並び、おどろおどろしい感じもする。頭の上からディスプレイのユニットを載せて、顎にストラップを巻いて固定する。ちょうどヘルメットをかぶった感じだが、頭に装置の重さは感じられない。右手をマスターアームに固定し、左手はコントロール用のジョイスティックに置く。これは移動型のシステムや拡張機能を使うためのものだ。

全体のセットアップが完了すると、ちょうど機械と人間が一体に結合したような、奇妙な感覚にとらわれる。

ディスプレイから見える画像はCRTを使った非常に鮮明なテレビ画像で、十分な立体視ができる。自分の右手とロボットの右手の位置が正確に対応しているので、初めてでも小さな穴に棒を入れる作業が簡単に行える。

しかし一番の驚きは首を大きく回して振り返った時に起こった。すっかりロボットになりきっている自分の視野に飛び込んで来たのは、何か見慣れない風景だった。それが今操縦席で機械の中に埋もれている自分だと気づくのに、ほんの数秒時間がかかった。暗闇の中にある鏡の前に偶然立っていて、突然照明がついた時、鏡に映った像が自分とは思えないような、そんな感じを受けた。ロボットという自分の分身である他者の目から、自分の後ろ姿を見る経験は自分のアイデンティティにショックを与える。

## 2 軍事用遠隔制御ロボット、グリーンマン ～アメリカ海軍海洋システムセンター

ハワイのマウイ島でワイキキ・ビーチとは反対側の、北東海岸に位置するアメリカ海軍海洋システムセンター（NOSC：Naval Ocean Systems Center）では、海中、地上、空中などを動くさまざまな乗りものをコントロールするための、テレオペレーターの研究が行われている。これを担当するのは、約200人の職員の半分近い80人のロボットの技術者が所属する高度システム部だ。

「我々が必要としているのは、遠隔地で臨場感の高い乗りもののコントロールを行うテレプレゼンスです。つまり現実の世界とコンピューターが作り出した世界が有機的に融合したものです。いろいろな状況の中で遠隔操作をするために、対象によって何を行うかも変わってきます。そこで特定のものをコントロールするのではなく、基礎的で一般性のある研究を行っています」と研究を担当するロバート・エイビルス氏はいう。

もちろんこれらのシステムは、海軍における軍事行動にも必要な仕様を満たさなくてはな

ロバート・エイビルス氏

らない。沈没した潜水艦や原爆のサルベージにもこれらの技術は応用される。

「映像や音声ばかりでなく、例えば海底では水圧やソナーによるデータなどさまざまな情報をコントロールしなくてはなりません。今のところこれらは別々に大きなコントロール・パネルの上に並べられていて、操作をするのも大変煩雑な状況です。これらを一緒にしてもっと自然な形で、あたかも人間がそこにいるように主観的なコントロールを行えるシステムを作るのも大きな研究課題の1つです」と氏は現状を述べる。

ここでは臨場感を高め十分な感覚情報を伝えるために、映像はすべて光ファイバーを使って伝送する方式をとり、ディスプレイもすべて特殊なＣＲＴを使った解像度の高いものを使っている。

ＮＯＳＣで有名な研究は「グリーンマン」。ちょうど人間の上半身と同じ格好をしたテレプレゼンス・ロボットだ。両手のスレーブアームをコントロールするばかりでなく、上半身全体を動かしたり首を動かすこともできる。頭部には両眼カメラと両耳の位置にマイクもついており、人間の上半身にもっとも近いロボットだが、多くの可動部を持つためコントロールが難しい。

コントロールをするためのマスターはＨＭＤと手や上半身にエクゾスケルトンがついたもので、スレーブに当たるロボットと電気信号を伝えるケーブルと動力を伝える油圧のアクチユエーターでつながれる。

人間の身体の構造を忠実に再現する遠隔制御ロボットは、もっとも自然な形でさまざまな

NOSCが開発した遠隔制御用ビークル

仕事をこなすことができる。まだ実験システムでマスターとスレーブは同じ部屋の中でつながれているが、将来は遠隔地で使うことも計画されている。このほかトラックや空中を飛行するプラットフォームも実験されている。

「これらの研究を通して、プレゼンスとは何かという一般的な理論を作り上げて行きたいと思っています」とエイビルス氏は展望を語っている。

以上の例では、ロボットのサイズと人間のサイズはまったく同じであるが、テレロボティクスは何も現実の状況をリアルサイズでコントロールする必要はない。人間の何十倍もある巨大ロボットやミクロンサイズのロボットを扱ったり、人間型でない機械や抽象的な実体をコントロールすることも可能だ。

将来は超小型のロボットアームで分子や原子レベルでの物質の加工や、映画「ミクロの決死圏」のような、機械で人体の患部を直接治療しようというアイデアや、テレロボティクスを用いて手術中に医者に必要な情報を伝えたり、遠方で医者が行けない場所の患者の手術を行わせる「テレサージェリー（遠隔手術）」という提案さえ行われている。



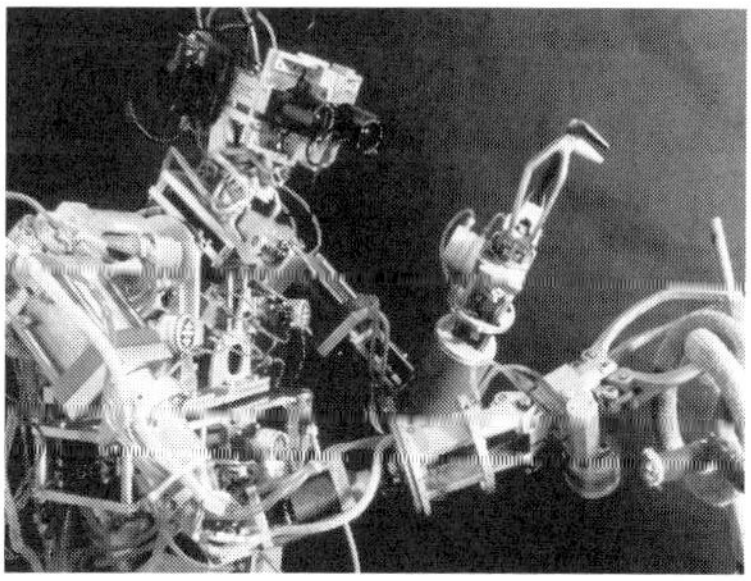

グリーンマン

#「3」分子の世界のテレロボティクス　～東京大学工学部畑村研究室

スタンフォード大学の中にあるフォアサイト協会を主催するエリック・ドレクスラー氏が提唱する「ナノテクノロジー」は、ミクロン以下のサイズの分子や原子の世界を直接的に操作しようという野心的な試みだ。原子を並べたベアリングやモーターを作り、分子を組み立てることのできる超小型の「ナノマシン」を使い、新しいインテリジェンスを持った物質や、自己増殖が可能な物質をも作ろうとする構想は、現在の物質科学の限界を大きく打ち破ろうとする革新的な提案といえる。

このようなテクノロジーをドレクスラー氏は探検的工学（exploratory engineering）と呼び、現在分かっている物理世界の限界の外に可能性を広げていく技術であると考える。人間が認識しうる物理学というフレームワークは、まだ物質世界を完全に記述はできていない。あらかじめ分かっている現在の物理学のカバーする領域の内側を究めるのではなく、物理学と自然界の境界を打ち破る外に向かったアプローチといえる。

この一見SF的なテクノロジーもまったくの空想の世界の話ではない。1990年4月にはIBMが走査型トンネル顕微鏡（STM）を使ってキセノン原子を1つ1つ操作して500億分の1インチおきに並べ、「IBM」という文字を書くことに成功した。その後N



**ナノテクノロジー**

ノーベル物理学賞を受けたリチャード・ファイマン氏はすでに1959年、小さな機械により小さな機械を作らせ原子のレベルの大きさの機械を作る提案をしている。近年になってエリック・ドレクスラー氏が100万分の1ミリというナノメーターのスケールで原子を物理的に組み立てて、新しい物質の世界を作ろうというナノテクノロジーの提案を行い、広く注目されるようになる。しかし走査型トンネル顕微鏡などの出現や、最近原子単位で文字を書くことも可能になり、まったく想像上の話ではなくなりつつある。このテクノロジーが実現すると、今の物理・化学や機械工学ばかりでなく、大きな産業革命が起こるとささえ、いわれている。

ＴＴや日立製作所などが相次いで同じような成果を発表している。半導体加工を中心とした超微細加工技術の進歩は、ナノテクノロジーを夢物語から現実の手段に近づけつつある。

東京大学工学部の畑村洋太郎教授の研究室で森下広氏が研究しているのは、ナノロボットと呼ばれる超小型ロボットアーム。タングステンでできた超小型の針を、立体視ができる電子顕微鏡を使って観察しながら操作し、ミクロンサイズの字を書くことができる。ＩＢＭの文字は超低温で長時間をかけ、あらかじめ決められたルートを動かしたものだが、このシステムの特色は対象の物質を実際に見ながら、リアルタイムで手を使った操作ができることだ。いわば分子の世界のスケールにテレロボティクスを適用し、実世界と違うスケールでコントロールするものだ。

こんな微小世界をコントロールするためには、非常に高い精度で位置決めができる機構が必要になる。まずピエゾ素子を使い、電圧を加えると5ナノメーターずつリニアな動きができるアクチュエーターを開発した。針を動かすための操縦桿に当たるジョイスティックには、針先に加わる力が1000倍から1万倍に拡大されて伝わり、この反力を使えば材料を壊すことなくデリケートなコントロールができる。

「物の加工の原点は実際に手でいじくることです。ミクロの世界を扱うにしてもこうした感覚で加工できる技術が必要です。この力のスケール比は、必ずしも対象の世界との物理的な比である必要はありません。人間は多くの場合、いい加減なスケール比でも合わせてしま



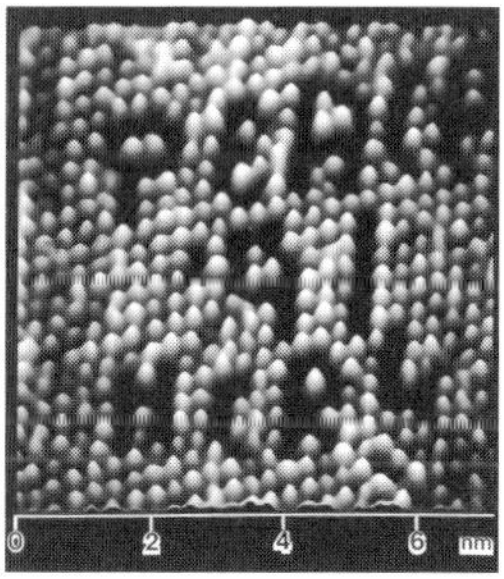


**原子1個を剥ぎ取った世界最小文字「ＰＥＡＣＥ '91 ＨＣＲＬ」（日立製作所提供）**

**ピエゾ素子**
機械的な力を受けると、電気的な分極を起こす結晶を使い、力を電圧に変換できる素子。逆に電界を加えるとひずみを生じさせることもできる。

**アクチュエーター**
機械的な動きを正確に発生させるための装置。サーボモーターや油圧、水圧などを用いるシリンダー、圧電素子を使う圧電アクチュエーターや形状記憶合金を用いるものなどさまざまなタイプがある。

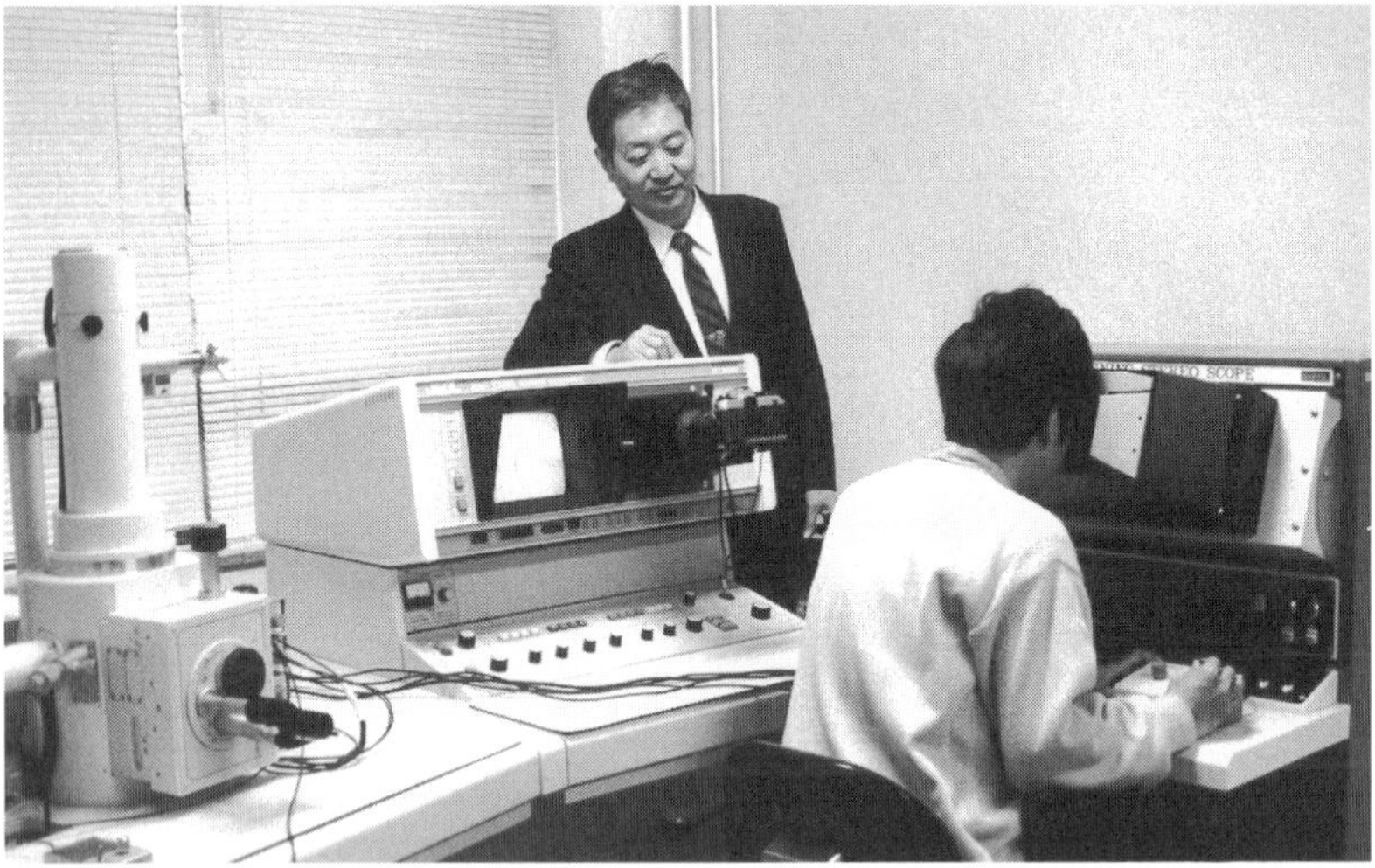

畑村洋太郎教授（左）と超小型ロボットのシステム

ピエゾ素子を使ったアクチュエーター部

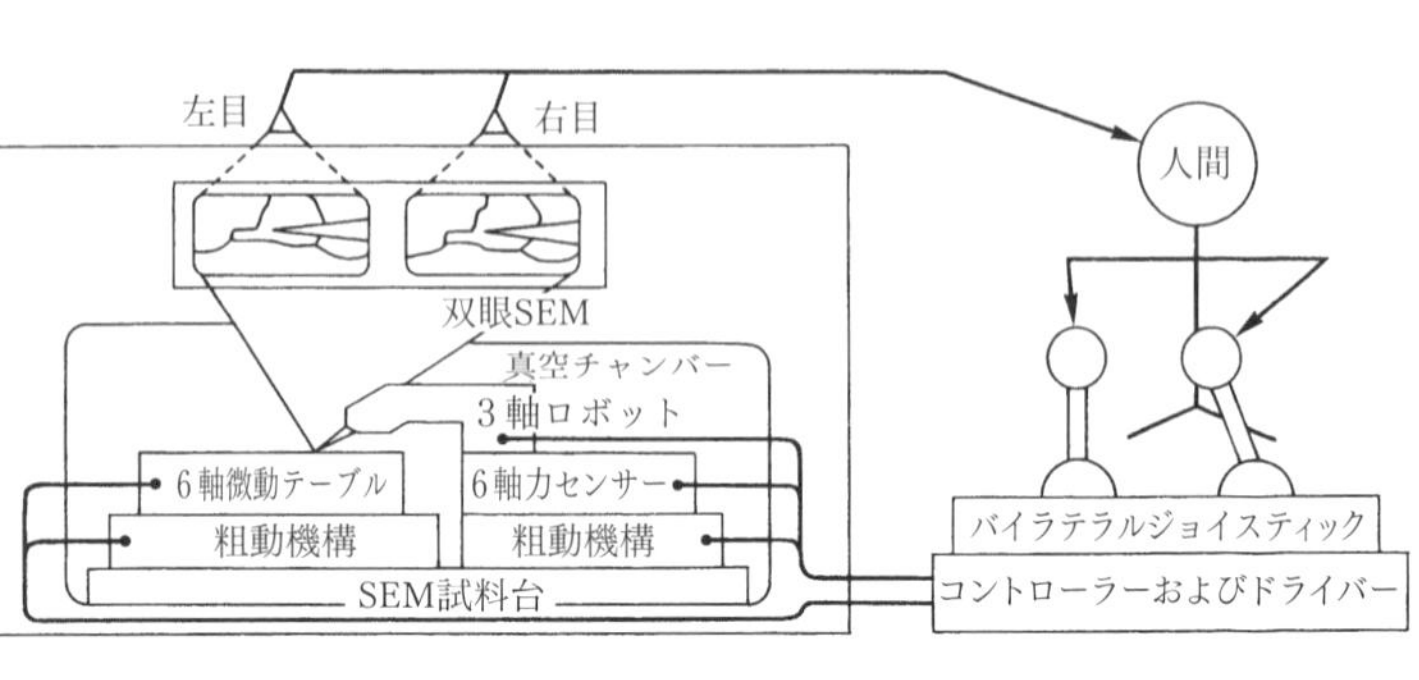


畑村研究室の超小型ロボットアームのシステム構成図

う柔軟性を持っており、もっともコントロールが行いやすい比を用いる方がよいでしょう。いずれ、操作に付随する音や熱といったほかの要素も伝えることを検討しています」と畑村教授はいう。

こうしたオープンな環境を扱うエンジニアリングの分野では、やはり試行錯誤を行える環境が必要だ。ミクロの世界の材料を加工するエンジニアは、その世界に親しめば親しむほど、その世界の詳細な姿が分かってきて広大な地形に見えてくるという。シリコンの谷や大地を旅行できるメディアとして、人工現実感は強力なツールになるかもしれない。

## 「4」多目的仮想環境ワークステーションの開発 ～アメリカ航空宇宙局エイムズ研究所

第1章でも紹介したNASAのエイムズ研究所の研究は、HMDやデータグローブの開発を進める原動力となり、かつこれらを組み合わせコンピューターと人間の間のインターフェースとして用いたもっとも早い時期の先駆的な成果だった。この研究は人工現実感の多様なアプリケーションの多くを包含し、人工現実感という新しいコンセプトを目に見える形とした点に大きな意義がある。これが示した具体的なイメージをもとに、研究者が自分達の工夫で新たな研究を開始した。

もともと1968年にMITのサザランド氏が発表したHMDのアイデアは、1980年代にカリフォルニア大学バークレイ校のマイケル・マグレビー氏らに再発見される。その後マグレビー氏はＮＡＳＡに加わりＨＭＤ研究の強化のため、立体ディスプレイの専門家として、ＭＩＴからアタリ社に移ったスコット・フィッシャー氏をスカウトする。マグレビー氏はその後火星の惑星探査シミュレーションを担当し、火星探査機バイキングの撮った映像から立体的な火星ＣＧモデルなども手がける。

彼らはＶＰＬ社とより使いやすいＨＭＤを共同で開発し、またＶＰＬ社の発明した手と指の動きをコンピューターに入力できるデータグローブを、より使いやすいものにするための共同開発を続ける。これらの成果はその後ＶＰＬ社から商品として発売され、多くの人工現実感研究者の基本的なツールとなっていった。

人工現実感を応用したシステムをスペースシャトルに搭載するプランも浮上していたが、近年のＮＡＳＡの宇宙開発予算の縮小から、これらの研究の行く末が危ぶまれている。データグローブのコントロールやＣＧのプログラムを手がけたウォーレン・ロビネット氏はノースカロライナ大学に移り、中心メンバーの１人スコット・フィッシャー氏は自らの会社テレプレゼンス・リサーチ社を作り活動を始めた。

## VIEW (Virtual Interface Environment Workstation) プロジェクト

大規模で複雑なシステムを使って難しい作業をこなすための、多様なインターフェースを持った作業環境を開発することを目標に、エイムズ研究所のヒューマン・ファクター研究部



（左頁）エイムズ研究所のイメージするＶＩＥＷ。ニューヨーク・タイムズ1989年4月10日掲載記事を参考に作図

データグローブ
ファイバー・オプティック・ケーブル
オリエンテーション・センサー
センサー
タクタイル・
フィードバック・
デバイス
インターフェース・ボード
ヘルメット
リキッド・クリスタル・ディスプレイ
ワイド・アングル・オプティックス
宇宙飛行士の視野
宇宙飛行士
衛星
修理用ロボット

門が開発を行ったのが、人工現実感を使った多目的ワークステーションの基本システム、ＶＩＥＷだ。

壁面ディスプレイなどの場所を取る大がかりな装置を使わず、独自のＨＭＤを開発し、手袋に位置検出のための磁気センサーをつけ、立体音響や利用者の声を音声認識するための装置を組み合わせて、高性能のワークステーションの中に自分が入り込んだ感覚で、複雑な作業を行ったりシミュレーションやデザインを行える。

このシステムがあれば、宇宙船や宇宙ステーション、もしくは地上から遠隔地にいるロボットを制御したり、宇宙服に組み込んでヘルメットのバイザーに情報を表示して高度な作業が行えるようになる。ソフトによってディスプレイの構成や機能を自由に変更でき、多目的な利用が可能になるため、宇宙や海底などのスペースや作業環境にも制約がある場面で威力を発揮する。

システムは、広角の視野を持ったＨＭＤ、手袋型の動作入力装置、磁気による位置検出装置、音声合成を含む立体音響と音声認識装置などの周辺装置と、画像発生のためのコンピューター、全体をコントロールするためのＳＵＮやＨＰのワークステーションタイプのＵＮＩＸコンピューターから構成される。基本システムの入出力チャネルは12の周辺装置からの信号をリアルタイムで処理する能力を持つ。

また全体をコントロールするための「シミュレーション・フレームワーク」と呼ばれるソフトウェアがライブラリーの形で用意されており、さまざまな周辺機器へのアクセスやシス



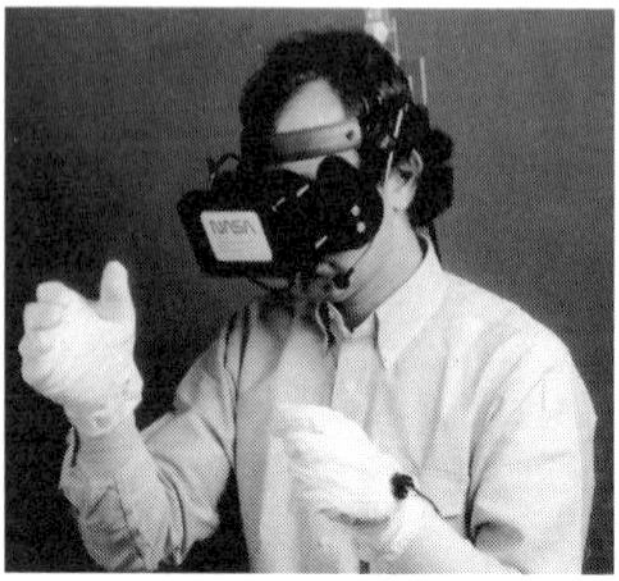

ＮＡＳＡで初期に開発されたＨＭＤ

テム構成の変更などが簡単に行えるようになっている。

## HMDを使ったシステム

最初のHMDはバイクのヘルメットに、日本製の小型テレビから取った100×100の画素しかない白黒の液晶ディスプレイを使って作られた。その次に作られたモデルはやはり白黒だが640×220の画素を持ち、走査線の解像度は320本で16階調を表示できる3・2インチのバックライトつきLCDを左右に使って作られた。

入力信号はNTSCでさまざまな画像装置からの信号に対応する。これに視野角120度で直径2・75インチのレンズと、頭の位置を検出する磁気センサーをつけ、前にくる表示装置の重さに釣り合う重りをつけると重さは約1・3キロ。全体が映像信号やパワーを提供するための20フィートのケーブルで、画像システムとつながれる。利用者の視覚の個人差を調節したり、レンズとLCDの調整をするためのソフトウェアも開発された。

画像発生のためコンピューターは640×480もしくは1000×1000の画素を最大毎秒30コマ作り出す能力がある。システム全体でのパフォーマンスはワイヤーフレームの画像を毎秒6回生成する程度だが、実際スムーズな画像を発生するにはこの2倍のレートが必要だと考えられている。



**NTSC**
米国やカナダ、韓国や台湾、日本などで採用されていたテレビ放送の標準方式。走査線525本、毎秒60枚の画像を送る。ほかにPAL、SECAMなどの方式がある。ハイビジョンは走査線の数が1125本である。

## デスク・マウンテッド・ビュアー

ＨＭＤの表示部分を可動型のアームの先につけ、これを覗き込みながら動かすと、その位置から見える映像を表示するようにしたもの。アームのサイズでビュアーを動かせる範囲が限られるが、位置が比較的正確に求められるので、コンピューターでデザインした物体の３次元形状を評価したり、流体のシミュレーションをいろいろな方向から見たりする応用に適する。

またＨＭＤほど重さの制約がないため、ＣＲＴを用いて４００×４００の画素を表示できる。これを用いてスタンフォード大学やＭＩＴと協力して、コンピューターで合成された人体の中を覗き、医学生が人間の身体の構造を理解するための応用が実験された。

このシステムはフェーク・スペース研究所（第３章参照）から製品として発売されている。

## 立体音響ディスプレイ

ＶＩＥＷを使った実験では、従来行ってきた作業が新しい方法を使うとどれだけ簡単に行えるかが評価され、画像ばかりでなく音声による情報を併用することが有効であることが分かった。音声はまず対話型のコマンドの確認や警報メッセージを伝えるために使われたが、そのほかこのシステムで十分カバーできない機能を補うためにも用いられた。

力フィードバックの機能はまだ十分研究が進んでいないため、例えば架空の表示物を手が



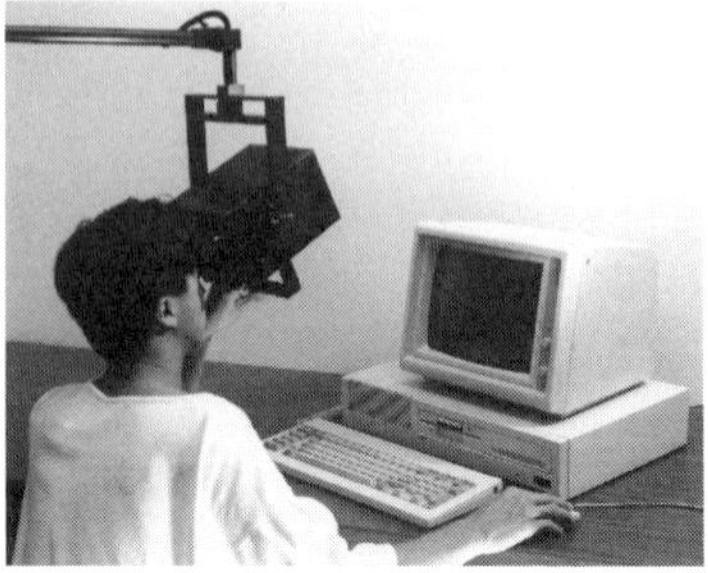

フェーク・スペース研究所から「ＢＯＯＭ」という商品名で販売されているデスク・マウンテッド・ビュアー

突き抜けても、それによって生じる不都合を知らせる方法がない。ロボットの遠隔操作ではこれは重大な問題となる。ロボットアームで操作している物体が壁と接触した時、チャイム音で知らせるという使い方もできる。

さらに立体音響システムを使い、音声の出ている位置を耳で聞き分けられるようになれば、もっと有効な情報提供が可能になる。ＨＭＤでカバーできる視野の外にある物体の位置を音で知らせれば、回りにあって視野に入っていない対象物にも注意を喚起できる。全体のスペースの中で自分がどこにいるかの確認も、回りの音との相対関係から知ることができる。

通常のステレオ装置では左右から別々の音は聞こえるが、前後上下などの音がやってくる方向を正確に聞き分けることはできない。人間は両耳に届く音の微妙な位相のずれや強度から、音のくる方向を聞き分ける能力を持っている。こういった音の情報を伝えようと人間の頭部の模型を作り耳の位置にマイクをつけて音を録り、ヘッドホンで音を再生するバイノーラルという方式が生まれた。エイムズ研究所ではデジタル信号処理を使って、この機能を実現し音響キューに使おうと１９８７年から研究を始めた。

頭部の音響伝達関数と位置情報から、その位置で聞こえるはずの４つの音の正確な情報をリアルタイムで作り出すコンボルボトロン（Convolvotron）という装置が作られ、ＶＩＥＷに組み込まれた。頭部の位置や角度が動いてもその位置や方向で聞こえる音が計算されるので、仮想的な環境の中のある特定の位置に音源を定義すれば、空間の決まった位置から音が聞こえる。



**バイノーラル**
人間は両耳を使って音を聞いているが、耳に達する音を耳の位置で録音・再生し、なるべく臨場感の高い音響を得ようとする技術。

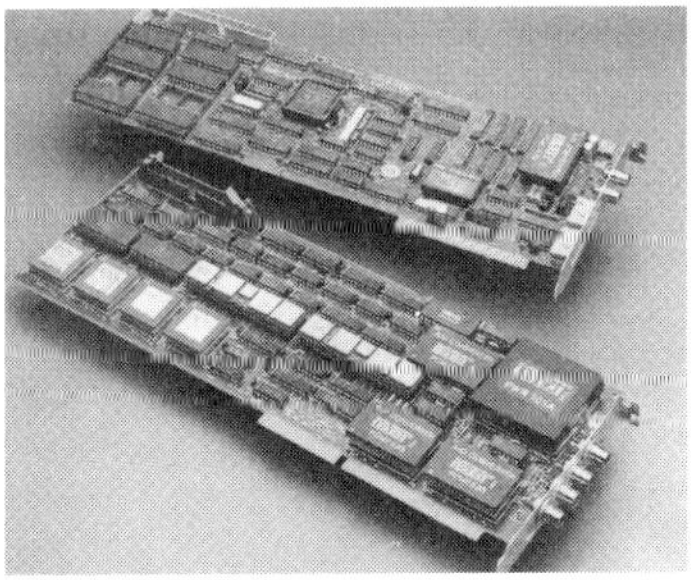

**2枚のボードで提供されるコンボルボトロン**

コンボルボトロンはクリスタル・リバー・エンジニアリング社（Crystal River Engineering）が設計し、IBM－PCに組み込める2枚のボードの形で商品化されている。またこれをOEMで組み込んだシステムがVPL社からも提供されている。

## 「5」生産現場にやってくる人工現実感　～東京大学工学部廣瀬研究室

東京大学工学部機械情報工学科の廣瀬通孝助教授の研究室では、シースルー型HMDや生産現場での人工現実感の応用、力フィードバックやソフトウェアを可視化してデータグローブで操作する研究などが行われている。

廣瀬氏の先生に当たる石井威望教授（現慶應義塾大学環境情報学部教授）は、もともと医学部の出身で工学部に移り、人間と機械を含むテクノロジーの関係に深い関心を寄せる。母親と生まれたばかりの赤ん坊が、どんな相互の働きかけを通してコミュニケーションによる結びつきを確立していくか、フィルムに撮影して画像を解析して明らかにした研究は有名だ。

もともと管理工学という分野で機械と人間の関係を研究していた廣瀬氏は、特にコンピューターと人間の関係に注目した。まずコンピューターの入出力機器の使いやすさの評価を行ったり、人間にうまくフィットする情報ターミナルの実現を目指して研究を行ってきた。またその後カリフォルニア大学のバークレイ校に客員研究員として滞在し、スターク教授のも

廣瀬通孝助教授

**カフィードバック**
物体に接触したときに、身体にその固さを力で伝えること。カフィードバックは定常的な力を返すが、物の表面の感触はその表面を移動するときの時間的な力による動的な力を返すことによって生じる。

とで人工現実感の研究を続け、米国の最新の研究に触れた後、１９９０年夏帰国し日本での活動を再開した。

「もともと機械やアートが好きで、人間の感性に近いエンジニアリングをやってみたかったんです。大学で教えるようになってから１９８２年頃アメリカの視察に行った時、フロリダのエプコット・センターなどですばらしい立体映像に触れ、エンジニアリングにこういう技術が生かせないか考えるようになりました。コンピューターの中にある論理的な世界をどう表現すれば、物理的な実世界とうまく結びつけられるか。データをどう視覚的に表現すれば感性にまで訴えることができるかに興味があります。立体映像を使って対象の表現ができるようになって、その後はその対象をどう操作できるかを考えるようになりました。機械の分野では試行錯誤しながらものを組み立てていくわけで、立体映像を使ってシミュレーションができる人工現実感の技術が役に立つはずです」と廣瀬氏はいう。

研究室では人工現実感の世界を大きく外界システムと内界システムに分けて構成する。外界システム（External System）とは、広い空間を対象とした建築物の設計ウォークスルーやテレロボティクスなどのような分野を対象にしたもので、臨場感や自由度の高さが必要となる。また内界システム（Internal System）は、ＣＡＤなどの限られた空間の中で正確なマニピュレーションなどが必要になるものを対象とする。この場合はディスプレイも高い精度が必要で、力フィードバックなどを使うことも比較的容易だ。

ここで研究されるＨＭＤはシースルー型。広い空間の中で外界の風景に情報を付加して表



**マニピュレーター**
人間の腕と手首の機能をまね、物体などを操作できるロボットの腕。

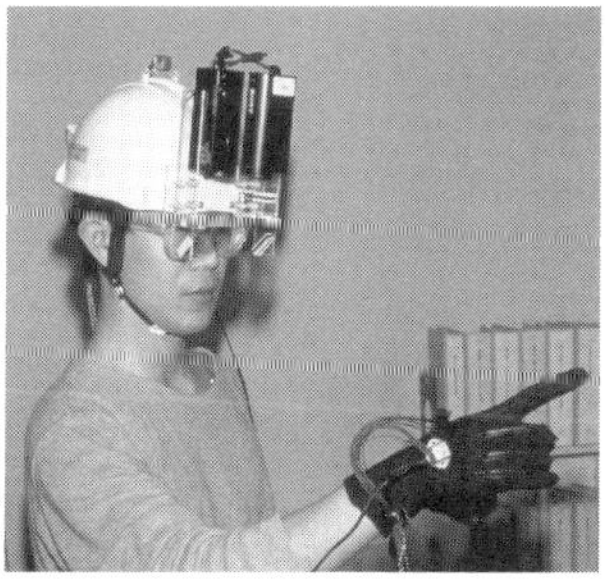

**シースルー型ＨＭＤ**

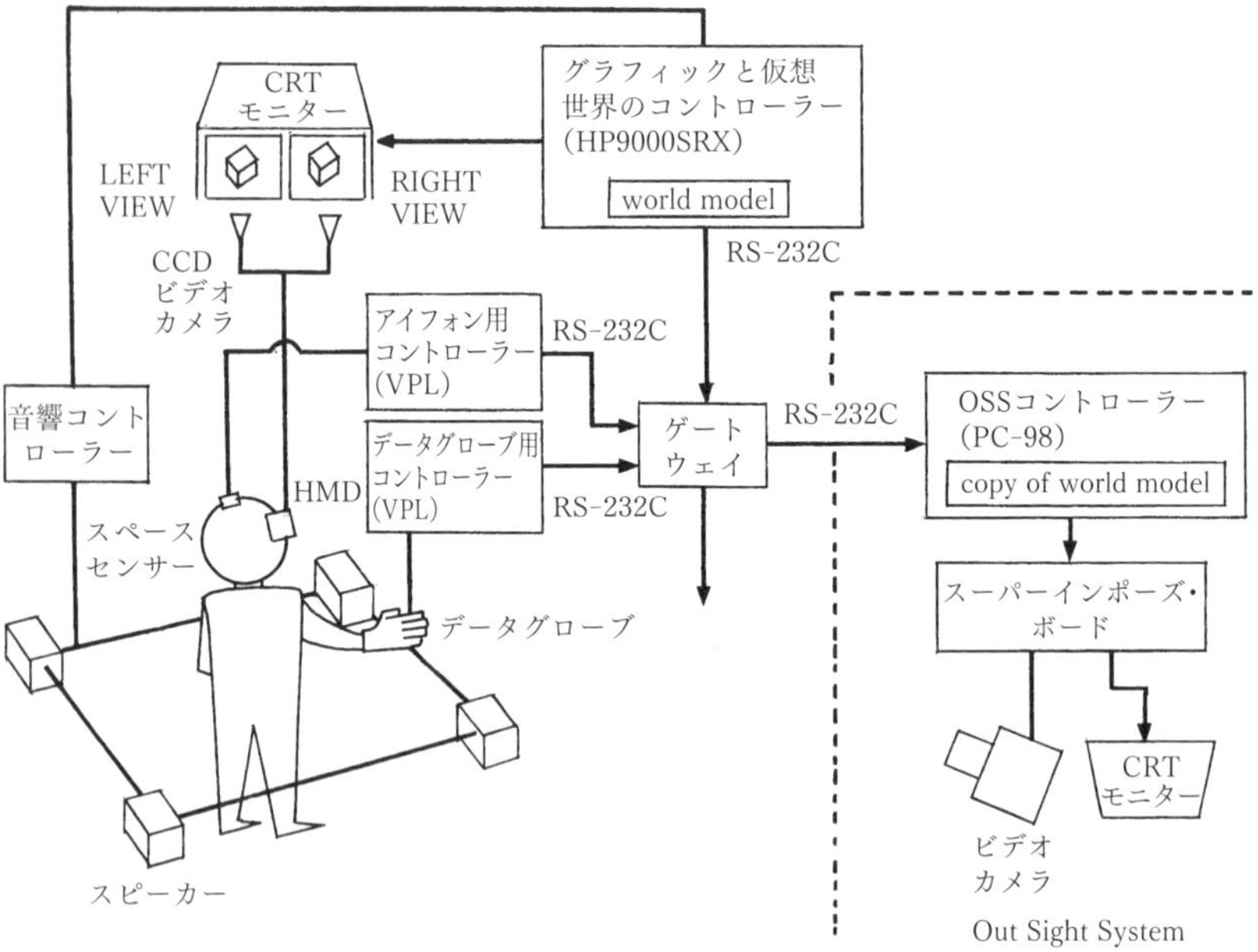


外界システム

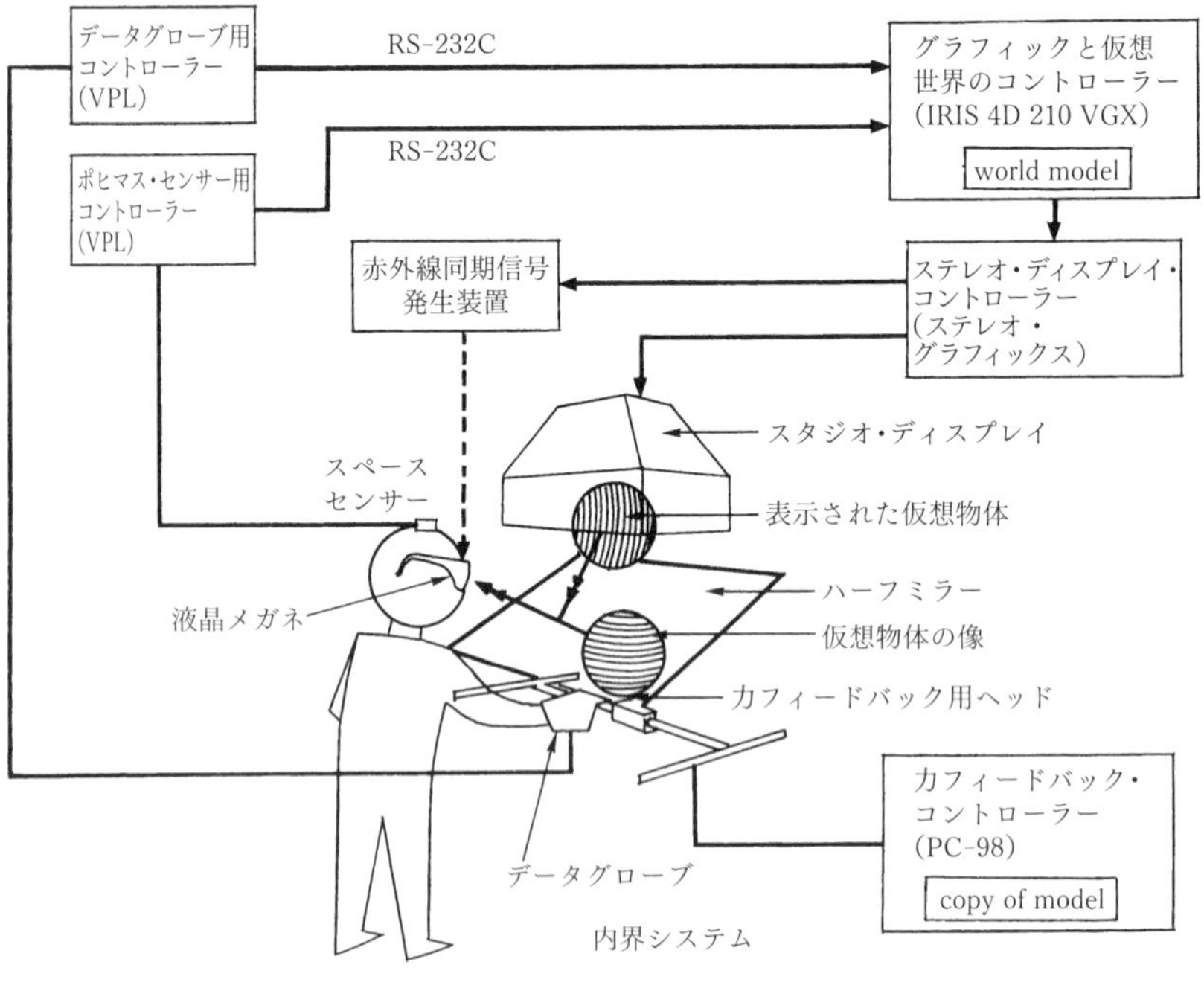


内界システム

示したり、限られた空間でも使える。直交座標マニピュレーターは、コンピューターの作り出した仮想物体を触ることのできる作業台で、画像で表現された物体からの力を感じながら、ものを組み立てることなどに応用できる内界を対象としたシステムだ。そのほか人工現実感をマニュファクチャリングに用いるマルチビューや、複雑なソフトウェアの表示や操作に用いるなど、広い範囲のユニークな研究が進められている。

## 実世界にCG画像を重ねるシースルー型HMD

シースルー型HMDは、半透明なビュアーで外の実世界が見え、その上にコンピューターの作り出した画像を重ねて表示（スーパーインポーズ）できるようにしたHMDだ。アイフォンなどのHMDは目の前が完全に覆われてしまい、コンピューターが作り出した世界に完全に操作者が埋め込まれてしまう。

サザランド氏が最初に作り出したのもシースルー型のHMDだった。この研究室では1987年頃からさまざまなタイプのものを試作してきたが、現在はシースルー型の可能性にもっとも注目している。

このタイプのHMDは利用者が作業などをする際、風景を外から見ただけでは分からない隠れた情報や、付加的な情報を実物の上に重ねて表示することによって、高度で有効性の高い作業を行うことができる。製造や工事の現場で、作業対象の構造や危険地域の情報を作業者に伝えたり、手術などの医療の現場で患部の位置や患者の状況を医師に伝えたりする使い

（右頁）外界システムと内界システムのイメージ

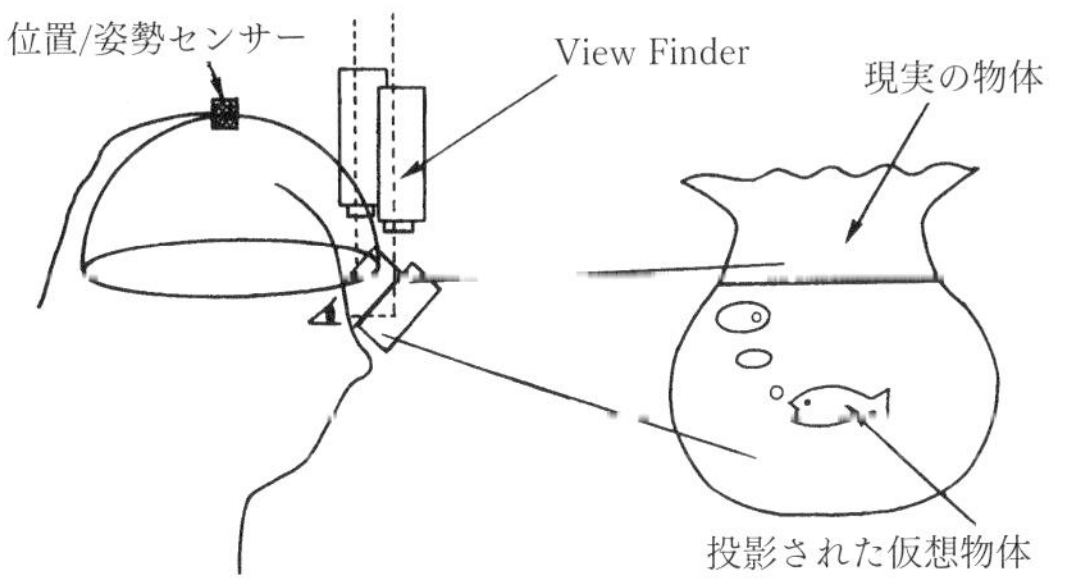


シースルー型HMDのしくみ

方が考えられる。

人工的な世界だけを扱う人工現実感よりも、簡単な情報の表示ならばコンピューターで高度なCGを表示する必要もなく、視野を広くするために高価なディスプレイやレンズを使う必要がないことから、装置もある程度簡単で軽いものにできる。また実世界と仮想世界を共存させることによって、比較的早く実用的な応用が出てくる可能性もある。

「人工現実感といっても、実用上すべてを高精細のグラフィックスで表現する必要はありません。現在のHMDではCGの生成に相当コンピューターのパワーを割かなくてはならず、このため時間遅れが生じたり、画像のディテールを省略せざるを得ない場合もあります。実用上、視覚の情報を補って強調すべき点は全領域でなく、各時点で限られた部分にあるわけで、必要ない部分は外の世界の映像をそのまま用いればよいのです。このようにして必要な部分にコンピューターのパワーを集中すれば、パフォーマンスは大幅に向上します」と廣瀬氏はいう。

試作されたシースルーHMDは、ヘルメットに小型CRTを2本つけ、フレネルレンズを通してハーフミラーに映像を投影するもの。コンピューターの作った映像はハーフミラーを通して見える風景と重なる。人間の目が立体像として見分けられる限度である1メートル以内の位置に見えるよう、フレネルレンズの性能が選ばれている。また実世界とコンピューターの映像が重なり合うよう、頭の位置をポヒマス・センサーで検出し、両者の位置関係を計算している。



(左頁)シースルー型HMDを使って、梁のモデルを操作する実験。左下のモニターには実際のモデルの上に重なって見える梁の構造を示すワイヤーフレームの画像が表示されている(朝日新聞社提供)

研究室では作業対象のモデルとしてロボットアームや建築用の梁を選び、ロボットの内部機構や梁の構造情報をそれらの模型の上に重ねて表示し、ＨＭＤを使ってどの程度作業効率が向上するかがテストされている。

また部屋の中に疑似的な危険地帯を想定してＨＭＤにその情報を表示し、ＨＭＤをかぶった人がその地域を避けて移動するシミュレーションを行い、システムがどれだけ有効に使えるかを評価している。

実世界とコンピューターの作り出す映像の座標をどれだけ正確に一致させられるか、動きに対して位置検出やコンピューター映像の生成による時間遅れを、どの程度小さくできるかがポイントだ。位置のずれや時間遅れで、表示された映像が実世界に重ならず、両者の関連が操作者によって認識できなくなると、作業の効率が大きく影響を受けることも分かった。

## 仮想物体の触覚を伝える直交座標マニピュレーター

空間上の限られた範囲に表示された映像の表面を、指でなぞることができるシステム。映像の見える位置に指を持っていき触ろうとすると、モーターを使ったシステムが指を押し戻して、物体があるような感覚を作り出す。

ハーフミラーの上に投影された立体映像を、液晶シャッターつきの眼鏡で見ながら、その向こう側にあるヘッドの部分に指を突っ込む。指はハーフミラーを通して、投影された映像と重なって見える。ハーフミラー上に見える物体の表面に当たる部分に指をもって行き、触

直交座標マニピュレーター

る動作をすると、ヘッドのモーターが指に対して反力を発生する。ヘッドは映像で表示された物体の外では自由に動くが、物体の表面より内側に当たる部分には入れないようブレーキがかかる。

ハードウェアとしては、平面上の位置を自由に動けるXYレコーダーのような機構を応用し、空間上の位置を正確にポイントできる直交座標型のロボットの一種だ。テーブル状のXY座標系の面の上に、X軸とY軸のガイドがあり、その交点上に10センチ四方の板の中心を丸くくり抜いたヘッドがある。

この穴の中にあるチューブに指を入れ動かすと、その中での指先の正確な位置を磁気センサーが検出する。仮想的な物体の表面の位置にくるとモーターがトルクを発生し、指がそれ以上物体の内側方向に進まないようにブロックする。全体が箱に入っており、箱の上部にあるCRTモニターの画像が、箱の中に斜めに固定されたハーフミラー上に映し出され、その映像を見ながらミラーの後方にあるヘッドを操作する。

この装置を使い触覚を併用して仮想的な物体を触りながら作業した場合、映像のみの場合と比べてどの程度作業効率に変化が生じるかを通し、触覚の持つ役割を明らかにしようとする実験が行われている。現在、表示された画像を指でポインティングしたり、移動やなぞったりする作業を行う実験が行われている。



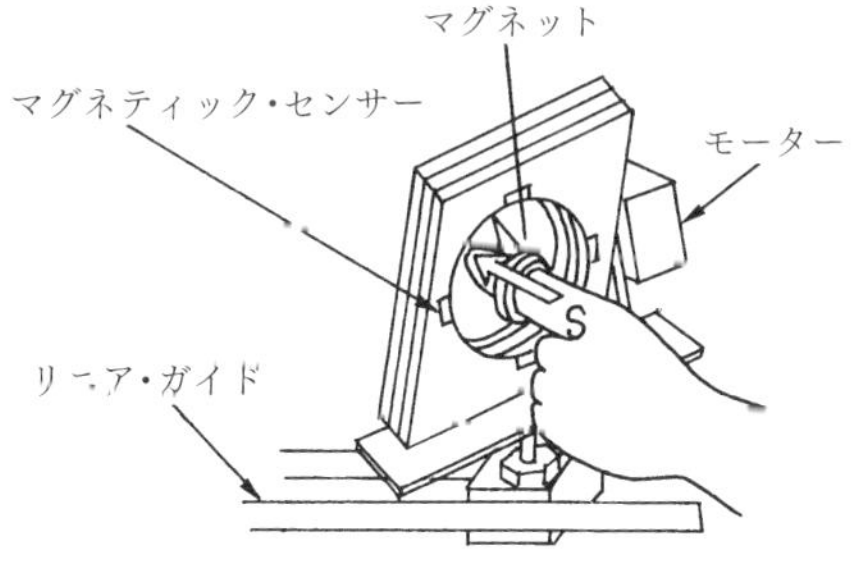

直交座標マニピュレーターのしくみ

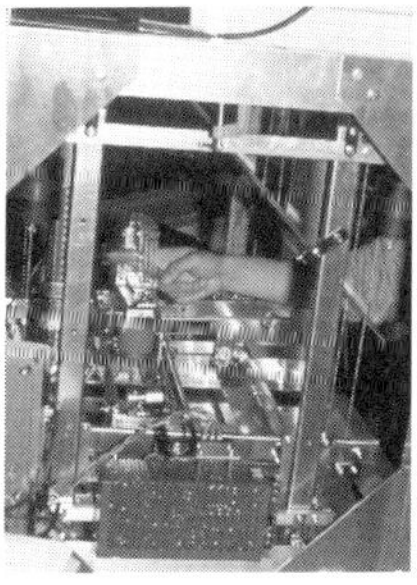
直交座標マニピュレーターの内部。設定した仮想物体の表面までくると、指がそれ以上進まなくなる

## インフォーマル情報の伝達システム、マルチビュー

地理的に分散した工場や作業所をマルチメディア・ネットワークを使ってつなぎ、遠隔地で共同して1つの作業を行う実験も行われている。

遠隔地で共同作業を行う時、どんな情報を送ればよいのか。こうした場合、作業自体の情報を絵や文章によって指示するだけでなく、指を差したり顔をそちらに向けるというインフォーマルな情報も効率に影響する。

まず第1段階として、工作機械のある現場にいる機械の操作をあまり知らない人と、遠隔地にいるエキスパートの間をテレビ画像のリンクで結び、どんな指示を行えばうまく指示ができるかが実験されている。両者の目の向いている方向を一致させたり、インフォーマルなコミュニケーションができるようシステムを作れば、離れた人同士でもうまく指示ができることも分かり、複数のカメラや音響システムを組み合わせたマルチメディアのコミュニケーション・システム――マルチビューが試作された。

## 手づかみでつなぎ変えられるコンピューター・プログラム

人工現実感は実世界やそのシミュレーションばかりでなく、もともと抽象的でなかなか理解しづらい対象を取り扱うこともできる。

近年コンピューター・システムは大型化する傾向にあり、なかなかその挙動を把握するの



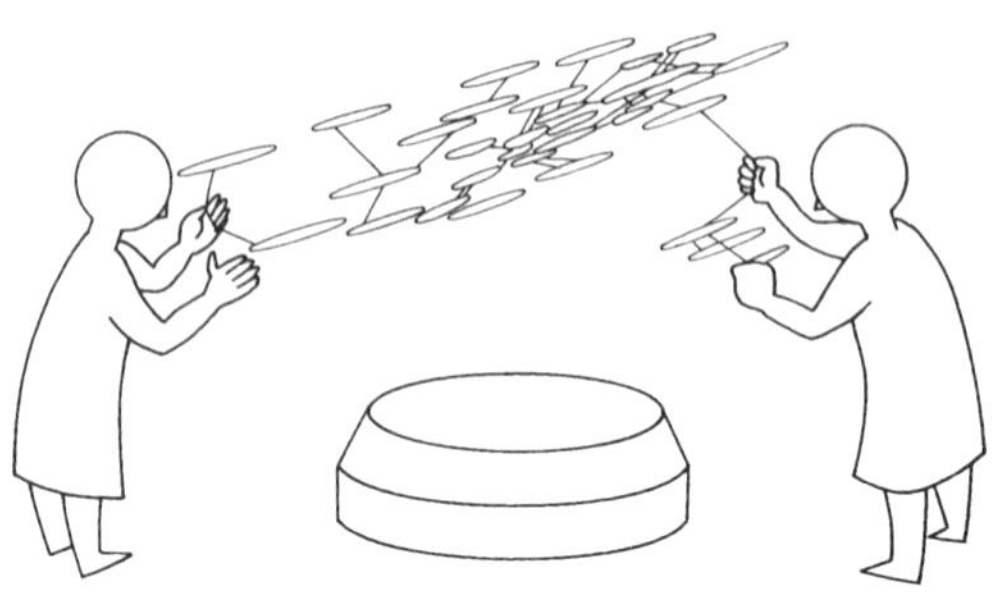

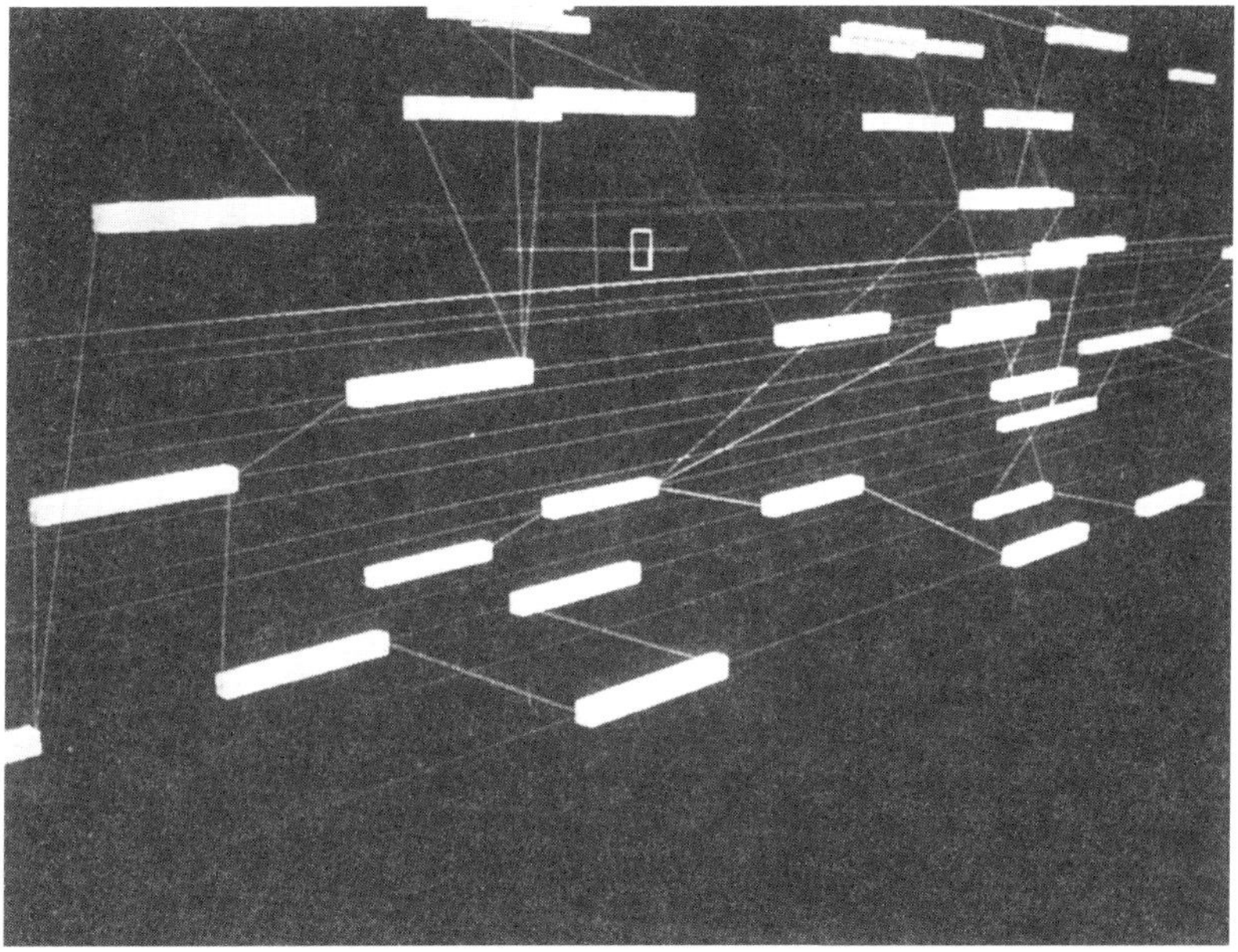

コンピューター・プログラムを3次元表示した映像。利用者は前頁カットに示すように、データグローブを使ってこれら処理ブロックを表す立体模型を、手づかみで移動したりつなぎ変えたりできる

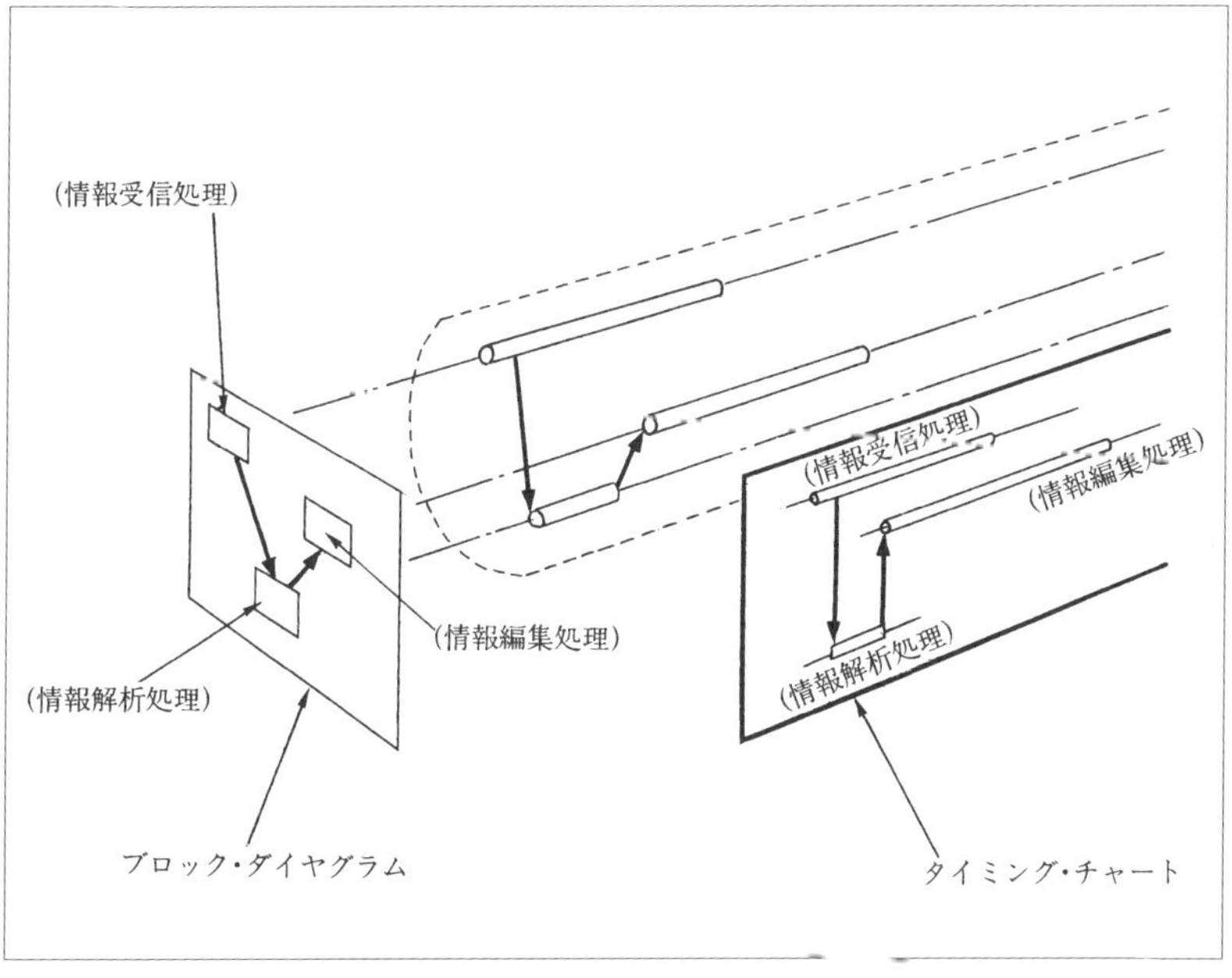


ソフトウェアの3次元表示の概念図

が難しくなってきた。プログラムやコンピューターの中で動いているプロセスばかりでなく、コンピューター自体もマルチ・プロセッサー化したり並列・超並列コンピューターも現れている。ネットワーク化されたコンピューター・システムは地理的にも分散し、全体をデザインしたり運用する手間は膨大なものになってきている。

巨大な電力システムを抱える東京電力のシステム研究所では、廣瀬研究室と共同で人工現実感を使ってソフトウェアの開発運用が可能なシステムの開発を始めた。

プログラムやプロセスの処理を行う単位を直方体のブロックにし、各ブロック間の関係を矢印で表し、３次元ＣＧで表示した。

処理単位のブロックは通常は平面的なブロックダイヤグラムで表示されるが、時間の流れの軸を加えて3次元化した。このため正面から見ると通常のブロックダイヤグラム、真横から見るとタイムチャートになる。こういう表示を使うと、プログラムやプロセスの論理的な構造と時間的な動きを同時に把握できる。

現在処理が行われている場所を色を変えて表示して動きを監視したり、処理ブロックを示す立体図形の上で特定の部分の処理の開始を指示し、任意の場所からプログラムを実行するようなシミュレーションも行える。さらにブロックを実物の模型のようにデータグローブを使ってつかみ移動することができる。ブロックを手で移動したりつなぎかえてプロセスを画像上で変更することさえ可能になる。つまりプログラムやプロセスを立体模型化し物体を扱うように操作できるわけだ。



ソフト可視化のシステムの構成図

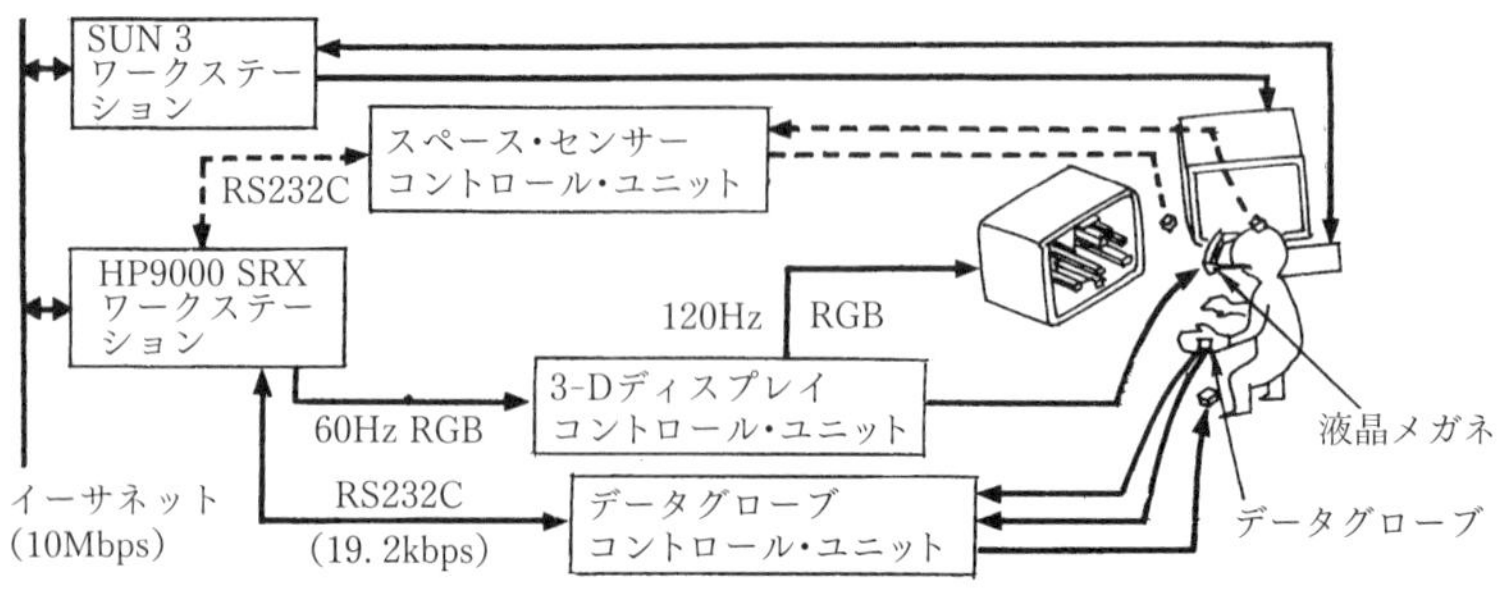

またコーディングの済んだプログラムを入力すると自動的に立体図形にして表示したり、立体図形を組み合わせて作ったプログラムを、逆に実行可能なコードに変換し動かすことも可能にしようと研究が進んでいる。このような論理的な対象の取扱いは、扱う世界が限定されているため、通常の人工現実感で使われるより簡単なインターフェースで、かなり複雑なオペレーションを行ったり変更操作する場合に効果がある。

## 「6」医学・化学分野で実用化を目指すビジュアリゼーション　～ノースカロライナ大学コンピューター・サイエンス学部

アメリカ東海岸で研究活動が活発化している地域として、今ノースカロライナ州が注目されている。ライト兄弟が初めて飛行に成功したキティ・ホークのあるノースカロライナ州で、ラーレイ、ダーハムとノースカロライナ大学のあるチャペルヒルを結ぶリサーチ・トライアングルがハイテク・ゾーンを形成している。

元州知事のルーサー・ホッジス氏が経済的な停滞状態にあった同州を復興しようと計画し、１９６０年にスタンフォード大学方式を見習ったハイテク・コンプレックスが作られて以来、ＩＢＭを始めエレクトロニクス、製薬、化学などの企業を中心に研究施設が集まり、日本企業も数多く進出している。

生物や化学で有名なノースカロライナ大（ＵＮＣ）にコンピューター・サイエンス学部が



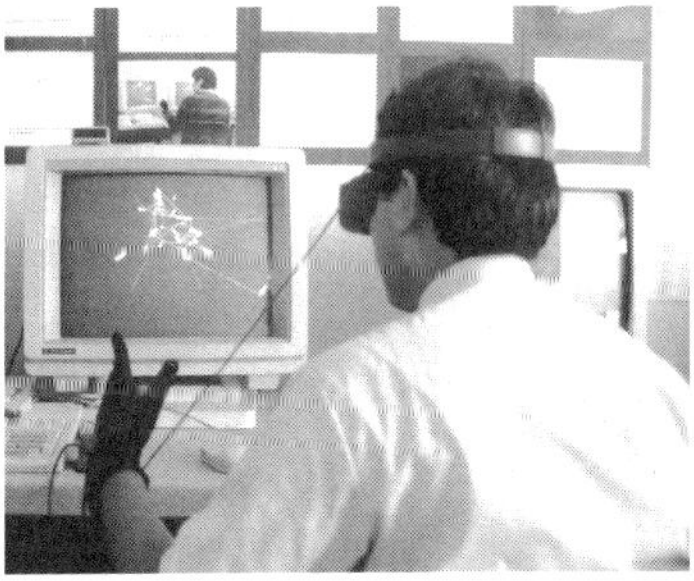

廣瀬研究室は東京電力システム研究所と共同で、複雑なシステムやソフトウェアの動きを3次元表示し、データグローブで操作できるシステムを開発した

作られたのは四半世紀前。この設立のためにIBMからやってきたフレデリック・ブルックス氏は、高速コンピューター「ストレッチ」を開発し、大型コンピューター・システムIBM360のOS設計チームのリーダーを務め「360の父」とも呼ばれた人だ。その経験を書いた著作『ソフトウェア開発の神話』は日本でもつとに有名だ。

ブルックス教授は分子のCG化の専門家でもあり、コンピューターを使って現実的な問題の解決をすることを主眼に研究を続けた。氏はコンピューター・サイエンティストはほかの分野に貢献するための「toolsmith(道具を作る鍛冶屋)」であり、コンピューターはAI（人工知能）ならぬIA（インテリジェンス・アンプリファイア）、つまり人間の知性を高める道具であるべきだ、と主張する。同学部では氏の主張を反映し、3次元で多感覚を扱え、コマンドを使うのではなく直接的な操作ができるインタラクティブCGの研究を中心に、ユタ大学でCGを手掛けたヘンリー・フックス教授や医用画像に詳しいスティーブ・パイザー教授が加わり化学や医学への応用が推進された。

「人工現実感の研究にはまだ解決すべき課題もたくさんあります。高精細なCGをリアルタイムで発生できるコンピューターや、高速に正確な位置検出のできるセンサーなどの開発も必要でしょう。ともかく面白そうだと騒ぐのではなく、実際の問題に応用してみなければ本当の評価はできないし、ただのブームで終わってしまいます。チャレンジすることで評価ができ新たな進歩が作り出せる問題（driving problem）を選び、具体的な研究を行う必要があります。人工現実感は空間の位置と結びついた情報の表現やナビゲーションなどの問題に

ノースカロライナ大学のコンピューター・サイエンス学部が入るシターソン・ホール

フレデリック・ブルックスの『ソフトウェア開発の神話』(企画センター刊)

有効な手法でしょう」とCGを高速で発生できるピクセル・プレーン・マシンを手がけるヘンリー・フックス教授はいう。UNCではHMDプロジェクトという名称で、HMDやカフィードバックが行えるディスプレイ、GROPEや高速CG生成コンピューター、ピクセル・プレーン・マシンなどが開発され、これらを組み合わせて、薬を開発するための分子ドッキングのシミュレーションや建物の中の仮想歩行などのアプリケーションに応用しながら人工現実感の研究を行っている。

### 独自開発した仮想世界の構築ツール

#### (1) HMD

約10年前から実世界のアプリケーションに使えるような3次元CGをサポートするためにHMDの研究が行われ、透視型のモデルやライト・パターソン空軍基地の空軍技術研究所と共同開発されたUNC／AFIT型モデルが作られた。

透過型モデルは日本製の220×320の画素を持つ2インチLCDを使い、これらを頭部の目の上方に水平に配置し、この映像をレンズを介してハーフミラーに投影する構造。水平方向の視野は25度。

UNC／AFIT型は3インチのバックライト型LCDを、自転車用のヘルメットにつけたもので、視野角は約55度。現在まだ重いので軽量化が検討されている。

両タイプとも頭部位置検出のためのポヒマス・センサーがつけられている。

ヘンリー・フックス教授

また広い範囲で位置検出を行うため、超音波による装置や部屋の天井に発光ダイオードを並べ、そのビームをＨＭＤにつけられた小型ＴＶカメラで検出する装置の研究も開始されている。

### (2) ピクセル・プレーン・マシン

高速にＣＧを発生するために、ピクセルに対応してできるだけ多くのＣＰＵを配置して作られた超並列コンピューター。PIXEL-PLANES 4は毎秒10フレームの割合で１２００から１８００のポリゴンを発生できる。さらに次のモデル（PIXEL-PLANES 5）では約20倍のスピードが得られる計画だ。

### (3) 力フィードバックシステム――GROPE

力フィードバックを実現するＧＲＯＰＥ（グロープ）はすでに１９６７年から研究がスタートしている。もともとこのシステムはディスプレイに手触りの感覚を取り入れて、高度なコンピューターとの対話を実現することを目標にしていた。画像だけのディスプレイに、力の入出力が可能なデバイスを付加して一緒に用い、力の場の表現や物体の操作というそれまでできなかった応用を目指した。

ＧＲＯＰＥⅠは金属製の平面状のプラットフォームにポテンシオメーターやサーボモーターをつけて構成したものだった。画面の表示にしたがって、プラットフォームのノブを動か



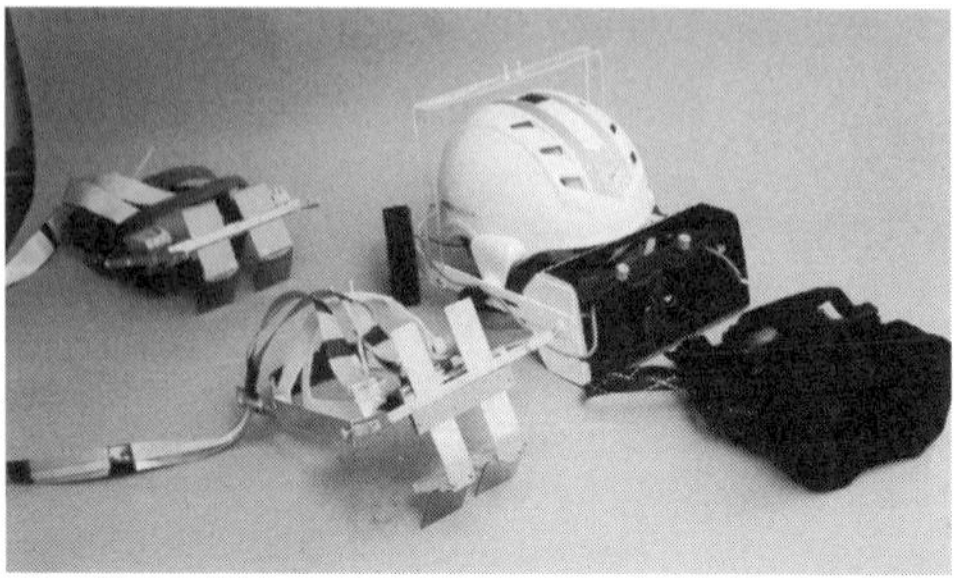

**ノースカロライナ大学が開発したＨＭＤ**

**ポテンシオメーター**
電気的に平衡する電気回路を作り、未知の電位差などを測定するための機器。

**（左頁）ピクセル・プレーン・マシン5**

すと、その位置に働く力が手に伝わった。次のＧＲＯＰＥⅡは、アルゴンヌ国立研究所のマジックハンドに使われるコントロール用のマスターアーム（ＡＲＭ）で、画面に表示された平面の上にいくつかのブロックを並べる作業を行った。ブロック同士がぶつかったときの音も出るようにした。

最新のＧＲＯＰＥⅢでは、大型の立体ディスプレイを使って、３次元の空間内の位置に発生する力をコントロール用のアームに返し、分子を結合させるシミュレーション実験を行ってみた。これらの実験を通して、こうした力のフィードバックを使わない場合と比べ最大２倍効率が向上した。

## アプリケーション研究

### (1) 新薬開発に効果的な新分子合成シミュレーション

分子の構造を正確に反映した分子模型を立体ＣＧで作り出し、さらに分子間で働く力を計算して、これらをＧＲＯＰＥを使って操作する研究。

頭でただ考える物理でなく、手で触ってみて物質世界を理解するという教育分野での応用が考えられる。具体的な目標としては、従来難しかった新物質や新材料の作製に応用することが考えられる。これを具体的に抗がん剤やエイズの新薬の製造に使えないか、研究が進んでいる。

その中の１つとして、リセプター蛋白の分子のＣＧに、薬の分子のＣＧをＡＲＭのアーム



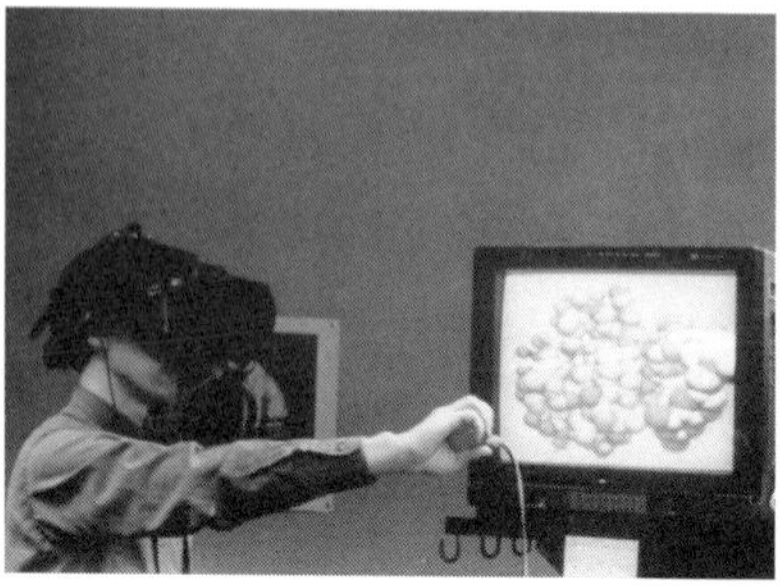

HＭＤを使った分子合成シミュレーション

（左頁）ＧＲＯＰＥを使って分子のドッキング実験を行うウォーレン・ロビネット氏。分子結合の瞬間に衝突音がするなど非常に高い臨場感が得られる

で動かしながらはめ込む実験がある。条件がうまく合わず分子間の力で反発を受ける結果になると、アームにその反発力が返されたり、分子同士がぶつかるとコツンと音が出たりする機構になっている。個別の分子の回転などは、アームについているつまみで調整することもできる。

分子の世界を操作するには、非常に多くのパラメーターや場の力を制御しなくてはならず、これらを計算したり、実際に化学実験を行うプロセスは膨大なものになる。またリセプター蛋白の分子と薬の分子の結合条件を求めるのは、3次元パズルを解くような難しさがある。

これらをいちいち計算して計算結果を想像したり、化学実験を行うのでは埒があかない。3次元CGで表示され本物と同じ物理的条件を反映した分子同士を、模型を操作するように手で結合させて実験できれば、比較的簡単に素人でも大まかな条件を求めたり、複雑な機構を理解することができる。

実際にこうした方法を直接分子の結合のために使うためには、まだ相当な時間がかかると予想される。しかしこれを化学者が使ったところ、分子の構造やこれらの間の運動の機構に対する理解は大幅に向上した。

原子や分子の世界は電子顕微鏡やSTMなどの技術により、次第にイメージ化されてはいるが、まだまだ抽象的な未知の世界だ。この極小の世界を人間の目で見えるようにして操作できれば、まずこの世界をよりよく理解するのに役立つ。さらに分子や原子を直接的に操作できるナノテクノロジーが実現すれば、物質の世界を集団として化学的な反応によって操作



**STM**

走査トンネル顕微鏡。鋭い針を試料の表面に原子サイズの距離まで近づけると、トンネル電流という電流が流れる。この電流が一定になるように試料の上で針を移動させて、その凹凸から表面の状態を観測できる電子顕微鏡。面の方向には1000万分の1ミリ程度、垂直方向には1兆分の1ミリオーダーの精度で観測ができ、原子の配列状態などを観測できる。試料に損傷を与えず、微細な構造の観測ができるため、半導体や、金属やDNAなどの研究に大いに役立つと期待されている。

するのではなく、積み木を組み立てるように物理的操作によって新しい分子を作り出すことさえ可能になるかもしれない。

### (2) 立体CGで設計図の中を仮想歩行

建築用に設計段階の建物を立体CG化しその中を歩くウォークスルーのシミュレーションを行い、実際の建物を作る前に評価するもの。広大なスペースをそのまま歩き回るのは、センサーの精度やコスト面からも難しいので、HMDの映像を見ながら室内歩行機を使ってベルトコンベア状の地面の上を歩く動作をする。

室内歩行機のベルトの回転から進行した距離を計測し、付加されたハンドルによって指示された進行方向から、操作者が現在いる位置を計算する。その位置から見える建物内の風景がリアルタイムで計算されHMDに表示される。

このウォークスルーのシミュレーションは、同学部の入る建物シターソン・ホールの設計段階で利用された。その結果、ホールの入口の一部が狭いことが発見され、事前に修正することができた。

### (3) 期待を集めるX線照射シミュレーション

がんや腫瘍の治療のため、身体全体に放射線を照射すると健康な器官にも悪影響があるため、X線や陽子線の細いビームを体内の患部に集中的に照射する治療が行われている。しかし立体的な身体の一部を正確に狙い効率よく照射を行うのは難しい。X線CTや立体超音波診断装置によって作られる身体の立体CGを作り、ビームを当てる方向や強度をさまざまな方向から検討するためのシミュレーションが人工現実感を使って行われる。

まだ膨大な計算が必要なため、実際のデータを用いた実用試験はまだ先だが、簡単な形のシミュレーションは現在も行われている。

UNCではベルサウスやGTE、MCNC（Microelectronics Center of North Carolina）などと協力して、高速ネットワークにスーパーコンピューターやピクセル・プレーン・マシンをつないで、3次元の医用のCG画像データをやり取りする、ビスタネット（VISTAnet）という計画が進んでいる。この中でもX線照射のシミュレーションはもっとも有望なアプリケーションと考えられている。

## 7 〝北のシリコンバレー〟で進む仮想世界コンソーシアム ~ワシントン大学HITラボ

米国西海岸のもっとも北にあるワシントン州の首都シアトルにワシントン大学がある。シアトルはカナダやアラスカからの物産の交易港として19世紀中頃に開かれ、今では日本からの木材や海産物の買いつけのため商社の人も多く訪れる。ボーイング社の本社や工場があり、シアトルの人間の5人に1人はこの会社に勤めているといわれる。



**ビスタネット**
スーパーコンピューターと超高速ネットワークをつないで、アメリカの研究機関のインフラを作ろうと、米科学財団（NSF）や国防総省などが推進し、全米研究推進協会が調整を行っている計画の1つ。高速交換機の設計や放射線治療の映像化を目的とする。ほかにもAurora, Nectarなどと呼ばれる計画も進行している。

ワシントン大学は医学研究では有名だが、最近このキャンパスの中にワシントン・テクノロジー・センター（ＷＴＣ）という建物が作られた。ワシントン州や産業界が中心になって、日本などのアジア地域や欧州とも等距離にある地の利を生かして、州政府や地場産業や大学を中心にした北のシリコンバレーを作ろうという計画の一環だ。

１９８７年に１５９０万ドルの予算で、州内に散在していた研究設備を統合し、ワシントン大学の中にセンターの建物を作った。まず、高度材料、センサー、バイオなどを含む８つのセンターがこの中に集合する。この内の１つであるコンピューター・システムのセンターの中にヒューマン・インターフェース・テクノロジー研究所（ＨＩＴラボ）がある。ワシントン大学も加わり学生もその中で学んでいるが、基本的には大学の研究所ではない。

ＨＩＴラボは仮想世界（Virtual World）を扱うテクノロジーを、実用的で経済的にも成り立つ具体的なプロダクトにすることを研究の主眼に、１９８９年10月に設立された。全体方針として、(1)コンピューター、情報や複雑なシステムに対した際の、人間の知覚に関する基礎研究と理解、(2)仮想世界テクノロジーの新しいコンセプト作り、(3)宇宙、医学、教育、デザイン、エンターテインメントや関連する分野での新しいアプリケーションの開拓とデモ、(4)企業への高度インターフェース技術と研究成果のトランスファーを掲げ、これらを通して次世代のヒューマン・マシン・インターフェースを開発する。

この研究所を率いる中心人物が、トム・ファーネス氏だ。氏はアメリカ空軍のオハイオ州にあるライト・パターソン基地内にあるアームストロング航空宇宙医学研究所（ＡＡＭＲ

ワシントン大学のあるシアトル市

ＨＩＴラボが入るワシントン・テクノロジー・センター

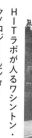

L）のヒューマン・エンジニアリング部門で仮想ディスプレイ・システム「スーパーコックピット」プロジェクトの長を務め、20年以上前から人工現実感の研究を手がけてきたエキスパートだ。氏が自ら育てた技術を民間に生かそうと考え、実際にたどり着いたのがワシントン大学だったのだ。

しかしHITラボは設立されてからまだ日が浅いため、十分研究設備は整っていない。まず電子メールなどを使った情報収集や討論を行うためのBBSを作ったり、企業や研究者に呼びかけ「バーチャル・ワールド・コンソーシアム」という産官学による連合体を作る作業が始まっている。すでにUSウエストやサザン・ベルのような地方電話会社やカナダの大手のCADソフトウェア会社などが参加を予定している。

1990年10月訪問した際はまだセンターの建物フルーク・ホールが未完成で、機材も十分にはそろっていないため、ほとんどは構想の段階だった。オペレーターの位置が変わると音の聞こえてくる方向が変わる3次元音響や、CGで作り出したシアトルの町や港を人工現実感を使って訪れ、いろいろな方向からの風景を見聞できるシステムが実験的に行われている状況だった。

## 8つの研究プロジェクト

HITラボでは当初の研究目標として8つのプロジェクトを提案している。

トム・ファーネス所長

HITラボ副所長のボブ・ジェーコブソン氏

**BBS**
電子掲示板。パソコン通信ネットワークで、利用者が共通にメッセージを書いたり、読んだりし、情報交換が行える。

・仮想シミュレーション研究所

人工現実感の基本エレメントを組み合わせ、さまざまなシミュレーションができる環境を作り出す。またこれを使った実験を介して、人工現実感環境の中での人間の行動や、この環境のファクターを計測し、新しいヒューマン・インターフェースのコンセプトや装置を作り出す。

・仮想インターフェース知識ベース

研究に必要なデータや情報を集めたり交換するインフラ作り。現在アメリカの大学間のネットワークARPAネットの上にあるUSENETを使い、希望者を募って情報交換やセミナーやシンポジウムの開催などを呼びかけている。

・レーザー・マイクロスキャナ

現在開発されているHMDは超小型ブラウン管やLCDを使い、重かったり目の前が覆われる欠点がある。そこでレーザー光をそのまま網膜の上に投影して、じかにイメージを作り出す研究。WTCのマイクロ・センサー研究所が共同して開発に当たる。最終的には6000×8000の画素を表示できる高精細度のものが作られる予定。もっとも早期のプロダクトになると予想されている。

HITラボが主催して開かれた人工現実感シンポジウムのパンフレット

**ARPAネット**

アメリカ国防総省が出資して1969年に作られ、全米の大学に設置されたコンピューターをつなぐコンピューター・ネットワーク。今では軍や大学以外にも企業のネットワークにもつながり、海外の研究ネットワークとも相互につながる。

・仮想環境オペレーション・シェル（VEOS）

人工現実感研究で使われるさまざまなデバイスを組み合わせて、仮想世界を作るために各モジュール間をつないだり管理したりするための、基本的なソフトウェア。システム全体の動的なインタラクションや仮想世界を組み立てるためのツールや、グラフィックスのためのレンダリング装置なども提供する。個別に作られているシステムの基本的な部分として、多様なシステム構成を可能にする。別名MindWare。

・仮想プロトタイピング

新しく複雑なシステムをデザインする際、プロトタイプを人工現実感の技術を用いて行う。デザインやテストや共同作業をシミュレーションを用いて行い、迅速で応用の広いプロトタイピングのツールを提供する。ボーイング社が積極的に参加しているといわれる。

・ビジュアリゼーション

具体的な事物や抽象的な事象を表現する3次元データを可視化し、様々な視点から時間経過を追ってビジュアルに観察する方法を確立する。仮想プロトタイピングと併せて、大型トラックのコックピットを作るスーパーカブや、地理的データやソナーなどによる情報から仮想的なサイバー・シー（海）を作ることも考えられている。

・テレバーチャリティー

人工現実感技術を通信に用い臨場感を高め、電話やテレビやデータ通信などのメディアを大きく変える。協調作業などへの応用も探る。地元の地方電話会社が参加する予定だ。

・障害者補助機器

人工現実感を用いることで、視覚や運動障害を持つ身体が不自由な人達が、もっと自由に社会で生活できるような道具を提供する。

## 「8」コンピューター・インターフェースに人工現実感を応用 ～ＩＢＭワトソン研究センター

ＩＢＭのワトソン研究センターはニューヨークのマンハッタンから北に1時間ほどドライブしたヨークタウン・ハイツにある。

アルマデンやサンノゼ、チューリッヒ、東京と並ぶ基礎研究のセンターとして、コンピューターのアーキテクチャーの開発を担当する。最近は世界最強のチェス用のコンピューター「ディープソート」や、ＲＩＳＣコンピューターシステム・ＲＳ６０００の開発でも話題になった。

この中でベリディカル・ユーザー・インターフェース部門が、人工現実感をコンピュータ

ＩＢＭワトソン研究センター

ーに応用しようと研究をしている。ここでは2年前から現在のコンピューターの使い方の主流になりつつあるデスクトップ・メタファーの次にくる、新しいコンピューターのインターフェースを開発しようと人工現実感に注目した。

現在はまだＩＢＭが手がける膨大な研究のごく一部に過ぎず、研究のメンバーは数人の規模だが、グループを率いるダニエル・リン氏の語り口は熱っぽい。

「コンピューターと実世界で作業を行うのと同じ気軽さで対話できないか。人間が通常行っているように、いろいろな感覚を用いてコンピューターを使えないか。そんな疑問から出発しました。従来からの音声認識や音声合成ばかりでなく、音楽も利用できないだろうか。今のコンピューターは音の重要性を認識していない状況ですね。触覚や手の動きを使えるかどうかも検討したし、利用者を包み込むような形で立体映像を用いる可能性も考えました。市場で可能な入出力デバイスをいろいろ集め、音声の認識や合成、触覚、手による直接動作入力、立体音響や各種ＨＭＤや大型画面のディスプレイと、考えられるありとあらゆるものを試してみました」

まず誰でもがコンピューターを使いやすくするための研究が始まった。これらを通して、どういうコンピューターを作れば人間の持っている感覚や認知の能力や機構とぴったり協調できるか、ということが重要であると分かった。これはただのコンピューターの技術論だけではなく、人間の心理や生理を含む幅広い対象を含む大きな問題だ。

「コンピューター画面のウインドウ方式が主流になってきていますが、窓を通して遠くの



**ＲＩＳＣコンピューター**
従来のＣＩＳＣ型コンピューターの命令の種類や命令の回数を少なくして、処理スピードを上げたコンピューター。従来の方式の10倍近い速度を達成でき、エンジニアリング・ワークステーションなどに用いられている。

**デスクトップ・メタファー**
コンピューターの画面上に机の風景を表示し、コンピューターの操作をデスクワークのような気軽さで行えるようにしたもの。コマンドを使わなくても書類の絵（アイコン）を画面上で操作すればファイルの操作ができたりする。次の世代では人間の秘書のような働きをするプログラムが介在する、エージェント・メタファーも考えられている。

世界を覗いているだけ、という印象しか受けず、まだ情報を理解しづらいのが現状です。コンピューターを使う人が、その情報の表している世界の一部になって対話ができれば、学習やトレーニングや探索型のアプリケーションには有効でしょう」

「例えば、現在注目されているサイエンティフィック・ビジュアリゼーションという分野がありますね。科学の分野では大量のデータが発生するが、これを画像で表して分かりやすくするというのは、人間の視覚がパターン認識などに優れていて大量のデータをいっぺんに吸収する能力が高いことをうまく利用したものです。人間はそれ以外にも、すばらしい能力を持っています。そういうものを組み合わせて、人工現実感を使うことによって初めて可能になるのは何なのかを明らかにしたい。それに本当に現実の問題と真剣に取り組めば、コンピューターと人間の対話はどうあるべきか、新しい有用なパラダイムも発見できるはずです」と氏は続ける。

デモルームには各種の周辺機器が並べられ、中心には大型のディスプレイが据えつけられている。まずいろいろな周辺機器に合わせたインターフェースやサーバを備え、これらを組み合わせてさまざまな実験ができる、ソフトウェア・テストベッドという基本的な開発システムが作られた。これにＲＳ６０００やＳＵＮ、ＨＰのワークステーションなどのコンピューターが組み合わされる。

データグローブを使って画面とハンドボールができるデモや、ＭＩＴと共同で、電荷の分布が表示されたシリコン分子の様子をいろいろな方向からながめたり、分子相互の場の様子



**サイエンティフィック・ビジュアリゼーション**

科学の分野で起こる複雑な事象のモデルを作りコンピューターで計算して、ＣＧを使い画像で表し可視化すること。分子の結合状態や宇宙の創成・進化など、膨大な計算結果を数字で表示されるより、アニメーションなどで表示されれば理解しやすい。

ダニエル・リン氏

を表示して理解するためのデモが作られた。たくさんのデータをそのまま示すのではなく、いろいろな表示方法を組み合わせる試みも行われた。

いくつかある相互に関連した場のベクトルを、すべて画像で表示するのではなく、1つは画像で1つは音というように相補的に用いてよい結果を得た。データグローブを使ったジェスチャーを応用し、手の位置を変化するとそれに応じてCGの見える視点が変化したり、分子のCGの周りを飛び回るとヘリコプターの飛ぶような音が出たり、コンピューターが多量の計算を行っている間ユーザーが待たされる時は、簡単な音楽が流れるようになっていてイライラしないで済む。

「まだ周辺機器に十分よいものが開発されていないのが問題です。データグローブの精度も今一歩だし、HMDを着けるのが煩わしい場合もあるし、大型のスクリーンの方がよい場合もあります。ともかくすべてをいっぺんに使う必要はなく、少しずつ組み合わせてはアプリケーションに合った利用法を試している状況です。今可能なものと将来可能なものをにらみながら、本当の（veridical）ユーザー環境を作ろうというのが我々の目的なのです」とリン氏は抱負を語った。



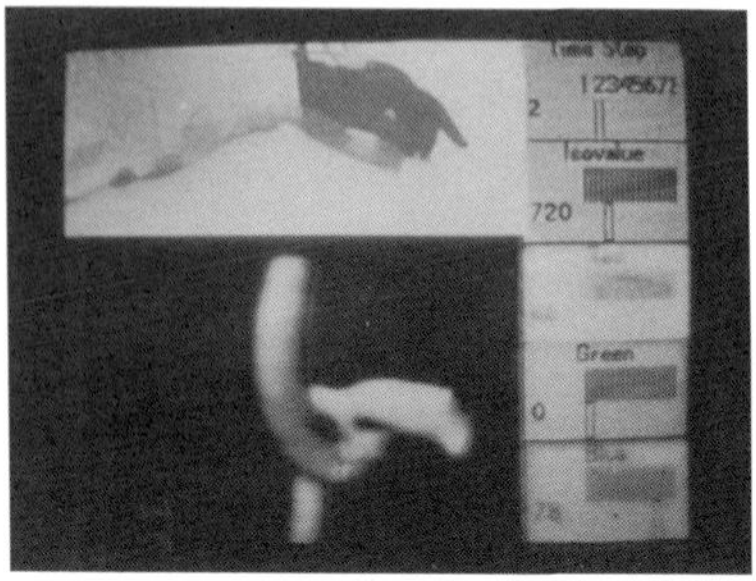

データグローブや音声を使って指示できる新しいインターフェース

# 9 仮想物体の手触りを伝えるバーチャル・サンドペーパー ～MITメディアラボ

触覚は人間の五感の中でも、もっとも早くから発達し、かつ世界を認識するために最初に使われる感覚だ。「手で触れて確かめる」という表現があるように、触覚による体験は身体にとって対象物との非常に直接的な関係を意識させるものだ。

このように、触覚と動作による感覚をハプティクスという。これはギリシャ語の「つかみうる」という言葉からきている。触覚や体感を取り入れて効率の高い操作が行える装置を、ハプティクス・デバイスと表現する人もいる。触覚にはほかの感覚を統合する働きがあるといわれ、この感覚をうまく与えることによって非常に高い現実感が得られると考えられる。

反力を使って物の動きを伝える研究はいくつか行われているが、マサチューセッツ工科大学（MIT）のマーガレット・ミンスキーさんが研究しているのは、仮想的な物体の表面のテクスチャーを指に伝える仮想やすり（Virtual Sandpaper）。

大型の特殊なジョイスティックを使って、いろいろな物体の表面を手で感じることができる。このジョイスティックは移動できるすべての方向の位置を検出するセンサーと、各方向の軸にモーターとブレーキがつけられ、これらが作り出す抵抗感でテクスチャーを表現する。

このデバイスはもともと入力機器であるジョイスティックに力を発生させて、新しい出力



**触覚**
体表面に対する圧力感。ほかの感覚で知覚できる対象の空間的存在を確認するのに用いられる。

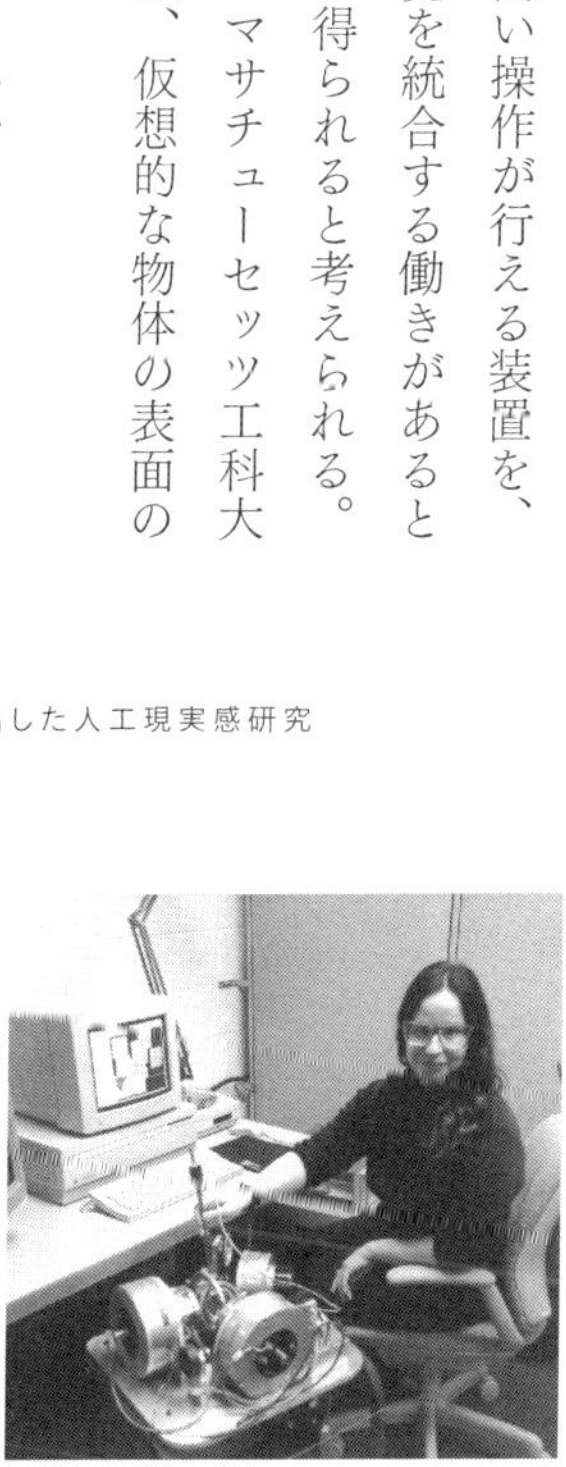

「仮想やすり」のレバーを手にするM・ミンスキーさん

**テクスチャー**
表面の肌合いや模様を指す。

機器として用いる研究から始まった。一方的に機械に対して力を加えるだけでなく、機械から反力を操作者に返せばキメの細かい制御が可能になる。

例えば自動車のギアチェンジ・レバーは操作した時に手に抵抗感が伝えられ、どのポジションに入ったかが確認できる。手に伝わる感覚が自動車の状態を確認するための1つの情報になっている。力を伝えられるジョイスティックでこれと同じ抵抗感を再現したり、振動も作り出せば、コンピューターで迫力のある自動車レースゲームを作ることもできる。

ＭＩＴではこのジョイスティックを釣り竿のかわりに使ったコンピューターの釣りゲームなども作られた。もともと前後左右の2方向の自由度しかなかったこのジョイスティックにレバーの軸自体の方向の運動も加えて3自由度の装置が作られた。

この装置の完成によって、立体的な形を持った物体の表面を触ることも可能になった。この装置にはいろいろな利用法が考えられるが、ミンスキーさんはこれで物体表面のテクスチャーを再現する実験を行った。

この装置でコンピューターの画面に表示された仮想的なものの表面をなぞる。スティックの先を手でつかみ、画面の上の手の形をした小さなポインタをスティックで動かす。すると「ざらざら」だったり「ごつごつ」した表面の様子が指に伝わってくる。ちょうど中心部分を軽く固定した棒の先で、いろいろな物体の表面をなぞる感覚だ。

テクスチャーのサンプルばかりでなく、ＣＧで作ったポットの上を撫でたり、頭部を撮ったＸ線写真を触ると、歯の部分などのごつごつした感覚が伝わってくる。手で触って物理現



（左頁）仮想やすりの3自由度ジョイスティック。机の上には以前作られた2自由度のモデルがある

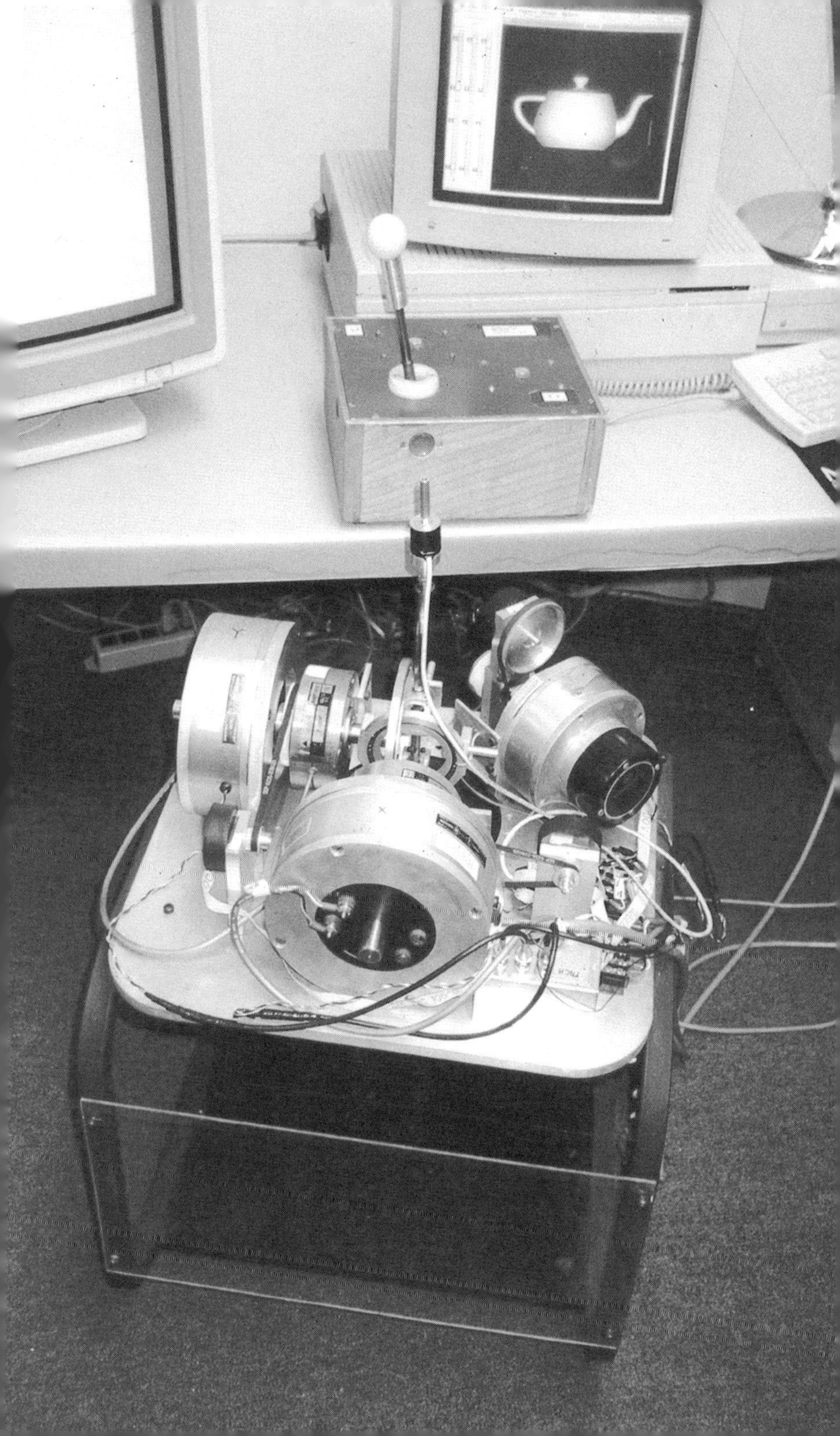

象を理解したり、医師や技術者などのトレーニングにも利用が可能だ。

彼女は、人工知能の父でもあり、早くからテレプレゼンスを提唱し人工現実感の重要性を説いてきたマービン・ミンスキー教授の娘。MIT卒業後、アタリ社でアラン・ケイ氏が主催する研究所でコンピューターを子供に使わせるための研究を行ったり、メディアラボの「ビバリウム」プロジェクトにも参加した。

ビバリウムの中では教育への応用を中心に、子供のために抱っこできるぬいぐるみ型のコンピューターも作られた。彼女はその後ノースカロライナ大学で研究を続け、フレデリック・ブルックス教授らとGROPEの研究にも加わり、コンピューターを使う際に力のフィードバックを行うことの有効性を実感していった。

「どういう力を手に返せば物質の手触りを再現できるかに興味がありました。CGのように視覚に訴えてものを表現する方法があるなら、触覚を使ってものを表現できる手段があってもよいでしょう。これを使って味覚が『甘い』とか『辛い』という要素からなっているように、人間の触覚がどういう要素から構成されているかを明らかにしたいのです。認知科学では大体5つ前後の要素があるといわれています。映像ではピクセル（pixel）という言葉があるけれど、テクスチャーの単位としてテクセル（texel）というのがあってもよいかもしれません。もしこれらの要素が分かれば、それぞれをダイヤルにしておき、つまみを回して調整し、いろいろな物質の手触りを再現できたら面白いでしょう」とミンスキーさんはいう。

これが完成すれば実在する物質のシミュレーションばかりでなく、実在しえない物質の手触りも作り出すことが可能になるはずだ。一体それはどんな感覚なのだろうか。

## 10 空圧による仮想触覚研究 ～ラトガーズ大学

データグローブで虚空をつかむと、そこに何かがある。力フィードバックがまだできない手袋型の入力装置データグローブに、小型のエアー・シリンダーを取りつけたのは、ニュージャージー州にあるラトガーズ大学のグリゴール・バーデア助教授。

ラトガーズ大学と企業連合で作られたＣＡＩＰ（Center for Computer Aids for Industrial Productivity）という組織の援助で行われた研究の中で、ロボットのコントロール用のマスターハンドと人工現実感研究用の装置として、ＶＰＬ社のデータグローブを使った研究を行った。

ロボットのマスターハンドにはエクソス社（第3章参照）の製品もよく用いられるが、バーデア氏はデータグローブの方が軽くて気軽に装着できる点に注目し、これに力フィードバックを発生できないか考えた。

データグローブの親指、人指し指、中指の3本にマイクロ・シリンダーを取りつけ、このシリンダーにリアルタイムで空気を送るポンプを連結した。このシリンダーは最大1ポンド

ラトガーズ大学のデータを使った液体のシミュレーション

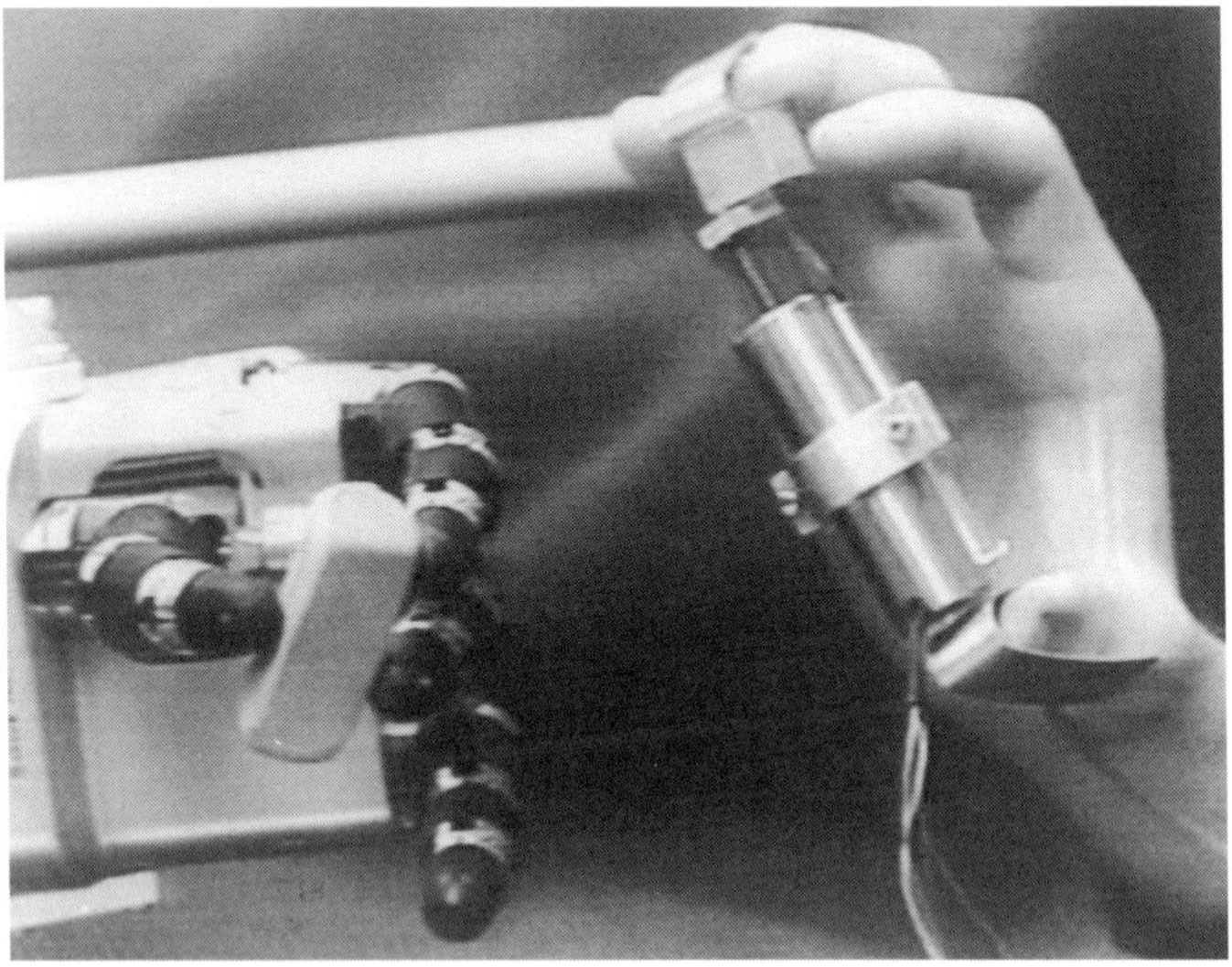

ラトガーズ大学で開発されたテレロボティクス用マスターハンドPDMFF

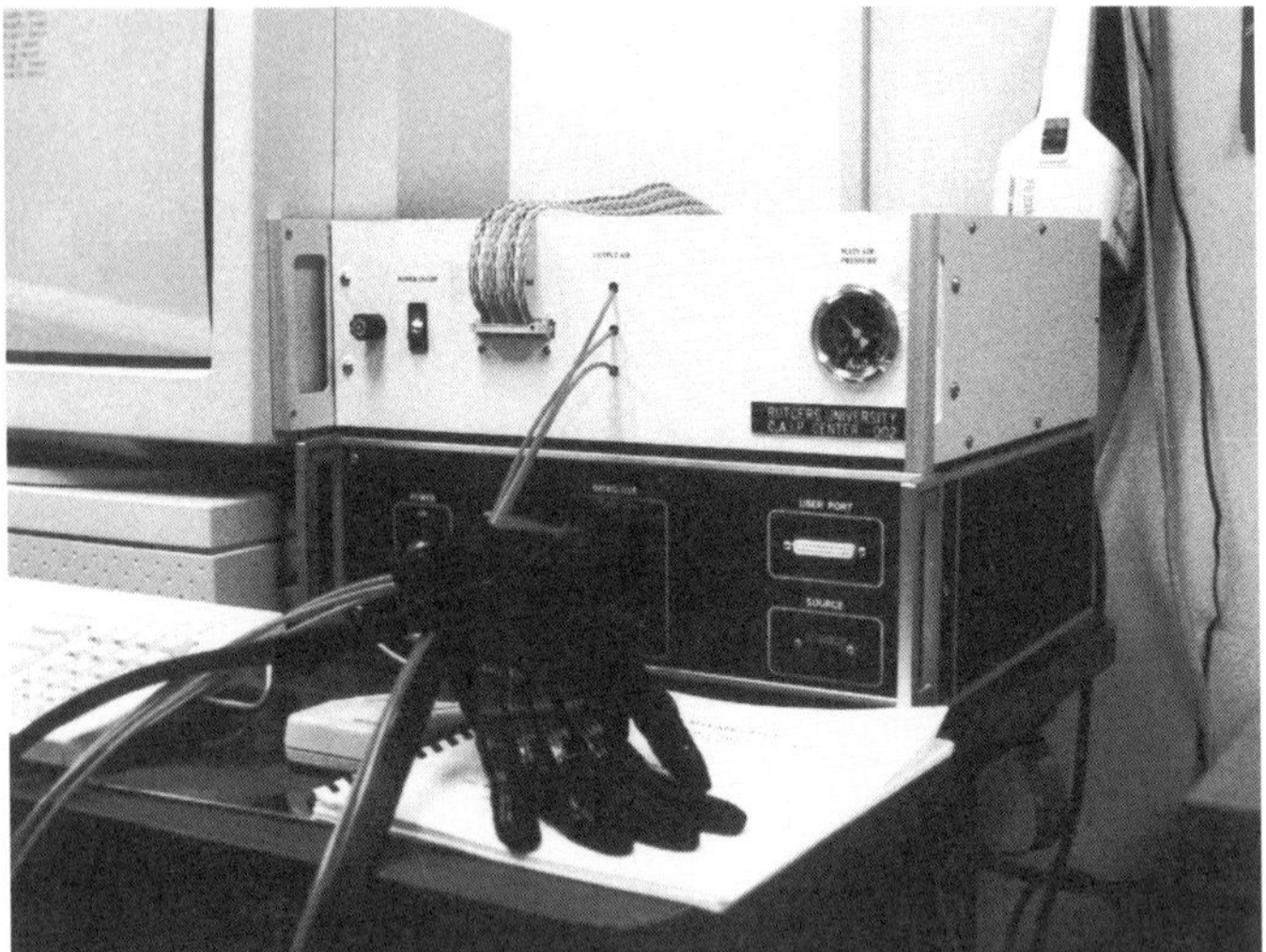


ラトガーズ大学のエアー・シリンダーをデータグローブにつけたシステム

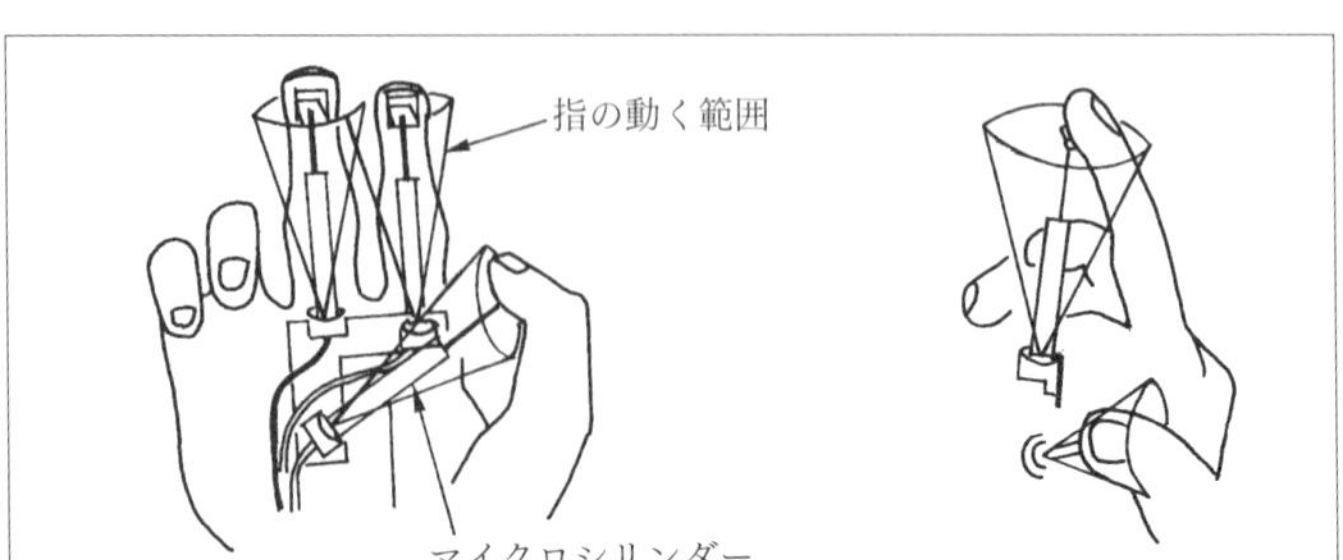


ラトガーズ大学が開発した、データグローブに小型のエアー・シリンダーをつけ、力フィードバックを発生させる機構

の力を発生できる。

手のひらと指先の間に渡されたシリンダーは、通常は60度の円錐形の範囲で指の動きを拘束しない。スレーブハンドが何かの表面に触れた時、また仮想的な物体に触れた時には空気が送られ、つかもうとする指を押し戻す力を発生して、あたかもそこに物体があるような感覚を指に与える。

全体のシステムはSUN3ワークステーションでコントロールされ、ディスプレイに表示されたオブジェを空中でつかむ動作をすると、空気ポンプの圧力を調整する。いろいろな固さをもった箱やゴムボールのデータベースが用意されており、これらのオブジェを押しつける動作をすると、それらに対応した力が発生されるのと同時に、画面に表示されたオブジェが変形する。

バーデア氏はすでに人間型のマスターハンドにエアー・シリンダーを1つつけ、スレーブハンドをコントロールするPDMFFというモデルを、AT&Tベル研究所と共同開発した実績を持つ。やはり人間型マスターハンドを手がけるユタ大学では水圧を、またNASAのJPL（ジェット推進研究所）では電気を使ったアクチュエーターで力を発生させている。

「空気を用いたのは、この方法が水圧を用いるものや電気を使ったモーターより、軽くて強い力が出せるからです。それにエアー・シリンダーは構造が簡単で手につけてもかさばりません。研究はまだ始まって間もないので、十分な評価はできていませんが、非常に簡単な機構でかなりよい力フィードバックを再現できていると思います」とバーデア助教授は説明



ラトガーズ大学のシステム

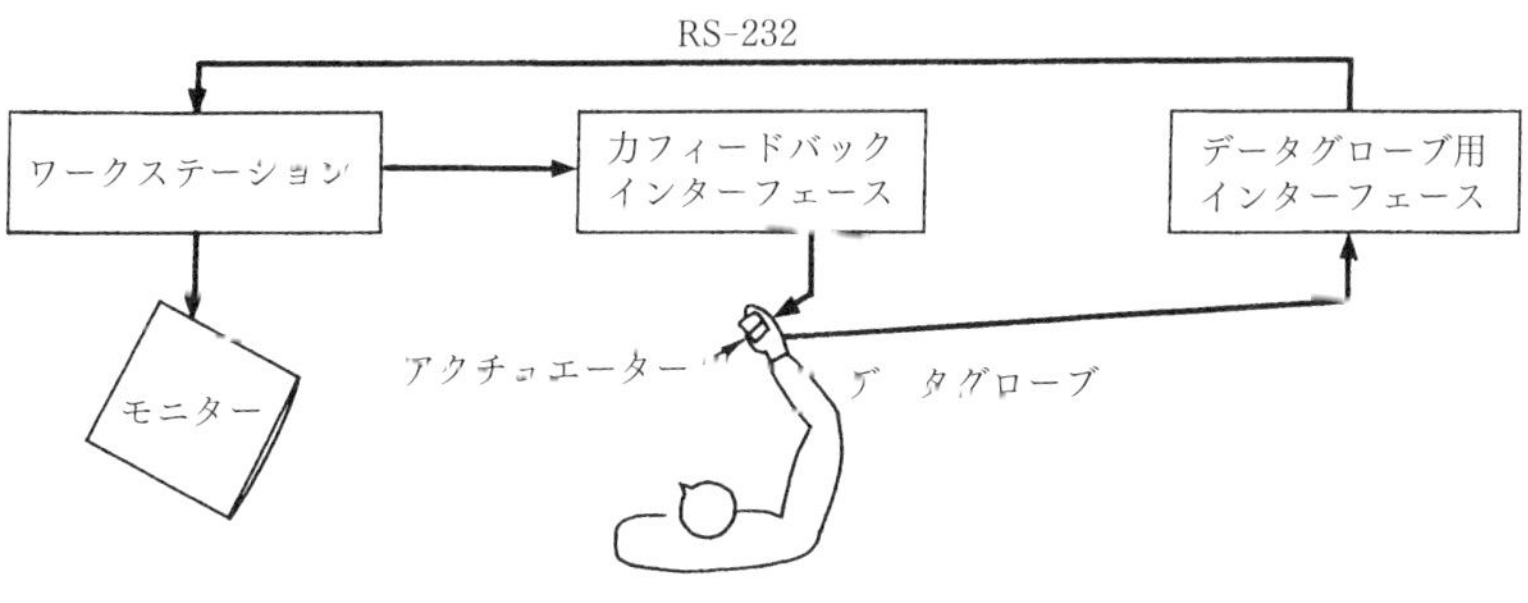

を加える。

氏はこの研究を進めて力フィードバックの有無で、どれだけロボットのコントロールに差が生じるかを評価する予定だ。またこれを医用のロボットへ応用することも考えられている。

## 「11」手足で触れるコンピューター・グラフィックス ～筑波大学構造工学系岩田研究室

筑波大学の構造工学系の岩田洋夫講師は、力や触覚のフィードバックや体感を伝える研究を積極的に行っている。

岩田氏は東京大学工学部の石井威望教授の研究室で、人間の表情の認識や図形・パターンの認識を手がけていた。これらの研究を通し、人間の認識には回りの情報に働きかけ、インタラクションをしながら操作を加えることが大切なことを痛感した。インタラクションを行う際に人間に返される情報としては視覚や聴覚は開拓されていたが、触覚のフィードバックを行える装置がないことから自ら研究を始めた。

### 架空物体の触覚を伝えるデスクトップ・マニピュレーター

架空の物体の姿を計算してコンピューター・グラフィックスで表示することは、従来より行われてきた。最近普及しているCAD／CAMのシステムは、新しい製品の外形をデザイ

岩田洋夫講師

ン画で示すことは得意だが、それを手に持ってみたらどんな重さか、使ってみたらどんな感じで使えるかといった疑問には答えられない。頭で想像してみても、なかなか実際の姿を実感することは難しく、今までは実物大の模型を作ってみるという方法が使われてきた。しかし手間と時間がかかり、多くの事例を効率よく試すことはできなかった。

このマニピュレーターは、コンピューターの作り出した論理的な実体を手で触って確かめることのできる装置だ。想像上の物体に触れるための装置は、金属の小さなパンタグラフをいくつも組み合わせたような不思議な形をしたオブジェだ。装置の上部には手の指を突っ込むための穴が開いている。その部分に右手を突っ込む。プラスチックでできた輪に手と指がちょうど手袋のようにぴったり収まる。

親指、人指し指、中指の動きと、手の位置がセンサーで検出され、パソコン（PC－9800）に送られる。手や指を動かすとその動きのデータを使って、今度はミニスーパーコンピューター（タイタン）が作り出した手のCGがコンピューターの画面の上で動く。コンピューターの画面上に、CADでデザインされた立体CGが表示され、手でそれをつかむことができる。比較的簡単な機構で6軸の自由度が得られ、直径約30センチの半球状の可動範囲の中で、垂直方向に2・3キロの力を発生できる。

実はこのマニピュレーターは、手や指の位置を検出するばかりでなく、モーターと機械的機構を用いて、手や指に逆に力を与えることができる。

例えば架空のカメラをCADシステムでデザインしたとする。カメラのサイズはコンピューターが分かっているので、手がカメラをつかむ位置にくるとこの機構が働き、手や指の動きを阻止する。この反作用によって、手はあたかもそこに物体があるかのような感覚を得る。またこのマニピュレーターは手の上下方向の動きもコントロールしており、カメラを手に持つと手を下の方向に引っ張り、重いものを持ったような錯覚を作り出す。

　この装置ではＨＭＤは用いず、解像度の高いコンピューターの画面を直接用いる。このため、そのまま画面を見ると画面上の手と自分の本当の手が同時に視野内に入ってしまう。そこで鏡を目の前に置いて、そこに映ったコンピューターのスクリーンだけが目に入るようにした。こうすれば自分の手をマスクすることができる。鏡像を見るため、コンピューターのスクリーンに作り出される映像は左右が逆になっている。

　視覚に訴えるコンピューター・グラフィックスばかりでなく、このような触覚や体感は架空の物体を実感するのには有効だ。これらのコントロールをさらに細かく行えば、カメラのノブに指をかけてフィルムを巻き上げると、それに応じた力を指に返したり、デザイン段階にある製品をあたかも最終的なモックアップを使ってテストするような感覚で評価できる。

　工業デザインなどで製品を作る場合、デザインから詳細設計、モックアップ、評価までの工程は長い。ＣＡＤを使って柔軟性のあるデザインを生み出しても、モックアップを作って気に入らなければまた作り直すのは大変な手間だ。デザインをした段階で、最終製品の姿ばかりでなく触った操作感までも確かめることができるようになれば、製品開発の全体的な効率は飛躍的に向上するはずだ。また、いくつものデザインを短時間の間に比較検討し、最良

**デザインした架空のカメラをＣＧになった手が実際に触って使い勝手を確かめる（岩田氏提供）**

**（左頁）モニターの中のテニスボールをつかまえようとしている。マニピュレーターの中の指先は、ちょうどテニスボールをつかんでいるような触覚を感じている**

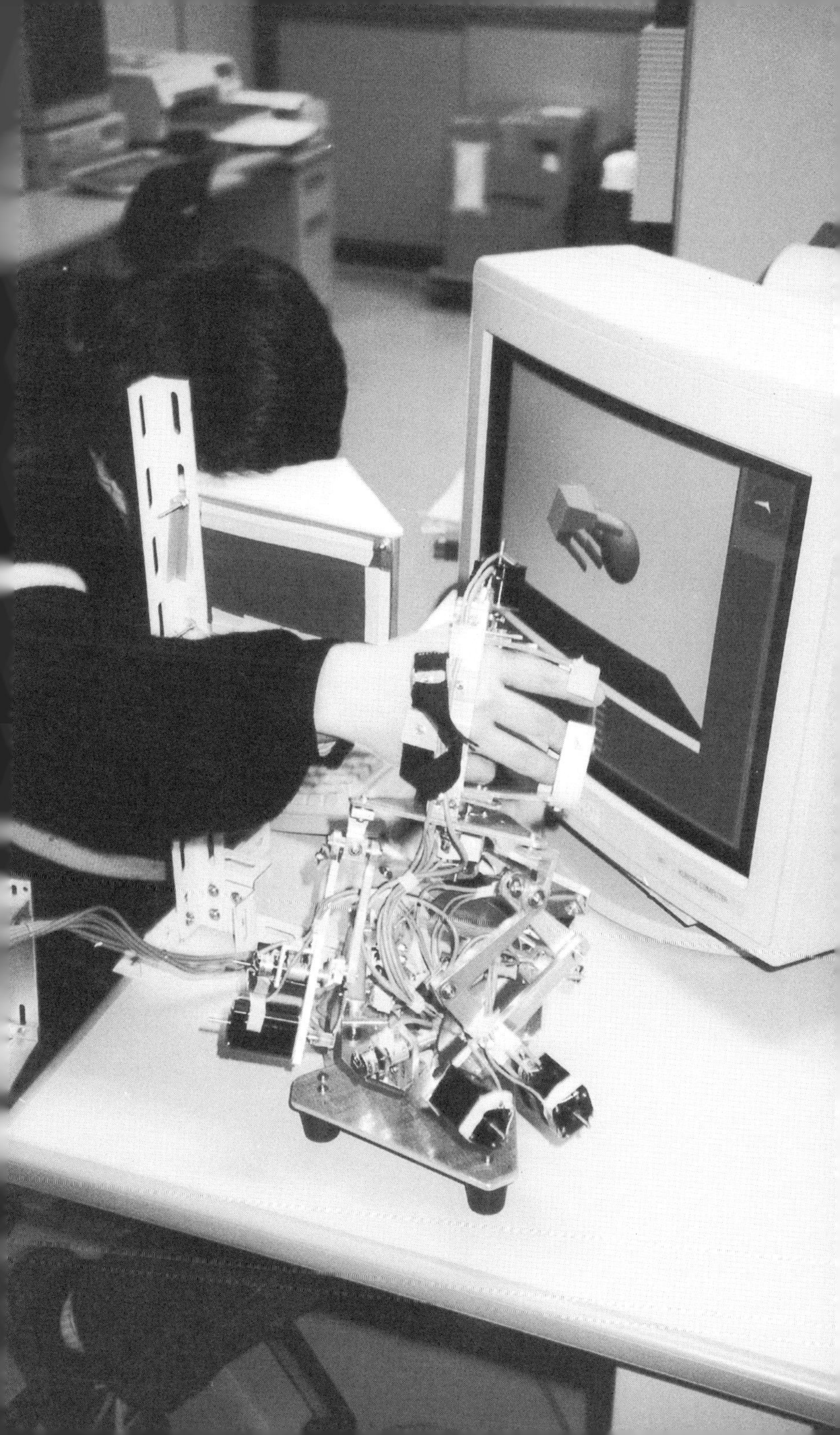

のものをあらかじめ選択できるようになる。

　またマニピュレーターの可動範囲を広げて、腕全体が動いても追随できる大型のシリアル型モデルが開発され、歩行装置と一緒に用いられている。

## 階段昇降の抵抗感まで体感できる仮想世界のウォークスルー

　今のところ、人工現実感の研究で利用できる装置は、広域の空間すべてをカバーする規模のものがない。位置検出を行うポヒマスの磁気センサーのカバーできる範囲は、ほぼ２メートル立方。

　広い範囲のウォークスルーが行えれば、建築物や都市設計などの大規模空間の評価のためのアプリケーションに有効だ。岩田氏の研究室ではＵＮＣのような室内歩行機ではなく、まずスケート靴をつけた人間を吊り下げる方式を実験した。

「人工現実感の世界ではＣＧの中を飛行する形での移動は比較的自由にできます。しかし移動の感覚を得るには足で歩く動作が有効です。室内歩行機を使うことも考えましたが、１方向には歩けても曲がるのが難しいので、現在の方式にしました」と岩田氏はいう。

　鉄製のフレームに吊るされたハーネスに身体を滑り込ませ、頭にはＨＭＤを着け、足にはローラースケート状の靴をはく。身体を宙吊りの状態にして足を前後に動かすと、スケート靴をはいているので前には進まず、ほぼ空間内の同じ位置で歩行動作ができる。これらはすべて一般的な製品を組み合わせて作ったもの。ＨＭＤも市販の液晶テレビを利用して作成した。



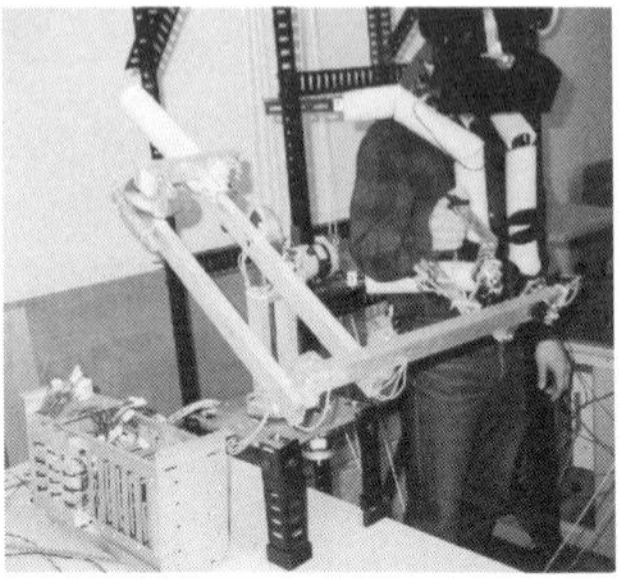

シリアルタイプの大型マニピュレーター

（左頁）吊り下げ式の仮想世界ウォークスルー・システム

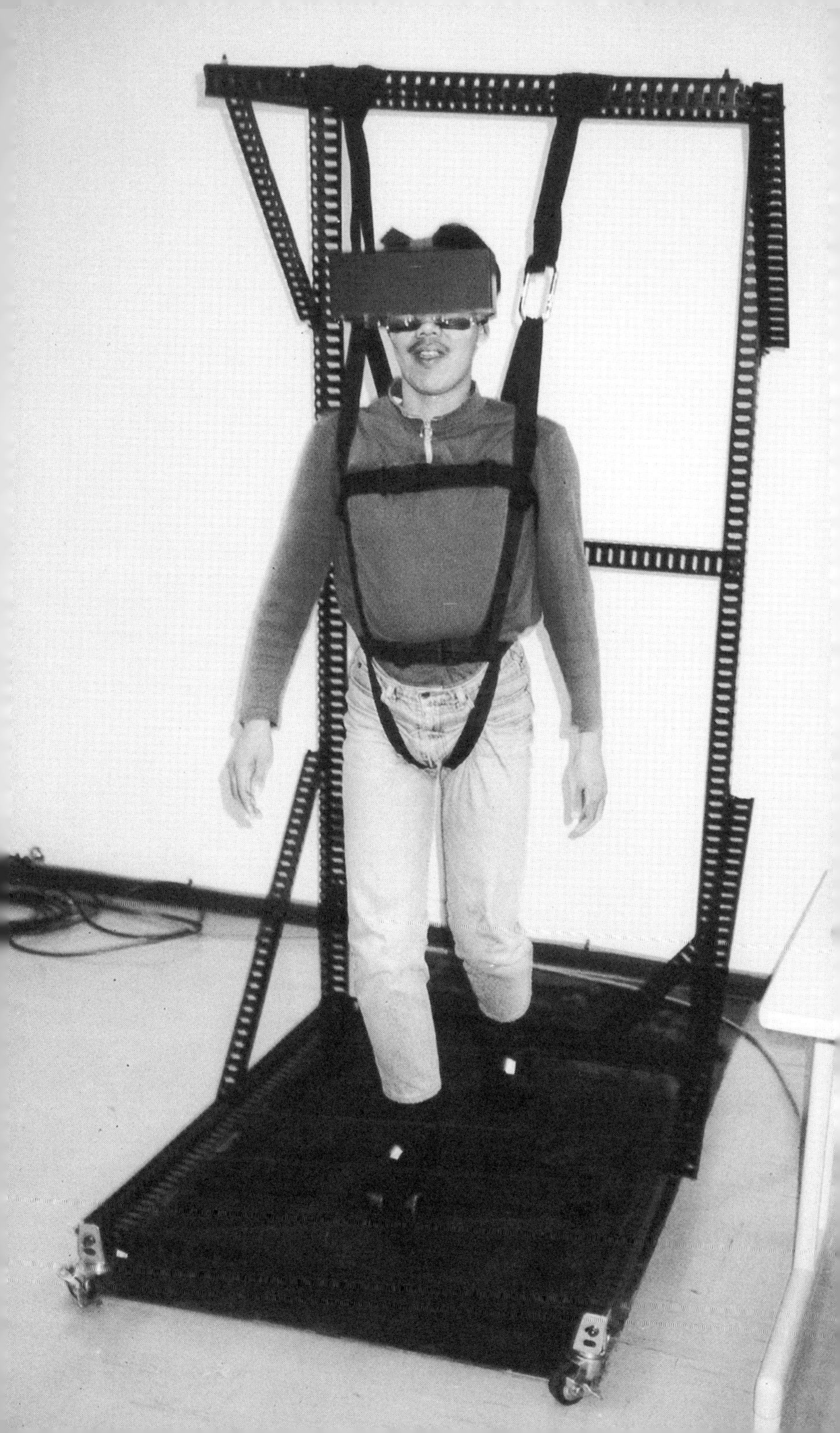

両方の靴とＨＭＤにはマーカーとして白い印をつけ、この動きをテレビカメラが検出し、足の動きからどの方向にどれだけ進んだかを計算し、また頭の方向からその場所でその方向に見える風景を作り出す。

この方法では足が滑る際の安定性が悪く転倒しやすいため、身体をかなり上に引っ張る必要がありハーネスにかなり拘束された。次のモデルでは靴の部分を鉄のボールを使ったスライダーにしたため、安定性が増して肩の部分だけを支える方式にできた。また足の位置は超音波センサーを用い検出し、スライダーについた糸をモーターで引っ張り足に床からの反力を伝え、階段を昇ったりする時の抵抗感をも実現した。

まだ糸による張力発生に限界があるため大きな抵抗力は出せず、足を空中で支えることはできないが、足にこのような力を伝える試みとして非常にユニークなものだ。

「これらを用いた場合まず考えられる応用は、建築デザインや都市計画、景観のデザインでしょう。アミューズメント・マシンに使っても面白いでしょう。住宅を購入する際、モデルハウスに行っても、自分の希望する家の間取りとほとんどは異なるはずです。施工主が注文段階で、あらかじめ自分の家をチェックする場合にも使われるでしょう」と岩田氏は今後の展望を語っている。



**ウォークスルー・システム構成図**

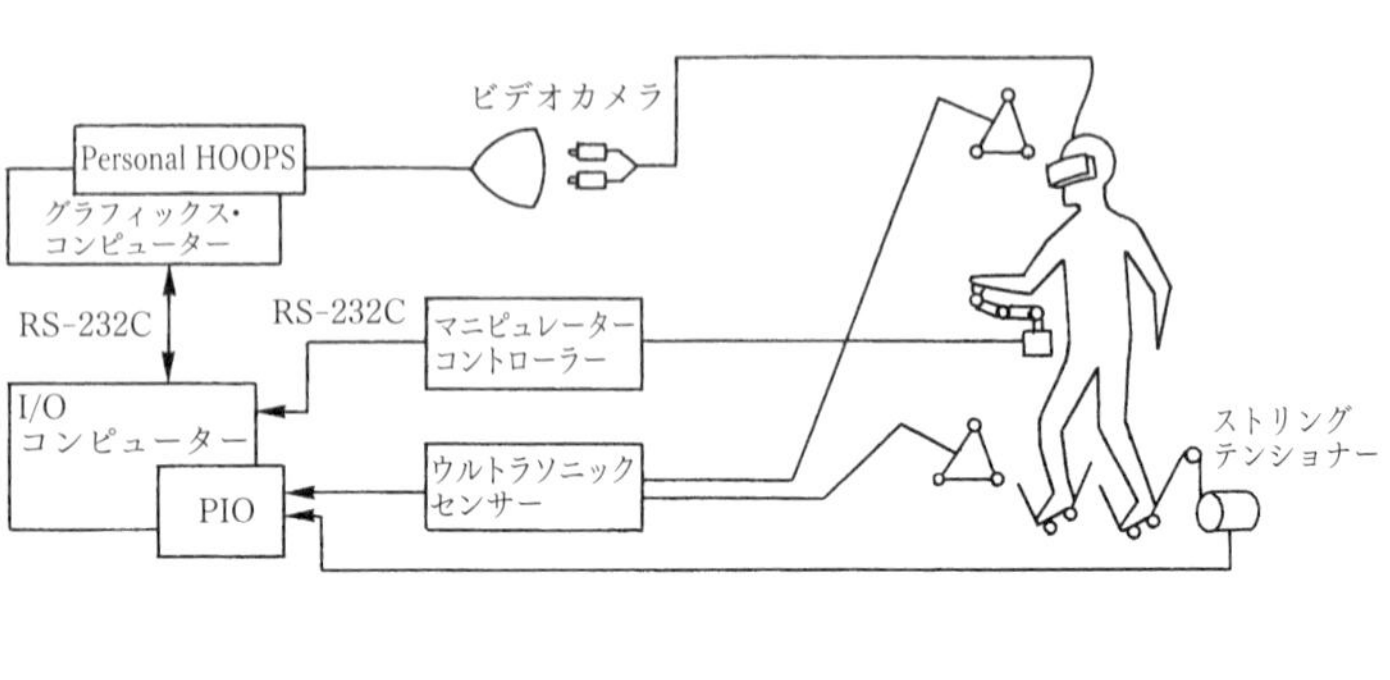

## 12 立体情報をコンピューターに伝える3次元マウス ～東京工業大学佐藤研究室

東京工業大学の佐藤誠教授の研究室で平田幸広氏が作ったのは、3次元の力フィードバック型マウス、スパイダー（SPIDAR：SPace Interface Device for Artificial Reality）。マウスは通常、平面上の2次元の動きの座標をコンピューターに伝えるものだが、ＳＰＩＤＡＲは立体の持っている3次元の情報をコンピューターに伝え、かつコンピューターが計算して架空の物体に触った時の固さまで指に伝えてやろうとするものだ。

四角い枠の4つの頂点から引っ張られた糸が交わったところに、指ぬきのようなリングがある。奥にはコンピューターのディスプレイがあり、手前の青と赤に着色された眼鏡を通して見るとディスプレイの像が立体的に見える。

指ぬきに親指を突っ込み、ディスプレイの作り出した壺の表面に触れてみる。指ぬきを引っ張っている糸は、糸を繰り出す口で糸がどれだけの長さになっているかを計測し、指の位置を計算から割り出す。

もし指が現在コンピューターの表示している架空の物体に触れる位置まで近づくと、糸の繰り出し口にあるソレノイドが閉じて、糸がそれより先に出にくくなるよう制御する。この糸には端に重りがついておりあらかじめ少し引っ張られている。指が架空の壺の表面に触れ



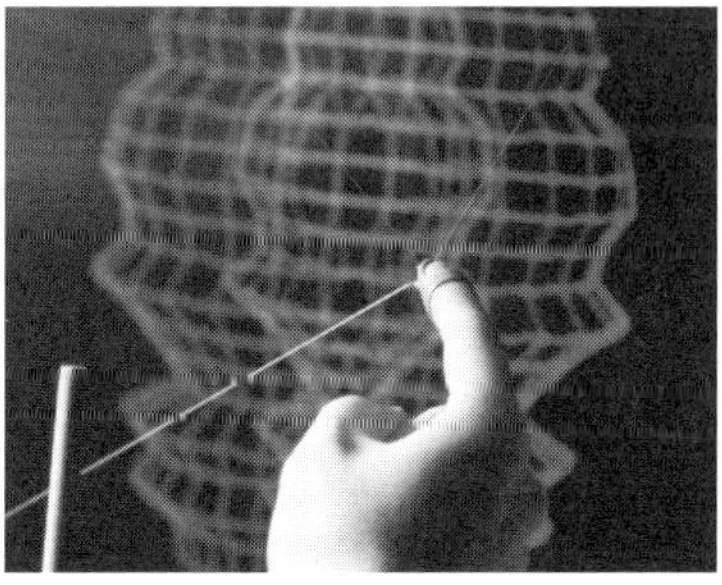
3次元マウス・スパイダー

ているとすると想定した状態で、なおも指を表面の中方向へ進めようとするとソレノイドでブレーキがかかり抵抗力が増す。すると指はあたかも固い物体に触ったような感じを受けるわけだ。

表示される立体を粘土でできた壷であるようにプログラムすると、固い物体の場合と比べ触った時に受ける力が弱くなる。壷を表すＣＧに指が触れると、外形がそれに合わせて粘土のように変形していく。架空のろくろで粘土をこね、架空の壷をデザインしていくことも可能だ。

現在は糸にあらかじめ重りによる張力がかかっており、それをソレノイドによって挟んだり離したりする制御だけなので、固い物体を表現する場合、指より強い力で指の動きを阻止し、指が中に入れないようにすることはできない。

これを使って視覚情報と力の感覚の相互作用についての実験が行われている。将来はステップモーターなどを使って、糸の流れる方向を動的に制御する方法も検討されている。

今まで見てきた応用では、架空の世界を経験したり架空の物を触るといった一方的な操作を扱ってきた。これらの例では、対象はコンピューターが作り出した構造物で、対話する相手はあくまでもコンピューターの作り出した論理的なモデルだった。テレロボティクスへの応用の場合も、対象はおもに実世界ではあるが、あくまでも操作者が遠くにある実体を一方



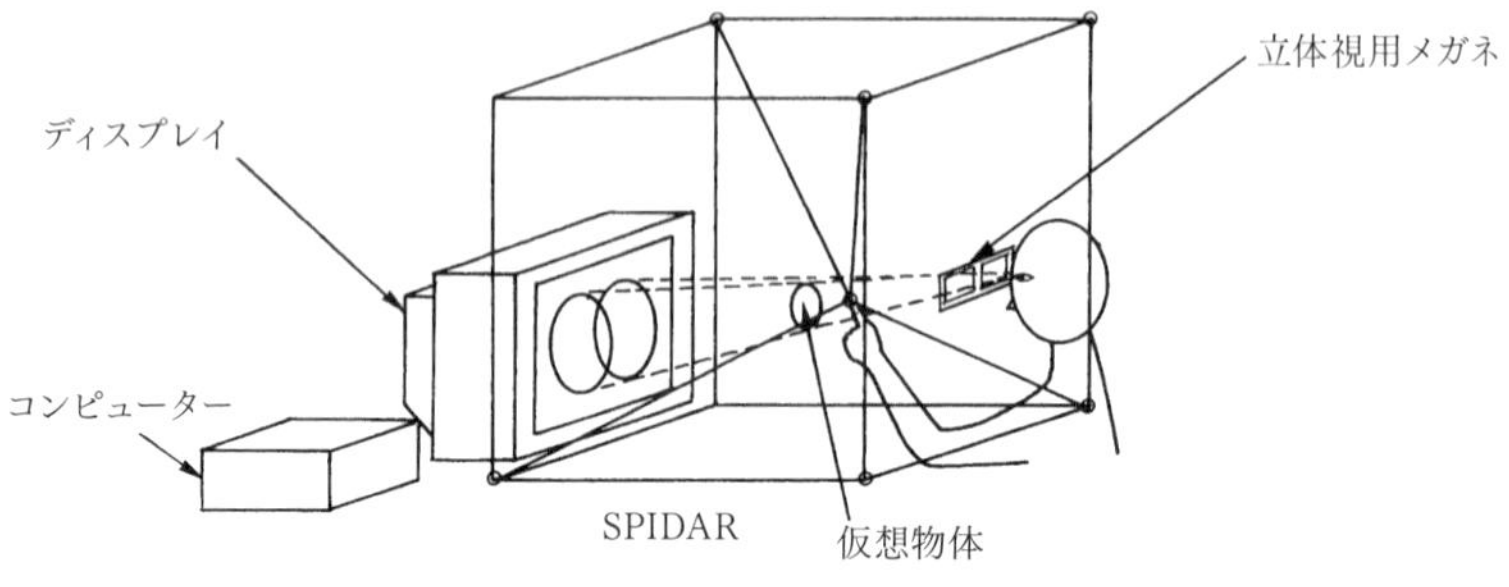

スパイダーのシステム構成

的に操作することを目的にしたものだった。

「人工現実感の本質はメディアとしての側面。それもテレビのようなマスメディアの拡張ではなく、むしろ電話のような双方向のコミュニケーション・メディアの拡張と考えるべきだ」

1990年10月にサンフランシスコで開かれた人工現実感の会議「サイバーソン」では、締めくくりのパネル討論会で、このような意見が多く出された。VPL社のRB2のように、コンピューターの作り出した共通のイメージを通して、複数の人が対話をするテレコミュニケーションのツールにこのテクノロジーを使ったらどうなるのだろうか。

最近はテレビ会議ばかりでなく、マルチメディアを使ったコミュニケーション・システムが登場しているが、送られる情報の量やバラエティは広がっても、お互いの意志を伝え合うのにまだ問題がある。

多くは電話による音声だけの通信に、テレビによる画像やファクシミリやコンピューターの情報を付加したものが基本だ。一般的な二者間の会話では、言葉による情報伝達は35%に過ぎず、65%は動作や表情などの非言語（ノンバーバル）情報が占めているといわれる。またほかの研究ではメッセージの7%が言語で、55%は顔の表情によるという報告もある。

画像を加えることによって、声では伝えきれないこれらの情報が送れるようにはなったが、それだけでは不十分なことも分かってきた。

相手の画像は見えるが画面が小さかったり、お互いの視線が合わず、遠くのテレビ中継を



**マルチメディア**
コンピューターを使ってテキストばかりでなく、動画や音声までも扱えるようにしたシステム全般を指す。最近のテクノロジーの進歩で、パソコンや通信システムがこうした多様な情報を扱えるようになっている。

他人の目で見ているような感じでうまく話が進まなかったり、出張をするかわりに使ったが、結局は実際に会わないと微妙な決定ができなかったり、相手から自分の様子が見え過ぎてかえって緊張してしまったり、技術ばかりでなく社会的な要素がこれらのシステムの使い勝手を決める大きなファクターであることも分かってきた。大方のテレビ会議システムは、海外などの遠くの人と緊急に顔を合わせなくてはならない場合を除き、まだ高い利用料金に見合った有効な手段になっていないのが現状だ。

米国でグラハム・ベルの発明した電話が初めて一般に公開された時、現在のような良好な音質でなかったにもかかわらず、これを使った人達は異口同音に、「まるですぐ隣に相手がいるようだ」と感想をもらしたという。

ほとんどの日常のコミュニケーションが相手と直接会うことによって行われていた時代に、遠くに離れた人の生の声をリアルタイムで伝えるメディアの出現によるインパクトは大変なもので、多くの人にとって非常にリアリティーの高い経験だったに違いない。

その後1970年にAT&Tが開始したテレビ電話「ピクチャーホン」によるサービスは、電話にテレビ動画が加わった画期的なものだったが、1976年には中止された。原因はまだ広帯域の回線を効率よく交換する技術が未熟だったり、回線の利用料金が高かったためとも分析されている。

現在では光ファイバーによる太いパイプで結ばれたネットワークが作られ、毎秒1兆ビット以上のデータが送れるようになり、デジタル通信によるISDN（総合デジタル通信網）

が普及しつつあるが、コミュニケーションの質は必ずしも1と0の数の増加と比例はしない。高精細度のHDTVと超ハイファイ音声を同時に送っても、かえって利用者はしらじらしい印象しか受けなかったという報告もある。

人間は自分のいる環境の膨大なデータを感覚器官を通して取捨選択し、コンパクトな情報にして自分の回りのリアリティーを構築している。ハイバンドで解釈の余地のないほど多量のデータを送るいわゆるホットなメディアよりは、データ量は少なくても利用者の想像力を喚起し、自らの解釈を許すクールなメディアの方がネットワークの両端にいる人の間を本当に結び合えるのではないか。

このことは声だけのオールドメディアといわれる電話が、いまだにダイヤルQ2サービスなどで繁盛していることからもうかがえる。それはコミュニケーションということが、利用者の間でリアリティーを共有するためのプロセスであるからとも考えられる。

ではそのためにネットワークで何をどう送り合えばよいのだろうか。

米国では東西緊張が続いている1980年頃、核攻撃を受けた場合を想定し、やむをえず離れたシェルターに分散した大統領を始めとする閣僚やリーダー達が、どのように意思決定をするかが真剣に検討されたことがある。核ミサイルの発射ボタンを押すべきか、否か？これこそもっともリアルなテレビ会議が必要なアプリケーションといえる。

お互いの表情や臨場感を高めるために、MITのメディアラボの前身アーキテクチャー・マシン・グループが軍の委託を受けて研究したのは、「トーキング・ヘッズ」というシステムだった。

これは限られた回線を使ってリアルな表情を伝え合うため、各人の頭のレプリカを用意し、レプリカの口の部分に唇の動きを投影するものだった。相手の数だけそろった頭のレプリカは、相手の頭の動きに連動して動き、その人が話し始めると口の映像が動いた。実際は口の形は16しかパターンがなく、音声に連動してこれらのパターンが次々投影されただけだったが、人形を並べた奇妙な作戦会議は非常にリアルな印象を与えた。しかしどういうわけか軍はそれ以上の研究を続けなかった。

デジタル技術を駆使した将来のコミュニケーション・ネットワークがどうあるべきか、距離を克服するばかりでなく本当に意思を伝え合えるネットワークをどう作っていくか。テレコム分野の各社の大きな課題だ。ＮＴＴ、ＫＤＤやＡＴＲをはじめ、アメリカのＡＴ＆Ｔや地方電話会社、各国の通信会社やゼロックスのような会社でもさまざまな研究が進んでいる。

ＮＴＴでは２００５年をターゲットに「新高度情報通信サービス（ＶＩ＆Ｐ）」というビジョンを作り、壁かけ型の大型のビジュアル・テレホンなどを使って、臨場感の高いコミュニケーションを実現しようと考えている。１９９５年から開始を予定されている広帯域ＩＳＤＮをどう使っていくべきか、新しいサービスの形が求められている。またＫＤＤでも次世代のデジタル・ネットワークをにらんだ知的符号化や、ＨＤＴＶの伝送までを含めた多様な研究が行われている。

米地方電話会社の研究所ベルコアでは、離れたオフィス同士をテレビで結び合うビデオ・



**トーキング・ヘッズ**

人間の顔のレプリカに唇の動きを投影して、相手と話しているようなリアルな会議ができるようにした電子会議システム（１９８１年）。トーキング・ヘッドとはもともとニュース番組のように、人間の頭部がちょうど収まるカメラのショットアングルを指す言葉。この名前を採ったロックグループも同年作られた。このグループのジャケットのデザインは、このプロジェクトの学生が行った。

**VI&P**

Visual, Intelligent and Personal の頭文字を取ってつけられたＮＴＴの21世紀のサービスビジョン。ビジュアルは高精細、立体映像通信、インテリジェントは翻訳、機密通信、パーソナルは自動指名、親展通信などの高度通信サービスを指す。

ウインドウズというシステムが作られている。テレビに映された相手の会議机の画面が、こちらの机とつながったような位置に表示され、あたかも同じ部屋のテーブルを囲んでいるような環境を作り出す。しかし映像をとらえるテレビカメラの位置を参加者の数だけ用意するわけにはいかないので、参加者すべてが同じ部屋にいるように、相手と面と向かって視線を合わせることはできない。

これらの問題を解決するために、人工現実感を使ったコミュニケーションのシステムでは、利用者の姿はそれぞれシステムの作り出したモデルに変換され、こちらでもあちらでもない第3の場所としての仮想的な共通の世界の中で出会うことになる。

テレビカメラでとらえられた利用者や部屋の様子はコンピューターの中でモデル化され、同じ仮想的な世界の登場人物となる。相手に見えるこちらの姿は、こちらの姿と動きを反映したモデル化されたCGで、お互いのモデルを人工現実感の世界の中で操作し合いながら対話を行う。これはマイロン・クルーガー氏のいう、コミュニケーションの働きを「情報の移動ではなく、両者の間に共通の場を作る」というビデオプレイスの発想に近い。

また相手の姿ばかりでなく、両者の共通の話題を仮想世界の中のモデルとして作り、これを操作することによって共同作業も行えるようになる。

例えば新しい製品を複数の離れた場所の人が一緒に開発しようとする場合、図面や写真やメモをお互いに送り合うのではなく、共通のモデルを人工現実感の世界の中にCGで表示し、これを介して論議を進めれば、分かりにくい話も「見える」ようになり、スムーズに話が進



**知的符号化**
画像などの情報を単純に数学的にデジタル信号に直すのではなく、その画像などが表す内容や構造を解析して符号化し、立体画像やマルチメディアなどで高度な通信ができるようにしたもの。

**ベルコア**
旧米国電話電信会社（AT&T）が1985年に分割され、地域の電話を専門に扱う地方電話会社ができた時、AT&Tの研究機関ベル研究所はAT&Tに残ったため、地方電話会社が共同研究機関として設立した研究所。最近は地方電話会社が自社の研究所を独自に作り始めており、ベルコアの存続が危ぶまれている。

むに違いない。

現在パソコンやワークステーションをつなぐネットワークの普及で、たくさんの人が同じ作業を端末上で分業して行うための「グループウェア」といわれるソフトウェアや、これをさらに発展させたCSCW（Computer Supported Cooperative Work：コンピューター支援共同作業）が研究されている。これに人工現実感が有効に利用されるようになれば、より高度な作業を広い範囲の人々が行えるようになるだろう。

# 「13」時空を超えた臨場感通信 ～ATR通信システム研究所知能処理研究室

京都、大阪、奈良にまたがる関西文化学術研究都市。その精華・西木津地区の広大なリサーチパークの一角に、最初の本格的な研究施設として1989年4月に建物が完成したATR（エイ・ティ・アール）。産官学が電気通信分野の基礎研究を行うために、基盤技術研究促進センターが200億円近い出資をし、NTTやKDDを中心に民間各社140社が加わって運営されている。

通信システム、自動翻訳電話、視聴覚機構、光電波通信の4つの研究所に各企業から出向した研究者を中心とした200人以上の研究者が、日本では遅れているといわれる基礎研究を国際的なレベルで行おうと集う。この中の1つ通信システム研究所では、人間主体の知的



**CSCW（Computer Supported Cooperative Work）**
LAN（ローカル・エリア・ネットワーク）などを用いてコンピューターを相互に接続し、1つの仕事を複数の人が共同して行う場合、これを支援するシステムやソフトウェアなどの全体を指す。最近はこうした活動を支援するグループウェアと呼ばれるソフトウェアも利用が広がっている。

**（左頁）ATRの臨場感通信のための実験。大型ディスプレイに映っているスペースシャトルをデータグローブでつかんで自在に動かせる**

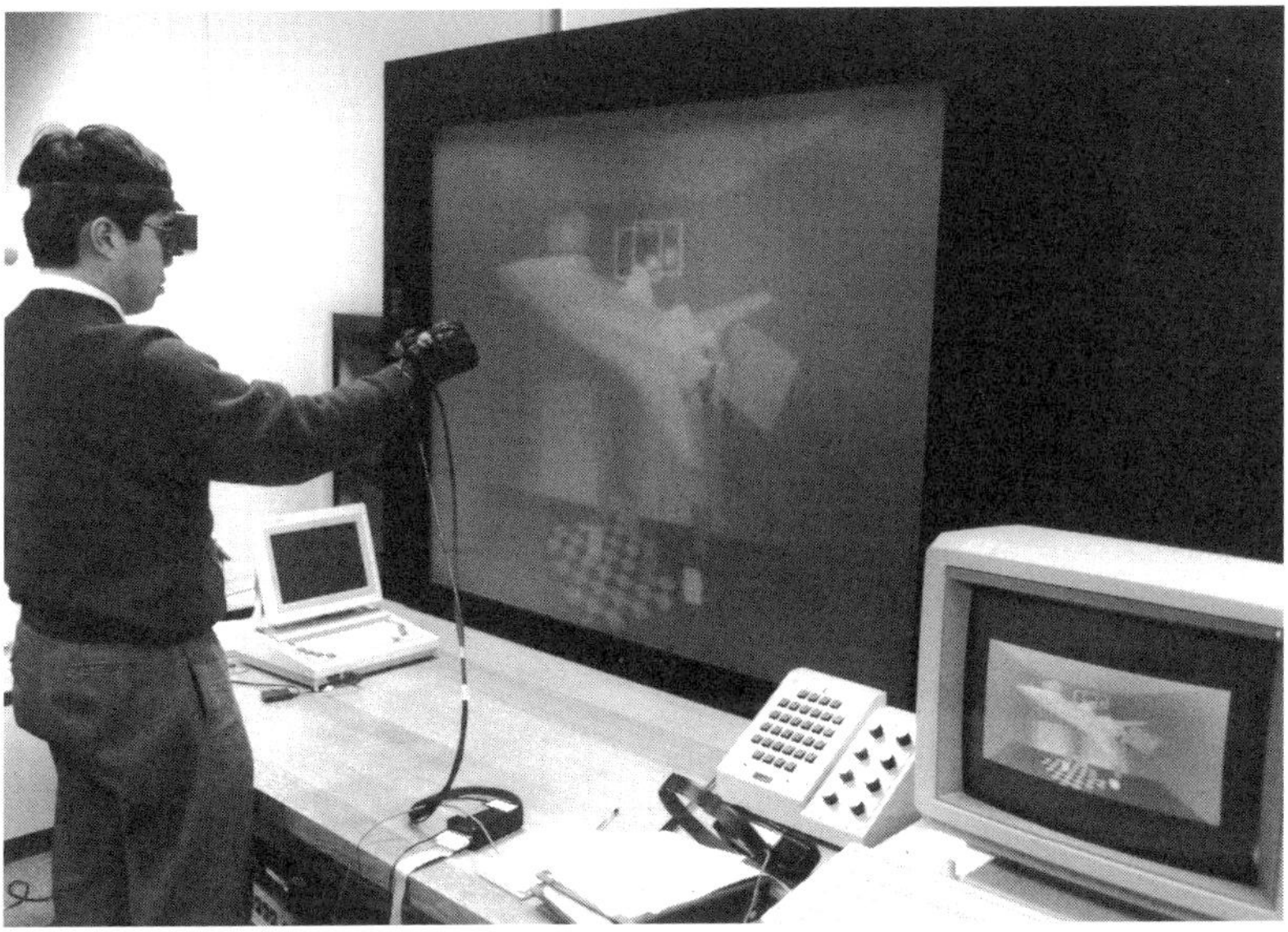

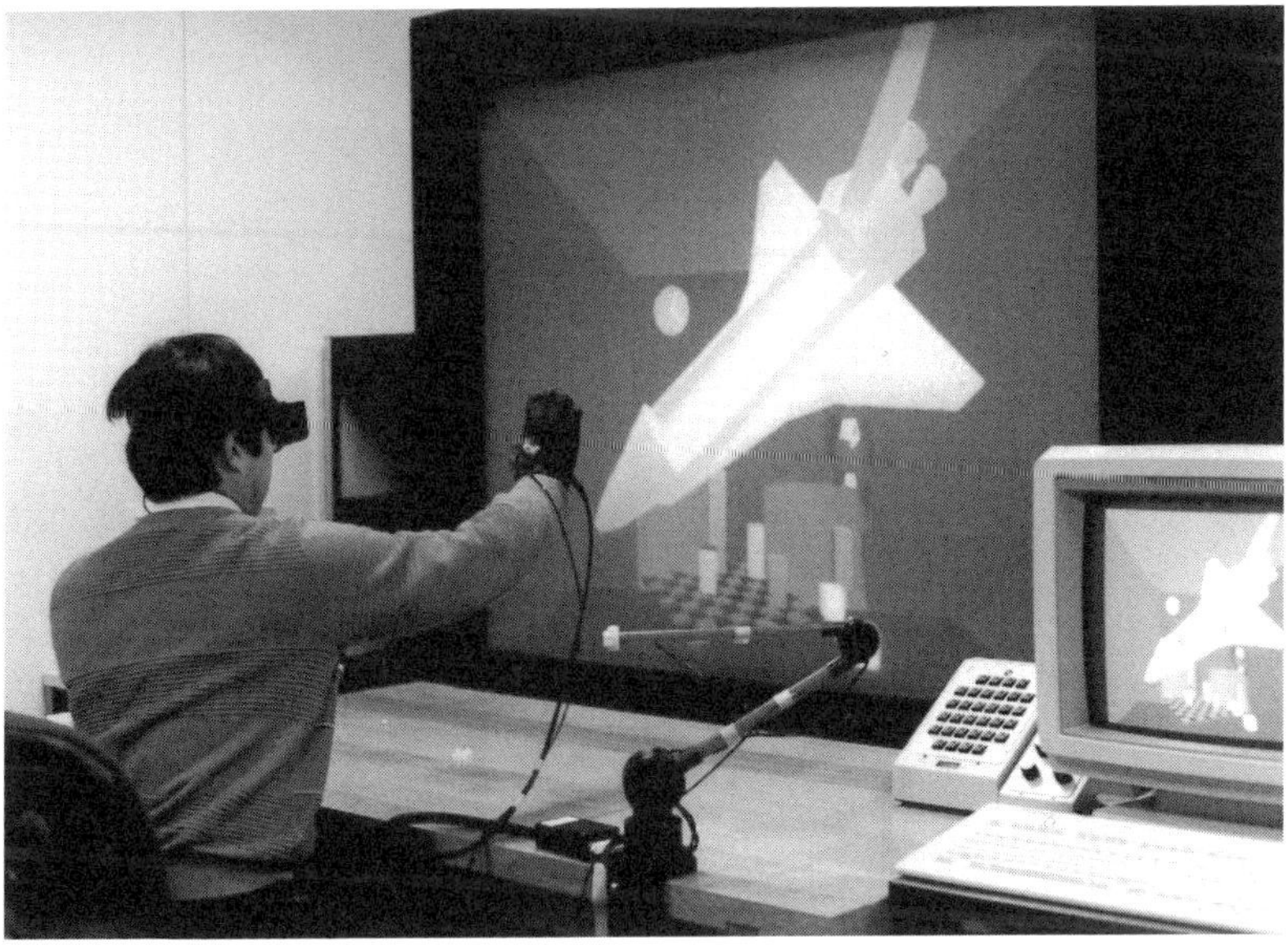

な通信システムを目標に、通信ソフトウェアやセキュリティーの研究とともに、人工現実感を用いた臨場感通信や、これを実現するための手振りや身振りを使う非言語的インターフェースの研究が進んでいる。

## 遠隔地同士でも高度な協調作業を実現

「遠隔地にいる人々が、あたかも同じ卓を囲んで会議をするような感じで話し合ったり、時間や空間を克服して本当に有意義なコミュニケーションをするには、人工現実感を利用した臨場感通信が望まれます。この場合、これを利用する人々が同一の場所にいるような実在感、奥行きを知覚できる立体感、空間内の全体が見渡せる広い視野と高精細な画像を提供する手段、空間内にいる人同士の視線が一致するような調整などが、うまく実現できる必要があります。現在のテレビ会議システムではこれらがまだ不十分ですが、臨場感通信が可能になれば、離れたところにいる人の間でも高度な協調作業ができるようになるでしょう」と知能処理研究室でプロジェクトをまとめる岸野文郎室長はいう。

現在作られているシステムでは、画像の表示は70インチの大型のテレビ型ディスプレイ装置が用いられる。液晶シャッターのついた眼鏡を使い、左右の画像を交互に見る方式で立体像を作る。頭の位置をポヒマス・センサーで検出し、画面にその位置から見える立体像を表示する。左右ばかりでなく、上下に動いた場合の像も作られる。

データグローブをはめた手を画像のところまで持って行きつかむ動作をすると、その位置がコンピューターに検出され、画像の物体を持ち上げて回転したり移動したりすることができる。HMDを使わないので目は覆われず自分の手が見えるため、画面にはコンピューターの作ったCGの手のイメージは出てこない。

この臨場感通信システムを使い、さまざまな協調作業の実験が行われている。離れた場所にいる人が一緒に積み木によるブロック積みをする実験では、実際の積み木とコンピューターの作り出したイメージを重ね、両者を統一的に操作する実験が行われた。こちら側では本物の積み木を並べておき、離れた場所で相手が並べた積み木が画面上のCGで表示される。それらのイメージを一緒にして1つのオブジェクトを作るため、両者の位置関係がコンピューターによって正確に調整されている。アプリケーションによってはこの例のようにすべてをCGで作らず、実物の中にうまくCGをはめ込み、コンピューターのパワーを多く使わないで対話性を高めることも可能だ。

架空の物体を手で操作する場合、手で持った感じがしないので、つかめたかどうかの確認が難しい。対象物を動かしてみて、動くかどうかで初めてつかめたかどうかが確認できるので、操作に誤りが生じる場合もある。そこで手でつかんだ時に反力が再現できるよう、3関節の構造を持つ力フィードバック装置が試作された。ちょうど卓上で角度を変えられるライトスタンドのような形状で、関節部分に超音波モーターがつけられ、架空の物体を手で触れるとモーターが働き、下向きの力を発生し物体の重さを再現する。

超音波モーターは磁気を使わないので、位置検出のための磁場に影響を与えず、回転力を与えることなく連続してトルクを変化できる。まだ対象物をつかんだまま回転したり移動する場合に生じる慣性力などは再現できないが、かなり作業性が向上した。

また広い視野をカバーでき、かつ高い精細度の画像も表示できる大型のディスプレイも検討されている。一般に人間の視野に対して80度を越える画像を与えると、非常に臨場感が高まることが知られている。また目の中心部は視角1分程度まではっきり見分けられ、周辺は相対的にぼやけて見える。

広い視野を得られる大型のディスプレイ全体の精細度を均一に上げることは難しい。そのためここでは人間の視覚の特性を利用し、利用者の視線の方向を検出し、実際に利用者が見ている視野の中心部で、目の解像度の高い部分だけに高精細度の映像を表示するものを作った。

## 進む臨場感通信インターフェース開発

臨場感通信のシステムを一般の人達に利用してもらうためには、データグローブやHMDなどの身に着ける煩わしい装置を使わない方が便利で、かつ広い層の利用者を想定できる。これを実現するために画像処理の技術を用いて、利用者の位置や動作を検出する研究が行われている。テレビカメラがとらえた人間の画像の中からコンピューターが身体の各部分を抽出し、利用している人の顔の向きや視線の方向、身振りや、顔の表情などを認識する方式だ。

顔の向きについては、顔の3点にマークを貼りつけ、このマークで作られる三角形の画像



（左頁）超音波モーターを使った力フィードバックシステム

をテレビカメラでとらえ、その大きさや歪みから顔の位置や方向を計算する。

視線の方向は通常は頭にアイ・トラッカーという機械を着け検出する。ATRではこういう装置は着けず、離れた場所から目に近赤外線を当てて、目の角膜や網膜から反射してくる光をテレビカメラでとらえ、この画像を処理して瞳孔や角膜反射像などの空間内の位置を検出する。この情報と顔の位置や向きの情報を合わせて計算すれば視線の方向が検出できる。また手と腕の動きは2台のテレビカメラを使って輪郭を抽出し、手と腕の3次元モデルとその輪郭を対応づけて照合し検出する。

これらの情報が得られれば、利用者が向いている方向の画面を計算して作り出したり、動作の情報だけを送り、相手のコンピューターに入っているこちらのデータを使ってCGのモデルを動かすこともできる。しかしこの処理をコンピューターに行わせるためには、画面の中の大量のデータの中から顔や目などの特徴を高速で抽出しなくてはならず、人工知能の手法を使った画像の認識や理解などの高度で複雑な処理が必要になり、今のところ高速に誤りなくこれらの処理を行うことは難しい。

これら人間の動作や表情の特徴・要素をとらえることが将来簡単にできるようになれば、膨大な量のデータを限られた通信チャネルで送るために大変メリットがある。現在行われている通信データの伝送は、結果的に生じた画像や音声の物理的な情報をそのまま取り扱っているため、膨大かつ個別の要素を選択的に処理できない。

例えば文書をワープロで作りプリントアウトしたものをファクシミリで送れば、受け取っ



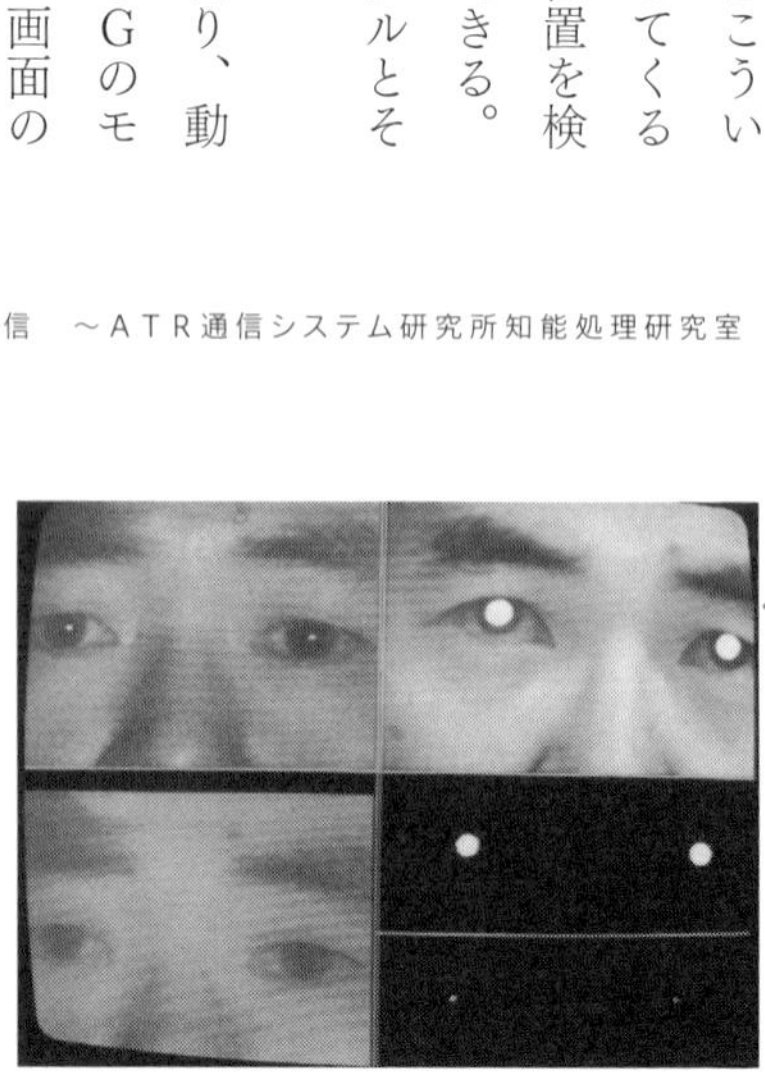

赤外線とTVカメラで瞳孔の位置を検出する

（左頁）ATRの開発する臨場感通信のイメージ

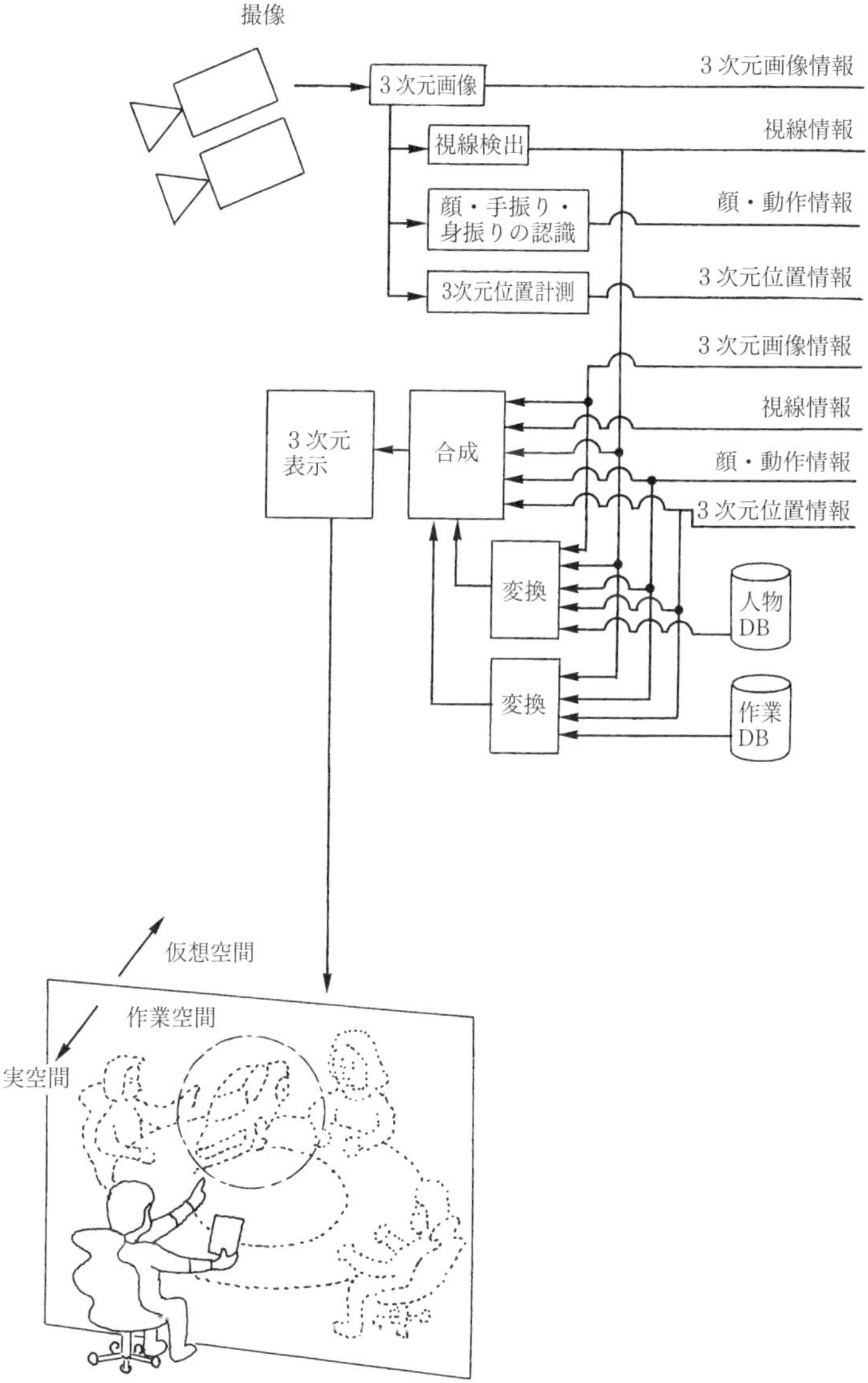
撮像
3次元画像
視線検出
顔・手振り・身振りの認識
3次元位置計測
3次元画像情報
視線情報
顔・動作情報
3次元位置情報
3次元画像情報
視線情報
顔・動作情報
3次元位置情報
3次元表示
合成
変換
変換
人物DB
作業DB
仮想空間
作業空間
実空間

た側はそのまま利用できるが、修正や編集は紙を切り貼りしなくてはならない。ところがパソコン通信でもとの文書を送れば、受信側では簡単に文書を編集するという操作ができる。

このことは画像についても当てはまる。送信側で動作や表情のデータを「空間上のどの座標にあって、どの方向を向いているか」という個別に細分化され、かつ構造化された情報に加工して送れば、画像そのものを送るより何倍も少ない情報で済み、かつ相手側でそれを用いてさまざまな加工が可能になる。

このような方式は知的符号化といわれ、データを大幅に圧縮して処理し、高度な処理を行える手段として各所で研究が進んでいる。ネットワークを流れる伝送データが少なくなるかわり、ネットワークの両端で、特徴抽出などのデータを作り出したり、これらから腕や顔などの画像を作り出す処理の量が多くなる。将来端末側のインテリジェンスが高くなれば、相手の声や姿の特徴を数値データとして登録しておき、コミュニケーション・チャネルには、話した言葉を文字にしたデータや、動作の基本パラメーターだけを流せばよくなるだろう。

# 14 情報の理解を伝える ～AT&Tベル研究所マシンパーセプション部門

「Reach Out America」。アメリカの端から端まで(電話を使って声を)届かせよう、という米国の長距離電話会社AT&T(米国電話電信会社)のキャンペーンに使われた標語だ。

人工現実感を応用して映像や音声ばかりでなく、手や身体の動きや触覚までも送り合えるようになり、何万キロも離れた人同士が電話で握手できるようになった時、この標語はよりリアルな響きを持ってくるだろう。

電話会社であるAT&Tで人工現実感の研究を行っているのは、なんとマシン・パーセプション研究部門。知能ロボットの研究を行っていたところだ。

この研究グループを率いるのはキチャ・ガナパシー氏。スタンフォード大学で人工知能の研究をし、どうしたら強いチェスプログラムが作れるかを研究し、さらに博士課程でコンピューターによる視覚、コンピューター・ビジョンの研究も行った。AT&Tに入りこの経験を生かし、工場で生産される半導体や電子機器の状態を、コンピューター・ビジョンを使って検査するための研究を担当してきた。

「人間の能力を真似しようという人工知能のゴールはよいけれど、そのアプローチとして、人間を置きかえる完全な自動機械を作るという方法はよくないと思いました。機械はマニピュレーションが得意ですが、人間には瞬時に顔を見分けたり、動作や触覚を有効に使える能力を持っています。ここ数年研究を続けているうちに、人間と機械がお互いの得意な面を出し合って協調できるよう、ヒューマン・マシン・システムを研究をすべきだと考えるようになったのです。最初は工場のロボットを知能化するための研究でしたが、この研究をコミュニケーションのために生かそうと思ったのがきっかけです」と研究の経緯を説明する。

AT&Tのような通信を扱う会社では、コミュニケーションに関連する多くの技術を扱っ

**キチャ・ガナパシー氏**

**コンピューター・ビジョン**

画像として得られた対象を、コンピューターによって認識すること。背景の情報の中から、明るさ、形状の特徴、距離などの情報を使ってモデルと一致させ、目的物を抽出し認識する。ロボットなどが、対象を認識し操作するためには不可欠な技術。

ている。通信技術が進歩して、文字から音声へ、今後は画像も自由に送り合えるようになった時にコミュニケーションの世界はどうなるのか。ただのデータを右から左に移動するというのではなく、どんな形での情報を送り合えば本当のコミュニケーションができるのか。

「わたしはネットワークの両端にある環境を送り合うことだと思います。環境を送るというのは、よりきれいな音や画像といった細部にこだわるのではなく、何が送られたのか分かることと、それを通してインタラクションができるということです」

そのためには、どんなアプローチが必要なのだろうか。

「こうした情報を送り合うためには、データの形式だけでなく内容を理解しモデル化していく必要があります。内容をきちんと理解することは究極のデータ圧縮といえます。理解をするには、お互いが同じモデルを持っていなくてはなりません。コンピューターが世界に対してよりよいモデルを持つよう能力が上がれば上がるほど、対話が簡単にできるようになります。こういうインタラクションも遠く離れて電話で伝えようとすると、途端に難しくなります。こうした理解で得られる知識を、どうネットワークを介して伝えることができるかが問題になるわけです。私の研究目標は、画像を介して人間とコンピューターがどう対話すればよいかを探ることです」

通信ネットワークが時間と空間を超えて環境を橋渡しし、再構成する手段になれば、テレビ会議などの相互のインタラクションも向上し、ビジネス上の決定などの手段としてもっと有効なものができる、と氏は考える。

このことを実現するためにはデータを移動し合うための通信チャネルと人間の間に、伝えられる情報の内容をモデル化したり解釈したりするための装置を置く必要がある。

この装置を構成する基本的な技術は3次元映像、3次元音響、触覚ディスプレイ、力フィードバック、頭や目や身体の位置を検出するためのセンサーなどだ。しかしこれらをどう組み合わせてやればよいかは、どんなことに利用するか適用ドメインで変わってくる。

今のところ、どんなアプリケーションに使うのがもっともふさわしいか、コンセプトを検証するために実験をしているのが現状だ。

「相手の状況をコントロールしたり、ある環境の中に入り込むと有効なアプリケーションには、人工現実感が適しています。まずはテレオペレーション。ロボットなどを使って遠隔地のコントロールを行うことです。また教育やトレーニングにも有効でしょう」

「自分の車が壊れた時、電話を使っていちいち言葉で説明するのは大変です。専門家は車を目の前にして、いろいろな方向からエンジンの音を確かめ瞬時に判断が下せますが、こういうことをするのに今のネットワークでは機能が不十分です。車の立体映像と立体音響のデータを送って、車を修理工場に持っていかなくても『ここをこうするとこんな変な音がする』とそのままを説明できれば、すぐ相手に悪いところが分かるでしょう。何人かが協力して作業を進めるコンカレント・エンジニアリングにも有効でしょう。またバーチャル・トラベルというのはどうでしょう。遠い国のビデオを見ていても、本当にその土地に行った気分にはなれません。人工現実感を使って、あたかも遠くへ行ったような気分になれれば面白い



**コンカレント・エンジニアリング**
コンピューター・ネットワークなどを使い、複数の人が共同して設計や評価を行う手法。

でしょう」とガナパシー氏は展望を語る。

## データグローブと音声認識装置で作る合成ビジュアル環境

３次元のモデルを手を使って操作し、立体ＣＡＤやテレプレゼンスに応用できるワークステーションによる実験システム。ＨＭＤや煩雑な周辺装置を使わず、データグローブと音声認識装置の組み合わせをうまく利用した構成だ。

テクトロニクス社の偏向グラスを使った３次元ディスプレイに、ＡＴ＆ＴのＲＩＳＣタイプの高速コンピューター・ピクセルマシン（ＰＸＭ９６４）によるＣＧを表示する。現在のスピードは最大毎秒６回。実際の利用には10回程度は必要と考えられる。周辺装置であるＡＴ＆Ｔの音声認識装置ＶＲ１やＶＰＬ社のデータグローブ、ポヒマスの磁気位置センサーをＳＵＮ３ワークステーションでコントロールする。ＶＲ１は２秒間の長さの音声を40個認識する能力を持つ。

立体ＣＧで作り出されたＣＡＤのモデルと同じ画面に、自分の手のモデルが表示される。画面を見ながら、まずメニューを出して自分のしたい仕事を指差して選択する。実際に登録されている26のコマンドを使って、声と動作で指示しながら立体モデルを空中に指で描きながら作ったり、モデルを手で持ってねじったり変形させたりもできる。

「つかめ」とか「ねじれ」とかいうコマンドを声でシステムに伝え、手を使いながらモデルを自分の好きな形に粘土をこねるように作っていける。



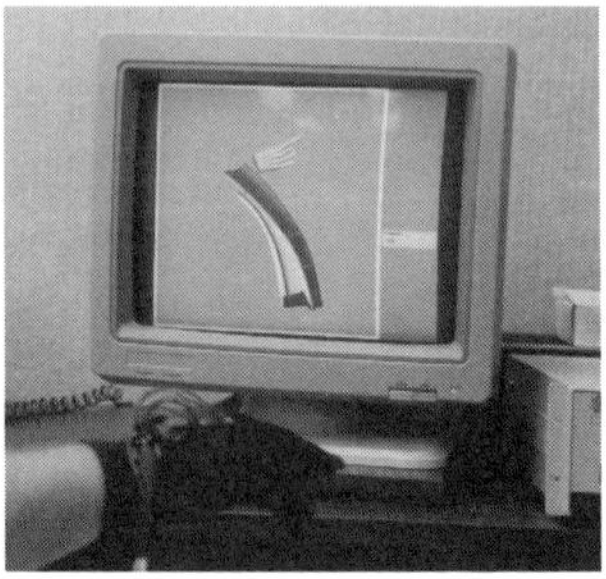

声と手でモニターの中のモデルを自由に操作することができる

デビット・ワイマー氏

「CADなどのアプリケーションでは、データの取り扱い精度を高くする必要があります。コンピューターのディスプレイの前に座って視野を固定すれば、身体の動きに追随する必要がないので、ある程度画像の生成速度や手の位置を検出する精度も高めることができます。ワークステーションの前にテーブルが置かれ、これと同じ形の画像を画面上に出し、デスクトップならぬテーブルトップとして用います。このテーブルを実際にはコンピューターの入出力用のスケッチパッドやコントロールパネルとして用います。またテーブルの中には磁気発生装置があり、データグローブについたセンサーがこの磁界を使って位置を検出しているんです」と、ガナパシー氏と共同研究をするデビット・ワイマー氏はデモを行いながら説明する。

手の動作と音声認識を組み合わすことによって、格段に使いやすさが向上した。このシステムを将来ネットワークを使って遠隔地の人同士が使い、ネットワークを介して共通の3次元イメージをもとに共同してモデルの作成や変更を行えるようになれば、まったく新しいデザインのツールにもなるだろう。

## 歩行者の位置検出をするスマートフロア

今の人工現実感の研究では、利用者の位置検出が難しい点がよく問題になる。またセンサーや装置を身体につけるのは煩わしい。非接触で位置や動作検出を行うため、赤外線、超音波や画像解析を使う研究が行われているが、ここでは床にセンサーを張り巡らして部屋にい



スマートフロア

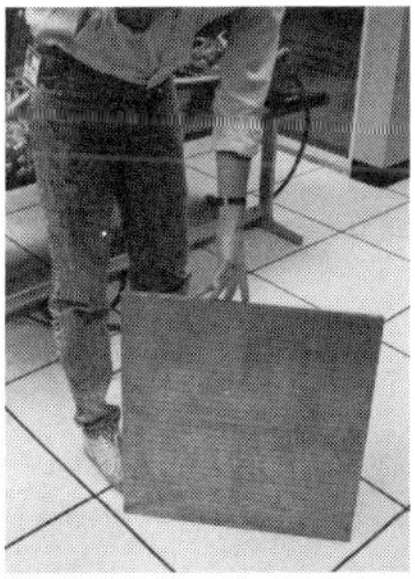

る人の位置を検出しようとしている。

1フィート四方の床のブロックに、1センチ×0・5センチのタッチセンサーを32×32個並べ、上に乗った人や物体の圧力のデータをコンピューターで処理し、部屋にどんな人や物体があってどちらを向いているかなどを判定する。テレビ会議システムでほかのセンサーと一緒に使えば、今発言している人が誰で、どちらを向いて喋っているかなどを検知し、その人だけをテレビで映したり、そちらにマイクを向けるといったことも簡単にできるようになる。

## 力フィードバックを伝える反射型ジョイスティック

ジョイスティックに直流モーターとポテンシオメーターなどをつけ、力フィードバックを与えるもの。マウスにかわる入出力デバイスを目指す。コンピューターの画面に出た迷路をジョイスティックでなぞると、道からはずれようとすると強い力が働き、溝の上を棒でなぞっているような感覚でポインティング・デバイスとして使える。

テキサス・インスツルメンツ社のエクスプローラ・コンピューターが使われる。ジョイスティックのコントロールはC言語、全体はＬＩＳＰで書かれている。



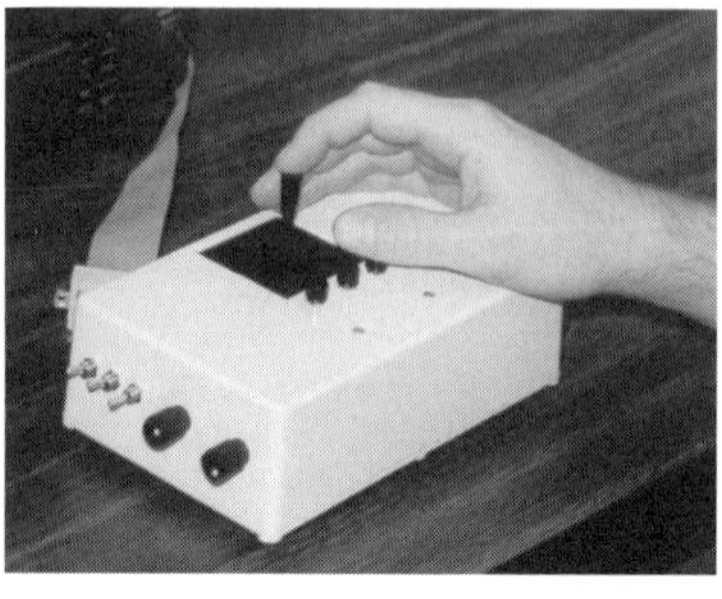
反射型ジョイスティック

## 15 "As We May Think"の通信技術開発 ~NTTヒューマンインタフェース研究所

日本電信電話（NTT）の横須賀研究開発センタにある5つの研究所の内の1つヒューマンインタフェース研究所では、デジタル通信が本格化する将来に向け、人間に優しい通信技術の開発が行われている。

人と人の間のコミュニケーションを活性化するために、まず人間と機械の間のマン・マシン・インターフェースの研究が進む。人間が難しい操作をして機械に合わせるのではなく、機械が人間の言葉を理解したり分かりやすく話しかけ人間に近づくような、人間を中心に据えた研究が主題だ。人間の認知機構の解明や、音声、画像、言語などのコミュニケーションに不可欠な手段をコンピューターを用いて処理し、認識、符号化、合成などを行う研究が進んでいる。

この研究所の中のヒューマンインタフェース方式研究部では、画像とか音声といった特定の分野に収まりきれない領域をも手がけ、VI&Pの実現に向けマルチメディアを使ったチームワークステーションの開発、人工知能ワークステーションELISのソフトウェアを始め、さまざまな新しいメディア技術を開拓している。

「うちでは人と人の間のコミュニケーションを豊かにするため、いろいろなコミュニケー

NTT横須賀研究開発センタ

ションのツールを提供しようと考えています。具体的にはアイデアをプロトタイプとして形にし、サービスを目に見える形にして評価していくのです」と遠藤隆也部長は研究の基本方針を説明する。

今までの機械と人間の関係をさらに進めて、利用者が機械を本当に思うがままに操れないか。こんな発想から筋電や脳波を直接機械とのインターフェースに使ったり、遠くの場所の状況をその場にいるように体験できるテレプレゼンスの研究が行われている。

## 筋電や脳波で動かすコンピューター

コンピューター・システムなどの機械に意思を伝えるために、通常は人間が音声を使ったりキーボードなどを操作したりする。しかしもっと思ったことを直接伝える方法もありうるのではないか。超能力者が自分のしたいことを念じるように、思ったことを直接機械に伝えられるような研究がすでに科学的方法で行われている。

その1つは筋電（EMG）信号を用いるものだ。EMGを義手のコントロールに用いることは、すでにサイバネティクスの提唱者ノーバート・ウィーナー氏によって考えられており、その後第2次大戦直後のドイツや、MITとハーバード大学が共同開発したボストン・アーム、ユタ州立大学のユタ・アームなどの実際的な義手が作られた。肘から先のない人が上腕部に装着し、上腕部に残った腕を曲げる筋肉と伸ばす筋肉に電極をつけ、皮膚の上から動きに伴う信号をピックアップして、モーターなどを駆動してアームの屈伸を行うものだ。

これらは事故などで手を失った人に、物理的な操作機能を提供するために大いに役に立つ道具となった。しかし利用者が自由に操ろうとすると、装置の検知できるパターンに合わせた形で自分の身体のイメージを頭の中で作り、それに合わせて筋電を発生し指令する努力をしなくてはならない。

このためアーム側に利用者の指示する筋電のパターンを学習させる機構の開発が、各所で行われた。NTTではこれを行うためにニューラルネットワークを用いている。

手首の近くにある浅指屈筋付近の皮膚の上に、一対の電極をつけEMGを取り込む。50から1万5000ヘルツの成分を持つEMGの信号を周波数分析し、10の周波数成分をニューラルネットワークの入力とした。ニューラルネットワークは入力10、中間層7、出力層5のバックプロパゲーション型。これを使って指の曲げ方を変化させた5種類の動作を学習させたところ、学習していない動作も30当たり20の割合で認識でき、67%というかなり高い正解率が得られた。さらに総指伸筋にも電極をつけたところ認識率は86%まで上がった。定常的な動作のみでなく、指を曲げたときの角度によるトルクを認識する研究も行われている。

また人間が何かを行おうとした時、その意思が脳波の変化として現れる。何かをしようとする前に現れる準備電位の変化をやはりニューラルネットワークを使って分類し、脳波の変化から人の発意を認識する研究も行われている。

具体的な例としてジョイスティックを前後左右に動かす直前の電位の変化や、「あ」もしくは「う」の母音を発音する場合の変化を学習させ認識が可能かを実験した。ジョイスティ

**ニューラルネットワーク**
人間の脳などの神経回路網ほかをコンピューターでまね、パターン認識や学習を行わせる方法。処理のための方法がはっきり記述できない問題でも、ある程度実用的な答えを出すことができるので、今後のコンピューターの方式としても注目されている。

ックは前後左右を5組、母音は8パターンを学習させたところ、それぞれ24回中23回、10回中9回の正解が得られた。

これらの研究が実用化すれば、頭の中でこうしようと思っただけでコンピューターに何かを行わせることも可能になり、将来は脳波でコンピューターを操ることもできるかもしれない。

## いながらにして遠隔地を覗き見できるパーソナルボイジャー

利用者の目であり手であり耳であるような道具。自分の思いのままに操れ、人間の能力を拡大してくれるような道具として作られたのが、テレプレゼンスのパーソナル版、パーソナルボイジャーだ。

マンハッタン計画にも参画し膨大な研究資料の整理に追われる中で、頭の中での思考と同じような容易さで書類を探索できないか、という疑問を抱いたMITのバネバー・ブッシュ氏は「思うがままに（As We May Think)」という論文を書いた。この中で発想されたのは、自分が資料を調べながら関連する情報を見たいと思うと、すぐに関連する情報を含んだマイクロフィルムの資料が表示される、巨大な図書館の中をナビゲーションできる「MEMEX」というシステムだった。

またスタンフォード大学でダグラス・エンゲルバート氏が作ったコンピューターによるシステム「オーグメンテーション」は、テレタイプを叩いてコンピューターと対話していた時



**バネバー・ブッシュ**
1890年生まれ、1974年死去。MITとハーバード大学で電気工学の博士号を習得。30年代には初のアナログ・コンピューターを作る。MIT教授、副学長や工学部長を経て39年から55年までカーネギー協会会長。40年に国防研究会議議長になり、マンハッタン計画などの国防関連の研究の調整を行った。この経験から膨大な資料を自由に検索できる方法を考え、1945年アトランティック・マンスリー誌に「As We May Think」と題した論文を発表する。

**（左頁）パーソナルボイジャー。上がモービルプローブ、下がモービルチェア。プローブから画像は無線で利用者のアイフォンに伝えられる**

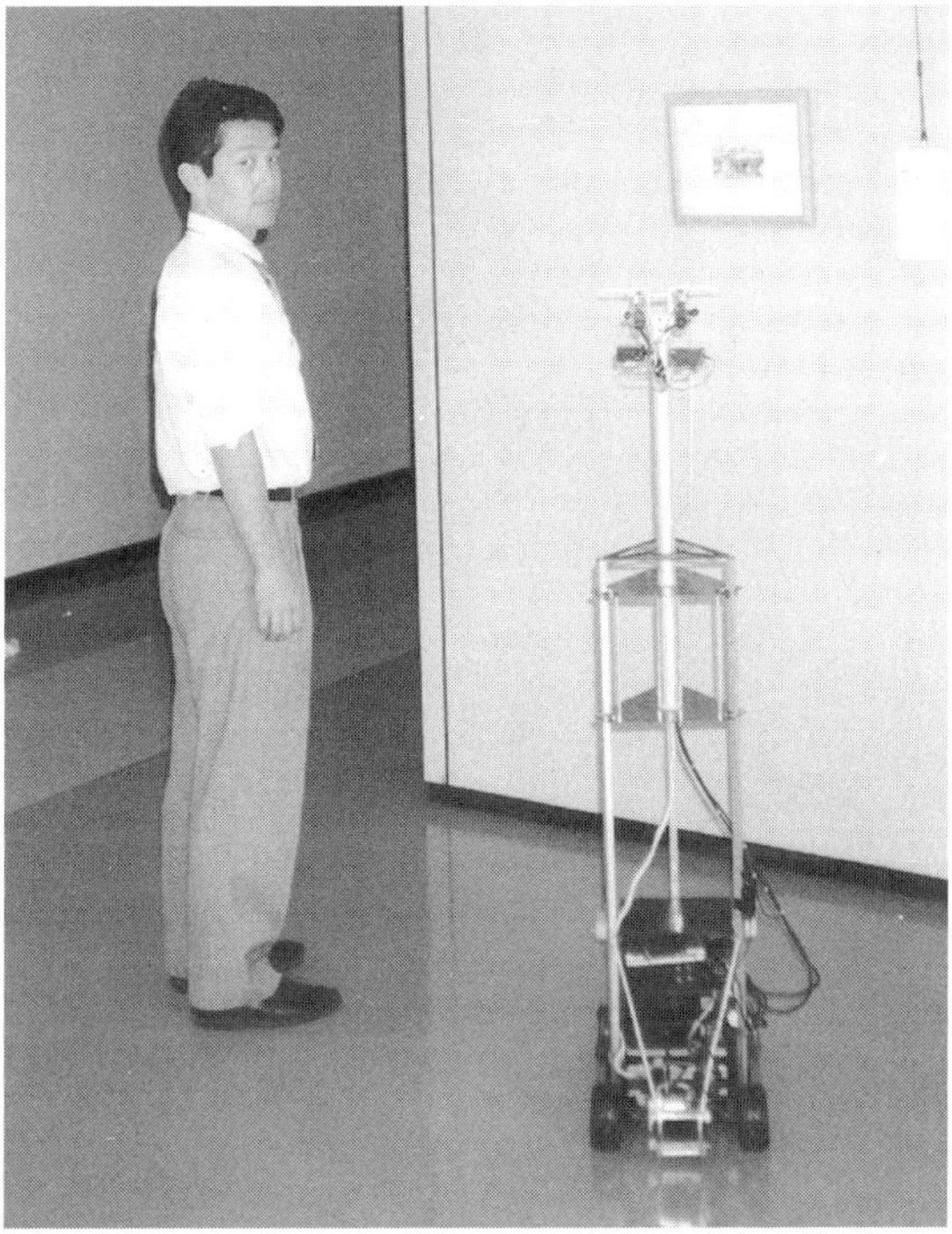

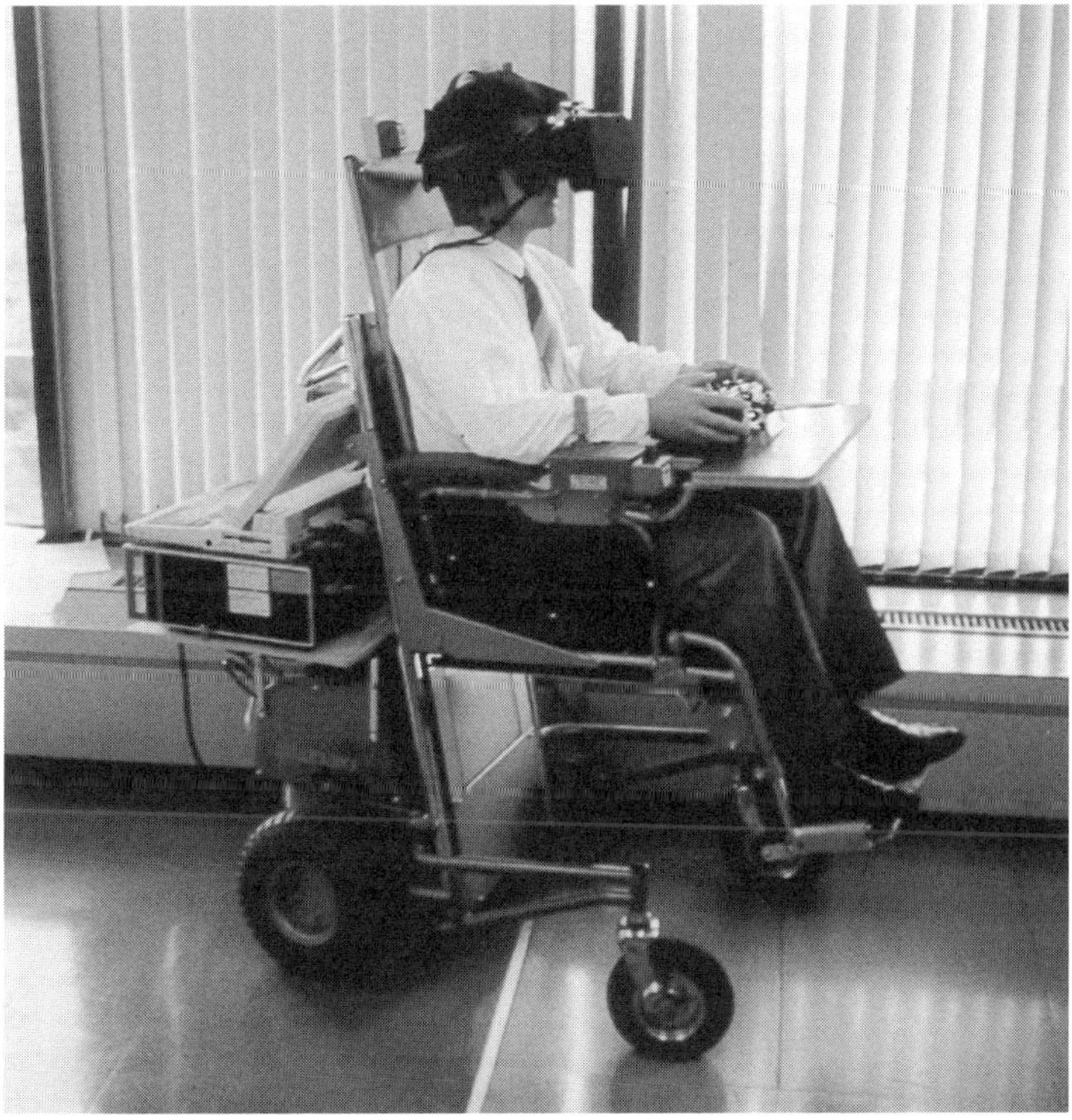

代に、図を描いたり言葉で指示して複数の人が協同作業のできる、今のマッキントッシュも顔負けの画期的なシステムだった。

これらは人間の発想する論理的な世界の中を自由に旅し、人間の能力の拡張をしてくれる機械だったが、パーソナルボイジャーは現実の物理的な世界を思うがままに旅し、知的な視野を拡大しようとするシステムだ。

双眼CCDカメラやステレオマイクを搭載し、無線操縦ができる移動装置「モービルプローブ」は、利用者の目や耳になって動き回り分身となる。利用者はバッテリー駆動の「モービルチェア」に座り、このプローブから無線チャネルを介して送られた画像と音声情報を、アイフォンとステレオ・ヘッドホンで受ける。

ロボットの手こそついていないが、利用者の首の動きはプローブのカメラの動きに連動し、モービルチェアを上下に動かす動作をすると、プローブの首も上下に動く。

「プローブから送られる画像の中にプローブ自身の姿が映されないので、少し操縦が難しいこともあります。自分が普段から見慣れた場所でも、プローブの映像を通して動き回ると迷子になることもあります。カメラの目の位置から見た自分中心の映像ばかりでなく、プローブの置かれた状況を客観的に把握できる方法も検討すれば、もっと操作性がよくなるでしょう」と、開発に当った平岩明氏は実験した結果をこう評価する。

利用者の目と耳がコミュニケーションのチャネルを通して、遠くの美術館や外国の町で動くモービルプローブと直結する。自分の部屋にいながらにして遠くの場所にいる経験ができ



**ダグラス・エンゲルバート**
1925年オレゴン州生まれ。オレゴン州立大学で電子工学を学び、NASAのエイムズ研究所に勤務。57年からSRI（スタンフォード研究所）で研究の後タイムシェア社に移る。現在はマクダネル・ダグラス社の情報システム・グループの上級科学者。SRI時代にオーグメンテーション・システムを発想し、64年からARPAの資金で本格的研究を行った。

るこのシステムは、身体が不自由な人にも活動の自由を与える道具になる可能性を持つ。

「まったく仮想的な世界を相手にするより、人類が作り上げてきた文明の英知の結晶である世界の都市や文化施設など、現実の対象や空間の方が豊かです。こうした現実世界へのアクセスの可能性を広げてくれるごく自然なインターフェースとして、このようなロボットを使ったシステムを作ってみました。いうなれば遠隔地の覗き見システムですね。このような研究を通して人間の知的な視野を本当に拡大できるツールを作りたいのです」と平岩氏は夢を語っている。

# 第3章　Reality Engine Builders　人工現実感を実現する製品

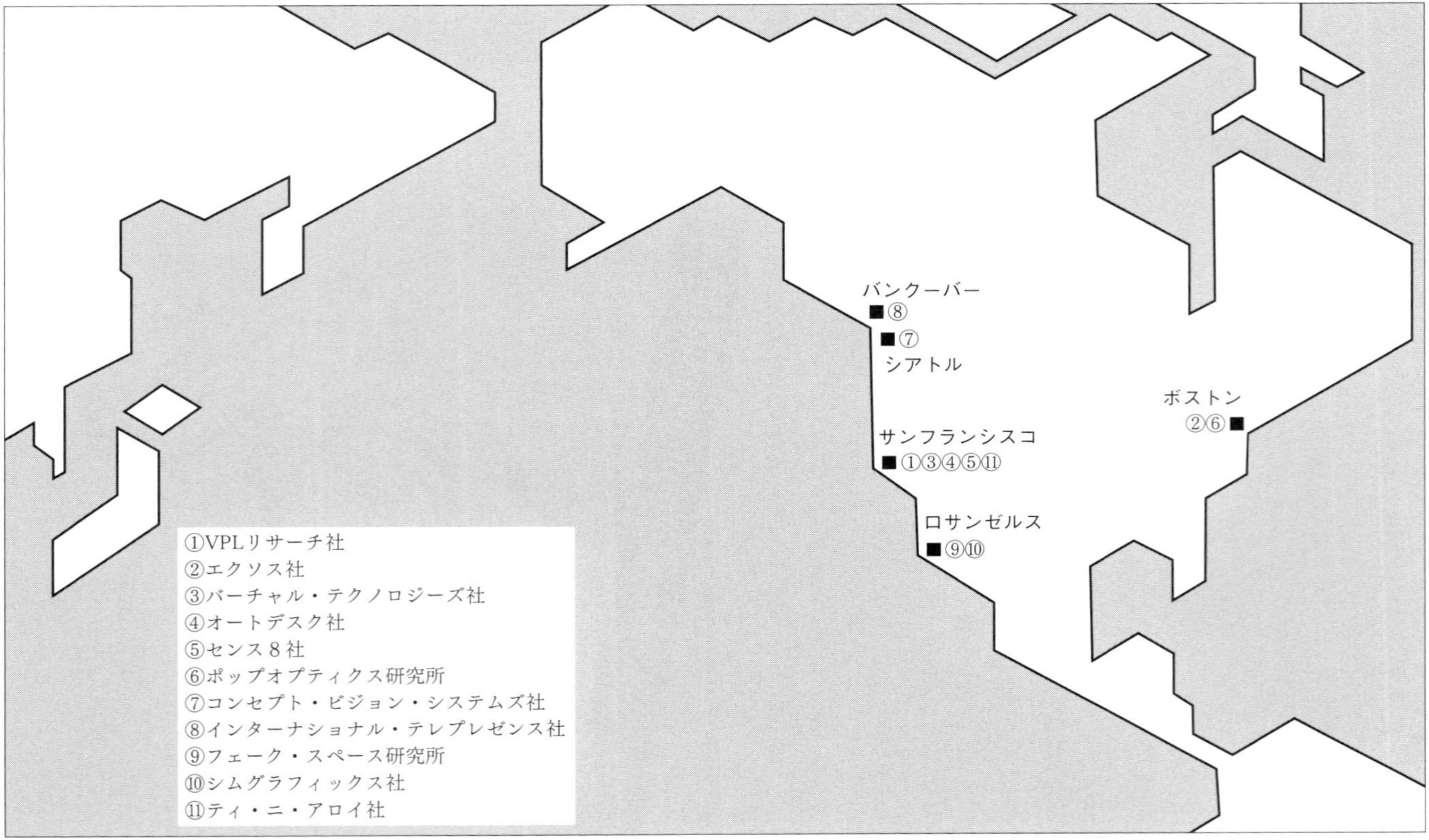

バンクーバー
■⑧
■⑦
シアトル
サンフランシスコ
■①③④⑤⑪
ロサンゼルス
■⑨⑩
ボストン
②⑥■
①VPLリサーチ社
②エクソス社
③バーチャル・テクノロジーズ社
④オートデスク社
⑤センス８社
⑥ポップオプティクス研究所
⑦コンセプト・ビジョン・システムズ社
⑧インターナショナル・テレプレゼンス社
⑨フェーク・スペース研究所
⑩シムグラフィックス社
⑪ティ・ニ・アロイ社

米国、カナダや英国の一部では、人工現実感のシステムを構成するための製品が早くも市場に出ている。

データグローブやアイフォンを売り出すVPL社を始めとして、手の動作を入力できるデバイスを扱う3社。人工現実感の世界を構成するソフトウェア、レンズ、テレプレゼンス、3次元マウス、触覚フィードバック・デバイス、ビュアーを作る会社と多岐にわたるプレーヤがそこにはいる。

いずれも大手ではないが、人工現実感関連の市場に賭ける意気込みは、それぞれ並々ならぬものを持っている。まだ市場が小さく、手工業的な生産体制しか持っていないところがほとんどで、製品の値段はまだ一般的には高い。

この章では参考として、製品の価格や開発企業の住所も分かりうる範囲で記した。これらはあくまでも1990年末までのデータであるので、その後の変更などについては個々に照会されたい。

## 1 VPL社 ～データグローブ、アイフォン、RB2ほか

カリフォルニア州のレッドウッドにあるVPL社は、手や指の関節や身体の動きを検出できる装置を初めて製品化したことで有名だ。人間の身体の動きを計測する研究は軍事や医学

の分野で行われてきた。ＶＰＬ社はこれを軽量で使いやすい形にして、製品として一般の市場に出したことにより人工現実感の研究が加速した。

この会社の成り立ちは興味深い。手の動きをとらえる「データグローブ」(DataGlove)のもとになるＺグローブは、１９８１年にＶＰＬ社の創立者の１人トム・ジンマーマン氏によって発明された。音楽に興味を持つ氏は、身体の動きを使って楽器を直接演奏しようと考えていた。一番最初のモデルは、ばんそう膏とセンサーを組み合わせた程度のごく簡単なもので、作業用の手袋を使った10ドル以下の部品で組み立てられた。このグローブは架空の楽器(Air Guitar)を演奏したり、指文字を認識するためにも使われたという。

ともにミュージシャンとしてコンサートなどを通してジンマーマン氏と知り合ったＶＰＬ社の現ＣＥＯジャロン・ラニアー氏が、このセンサーつきの手袋に位置検出センサーを組み合わせて、コンピューターの作り出した架空の物体を触れるアイデアを出して改良を行ったのは１９８３年。そしてＭＩＴのマービン・ミンスキー教授やフランスから来たジャン・ジャック・グリモー現社長が出資し１９８５年にＶＰＬ社が設立された。

ＶＰＬとは、"Visual Programming Language"の頭文字を採ってつけられた名前。従来文字型のプログラム言語を使うのではなく、ビジュアルなオブジェやアイコンを使いプログラムを行う方法を開発しようとつけられた名前だ。昔、サイエンティフィック・アメリカン誌に紹介された時、会社の名前が決まっておらず、急遽ラニアー氏が思いついた名前だといわれている。

**ＶＰＬ本社。マリーナに隣接する最高の環境だ**

もともとはソフトウェアの会社であるＶＰＬ社は、最近もＨＩＰソフトウェアという会社を吸収合併して、「HookUp!」や「Harmony Grid」というソフトウェアを売り出し、この部門の強化を図っている。

ジャロン・ラニアー氏は１９８３年、アタリ社でヒットしたビデオゲーム「MoonDust」を作ったプログラマーとして有名だ。彼が目指していたのは、文字を使った難解なコーディングによらず、プログラムの機能を表すイメージを使ってプログラムを作ることだった。彼が現在も取り組んでいる「Mandala」というシステムは、これを可能にするものだ。

「われわれがこの分野に貢献した点をあげるとしたら、データグローブなどの装置を初めて世に出し、一般の人が身体を使ったシミュレーションを可能にしたこと。またこれを複数の人々がコミュニケーションのために使えるようにしたり、イメージを使った世界を編集できる機能を作りあげたことです。我々はウェストコーストのヒッピーみたいな格好をしていますが、4~5人で会社を始めて以来本当に一生懸命やってきたおかげで、今では35人の規模になりました。私にとってバーチャル・リアリティーは、非常に重要なテーマです。ただのアイデアでなくて、これを本当に誰でもが使えるものにすることが使命だと思っています」とラニアー氏は語る。

データグローブばかりでなく、足や腕や首などの身体の各所の66箇所のデータを出力できる「データスーツ」や、身体に着ける部分を限定した「データベスト」なども開発された。任天堂のファミコンにつないで使える廉価版のデータグローブ「パワーグローブ」は、ＡＧ



**MoonDust**
ラニアー氏がエレクトロニック・アーツ社で作ったコンピューター・ゲーム。画面上で飛ぶ宇宙船と一緒に音楽が奏でられる。オムニ誌で１９８３年にトップテンにランクされる。

E社と共同で開発され、マテル社が製品として市場に出したもの。位置検出には超音波センサーを使い、感圧導電インキが曲がりセンサーとして用いられている。米国では100ドル以下の価格で、今まで100万セット以上が売られ、日本でもパックスコーポレーションが売り出した。

またNASAのエイムズ研究所などと共同開発した「アイフォン」（EyePhone）は、カラー液晶を使ったもっともポピュラーなHMDとして各所で使われている。

最近はNASAとクリスタル・リバー・エンジニアリング社が作った3次元音響を再生する「コンボルボトロン」を「オーディオスフェア（AudioSphere）」という名前で、またフェーク・スペース研究所の製品もOEMで供給している。

## (1) データグローブ

手袋の関節の曲がり角を測定するための光ファイバーと、手の位置を検出するためのポヒマス社の磁気センサーによるシステム（3SPACE・ISOTRACK）を手袋につけ、手の動きや位置をコンピューターに伝えることができる装置。

光ファイバーに特殊な加工をし、ファイバーを曲げると中を通る光が漏れて減衰する方式を生み出し特許を取った。この性質を利用し、各指の関節を通る光ファイバーのループを作り、一方から入れた光が他方から出るときどれだけ弱まったかを計測する。通常のモデルでは各指の第1、第2関節10点のデータを、分解能1度、精度5度で計測できる。



**AGE社**
アブラムス・ジェンティル・エンターテイメント社。VPL社にマテル社と手を組むよう持ちかけパワーグローブを製品化した。

**感圧導電インキ**
特殊な導電性の粒子を混入し、圧力が加わると電気抵抗が変化するインキ。印刷によって薄型の圧力センサーが作れる。

ラニアー氏のオフィスには昔のデータグローブのコンセプト画が貼られている

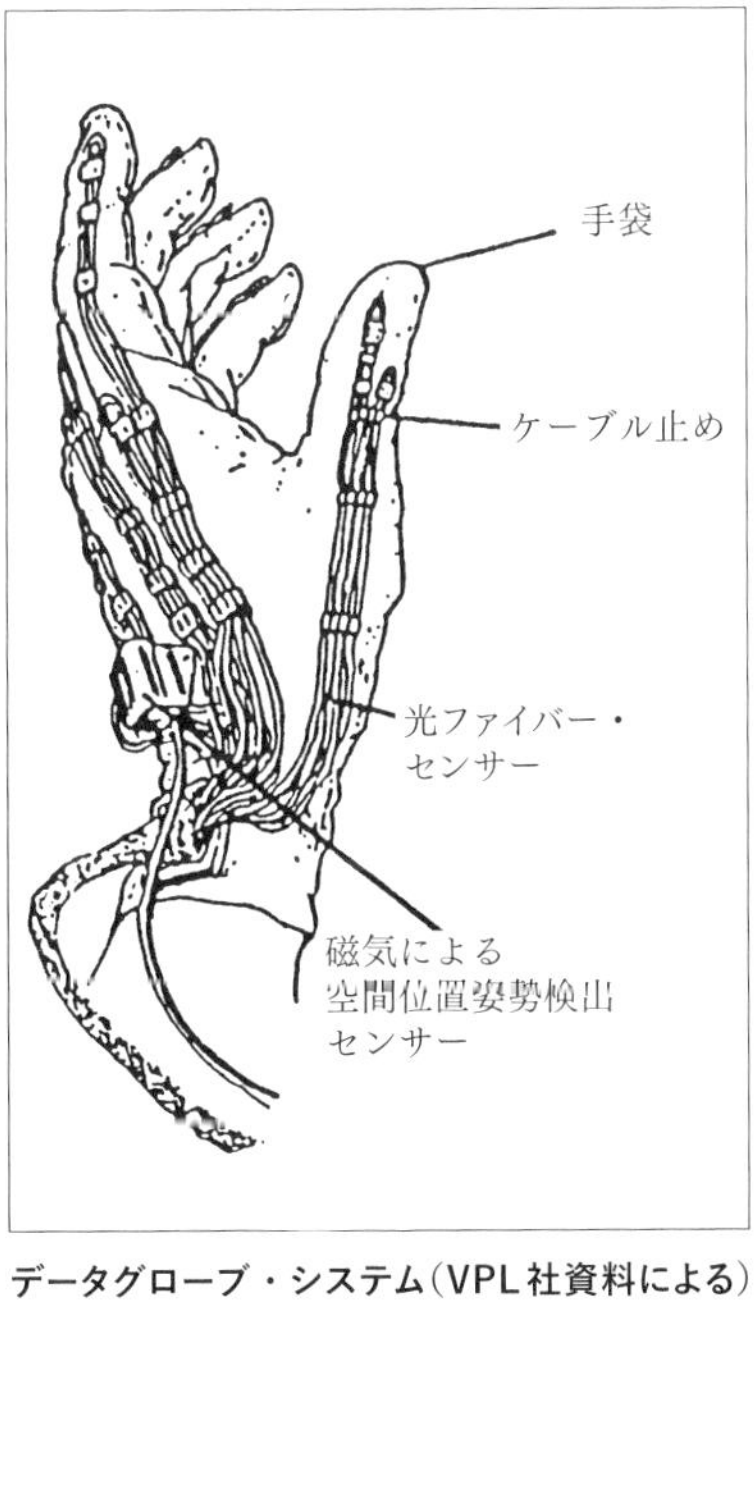


データグローブ・システム（VPL社資料による）

指先の動きに合わせてモニターの中の絵が動く

3SPACEシステムは、空間に磁界を作っておき、その中に直交コイルによるセンサーを置くと流れる電流から、空間内の位置や角度を計測できるもの。空間内の（X、Y、Z）と（ヨー、ピッチ、ロー）の6自由度の測定が可能。現在のものは毎秒60ポイントのデータを測って処理し、直径が1・5メートルの半球内では2・5〜3ミリの位置精度で測定できる。データグローブのシステム価格は8800ドル。

### (2) データスーツ

スーツの上にセンサーを多数配し、足腰、腕、肩、首など12箇所から総計66個のデータを測定できる装置。全体のデータを得るためのケーブルを、回転型のアームから吊り下げる方式で、行動範囲は半径4メートルで中心角約100度の扇型の中に制限される。

### (3) アイフォン

左右の目に映像を映すカラー液晶・ディスプレイ2つと3SPACEシステムを組み合わせて、頭にかぶれるようにしたHMDのシステム。

重さは約1・3キロ。液晶は360×240の画素を持ち、通常テレビで使われるNTSC信号を入力に使える。液晶を見るための広視野レンズが組み合わされており、水平83度垂直58度の視野角を得ている。価格9400ドル。



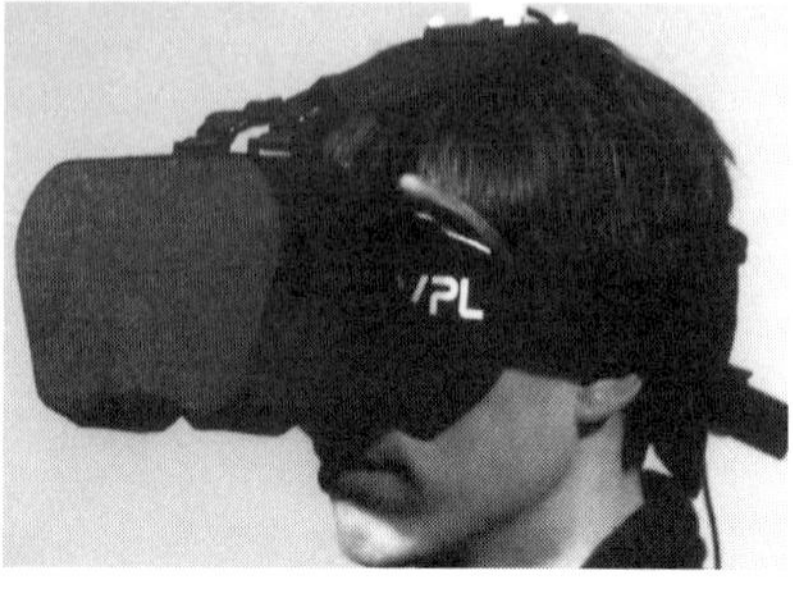

アイフォン

### (4) RB2 (Reality Built for 2)

データグローブとアイフォンを組み合わせてCGによる映像を作り、人工現実感の世界を体験できるよう作られたシステム。

CGによる架空の世界を自分でデザインできるよう、世界のモデル内のオブジェをデザインするための「Swivel」、オブジェ間の関係や動きを定義する「Body Electric」、オブジェのレンダリングをリアルタイムで行う「ISAAC」などのソフトウェアが用意されている。価格4万5275ドル。

このシステムにはCGを実際に発生するためのワークステーションは含まれない。

会社名　VPL Research Inc.

所在地　656 Bair Island Road, Redwood City, CA 94063 U.S.A.

## 「2」エクソス社　～デクストラス・ハンド・マスター

サイバーパンクSFに出てきそうな、ウルトラメカの手。そんな感じのするエグゾスケルトン、デクストラス・ハンド・マスター（DHM）を作っているのは、ボストンの郊外バーリントンにあるエクソス（EXOS）という小さな会社だ。

社長のベス・マーカスさんは、もともと大学で整形外科と生理学を教えた後、有名な経営コンサルティング調査会社ADL（アーサー・ディー・リトル）で高度ロボットや医療機器の開発グループを担当し、手の動きを人間型のロボットの手に伝えコントロールするマスターハンドの研究を行っていた。この研究に対して外部機関からの引き合いが多く、1988年に自ら会社を始めることにしたという。

DHMのシリーズ2モデルはADLで開発されたシリーズ1を改良し、手の20の関節の動きをホール効果センサーを使って正確に測定できる装置だ。各関節の中点に指パッドをつけ、それらの間をジョイントとセンサーで結ぶ。もともと0・1度までの角度が測れるセンサーだが、実効的な値は0・5度。指の関節だけでなく指の相互の角度も含め、正確な測定ができる点に特徴がある。VPL社のデータグローブよりもっと精度の高い測定ができるので、医学や工学の精密測定を要する分野向けだ。



**ADL**
ボストンに本社を置く。1886年にアメリカでもっとも初期に設立された研究組織。化学などの分野が強かったが、最近はハイテクの経営コンサルティング会社として有名。

**ホール効果素子**
電流の方向に直角に磁場を加えると、両者に直角な方向に電圧が生じるホール効果を用い、磁場の測定を行う素子。

**（左頁）ベス・マーカス社長とDHM。左側が旧タイプの「シリーズ1」、右側が新タイプの「シリーズ2」**

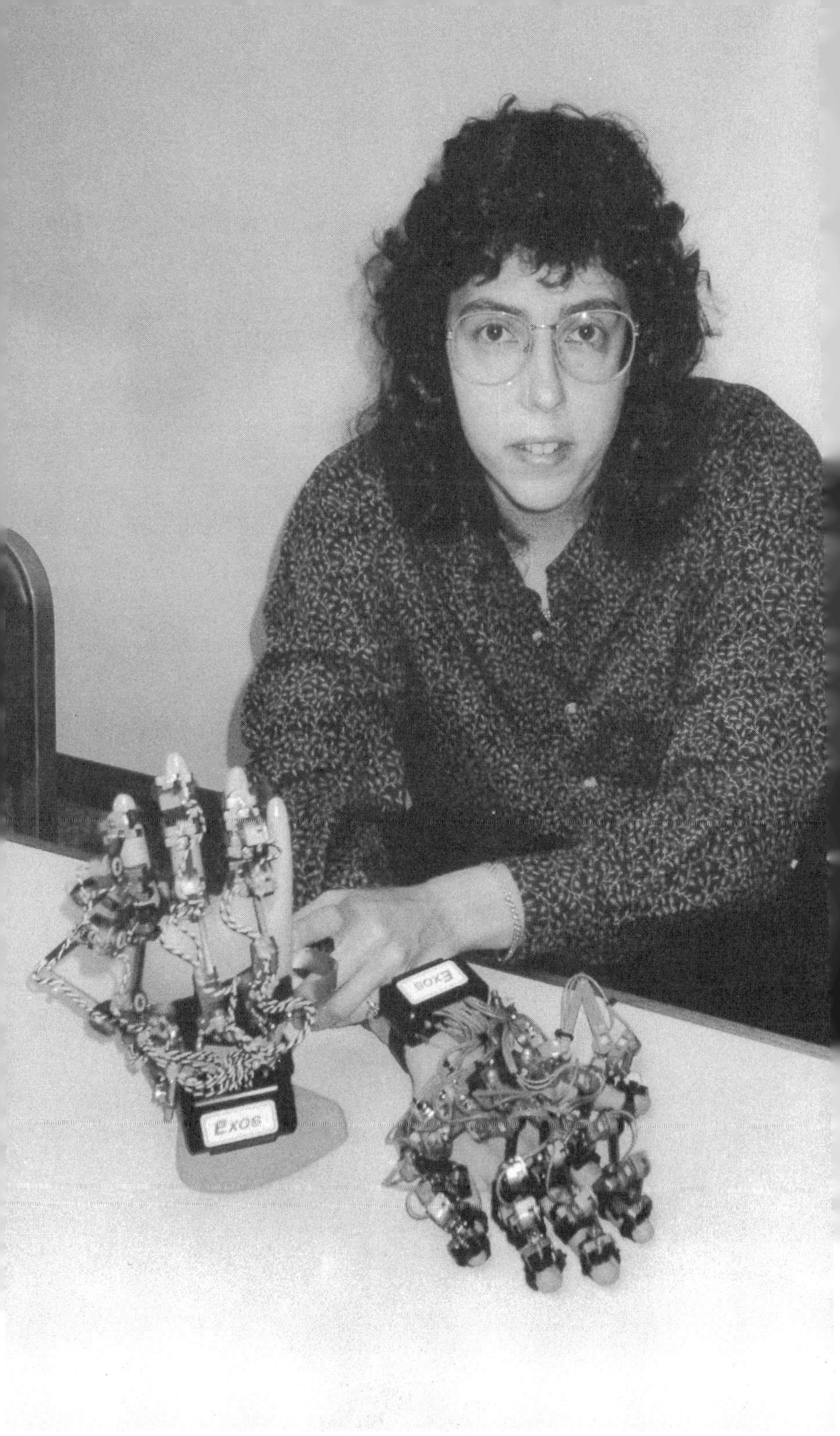
Exos
Exos

IBM－PCパソコンのATモデルに、アナログ・デジタル変換ボードを付加し、毎秒100回の割合でデータをサンプリングする。DHM本体とパソコンにつけるボード、校正やコミュニケーション用のソフトを含めて全体の値段は1万5000ドルとまだいくぶん高価だ。

「人の手にはいろいろ個人差があるので、それらすべてにフィットする製品を作るのに苦労しました。今までの測定装置はスタティックな状態でしか使えませんでした。DHMは実際に手につけて動かしている状態で、指の角度が正確に測れるよう特別な補正がなされているので、動き回ってもらいながら実際的な状態で計測ができます」

複雑な構造をした機械だが、マーカスさんは目の前であっという間に自分の手に着けてみせた。

「まず考えられる適用分野はロボットの手の制御や、医学や人間工学の分野での身体の動きの計測です。医学では障害がある手足の状況を正確に把握したり、リハビリ用にどれだけ回復が進んでいるかを計測するのに使えます。また手で持って使うドリルなどの道具の使い勝手を評価する応用も考えられます。しかし一番注目すべき分野は人工現実感。まだどんな使い方ができるか、どれだけの精度が必要かいろいろ研究しないといけません。また普及のためには値段も下げなくてはなりませんが、まだこういう小さい会社では手作業で作っているので難しい点もあります」とマーカスさんはいう。

最初に作られた4つのモデルは空軍、AT&TやNASAにも納められた。MITのメディアラボでは、トッド・マコーバー助教授がハイテクを駆使した現代音楽の指揮をする手に



**アナログ・デジタル変換ボード**
物理的に存在しているアナログ信号を、数値化しデジタル信号に変換し、コンピューターで処理するための装置。

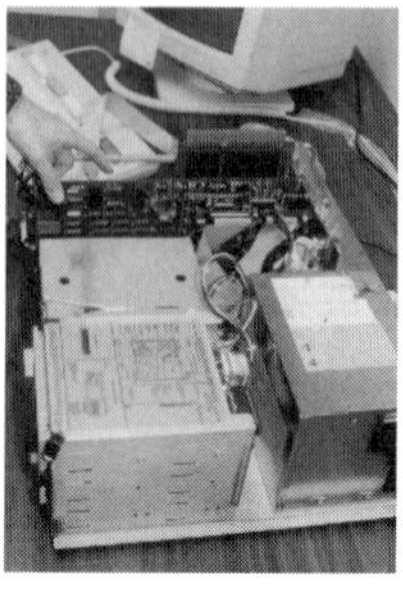

**指でさしているのはDHMで使うためのIBM－PC用ボード**

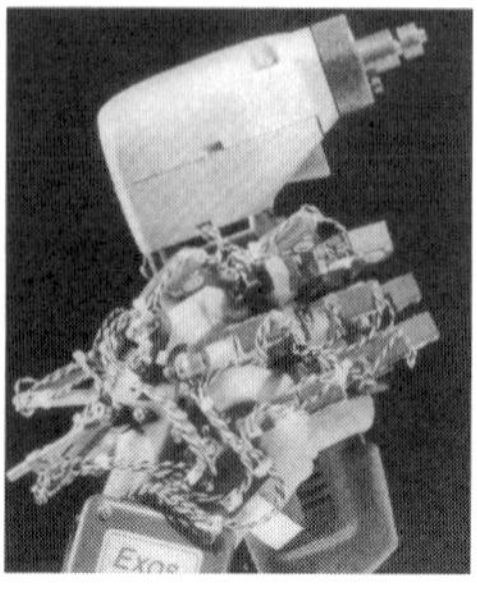


**DHMは手で使う道具の使いやすさの計測にも使われる**

**（左頁）オーケストラの指揮にDHMを使うメディアラボのトッド・マコーバー助教授**

EXOS

DHMをはめ、音量や音色のコントロールを手の微妙な動きを使って行っている。これを使ったコンサートは東京で第1回公演が行われ、新しいミュージック・パフォーマンスのあり方を披露した。

また新たに作られた「グリップ・マスター」は、手に加わる圧力を測る感圧導電インキによるセンサーを採用し、腕首の動きの角度も測るセンサーをつけたモデル。ヨーヨー・マがチェロを演奏している時の手の状態の計測も行う予定だ。

会社名　EXOS,Inc.
所在地　8 Blanchard Rd., Burlington, MA 01803 U.S.A.



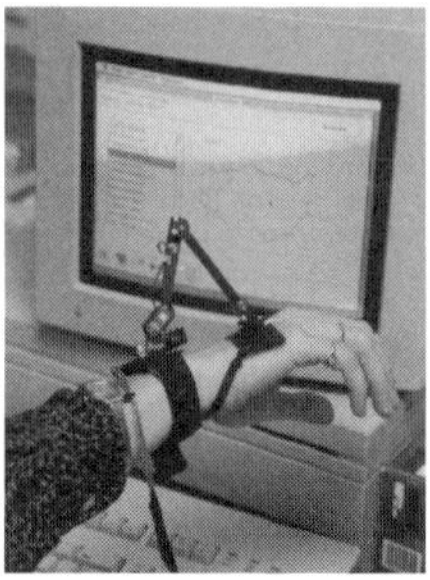

**グリップ・マスター**

**ヨーヨー・マ**
台湾系アメリカ人。レナード・ローズ氏に師事し、世界的に天才的なチェロ奏者として知られる。故カザルスなどの絶賛を受ける。

## 3 バーチャル・テクノロジーズ社 ～サイバーグローブ

スタンフォード大学に在籍するジム・クレーマ氏が社長を務める、サイバーグローブ（CyberGlove）などの動作入力をできるデバイスを作る会社。現在はおもに身体の不自由な人がコミュニケーションのために使う道具として、新たな応用を開拓している。

手にぴったり装着できるサイバーグローブは、指先が手袋の外に出ており、装着したままタイプを打ったり、手紙を書いたりする通常の仕事もこなせる。感圧導電インキを用いたこの手袋は、それぞれの指に3つの曲がりセンサーと指の間の角度を測るセンサーを加え、16から24のセンサーをつけることができる。

これを使って身体の不自由な人が使えるコミュニケーション用のツール――トーキング・グローブは、目や耳や言葉が不自由な人同士もお互いに意思を伝え合えるシステムだ。マイクロプロセッサーを使った携帯型のボックスには、入力用としてサイバーグローブばかりでなくポータブルのキーボードや音声認識用の装置をつけられる。

また出力用には音声ばかりでなく、ディスプレイつきの腕時計や点字出力用の装置も考えられている。これらを相互に用いれば、目の見えない人が口のきけない人と話すといったいろいろな組み合わせで会話が可能になる。間に仲介者や通訳に当たる人を介さずにコミュニ



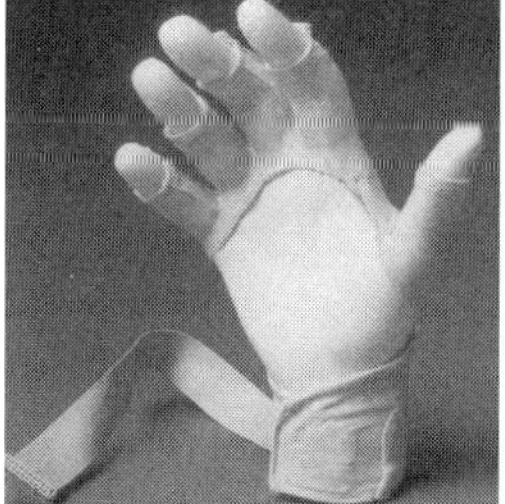
サイバーグローブ

トーキング・グローブを使えば、目の見えない人と口のきけない人の間でも直接、意思の疎通ができる

ケーションが可能になり、プライバシーも守れる。

サイバーグローブは手話を行うために、指文字によるアルファベットを入力するデバイスとして使われる。指文字のうち、まだ動きを伴わないアルファベットの文字認識しかできないが、将来は動きも認識できるよう計画されている。この入力をディスプレイに表示したり音声や点字にも出力できる。これによって指文字を知らない人や目の不自由な人とも自由に話ができる。

会社名　VIRTUAL TECHNOLOGIES
所在地　P.O.Box 5984, Stanford,CA 94309 U.S.A.



**手話**
聾唖者のため手を使って会話する方法。指の形で1つ1つの方法で文字を表すものと、動作を使って単語を表現するものとがある。

## 4

# オートデスク社　～サイバースペース・プロジェクト

オートデスク社は1982年に設立され、「オートキャド（AutoCAD）」というパソコンで使えるCADソフトウェア製品で有名になった会社だ。当時はまだCADは大型コンピューターでしか使えなかった中で、まだ市場に出て間もなく能力の高くないパソコンを使うCADのソフトを作り出し常識に挑戦した。

最初はハードウェアの能力が追いつかなかったが、次第にパソコンのスピードや容量が向上して実用的な応用が可能になってきた。それにしたがい、これを利用したアプリケーションが700本以上作られるようになり、関連ソフトの市場が大きく育った。今ではパソコンを使うCADソフトの売り上げは、年間2億～2億5000万ドルの規模になり、オートデスク社が新しいインダストリーを創り出したことになる。

オートデスク社はCGやマルチメディアの分野にも進出し、テッド・ネルソン氏という有名なハイパーテキストの先駆者と「ザナドゥー（Xanadu）」という製品開発を行う子会社も作っている。また社内に2年前から「サイバースペース（Cyber Space）」と呼ばれるプロジェクトが作られ、人工現実感の研究を始めている。

しかしCADソフトの会社がなぜ人工現実感に興味を持っているのだろうか？

サンフランシスコ近郊のサウサリートにあるオートデスク社

**ハイパーテキスト**
コンピューター内で処理されるテキストや画像などのデータを、自由にお互いに参照できるようにしたもの。日常の感覚に近い形で、情報の整理や検索が行える。アップル社のハイパーカードの発売で一般に普及し始めた。

第1章でも紹介したこの会社の創業者ジョン・ウォーカー氏が、１９８７年に発表した論文「Through the Looking Glass——Beyond User Interfaces」がその鍵を握る。近年ユーザーインターフェースが高度になり、より自然な形でのインタラクションが可能になった。今までは2次元の図面を使ったドラフタでＣＡＤをやっていたデザインの分野でも、実世界の複雑な物体のモデリングやデザインを行うためには、どうしても3次元でインタラクティブにデータを取り扱えるシステムが必要になる。

「この技術をテコにして、わが社の持っているデザインソフトのノウハウやマルチメディアの開発能力を大きく伸ばし、新たな市場を作り出すのが目的です。パソコンによるＣＡＤの市場も我々が始めた時は皆無でした。これが今では大きな市場に育ちました。人工現実感の世界は現在我々の行っていることの理論的な拡張として自然なものです。また我々が市場で顧客２０００人近くと話し合って調査をした結果、皆が有望視していることも分かりました。将来人工現実感の関連市場は10億ドルのスケールに育つと確信しています」と、サイバースペース・プロジェクトの広報を担当するクリストファー・アリス氏はいう。

オートデスク社では「サイバースペース」を、参加型で行動のシミュレーション（Cybernetic Simulation）ができる場であると考える。

「コンピューターが作り出す世界として、ほかにゲームやマルチメディアの世界がありますが、コンピューター・ゲームはストラテジーを学ぶためのもの。マルチメディアは誰かがあらかじめ作った世界として限られています。サイバースペースでは、中のものがそれぞれ

**オートデスク社のストラテジーについて話すクリストファー・アリス氏（左）とカール・トランダー氏（右）**

**（左頁）サイバースペースのシステム概要図。上図の点線部分で囲んだそれぞれのサイバースペースは、下図のデック・コンストラクション・キットの集合から構成される。システムをつなぐネットワークはイーサネット**

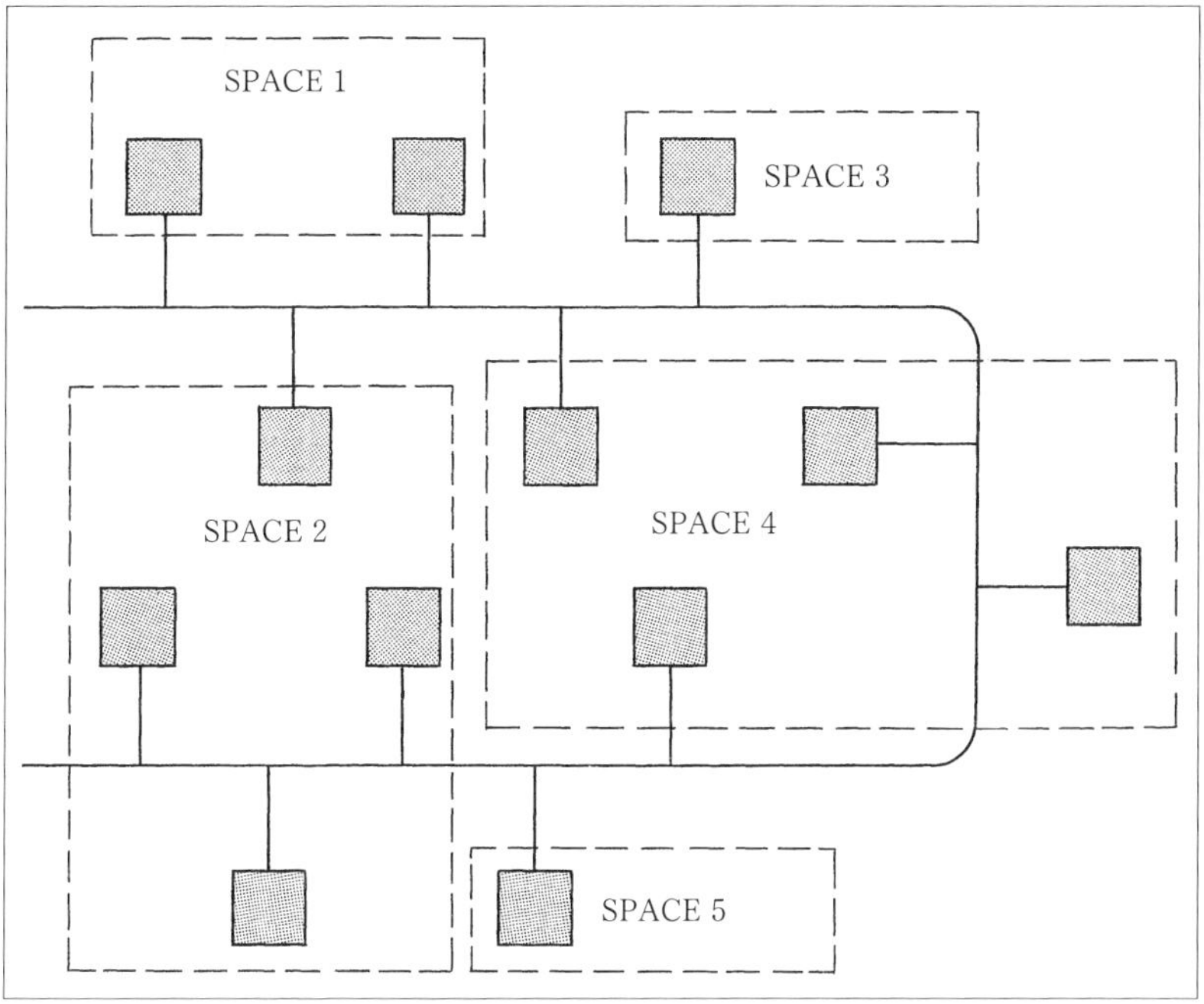
SPACE 1
SPACE 3
SPACE 2
SPACE 4
SPACE 5

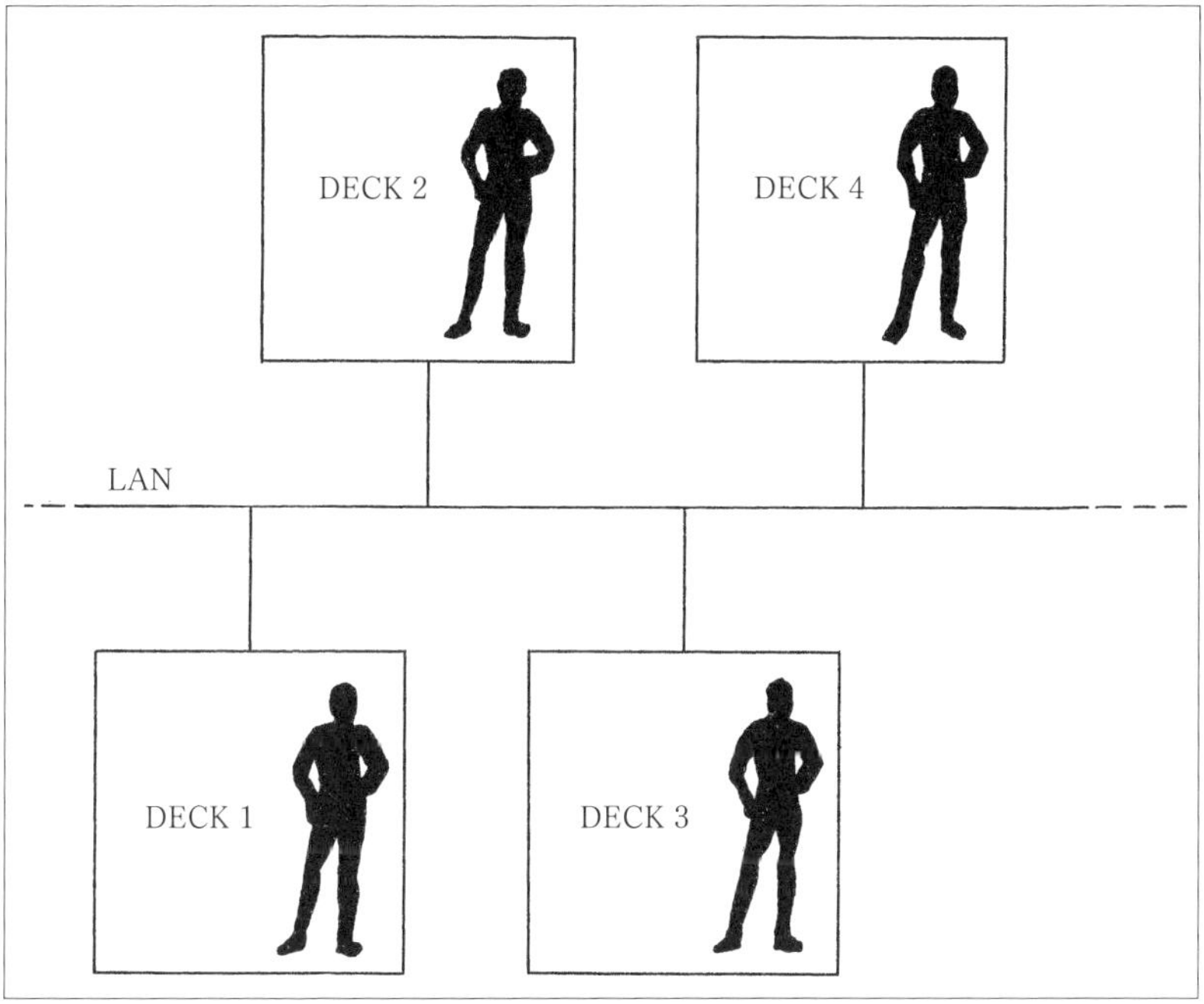
DECK 2
DECK 4
LAN
DECK 1
DECK 3

の行動の自立性と固有の時間性を持っています。例えばこの世界の中で跳ねているボールは、自らの運動法則や物理的法則を持っていて、自らの因果性にしたがって動き、自らの時間を持って動いているのです。データグローブなどを使って利用者が参加する場合もありますが、外部の環境によってすべてが決定されない点がほかのシミュレーションと違います」とプロジェクトの主任研究員であるカール・トランダー氏はいう。

## サイバースペースのシステム概要

オートデスク社は、ちょうどオートキャドがデザインの基本ツールとなり、いろいろな分野のアプリケーションを作っていったように、3次元で参加型のシミュレーション環境を提供するための基本的なツールを作り、これをサードパーティーや個々の分野のエキスパートに提供する方法を取る。基本的にシステムはシミュレーションを行う核に当たる部分と、レンダリングなどの表現を行う部分を切り離した構造にする。

まずシミュレーションを行うための、インタラクションを行う環境が中心になる。表現を担当する部分はアプリケーションによって変わってくる。あるものは高精細なものが必要だし、別の場合は同じものをもっと簡単に表しても済むこともあるからだ。さまざまな入出力機器、コンピューター、ネットワークやロボットを含めた統合的なシステムを作れる環境を構築する予定だ。

サイバースペースにそれぞれのオペレーターが参加し、さまざまな機器をつないだりソフ

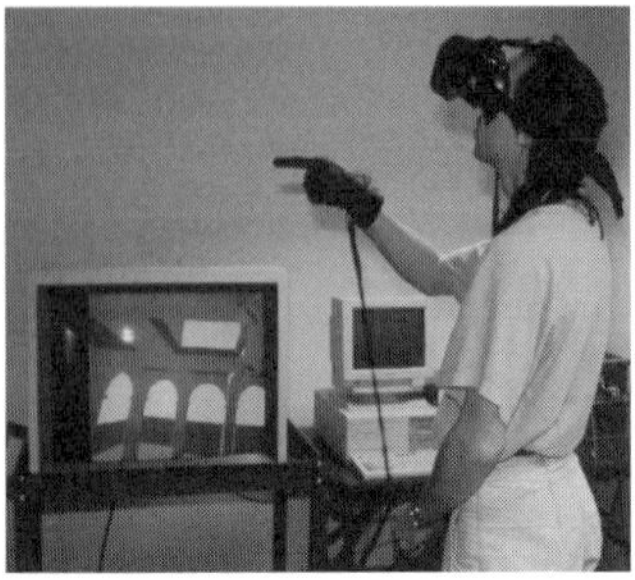

**サイバースペースのデモを見せてくれるクリストファー・アリス氏**

**サードパーティー**
特定メーカーの製品の周辺機器や、ソフトウェアなどの関連製品を作るメーカー以外のシステムハウスやソフトハウス。

トゥエア・ドライバーを作れる「デック・コンストラクション・キット」を作る。デックは「ニューロマンサー」にも出てくる、サイバースペースにジャックインするための装置を指す言葉だ。

またシミュレーションを行う部分の核に当たる「シミュレーション・カーネル」がそれぞれの物理世界の振舞い、物体同士の相互作用を行うかを規定する。

そしてシミュレーション・カーネルとデック・コンストラクション・キットを結ぶものとしてインタラクション・シェルがある。これはいくつかのデックにより作られるそれぞれのサブスペースを追加したり取り除いたりする働きをする。

これらはすべてＩＢＭの２８６や３８６ベースのパソコンやマッキントッシュなどを使って動かすことを前提に実際の開発が進んでいる。すでに開発中のソフトを使い、自転車に乗って架空世界をサイクリングするデモや、センサーつきラケットを使ってテニスをするデモは一般にも公開された。これら一連の製品は１９９１年末から順次発表される予定だ。


会社名　AUTODESK,INC.
所在地　2320 Marinship Way, Sausalito,CA 94965 U.S.A.

**架空世界をサイクリングするバーチャル・サイクリング**

**286、386**
インテル社のコンピューター・チップ。ＩＢＭを始めとする世界中のパーソナル・コンピューターのメイン・エンジンとして用いられる。正式には「i８０２８６」、「i８０３８６」。８０２８６は16ビット、８０３８６は32ビットのデータをいっぺんに処理することができる。

## 「5」センス8社　～ワールドツール

センス8（Sense8）。第八感までを含む人工現実感の世界を、誰でも手が届く安価な装置を用いて実現しようとするベンチャー企業だ。センス8はオートデスク社でサイバースペースを手がけていたチームに所属していた、エリック・グリシェン氏とパトリス・ゲルバンドさんが自分達の可能性を求めて1990年1月に作った新進気鋭の会社だ。

まだソフトやハード全般が高価で、誰もが人工現実感の世界に入って可能性を試すまで入っていない状況で、この技術の普及を促そうと、一般的なパソコンでも使える「ワールドツール（WorldTool）」というシステムを作り出した。現在大学やコンピューター、建築、製造業などを含む各所で使ってもらいテストを行っている。

「今のVPL社のデータグローブやアイフォンを使うシステムは高過ぎます。RB2のシステムはグラフィックスを作るコンピューターを除いても10万ドル以上します。我々の会社はソフト会社で機器は作っていませんが、『ワールドツール』は4000～6000ドル、ソニーの液晶テレビ2つで600ドル、レンズが750ドル、ポヒマス・センサーが1000ドル、パワーグローブを使えば70ドル、パソコンを合わせても全体で2万ドル以下でシステムができますよ」とグリシェン氏はいう。



センス8社

実際この会社では、自転車用のヘルメットに液晶ディスプレイをつけた自社製の手作りHMDとパワーグローブを使った安価なシステムで実験が行われている。

### ワールドツールの概要

「ワールドツール」は(1)リアルタイム・レンダリング・ソフトウェア、(2)センサー・ドライバー、(3)アウトプット・オプション、(4)インタラクティブ・レイヤーからなるサブシステムをCライブラリーの形で提供している。

**(1) リアルタイム・レンダリング・ソフトウェア**

3Dのレンダリングを行うためのソフト。グラフィック・ボードとともに高速化を図っている。

**(2) センサー・ドライバー**

ポヒマス・センサー、VPL社のデータグローブ、マテル社のパワーグローブ、CiS社のジオメトリ・ボール、スペース・ボール、アセンション・トラッカーなどの3次元センサーの入力デバイス用ドライバー。

**デモを説明するエリック・グリシエン氏**

**スペース・ボール**
スペーシャル・システムズ社が作った、コンピューターの3次元入力装置。固定されたプラスチックのボールを、手でひねったりひっぱったりして、ものをつかむ感覚で画面上のオブジェクトを動かせる。

**(3) アウトプット・オプション**

各種のHMDやフラット・スクリーン・ディスプレイ用のサポート・ソフトウェア。

**(4) インタラクティブ・レイヤー**

LISP言語による、仮想世界の内容と振舞いをプログラムするためのレイヤー。

「入出力機器は自由に組み合わせることができます。立体像を得るために左右2枚の画像を別々のハードウェアで作り出す必要はありません。メモリーバッファーをうまく使い1つの画面を分割して左右の画像を作って、それを左右に分ける光学装置で見たり、それぞれのディスプレイ上の画像を安価なビデオカメラで写して、その映像をHMDに流せば安価に3次元映像を得ることもできるんです。我々は人工現実感をフルスケールで作り出すより、むしろこれらの周辺機器をうまく使って、コンピューターとのインタラクションの質を上げる方がよいと思っています」とゲルバンド氏はいう。

最近センス8社が力を入れているのは、インテル社が進めるCD−ROMを使ったDVI（Digital Video Interactive）という動画を扱えるシステムだ。DVIはパソコンにボードを付加すれば、72分の動画を収容して再生できるもの。テキスチャ・マッピングも可能なので、「ワールドツール」で作った世界のレンダリングをDVIで行わせる。

この組み合わせを使うことによって、少ないポリゴンでもかなり精緻な画像を作れる。



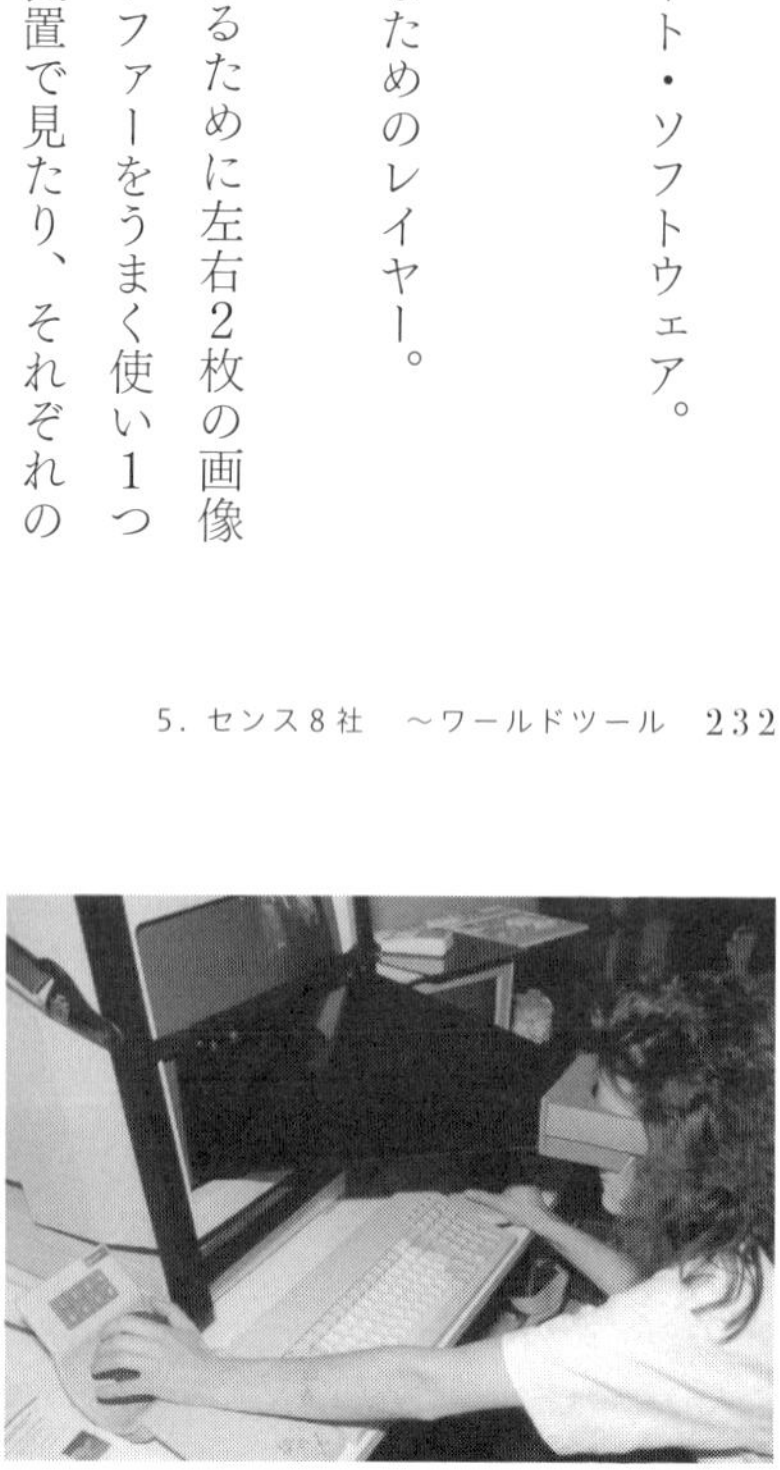

**左右の画像を同じワークステーションの画面に作って立体視する**

**DVI—(Digital Video Interactive)** 動画をデジタル信号化し効率よく圧縮して収容し、対話式に使う方法。通常の5インチCD—ROMに文字や音声ばかりか、72分の動画を収容できる。これを使うためにはパソコンに圧縮・伸張のためのボードをつける必要がある。現在インテル社の製品として市場に出ている。

会社名　SENSE8 Corporation

所在地　1001 Bridgeway, P.O.Box 477, Sausalito,CA 94965 U.S.A.

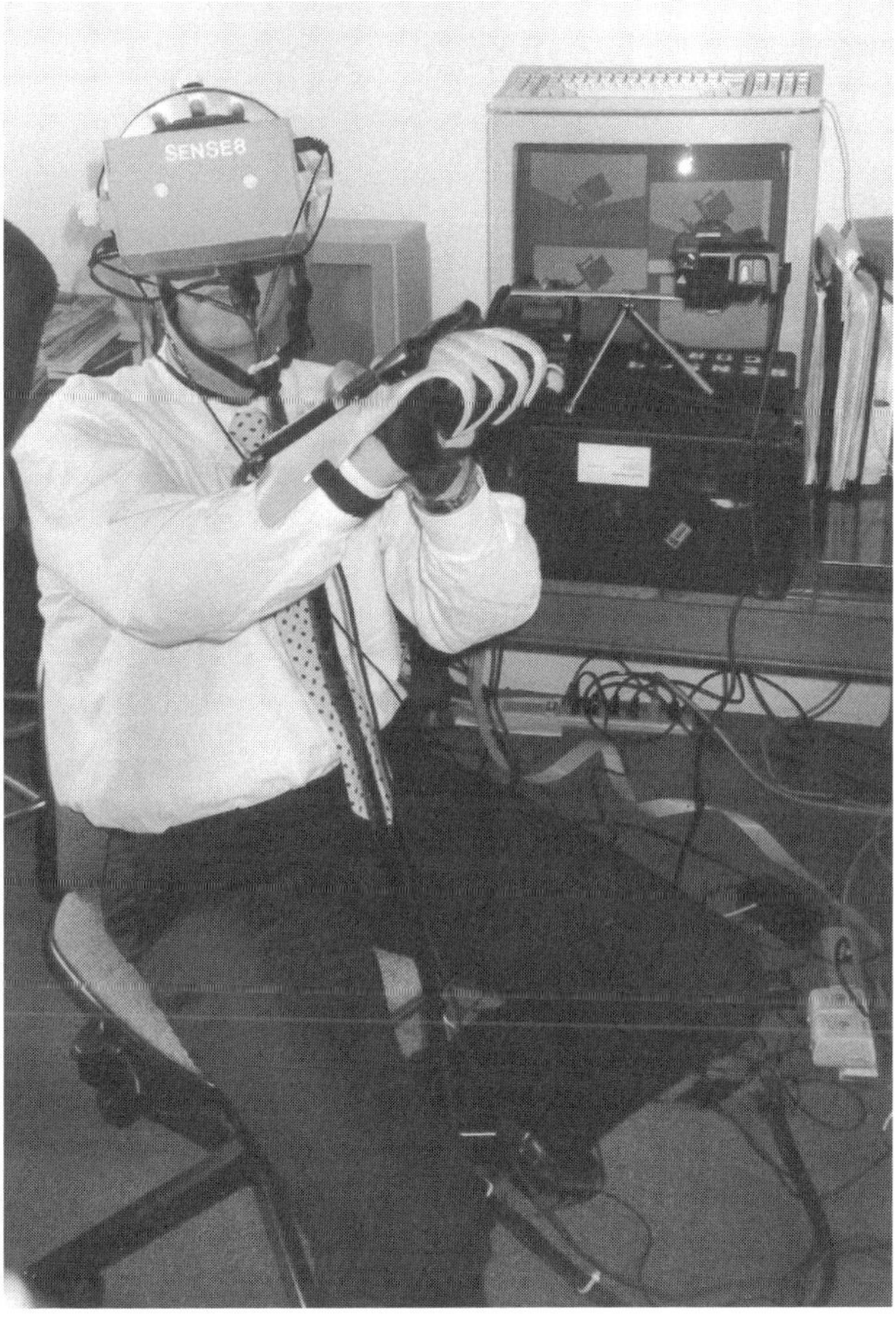


センス8社では自作のHMDとパワーグローブを用いた安価なシステムを作り、実験を行っている

## 「6」ポップオプティクス研究所　～LEEPシステム

1982年にボストンの郊外に、HMD用の広視野レンズの製作を手がける研究所として設立された小さな会社。もともと立体写真用カメラやステレオビュアーを作っており、ノウハウを蓄積した。

NASAのエイムズ研究所のマグレビー氏やフィッシャー氏、VPL社のHMD開発に協力してレンズを設計し、今では各社のHMDのほとんどのものに使われ、もっとも普及したモデルを提供している。

広視野レンズはそれぞれ3枚のレンズで構成され、直径60ミリ、焦点距離38ミリ。2組のレンズが約64ミリの間隔で並びABS樹脂のケースに収められている。目とレンズの間の条件で変わってくるが、最大104度の視野が得られる。

この会社ではNASAからの要請で、LEEP (Large Expanse Extra Perspective) システムと呼ばれるHMDと立体TVカメラを組み合わせたシステムを作り出した。白黒のLCDとレンズを組み合わせたHMDと肩かけ型のアダプターが、遠方に置かれた2本のTVカメラと左右にマイクのついたダミーヘッド「パペット」とケーブルで結ばれ、コンパクトな形のセットを構成している。価格は1セット1万3440ドルで、何セットか

HMD部分

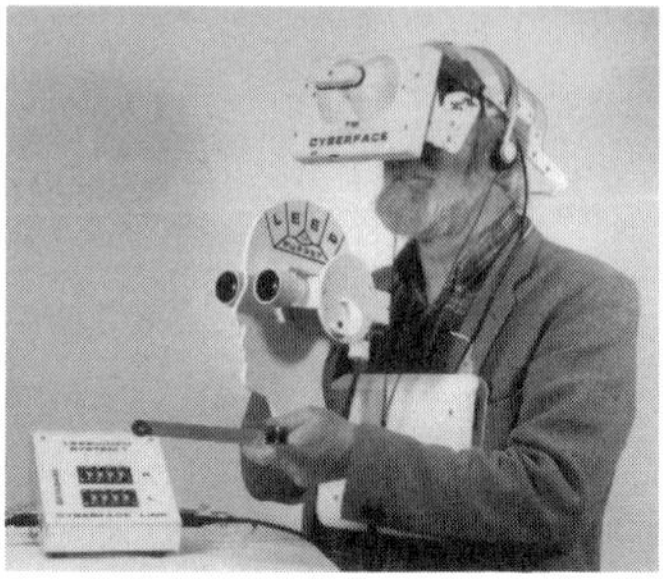

LEEPシステム

が作られ研究者が実験に用いた。

「私はこのシステムで得られる空間をオルソスペース（Orthospace）と呼んでいます。実はこのシステムを製作している途中で、ＶＰＬ社がカラーＬＣＤを使ったシステムを発売してしまいました。そこでこのモデルはもう作るのを止めました。白黒で画素数も少なく解像度は十分ではありませんでしたが、両眼視で動的に変化する立体画像の中に入ると結構高い臨場感が得られました」とエリック・ホウレット社長はいう。

会社名　POP－OPTIX LABS
所在地　241,Crescent Street, Waltham,MA 02154 U.S.A.

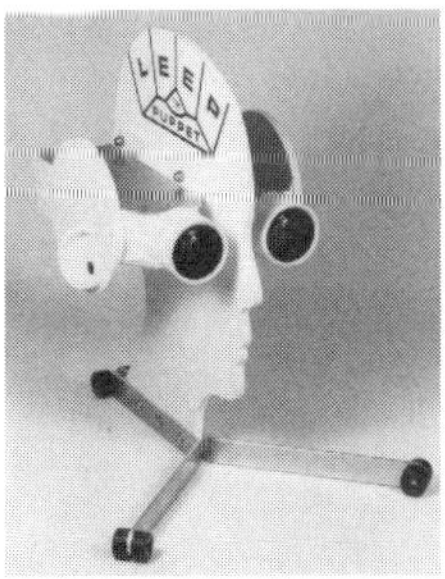

立体ＴＶカメラ

エリック・ホウレット社長

# 「7」コンセプト・ビジョン・システムズ社　〜ARVIS

コンセプト・ビジョン・システムズ社は、240度の角度で人間の視野全体を覆い、スクリーンの両端が目に入らないほど広い範囲の映像を映し出すことができ、テレロボティクスやフライト・シミュレーターなどへの応用が可能なディスプレイシステム、ARVIS（Alternate Reality Vision System）の開発を行っている。

この会社は1987年に現社長のジョン・ウェブスター氏によって作られ、ワシントン州のシアトルから北に車で1時間ほど行ったコンウェイにオフィスを構える。

「3年以上前のある日、飛行機に乗っていて気づいたんですが、人間の視覚は目の左右の外側に焦点は合っていなくても、周辺の映像が結構いろいろな情報を提供しているんです。ドライバーやパイロットは目の両脇を流れる映像を無意識に見ていますが、これで自分の今走っているスピードの程度や位置関係が分かるんです。今のディスプレイのシステムは100度程度の視野しかカバーしていません。これは通常目の焦点の合っている範囲です。人間は対象物を捜して20度程度眼球を動かすので、両眼で60度程度視野が振れます。今のディスプレイではこうした動作をすると、表示範囲を越えてしまいます。目の中心部だけでは不十分で、視野の全体をカバーできると非常に臨場感も高まり、まったく自分がその世界に入り込んだ感覚を得ることができます」とウェブスター氏はいう。

この会社では卵型のスクリーンを持つ特殊な小型CRTを開発し、この映像を光ファイバーを使った目の周りを覆う独自のビューアーに映し出す。通常の人間の左右の視野の120度。そのさらに外側に60度ずつの映像を再現し、人間の左右の視覚の全領域をカバーするので、視覚的にはまったく映像システムの存在を意識しなくても済む。

ウェブスター氏らは人間の視覚の研究を行い、平面型スクリーンではできない広範囲の視野をカバーすることに成功した。卵型のCRTの映像自体は平面だが、この表示面に密着してビューアーがついている。

このビューアーは目の方向から見ると凹型に窪んだ球面を持ち、目の外側まで伸びた形状をしている。このビューアーの内面に映る映像は目の焦点が合う距離の内側にあるため、通常の裸眼では焦点が合わない。そこで現在はソフトコンタクトをつけて近距離に焦点を合わせる必要がある。しかしこれでは利用者が限られるので、コンタクトレンズなしでも使える次のシステムを開発中だ。

ARVISはこの表示装置を使ったHMDと、超広角レンズをつけた両眼TVカメラの部分から成る。HMDは現在椅子に固定されており、上下左右の回転は可能。TVカメラは217度の視野を持ちHMDの回転と連動して動く。操縦装置のついた椅子に座り、ロボット型のTVカメラをかなりの精度で操縦できる。

このシステムはテレロボティクスやテレプレゼンスの分野での応用を考え、無人飛行機の

ARVISのHMDに映るディスプレイ画像。両眼の外側を包み込むように画像が表示される

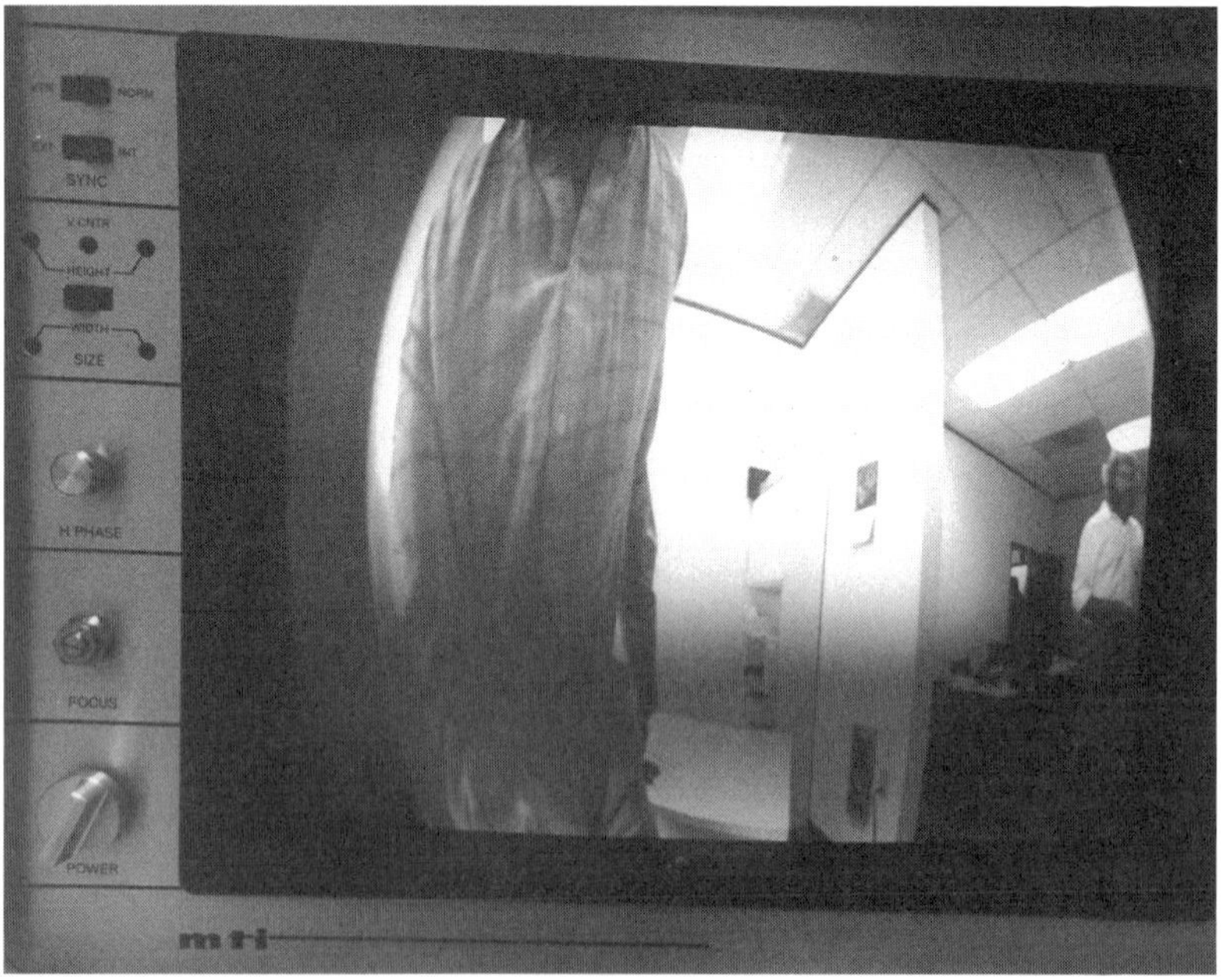


ARVISのモニター画面。HMDに映った画像を通常のモニターに表示したもの

操縦や海底で作業するロボット用にボーイング社や国防総省高等研究計画局（DARPA）などに資金供出を要請している途中だ。まだカメラを含めたシステムの値段が30万ドル近くと高価だが、安価なシステムも検討中という。この表示装置を使えば、コンピューターの作り出した画像により、臨場感の高い人工現実感システムの製作が可能になる。

会社名　CONCEPT VISION SYSTEMS
所在地　P.O.Box 786, Conway,WA 98238 U.S.A.

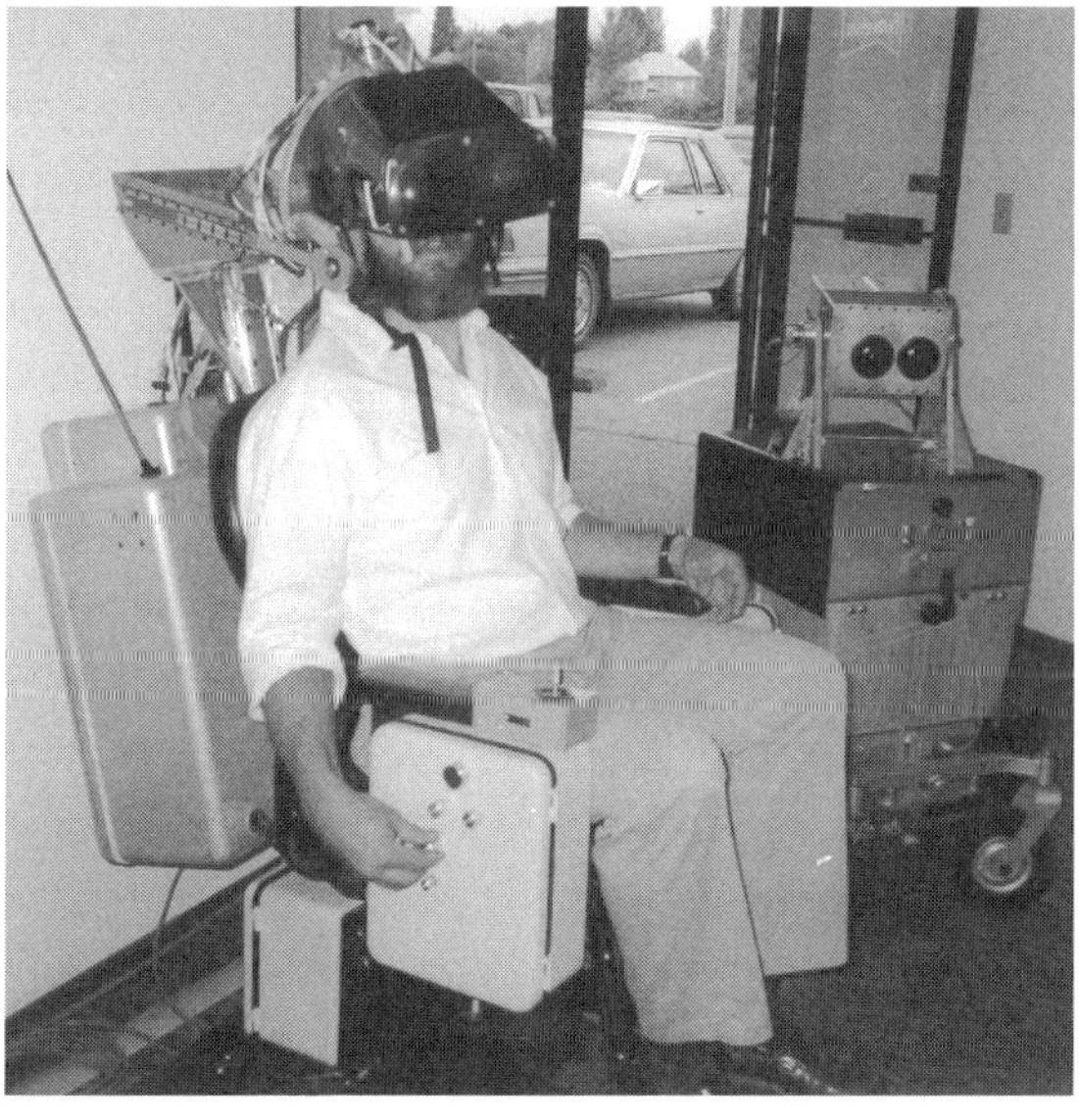

ARVISの操縦装置

## 「8」インターナショナル・テレプレゼンス社　～ステレオプティクスシリーズ

バンクーバーにあるテレロボティクスを専門とする会社。１９８６年に作られ、爆発物処理、原子力、海底や宇宙用ロボットの立体テレビのターンキーシステムを販売する。航空・宇宙や軍のプログラムと共同開発を行う。

ステレオプティクスシリーズ（１００／５１２）は、それぞれ立体ＴＶカメラや液晶方式の立体モニター、偏光フィルタ方式のモニターとコントローラーを組み合わせた構成。上位モデル（５１２）は内部に画像蓄積・処理用のメモリーを有する処理ユニットがあり、１２０ＨＺの画像を作り散らつきのない立体映像が得られる。

「今までの2次元のテレビによる方式と比べ、立体映像を使ったコントロールでは作業時間が約半分になり、難しい作業もこなせるようになる」と創業者で技術担当副社長のトム・ミッチェル氏はいう。

以前はＨＭＤも試作したが、現在は生産していない。

会社名　INTERNATIONAL TELEPRESENCE CORP.

所在地　655 West 7th Ave. Vancouver,B.C. Canada, V5Z 1B6

インターナショナル・テレプレゼンス社

以前製作したＨＭＤと立体ＴＶ

トム・ミッチェル氏

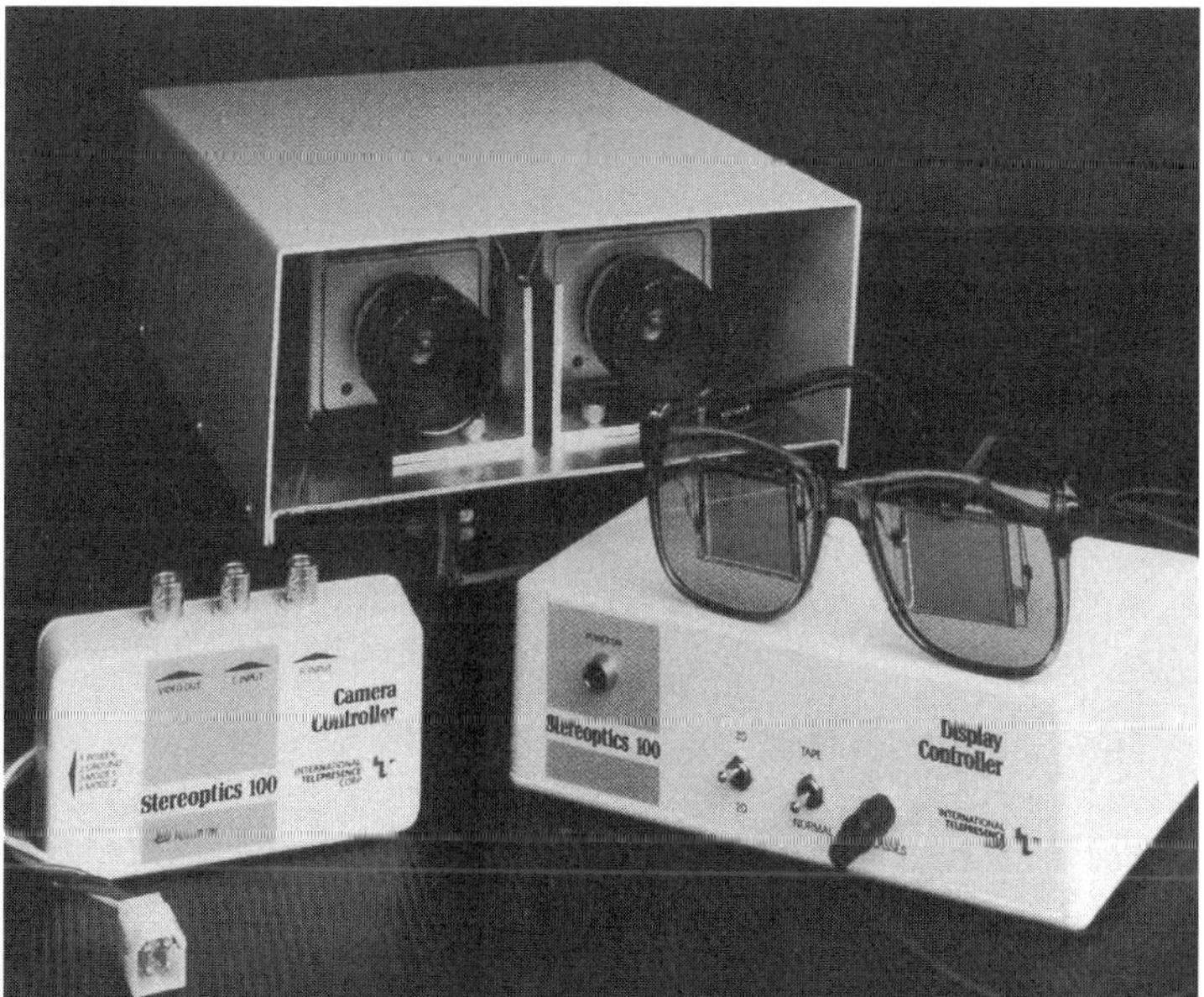


ステレオプティクス100システム

# 「9」フェーク・スペース研究所　~Molly, BOOM

ＮＡＳＡのエイムズ研究所と共同開発したテレオペレーション用立体ＴＶカメラ（Molly）や、全方向モニター（BOOM）を製作販売する会社。

「モーリー（Molly）」はＮＡＳＡのＶＩＥＷシステムのテレプレゼンスの機能を実現するため、人間の頭部と同じ形状を持ち同じ動きができるカメラ・システム。どれだけの性能を持てば十分な現実感が得られるかを研究するため作られたので、高速でレスポンスのよい動作が特徴だ。

２本のＣＣＤによるＴＶカメラを搭載し、上下左右の回転を、毎秒１０００度の角度のスピードで行う。またバイノーラルの音響システムも一緒に使用できる。大体10ポンドまでの重量の装置を乗せて駆動できるプラットフォームだ。屋内用モデルはカメラなし価格２万５０００ドル。

「ブーム（BOOM：Binocular Omni-Oriented Monitor）」も、もともとＶＩＥＷシステムで解像度の高いビューアーとして使うために開発され、スタンドのアームにバランスを取った形で両眼視できるＣＲＴディスプレイをつけたもの。屋外設置型の双眼鏡や潜望鏡の接眼部と同じような構造をしているので頭部に固定する必要がなく、何人かの人が共有して作業を行



**モーリー（Molly）**
ウイリアム・ギブソン氏のＳＦ小説『ニューロマンサー』に出てくる女性。彼女の視覚が主人公のケイスとネットワークで結ばれ、彼女の視線を通してケイスは街をさまよう。

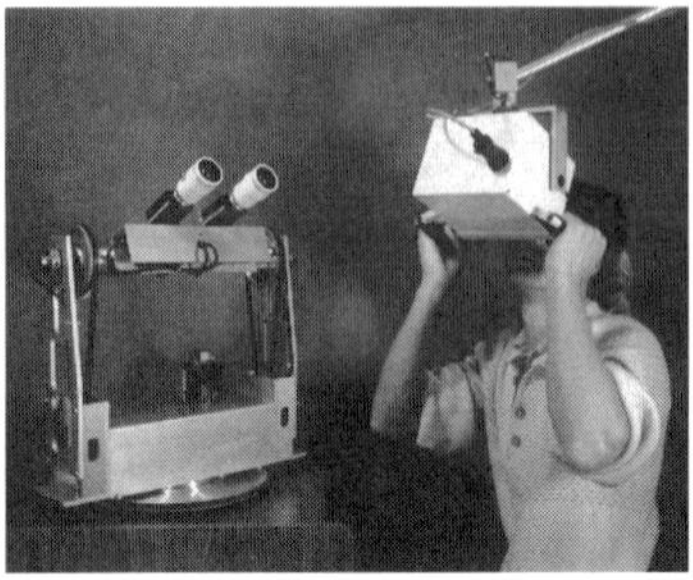

**モーリー（左）とブーム（右）**

える。覗き込む動作を止めればすぐディスプレイと外の世界の間を行き来でき、HMDとは違った応用が可能になる。

スタンドで動く範囲は高さ2・5フィート、直径6フィートの円筒形の内部に限られるが、HMDのような磁気などを使った位置センサーを使わず、ポヒマス・センサーより大きな可動空間が得られる。

アームの形から空間内の座標が正確に求められるため、CADなど精度が必要な応用に使うディスプレイに向く。机にアームつきスタンドのように取りつけ、デスクトップの人工現実感ビュアーとして用いることもできる。各種のモデルがあるが、価格は2万7000ドル前後。

これらを使って安価なシミュレーターを作ったり、ビルの屋上に備えて外を常時屋内から観察したり、一般向けに水族館の水槽の中にモーリーを設置して内部を撮影し、ブームで魚を観察するようなアプリケーションが考えられている。

また電子楽器を使った人工現実感型のバーチャル・インスツルメントも開発中だ。

社長のマーク・ボラスさんはスタンフォード大学時代に芸術学部と機械工学部の合同プログラムで修士を取るため、NASAのVIEWシステムを使ったのがきっかけでこのビジネスに入り、今はスタンフォード大学の芸術学部講師も務める。

「私の修士のテーマはNASAとこうした新しい装置を使って、現実のどんな世界とも似ていない世界を作ったり、スケッチから完全な仮想世界を作ることができるデザイン・ルールを見つけ出すことでした。現在の人工現実感の研究はまだ現実世界に関するものがほとんど。誰も経験したことのないような世界を作り出してみたい」というボラス氏は、芸術作品への人工現実感の応用も試み幅広い活動を続ける。

会社名　Fake Space Labs
所在地　935 Hamilton Avenue, Menlo Park,CA 94025 U.S.A.

水族館の水槽の中にモーリーをセットすれば、ギャラリーで覗く見学者はあたかも水中で魚を眺めているような臨場感が味わえる

## 10 シムグラフィックス社　〜フライング・マウス

通常の形状のマウスの両側に親指と小指を引っかけられるウィングがつけられ、手でつかみ空中を移動させることによって、3次元CADなどに用いることができる3次元マウス、フライング・マウスを販売している会社。

このマウスは普段は通常のマウスとまったく同じように使え、空中に持ち上げると3次元モードに自動的に切り替わり、普通のマウスと上位コンパチブルのマウスとしての性能を持っている。

3つのボタンがついており、空中に持ち上げると（X、Y、Z）と（ロール、ピッチ、ヨー）の6つのパラメーターを出力する。位置検出にはポヒマス・センサーやほかのセンサーを組み合わせて使える。

フライト・シミュレーターの操縦などに用いる場合には速度や変位から座標を求め、またCADなどのアプリケーション用に絶対座標を求めるいくつかのモードを持つ。

デバイスとしてのマウスのみでなく、3次元のモデルを作成するためのユーティリティーソフト（Body Builder）やオペレーションをサポートするさまざまなソフトウェアも用意されている。



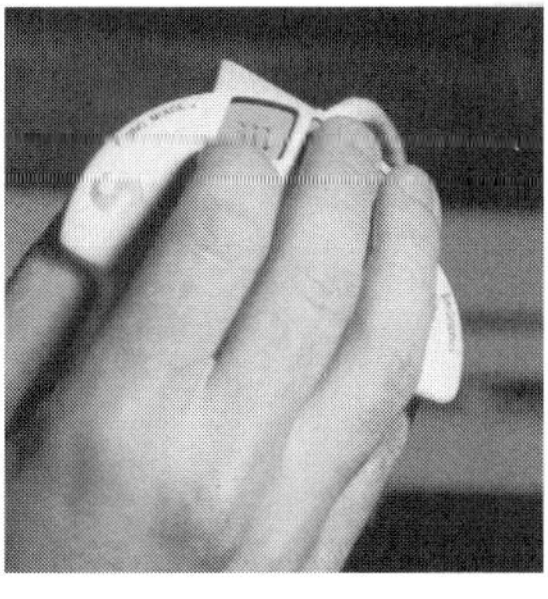

3次元CADに効果を発揮するフライング・マウス。ティ・ニ・アロイ社の触覚デバイス（人差し指の触れているボタン）を装着することができる

またこのマウスにはティ・ニ・アロイ（TiNi Alloy）社の作っている触覚フィードバックのオプションをつけることができる。マウスのボタンにこれをつけると、マウスが仮想的な物体に接触した時、指にその情報を伝えたりすることも可能だ。

会社名　SimGraphics Engineering Corp.
所在地　1137 Huntington Dr.,Suite A−1,
　　　　South Pasadena,CA 91030 U.S.A.

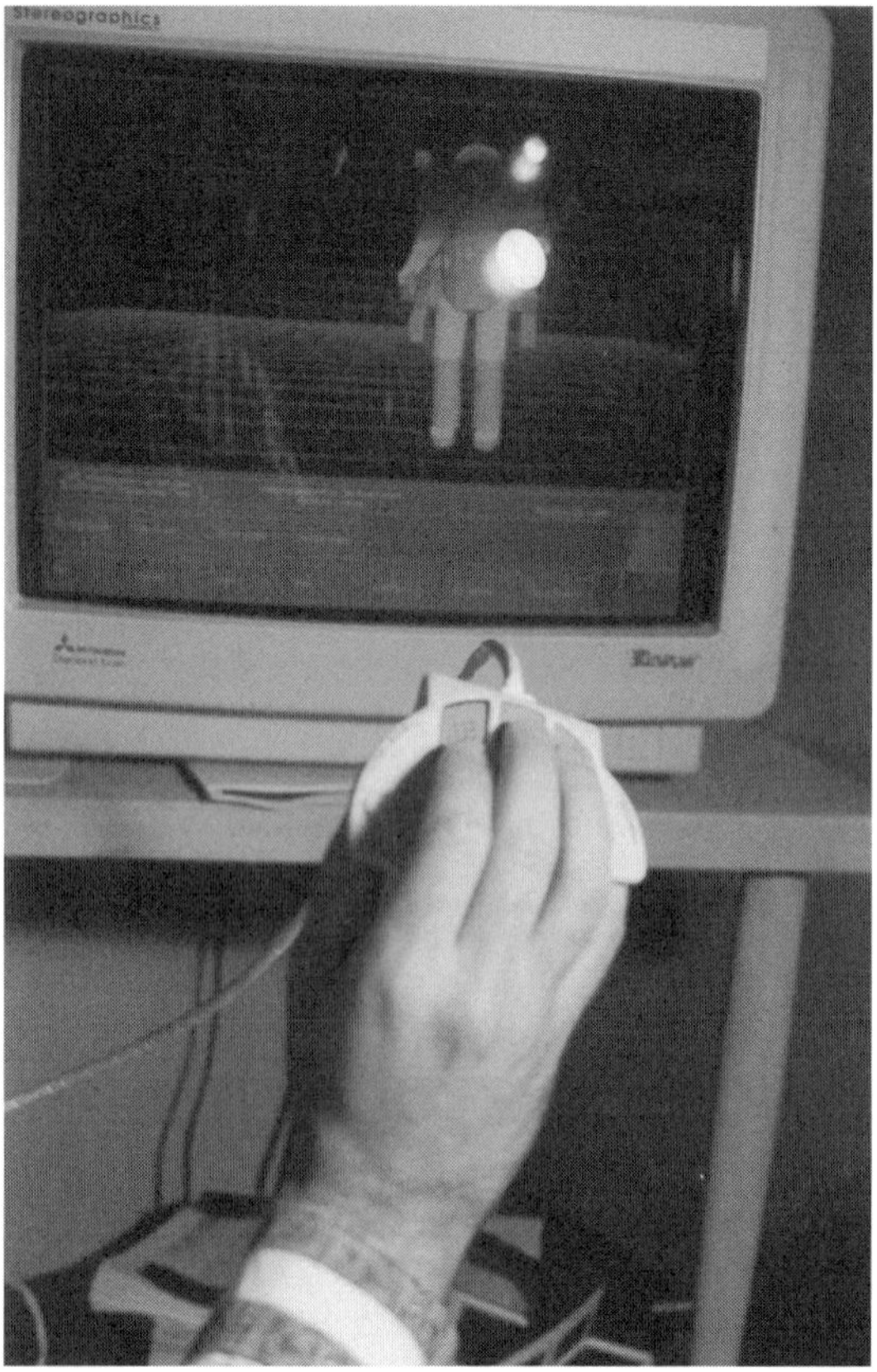


次世代コンピューター・インターフェースの重要なデバイスとして注目する日本の関係者も多い

## 11 ティ・ニ・アロイ社 ～触覚を伝えるデバイス

もともと爆発ボルトなどを作っていた会社で、空軍やNASAなどとも研究を行っていたが、最近は形状記憶金属を中心にした機器の応用開発を進め、手軽に触覚を再現できるデバイスの開発に乗り出した。

現在開発が進んでいるのはチタンとニッケルの合金による形状記憶金属を使い、パソコンなどにつないで制御でき触覚フィードバックを再現する小型のデバイス。このデバイスは小さな穴がたくさん開いた面を持つ小さな箱型をしており、穴の開いた面を指紋の方に向けストラップで指に取りつける。

箱の中には30本の金属（BeCu）の髪の毛状の細い針が、一方を固定された片持ち梁のような形で並べられ6×5の剣山のようになって入っており、固定されない一端が曲げられた構造になっている。この金属の針の固定されていない先の部分に、形状記憶金属がからまっており、ドライバーのスイッチをオンにするとヒータによって熱せられた形状記憶金属が変形し、針を引っ張ることによって穴から針が顔を出す。

現在触覚フィードバックのできるデバイスを、人工現実感のアプリケーション用に製品化している会社はここだけだ。これを使えば点字の文字を直接指に伝えることができ、そのほ

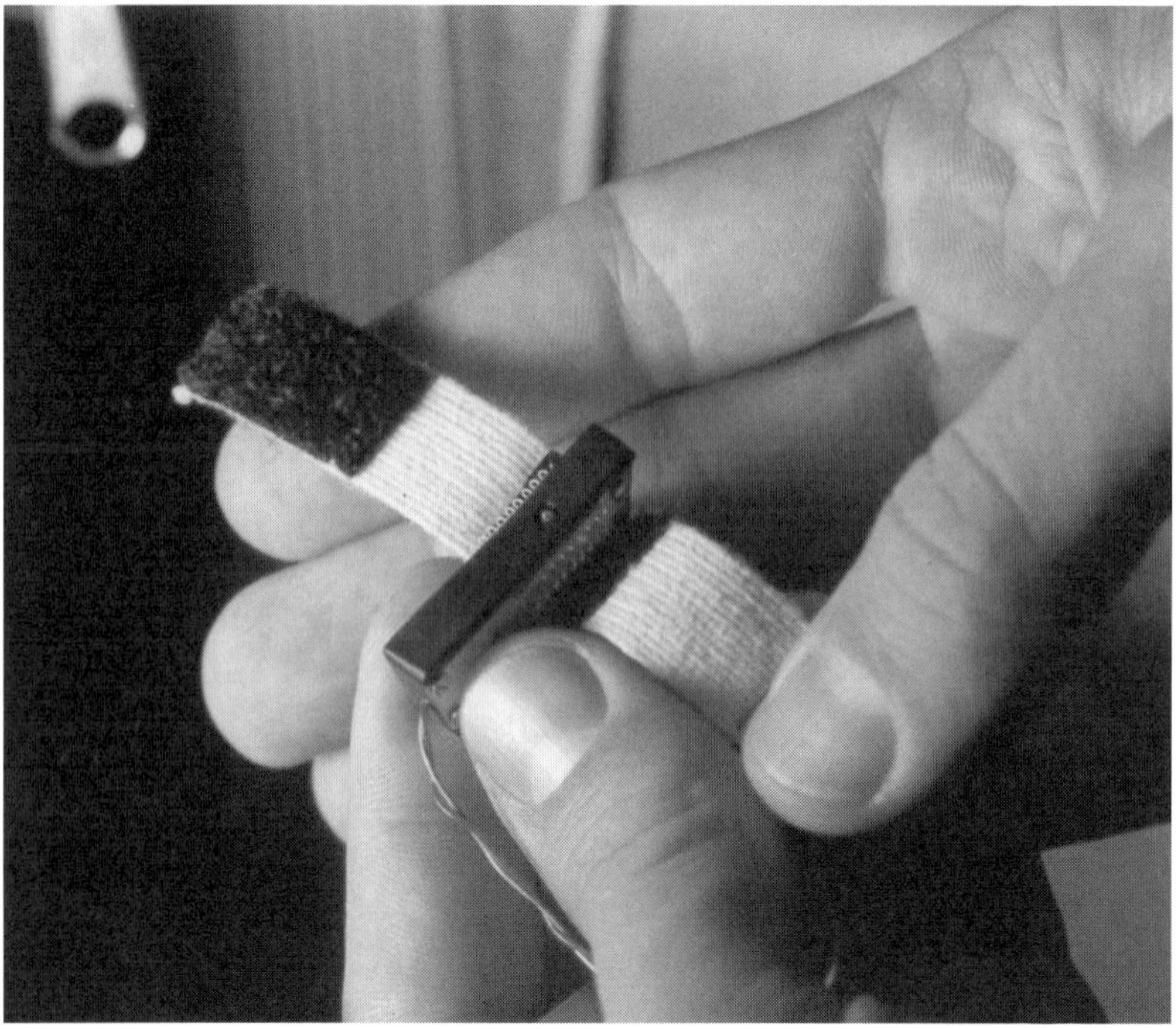

チタンとニッケルの合金による触覚デバイス

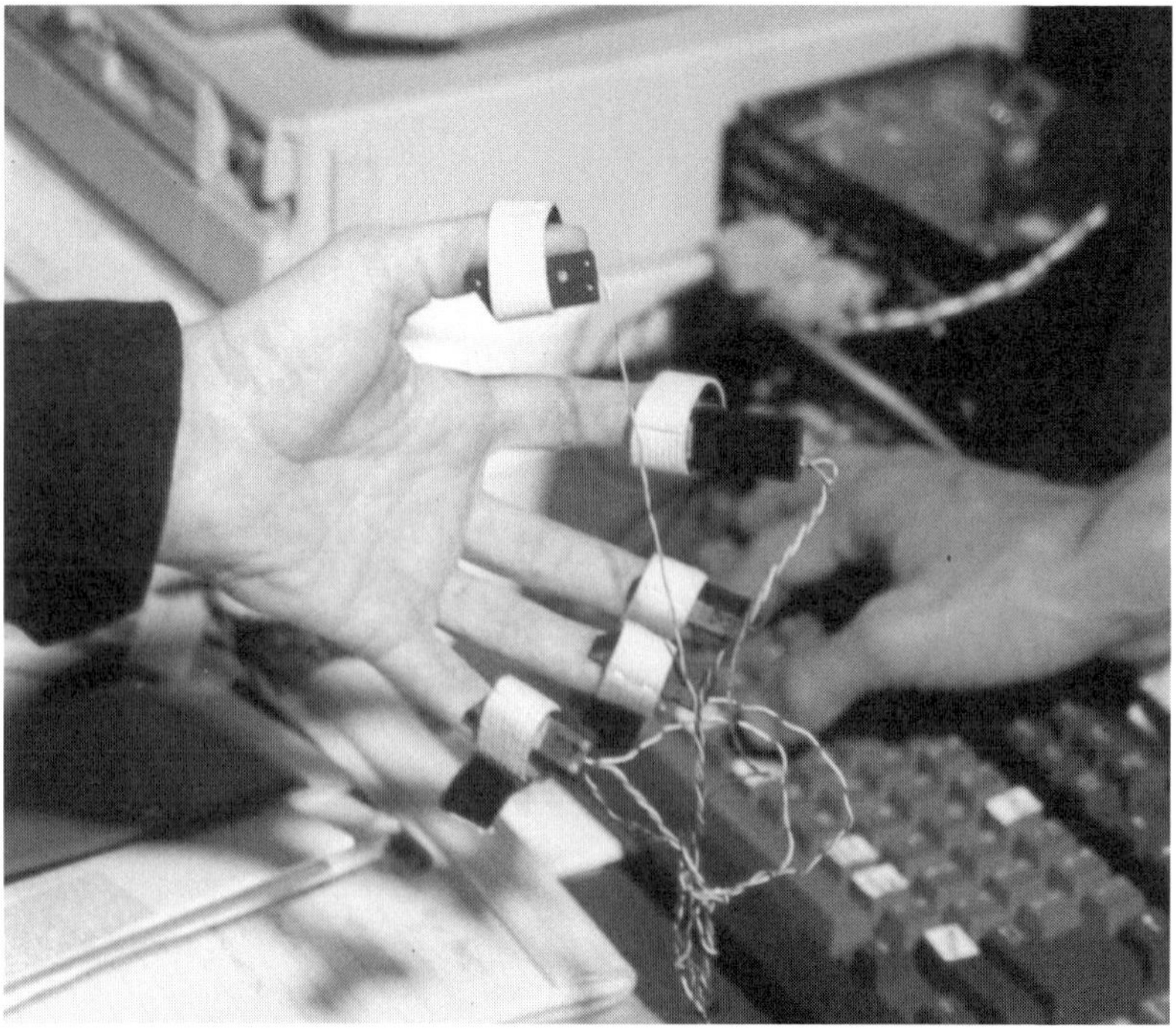

IBM-PCで5本の指をコントロールするデモ

かコンピューターと触覚インターフェースを簡単に作ることができる。今後さまざまのサイズのものを作れば、手ばかりでなく触覚ボディスーツにも応用でき、新しい入出力デバイスとしての可能性を秘めている。

会社名　TiNi ALLOY COMPANY
所在地　1144 65th Street, UnitA,
Oakland,CA 94608 U.S.A.

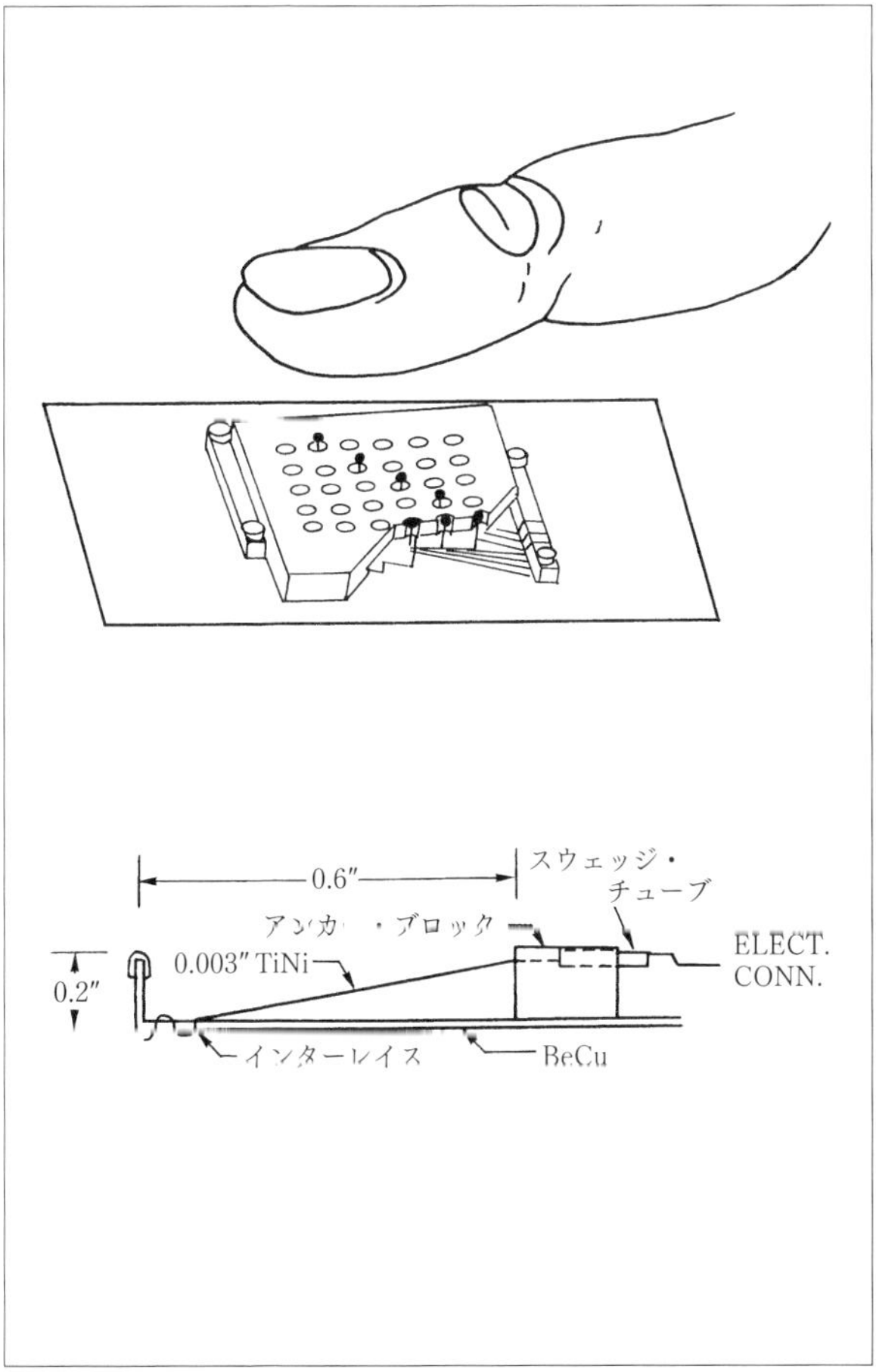

触覚デバイスとそのしくみ

# 第4章　人工現実感の応用と展望

## 「1」創世紀から幼年紀へ

やっとここ数年一般に論議され始めた新しいテクノロジーとしての人工現実感。すでに研究を行う大学や企業は増えており、ここ数年の間に関心の高まりとともに、実質的な成果が生まれる可能性が出てきた。第3章に紹介したような製品を扱う会社も出現しており、今後の日欧の企業の取り組みが期待される。

しかし一方では、いまだにCGを制作するための高価なワークステーションが必要だったり、各種の入出力機器も小さな会社が製造する高価なものが多く標準的なものはない。まだ市場としては始まったばかりで未知数が多く、大手の企業が本格的に進出というところまでは行っていないのが現状だ。

ある人はこの状況を十数年前の、マイクロ・コンピューターが出始めた頃と比較する。後にこれらはパーソナル・コンピューターと呼ばれるようになる。

その頃シリコンバレーでは、IBMやユニバック（現ユニシス）の作る巨大で官僚的なコンピューターに対抗して、自分のためのコンピューターを作ろうと「ホーム・ブルー・コンピューター・クラブ（自家製コンピューター同好会）」ができていた。MITS社というニューメキシコ州の小さな会社がほとんど手作りの「アルテア」というコンピューターセット



**マイクロ・コンピューター／パーソナル・コンピューター**

マイクロ・コンピューターは狭義には、集積回路化されたコンピューターの素子を指す。これをコンピューターとして使える形に組み上げたものを初期にはマイクロ・コンピューターと呼んでいた。パーソナル・コンピューターは個人が利用できるという使用形態から同じものを指す。米国でも両方を同意義に使う人もいる。

**マイコン創世記については『パソコン革命の英雄たち』（マグロウヒル社刊）に詳しい**

を売り出し、大ヒットを放ったり、現在も刊行されている「バイト（Byte）」という雑誌が出版され、市場が活気に溢れていた時期だった。

大企業の中枢部に厳重な管理のもとに守られた、近寄り難い神話としてのコンピューターではなく、自分の手に触れることができる場所にあり、夢を実現してくれるかもしれないコンピューターとなった魔法の道具を、人々は熱狂的に支持した。

そんな中で、後のパーソナル・コンピューターの中心的存在になるアップル社を作った、スティーブ・ジョブズやスティーブ・ウォズニアック達がいた。大手のコンピューター・メーカーは、そんなものは相手にしておらず、ただのオモチャの箱がこれほど大きな市場に成長するとは誰も思ってはいなかった。しかしやがて彼らが大手の会社に対抗して、シリコンバレーという新しいインダストリー・ゾーンを作り出す。

東海岸の官僚的なエスタブリッシュメントに、西海岸の人間臭いカルチャーが反乱を起こしたといえるかもしれない。

人工現実感のテクノロジーはやっと世間にその姿を現したばかり。まだマイクロ・コンピューターが世に出された頃のような幼年期のレベルにあるといえる。

初期のパーソナル・コンピューターが生み出した興奮は、いわゆる大型のコンピューターの専門家でなく、それまでコンピューターと無縁だった人達を巻き込んでいった。ホビイストが闊歩する時代が過ぎ、次第に周辺のエンジニアや科学者、それに芸術家や文科系の人々もこの輪の中に入っていった。



**MITS（マイクロ・インストルメンテーション・テレメトリー・システムズ）社**

世界初のマイコン・キット、「アルテア8800」を発売した会社。略称、ミッツ。1968年に設立され、1970年代初頭に、電卓市場に進出し成功。以後、電卓キットの製造販売会社として成長を続けたが、1974年頃から大手メーカー参入の余波を受け、倒産の危機に直面する。この危機を打開するための切り札として生まれたのがアルテア。ポピュラー・エレクトロニクス誌の技術編集者、レス・ソロモンが企画したマイコン製作特集記事と、タイアップする形で発表された。MITS社はその後、文字通りマイコン産業の立役者として急成長を遂げる。なお、アルテアという商品名は人気TV番組「スター・トレック」に登場するエンタープライズ号の最終目的地、牽牛星（Altair）から採った。

アーク・マックやアタリ社の研究所で、次の世代のコンピューターと人間の関係を模索していた人達は、いわゆるコンピューターのハッカーばかりでなく、演劇、心理学、教育などのさまざまなバックグラウンドを持った人達だった。彼らは技術的な限界によい意味で盲目で、自分達の夢を素直にコンピューターの上に表現しようとしていた。彼らの多くは当時を振り返って、「こんなに難しいと初めから分かっていたら、決して手を出さなかっただろう」と感想を述べた。

今また巻き起こっている熱気がこれから10年たった時、このテクノロジーをもとにした現在のパーソナル・コンピューターのような、次の時代の新たなインダストリーを作り出すのだろうか。

ここ数年大学や企業で研究が進む一方、すでに実用的なアプリケーションを作り、マーケットに出そうとしている企業も出てきた。

## 「2」街へ出た新しい現実

すでに日本では、いくつかの応用例を街中で見ることができる。一般の人々が実際に体験できる人工現実感は、新しい経験を多くの人に与えた。言葉や理論だけでは説明しがたいこのテクノロジーを、自らの目で確かめる場が与えられることによって、より多くの人々によ



**スティーブ・ジョブズ／スティーブ・ウォズニアック**
ウォズニアックが組み立てたパソコンをもとにジョブスとアップル・コンピューターを創る。ジョブスはマッキントッシュを計画、経営強化のためペプシコーラ会長、ジョン・スカリーを迎えたが、結局独立しネクスト・コンピューターというコンピューター会社を創る。文字通りガレージカンパニーから世界的なコンピューターメーカーを創りあげたアメリカン・ドリームの象徴として有名。

**ハッカー**
コンピューターの新しい利用を開拓するために、寝食を忘れて打ち込む人。1960年代のMITなどで使われるようになった言葉。その後、コンピューター・システムにいたずらする人も指すようになった。

って新しいアプリケーションが考えられる可能性が開かれつつある。

## 東京・新宿に出現したデスクトップ・ショールーム　～松下電工

松下電工は1990年10月に、東京の新宿にオープンした新しいショールームに人工現実感を使った実用的なシステムを設置した。空間的制約のあるショールームで、何万点もあるアイテムをそのまま展示するのは難しい。このシステムはコンピューターの中にモデルとして収容されたアイテムを、仮想空間の中に組み合わせて展示し、顧客に疑似的に体験してもらおうとするものだ。

その第1ステップとして、オーダーメイドのシステム・キッチンを、実物ができる前に図面の状態で3次元CG化し、人工現実感を使ってウォークスルーを行えるシステムが現在稼働している。

システムは基本的にはRB2をベースにして、コンボルボトロンなどの3次元音響システムを加え、シリコン・グラフィックス社のアイリス・ワークステーションを使ってCGを発生する。

このショールームでは、まず顧客にカタログやサンプルを使って商品の説明を行う。次に大まかなプラン図を作成し、これをもとに平面図や立面図やパース図を使った検討のための図を作る。この図でよいということになれば承認のための図面を作り、工場に発注するのが通常の手順だ。



（左頁）東京・西新宿の松下電工のショールーム、「ナイスプラザ新宿」に設置された疑似キッチン体感システム

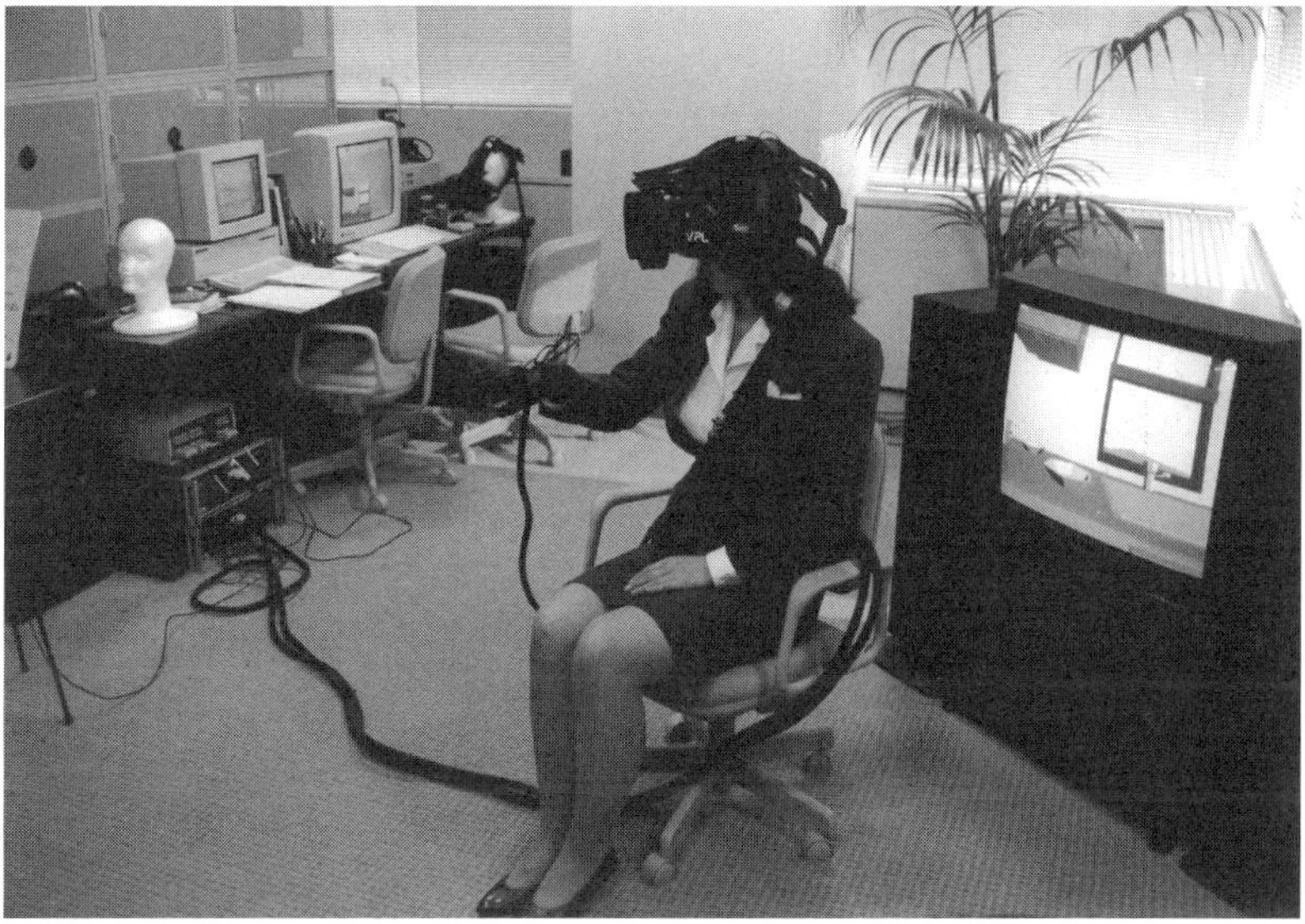
VPL

VPL
VPL

しかしこれを実際に使う主婦などにとって、図面は馴染みのない情報の表現だ。正面図や立面図を見ただけで、でき上がりの完全なイメージを心に描くことができる人は少ない。ここでは検討のための図面のかわりに、このイメージを立体CG化する。システム・キッチンを構成するユニットのデータは「MATIS」と呼ばれるデータベースにあらかじめ収納されている。顧客の要望にしたがってユニットを組み合わせたキッチンは、CGで表示するだけでは不十分。流しの高さはちょうどよいか、流しで棚に手を伸ばしてみたらどんな感じがするのか、水道の蛇口は十分つかめるかなど、色や形以外に事前にチェックすべき項目はいくつもある。

希望する人はアイフォンとヘッドセットを頭に着け、データグローブをはめ、自分がオーダーするキッチンをあらかじめ「使ってみる」ことができる。

まず部屋の風景が現れ、指を2本前に伸ばすとその方向に自由に進むことができる。ただ遠くから平面的な画像を眺めているのと違って、部屋の中を進みながら見ると、家具の立体感や、どれだけ家具の周りを歩きやすいかが実感できる。

キッチンでは、上方のある棚に手を伸ばすとその中にある皿を手に取ったり、蛇口に手を伸ばしてうまくつかめると、蛇口から水が出てその音も聞こえる。自分で歩き回らなくても、あらかじめ経路が記録されていて勝手にガイドしてくれるデモもある。

「製品のメリットをテクニカルな言葉で説明しても、お客さんになかなか納得してはもらえません。例えば防音材料の遮音効果が10デシベルあると口で説明しても、何人の人が実感として分かってくれるでしょうか。実際に音響システムを使って遮音の効果のシミュレーションも盛り込み、耳で確かめてもらうことも計画しています。91年3月からはお客さん別にCGを作り、個別の注文の評価に使います」と、開発に当ったAI研究室の野村淳二主幹技師は計画を説明する。

ここではもう、人工現実感を使って意思決定をサポートするシステムが、実際に動き出そうとしている。松下電工ではこのテクノロジーを、商品説明から発注までの実際の受発注のサイクルの中に組み込み、製造と販売が一体になった製販統合システムを目指し、全国にも広げていく予定だ。

## 開発ラッシュ続く360度体感ゲーム　～セガ、タイトー、ナムコ

コンピューターを使ったアーケード・ゲームやテーマパークのような環境型展示を含むエンターテインメントは、今後有望な分野だ。

ディズニーランドの「スターツアーズ」のようなシミュレーター型のショーが人気を呼び、地方都市で計画中のテーマパークの中には、人工現実感を取り入れたイベントを考えているものもある。

2次元のテレビゲームに飽き足らなくなったアーケード・ゲームは、1985年に新しいステージを迎えていた。セガの発表した「セガ体感ゲームシリーズ」の第1弾は「ハングオン」というオートバイ型のゲーム機だった。テレビ画面に映るコースの動きに対応して、オ

体感ゲームは大人から子供まで幅広い年齢層の支持を得た（写真・セガエンタープライゼズ提供）

ートバイ型の座席が振動したり、カーブを曲がると車体が傾き、本物のオートバイに乗ってレースをしている感覚が味わえた。一種の小型ドライビング・シミュレーターであるこのシリーズは、車をかたどった「アウトラン」や戦闘機のドッグファイトのシミュレーションが行える「G－LOC」などに展開されていった。

そして1991年に発表されたのは「R－360」。

球形をしたフレームの中にあるコックピットの座席が自由にモーターで高速に回転し、文字通り360度の回転により、ありとあらゆる姿勢を再現できる。コックピットの20インチのテレビスクリーンには、ジェット戦闘機のコックピットから見える風景やゲームに対応した画面を表示できる。

このマシンはアーケード・ゲーム機として、従来のゲームをよりリアルに楽しむために用いられるばかりか、ビデオディスクやほかのソースからの入力もできるようになっており、さまざまなシミュレーターとしての用途が考えられている。

これらの体感ゲームマシンの出現によってゲームセンターにも変化が出てきている。

従来は十代のゲームマニアの溜まり場だったゲームセンターに、サラリーマンやOLなどが集まるようになってきた。複雑なボタン操作などの特別なテクニックを覚えなくても、自動車レースのためには自動車に乗って操作する。まさにそのままの感覚でゲームに参加できるため、ゲームマシンに慣れていない人にも取っつきやすいゲームとして多くの人が参加できるようになった。



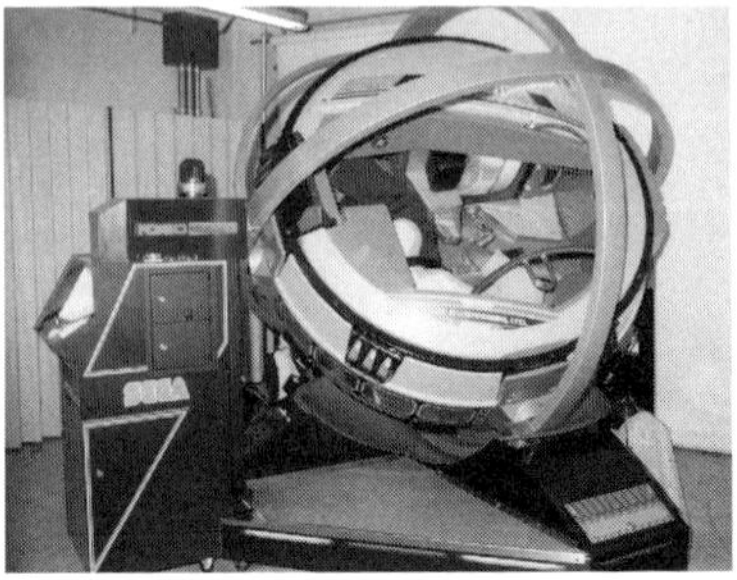

セガの「R―360」（写真・セガ・エンタープライゼス提供）

花博にナムコが出展したパビリオン

またタイトーやナムコも体感ゲーム機に力を入れる。タイトーは360度回転ができる「D3-BOS」を発表、ナムコは大阪で1990年に開かれた「花と緑の万博」に、複数の人が乗って全天周のスクリーンの中でシューティング・ゲームを行える「GALAXIAN$^{3}$」を発表し、ゲームはより過激になっていく。自社で開発したポリゴン発生専用のLSIを使い、さまざまなCGを自由に作り出す。

モートン・ハイリグ氏が試みた映画技術の延長上にあったアナログ型体感シミュレーター「センソラマ」は、デジタル技術によって新たな地平線を目指して生まれかわろうとしている。

## 究極の31世紀ハイテク戦争体感ゲーム、バトルテック

イリノイ州シカゴの北埠頭に1990年7月末に出現した「バトルテック（BATTLETECH)」センターには、西暦3028年の戦闘を体験しようと、連日長蛇の列ができる。31世紀。地球を含むスター連合にいまだに平和は訪れず、不安定な情勢の中で高度に進化した戦闘マシンが死闘を繰り返している。もはや人類同士が直接的に戦闘を行うことはなく、人気アニメの主人公ガンダムのような10メートル以上、ものによっては75トン以上の重量を持つチタン合金でできた大型の戦闘ロボット「バトルメック（Battle Mech)」が、粒子砲やレーザー兵器を手に戦争に明け暮れる。500年以上も前の「戦争の時代」に進化したといわれるロボット達は、20世紀のいかなる兵器よりも強力なパワーを持つ。

360度の画面に映し出される敵機や隕石をビームガンで撃破する

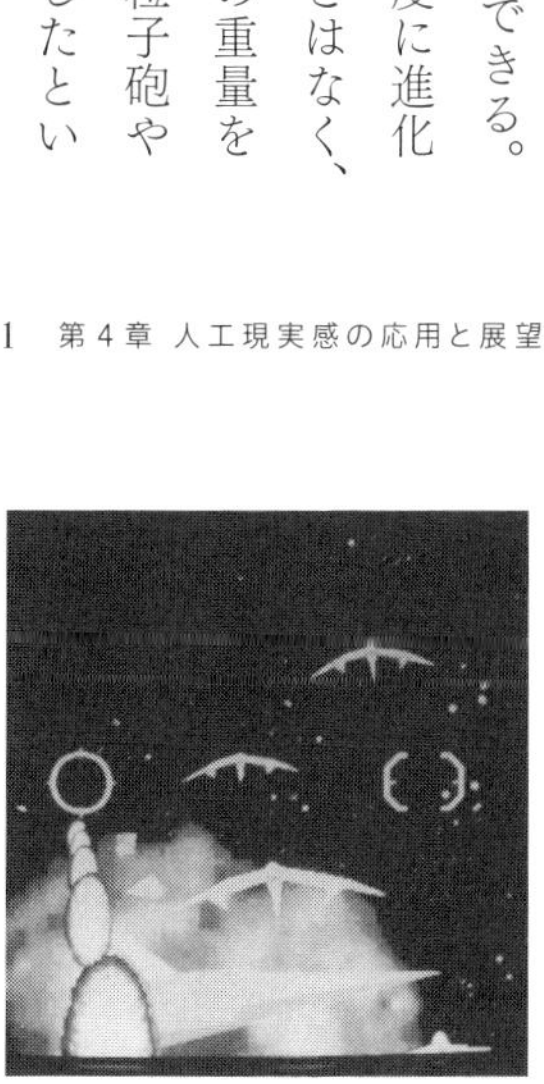
GALAXIAN$^{3}$の画面

センターのオブザベーション・デッキに通された人々は、20世紀から一気に１０００年以上未来の世界へ案内される。テレビモニターではニュースキャスターが31世紀の不安定な政治状況の中で、レッド・チームとグリーン・チームによる戦闘が繰り広げられている現状を説明する。

次のレディー・エリアでは戦闘が行われる１００平方マイルのバトルフィールドの状況と、戦闘に必要なためのバトルメックのオペレーションの方法が解説される。

用意のできた人達はレッドとグリーンの４人ずつのチームに分かれ、コックピットの中へと入っていく。

スライド式のドアがコックピットを覆いかくすように閉まると、もう後戻りはできない。コックピットの大型モニターにはバトルフィールドの様子が映し出され、小型モニターには自分が操作するロボットの装備や、戦闘に必要なレーダーの情報が表示される。左手にはスピードを制御するスロットル、右手には兵器を操作するためのジョイスティックを握りしめ、足元のフットペダルを使って方向を転換する。

バトルフィールドには山や渓谷や岸壁があり、不断に気象条件が変化しシチュエーションが変わっていく。

戦闘が開始され手元のレバーを使いながら進んでいくと、急に敵のロボットがバトルフィールドを映すモニターに現れ粒子砲で攻撃をしかけてくる。粒子ビームが当たると大音響が鳴り響きロボットの装備が一部破壊され、そのままでは次第に戦闘能力が低下していく。



（左頁）バトルメックを操るためのコックピット

FC-50
Md LSR
Md LSR
SM LSR
MG

敵の攻撃をかわしながらいかに相手を倒していくか。音声チャネルで味方のチームと連絡を取りながら戦略をたて、お互いに相手のチームを全滅させるべく、10分間にわたる激戦が続く。

この「仮想世界」の戦闘ゲームは、ESP社とインクレディブル・テクノロジーズ社が、ジョルダン・ワイズマンとL・ロス・バブコック氏の長年の夢を形にしたものだ。あらかじめ設定されたストーリーに限定されることなく、参加者の動きの組み合わせによって、無限の状況が展開できる。何度やっても飽きないと、観客の反応も上々だ。

ミサイルのコントロールのためにつけられたテレビカメラから映し出される映像が、全世界に中継された湾岸戦争の例を引くまでもなく、テレロボティクスや人工現実感のテクノロジーは残念ながら軍事とも無縁ではいられない。

アメリカではすでに軍が「シムネット（SIMNET）」と呼ばれる戦闘シミュレーションを行えるシステムを運用しており、全米に分散する戦闘シミュレーターを互いにネットワークで結び、タンク・コンバットなどの仮想的な演習が行われている。

未来の戦争は高度なテレオペレーション・テクノロジーに支えられた、ロボット兵士やロボット・タンクにより、人間が直接戦場に出ていくことなく仮想的な空間の中を介して繰り広げられるのだろうか。

しかしこのテクノロジーの可能性は、もっと広い範囲のシミュレーションを通した教育や医学、工学の分野にあるはずだ。

**ジョルダン・ワイズマン氏とL・ロス・バブコック氏**

**シムネット（SIMNET）**
国防総省の高等研究計画局（DARPA）の資金で作られた戦闘シミュレーション・システム。ワシントンやフォート・ノックス基地などアメリカ国内ばかりではなく、ドイツや欧州同盟国にあるシミュレーターを高速回線でつなぎ、200台以上のタンクやヘリコプターが参加する架空の演習を行うことができる。

## 「3」レッドウッドのコロンバス・デイ ～VPL社ジャロン・ラニアー氏との1日

1985年に設立され、人工現実感の関連製品を初めて世に出し、今やこの分野ではデータグローブやアイフォンが必ず出てくるようになった人工現実感のアップル、VPL社を訪れた。NASAへも続くルート101を通りレッドウッドに着き、あらかじめ聞いた住所へと車を走らせると、そこはマリーナだった。

濃い茶色の木で作られたペントハウスつきの2階建ての建物は、巨大な工場のような形をしている。その日はコロンバス・デイ。コロンブスがアメリカ大陸を発見した日を祝う休日だ。いるかどうか分からないといっていたジャロン・ラニアー氏。マリーナのカフェテリアから電話をすると、ちょうど本人が電話に出た。

遅い食事を摂ろうとしていた氏は、こちらに降りてくるという。しばらく待っていると艀の上を巨大なぬいぐるみのような姿のラニアー氏が、ゆっくりと近づいてきた。

顔なじみのカフェテラスで注文したサンドイッチとアイスティーを持って、我々はテラスのテーブルに座った。

「ここ1年でバーチャル・リアリティー関連の会議が100回以上ありましたね。週2回のペースです。またゲストスピーカーで出なくちゃならないけど、本当はうんざりです。バ

社屋に隣接するマリーナのカフェに集まるジャロン・ラニアー氏(左)と仲間達

ーチャル・リアリティーにはすごくファンシーな点があって多くの人を引きつけ、ＳＦのサイバーパンクみたいな世界をイメージする人もいます。よくこれを使ってバーチャル・セックスが可能か？　と聞く人がいますが、エイズ・フリーだといわれても私はポリゴンで作られた美女と遊ぶ気にはなれません。現実の世界が本当はずっと豊かです。アイフォンをはずして、もとの世界に戻ったとき、何と現実の世界はすばらしいのか、と再発見をする瞬間が重要だと思います」とラニアー氏は意外とクールな側面を見せる。

「私はバーチャル・リアリティーの持つ可能性について、今まで大いに自分のイマジネーションを皆に語ってきました。けれど、そろそろ本当にシリアスなアプリケーションを作っていかないといけないと思っています」

ラニアー氏の今後の計画には、現在の製品をもっと安価なものにして普及を図ったり、アイフォンの画像の精度を向上させたり、データの伝送をワイヤレスで行うといったことが含まれるが、今彼が注目するのは、ネットワークとエンターテインメントへの非常にシリアスな応用だ。

### 人工現実感が未来通信を変える

「バーチャル・リアリティーの本当の効用はコミュニケーション・メディアという側面にあり、このメディアはテレビより電話に近いものだと思います。19世紀以前のコミュニケーションは、ほとんど人と人が顔を突き合わせて双方向で行われてきました。でもその後のマ



**ポリゴン**
多角形のこと。コンピューター・グラフィックスでは立体の表面を近似的に表現するため、表面を多角形で近似して表面の色や凹凸を表現する。より多くのポリゴンを使えば、よりスムーズに立体の表面を表現できる。

スメディアの発達によって、コミュニケーションは一方的に情報が流される顔を失ったものになったのです。しかし例えば当社のRB2を使えば、遠くに離れた人達が仮想世界の中で実際に顔を合わせ、握手したり話をしたりできるんです」という氏は、小さい時に事故で母を亡くし、その後ずっと自閉症に陥っていたという。

今、こういう人工現実感を使ったコミュニケーションをどうやったらきちんとした形で実現できるかを、具体的に実験する計画が進んでおり、このため近々「リアリティー・ネット」というネットワークをスタートする。

まず各地にある人工現実感のシステムと、ノースカロライナ大学が開発したピクセル・プレーン・マシンをネットワークを介してつなぎ、広域で人工現実感の世界を共有する実験を行う。スタート時にはVPL社とワシントン大学、ノースカロライナ大学、MITの4つのサイトが参加する。

「このネットワークではまず、どういうデータをどんなバンド幅で送れるかを実験する予定です。街角や自動車電話、世界のどこでも使えるように、なるべく少ないデータ量で通信する方法を研究する必要があります。そうすれば一般に普及してアプリケーションが広がるでしょう。限られた回線で情報を送る時は、全部のシミュレーション用のデータを同じように送るのではなく、注目している所の映像だけきれいに送るといった工夫が必要なんです」

「あなたがカメラの技術者で私が修理工だとしましょう。そしてお互いがどこか遠くに離れているとしましょう。修理工が技術者にアドバイスを求める時、彼は砂漠の一軒家にいるかもしれないし、大都市の真ん中にいてブロードバンドの回線を使えるかもしれません。回線の容量が十分取れないシチュエーションはどんな場合にもあるので、そんな時には回りの風景をきれいに送り合う必要はなく、カメラの故障している部分だけは詳しいデータが送れればよいでしょう」

こうした表現を可能にするために、シミュレーションによって作られる世界をどう記述するか、またどんなデータ構造にするかも決めていかなくてはならない。日本でも今後のデジタル・ネットワークの時代に、ただの音声や画像を効率よく送るのではなく、操作が可能なデータを最適な形で送れるよう知的符号化の技術が研究されている。

従来の通信は電話にしろテレビにしろ、表現された耳や目に届く物理的データをそのまま電気信号に変えて送っていた。受けた声や絵を、「頭出し」したり「切り貼り」したりすることはできない。

人工現実感を使った通信が送り合うデータは、こうした操作を可能にするため、相手の世界の意味づけがされており、かつ構造をもったモデルの情報でなくてはならない。しかし一般的にモデルをどう作り、どのような意味づけや構造化が必要なのか、まだ分かっていることは少ない。

ネットワークとしては、双方の画像と音声を送り合うため4本の電話線を用いるもっとも小規模のものから、56kbpsの中程度のスピードのもの、広帯域ISDNを使う高速なものまでいろいろなネットワークに対応したものが考えられている。

「このネットワークのように、多くの人が巨大な仮想空間で出会うアプリケーションには、アイフォンのようなＨＭＤが適しています。空間のいろいろな方向にいる人の方を向いたり、利用者が動き回るようなアプリケーションでは、固定したディスプレイを使うよりＨＭＤをつけた方が有利なのです。たくさんの人達が出てきた時、全員の顔が見分けられるぐらい精細なＣＧを作れるポリゴンの数がないと、誰が誰だか見分けがつかなくなりますね」

違う国の異なった文化を持った人々が、ネットワークの中で初めて出会うこともある。それぞれが作り出したモデル世界が出会った時、一体何が起こるのだろう。想像もできなかった新しい発見やおかしな誤解も生じるかもしれない。こうした実験を行ってみることによって、このテクノロジーの持つ可能性や限界についても、新しい側面が明らかになっていくだろう。

## 人工現実感とエンターテインメント

またエンターテインメントは人工現実感のもっとも早い応用例となるだろう。

「ハードウェアも大事ですが、我々がもっとも大切だと思っているのは、こういう環境が整ったとき、一般の人がどうやって自分のイメージする世界をシステムの中に表現できるかです。七面倒くさいコーディングをしなければならなかったら、参加できる人は限られています。本当に必要なのはＶＲの世界の内容なのです。それを簡単に作れるソフトウェアを提供するのも我々の目的です」



**広帯域ＩＳＤＮ**
高速に大量のデータを送れるデジタル通信網。一般にB-ISDN（Broadband ISDN）と呼ばれ、毎秒１５０メガビットの速度を持つ方式を中心に、世界的な標準化が検討されている。音声ばかりではなく、ハイビジョンなどの動画も自由に送れる。

すでにVPL社は人工現実感をエンターテインメントに応用しようと、松下電器（現パナソニック）の傘下に入った米国のメディア・コングロマリット、MCA社と話し合いを進めている。MCA社がハリウッドのユニバーサル・スタジオの裏のパーキング・エリアに新しく作るテーマパーク「ユニバーサル・シティ・ウォーク」の中に、人工現実感を使った新しい劇場ができるという話が噂されている。

「MCA社との話？　今はまだ話せないけど、単なる劇場以上のもの」と、言葉を切るラニアー氏。今やガレージ・カンパニーとはいえないほど大きくなり、ひっきりなしに企業のトップビジネスマンが押し寄せ、世界中を相手にするようになった会社のCEOとしての顔を覗かせる。彼の頭の中には、我々の想像を超えるもっとたくさんのアイデアや計画が渦巻いているに違いない。

日本でもMCA社が、新たに人工現実感を使った参加型の劇場を計画中だ。劇場の中心ではアイフォンとデータグローブを着けた観客が、架空の世界の中の登場人物になりドラマを演じ、その仮想世界の様子が大きなスクリーンに映し出される。彼らの世界を演出する「ウィザード」と呼ばれるオペレーターが周りを囲み、背景や新しい状況を作り出す。さらにその周りにいる観客が、架空の世界の中でのドラマの進行に関係する操作を、手元のボタンを使って行う。多くの観客がインタラクティブに架空のドラマ空間に参加し、まったく新しい参加型のエンターテインメントを作り出すというシナリオが考えられている。

夢を形にして世界中の人に提供してきたハリウッドは、人工的な夢をスクリーンの上に再



**MCA社**
アメリカの音楽・映画・ケーブルテレビなどの娯楽産業を擁するメディア・コングロマリット。傘下のユニバーサル映画は「E.T.」や「ジョーズ」などのヒット作を持つ。1990年末に松下電器産業に買収され、今後ハイビジョンなどを使った映画制作などが行われるといわれている。

MCA社がイメージする観客参加型のインタラクティブシアター

MCA社が構想している新しいシアター「ユニバーサル・シティ・ウォーク」（MCA社広報資料より）

現するリアリティー生産インダストリーを形成していた。ものの生産を中心にして進化してきた工業化社会は情報化社会に脱皮しつつあるといわれるが、今やサービスを超えた夢やファンタジーを本気で生産するインダストリーが求められている。

映画や演劇というエンターテインメントは、決して工業生産の余剰の中に許されただけのものではなく、人間の精神活動を揺るがす中心的な産業へと脱皮する可能性を秘めている。人工現実感はまさにこんな時代に、ファンタジー・マシンとして中心的な役割を発揮するに違いない。

## 究極のファンタジー・マシン

VPL社のシステムの中には、何人もの人が作った何十何百という仮想の世界がある。これらの世界を訪れるためには、彼のオフィスの1つへと行かなくてはならない。

マリーナのオフィス・パークの一角にある建物の中に、ジャロン・ラニアー氏のオフィスはある。アパートの中のような廊下に迷い込むと、同じようなドアが一列に並び一体どこの部屋に行けばよいのか分からなくなる。

突然1つのドアが開きラニアー氏が現れ、不思議の部屋に案内された。

何の変哲もない部屋にはRB2がシリコン・グラフィックス社のアイリス・ワークステーションと一緒に置かれている。アイフォンとデータグローブと完全にチューンアップされた立体音響システム、コンボルボトロンのセットは、VRのフルメタル・ジャケットだ。

すでに製品化された人工現実感のための装置をサイバースーツのように身に着けると、目の前に出てくる映像は、レンダリングされた質量感のあるカラーのCGだ。動きもとてもスムーズだ。NASAのエイムズ研究所で経験した宇宙旅行のようなデモから1年以上がたっている。

私はどこか知らない部屋の中にいた。スター形の鍵穴がいくつか並んでいる。2本指を前に向けるポーズはやはり無重力飛行のためのアクセルとして働く。伸ばした指を鍵穴に向けると、鍵穴に入ったのは私の身体だった。

その途端、私の見えない身体はシアトルの町の上を飛行していた。高層ビルの間を飛び抜け、スペースニードルと呼ばれるシアトル名物の塔へと向かう。スペースニードルの展望台の中に入ると、レストランで開かれているカクテルパーティーで囁かれる人々の話し声や、フォークやナイフが皿にぶつかる音やざわめきが聞こえる。

次にシアトルの港の上から下を指さすと、一気に海の中にダイブした。海中を何か動物の鳴き声がこだまする。何だろうと思った途端、急に右脇を何か大きな黒い固まりが通り過ぎた。よく見ると巨大な鯨ではないか。鯨を追いかけ海中を泳ぐ。勢いあまって海から飛び出し空に舞い上がると、空の一点にまた鍵穴が現れる。

鍵穴を通ると、今度は何か鳥の鳴く声が聞こえる。声のする方へと向かいそのまま高い塔の中に入った。塔の内部は空洞になっていて、上を指して昇って行くと鳥の群れがその中を飛び回り、甲高い鳴き声をあげている。さらに鳥に向かって行くと、塔の壁を突き抜け外へ



**レンダリング**
CGで作られた図形の表面に色づりをし、その陰影や光の反射の状態を表現し、質量感を与えること。

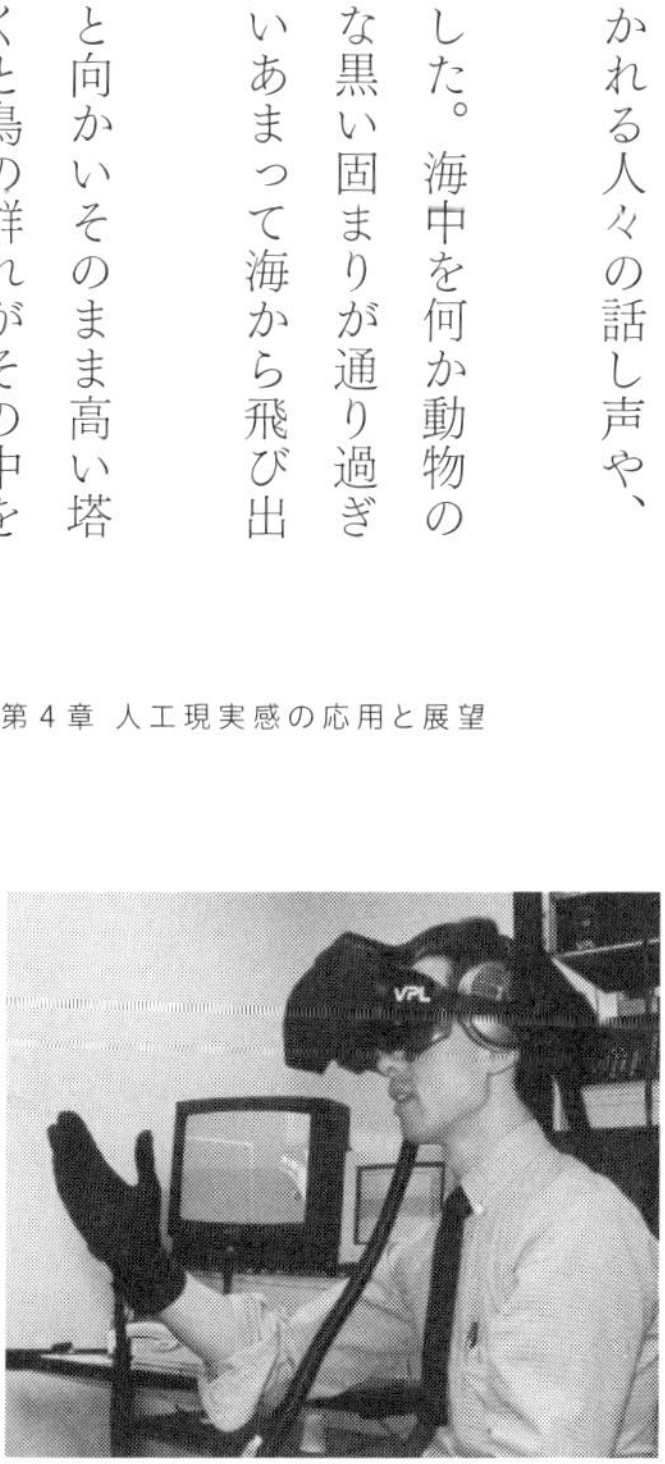

**VPL社で仮想世界のデモを体験する著者**

出てしまった。下を見ると庭の噴水の回りをアヒルがのろのろ歩き回っている。噴水の脇にある鍵穴を抜けると、今度はそこはラケットボールのコートになった。「つかまえて！　つかまえて！」とボールが叫んでいる。手を伸ばすと比較的簡単に手の中にボールは入り込んで、「サンキュー！　サンキュー！」とわめいている。今度はボールが「投げて！　投げて！　お願い！」というので、投げる動作をすると、また部屋の中を飛び回り始める。

ボールで遊んだことはあっても、ボールに遊ばれたことは初めての体験だ。

「私たち皆でいくつもこんなものを作ってみています。最近はソフトウェアがよくなり、この程度の世界を2時間で作ってしまったこともあります」と説明するデビーさんの声で、私は突然バーチャル・ラケットボールのコートからレッドウッドのマリーナの小さな部屋に呼び戻された。

デビーさんは心理学者でラニアー氏のパートナー。静かな口調でこのテクノロジーへの思いを表現する。ふと気づくと、ラニアー氏は脇で1メートル以上もあるバス・クラリネットを吹き始めている。彼はエスニック楽器のコレクターで、音楽に並々ならぬ情熱を持っていることでも知られている。まるでこの部屋は、今さっきさまよった仮想世界の1つのような気がする。

人工現実感の世界では我々のイマジネーションをより直接的に構築することができる。伝説的なロールプレイング・ゲームの1つ「ウィザードリィIV」や「ウルティマIV」のシナリ

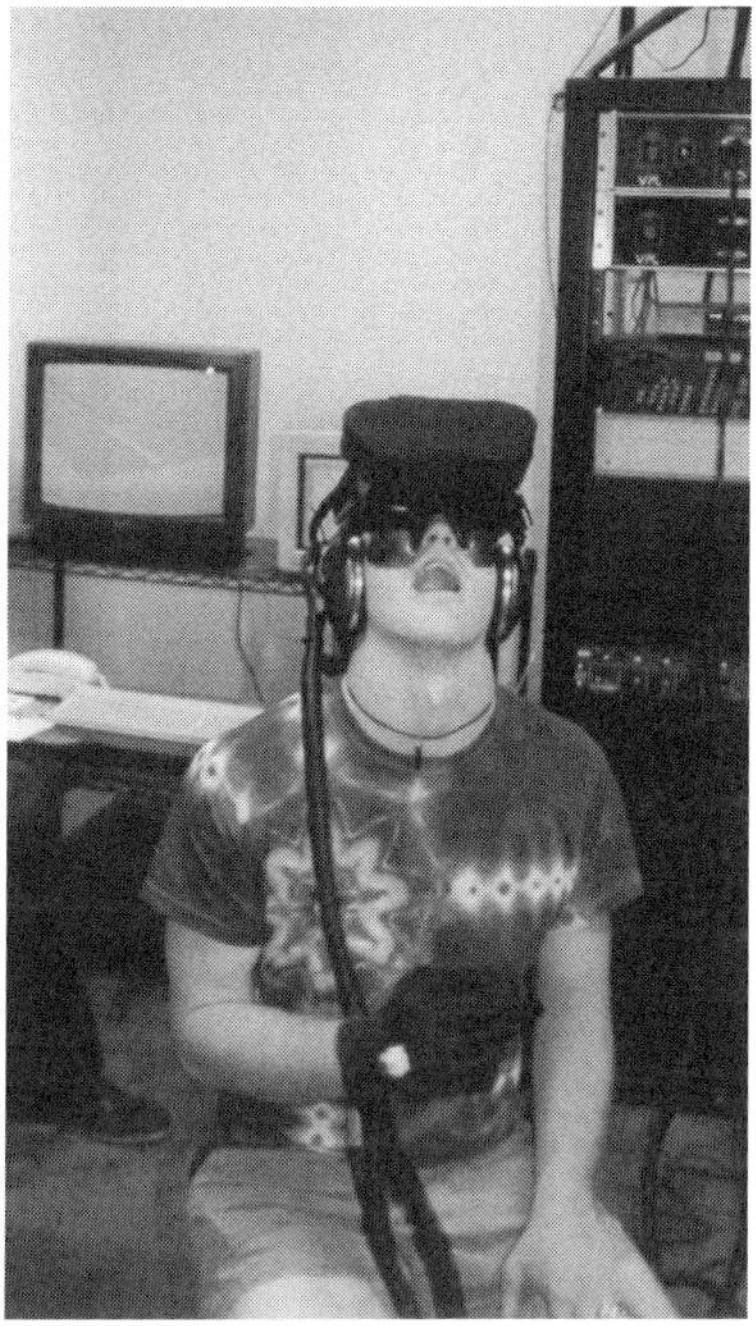

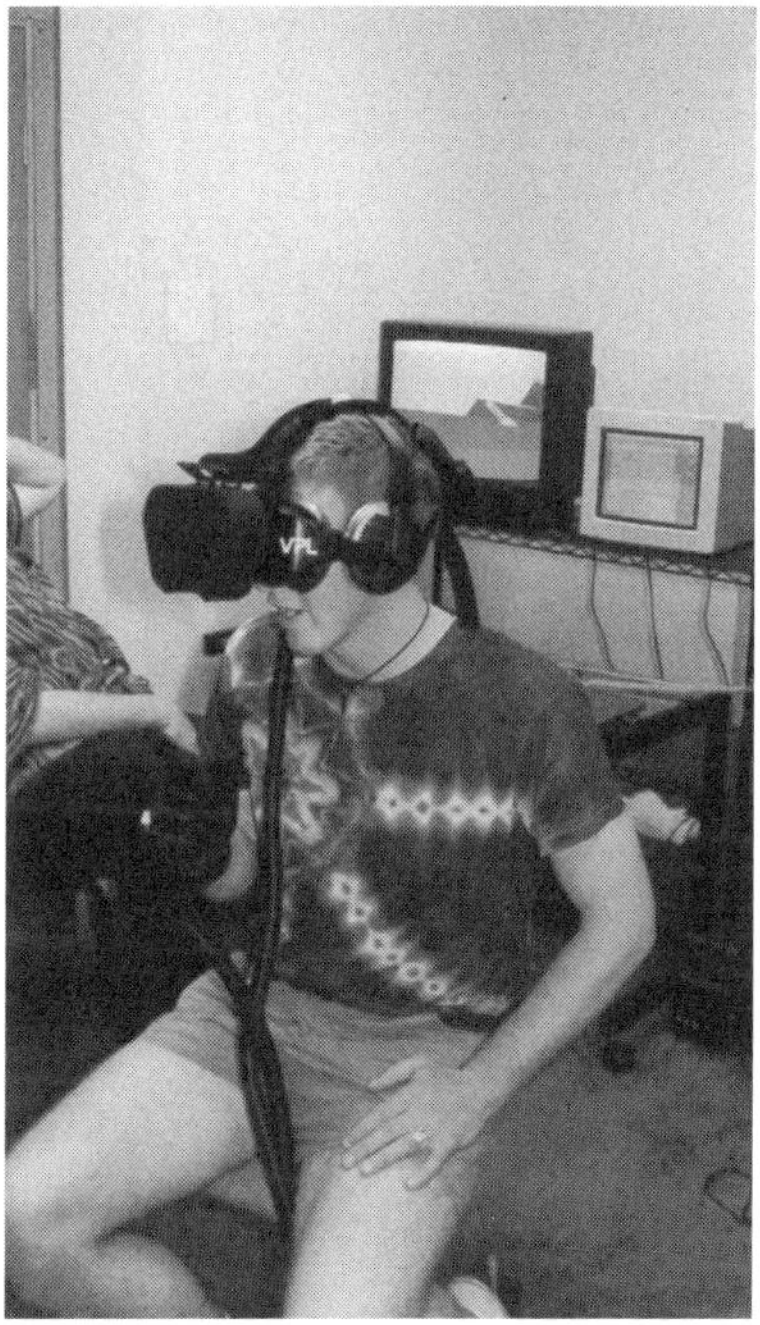
VPL

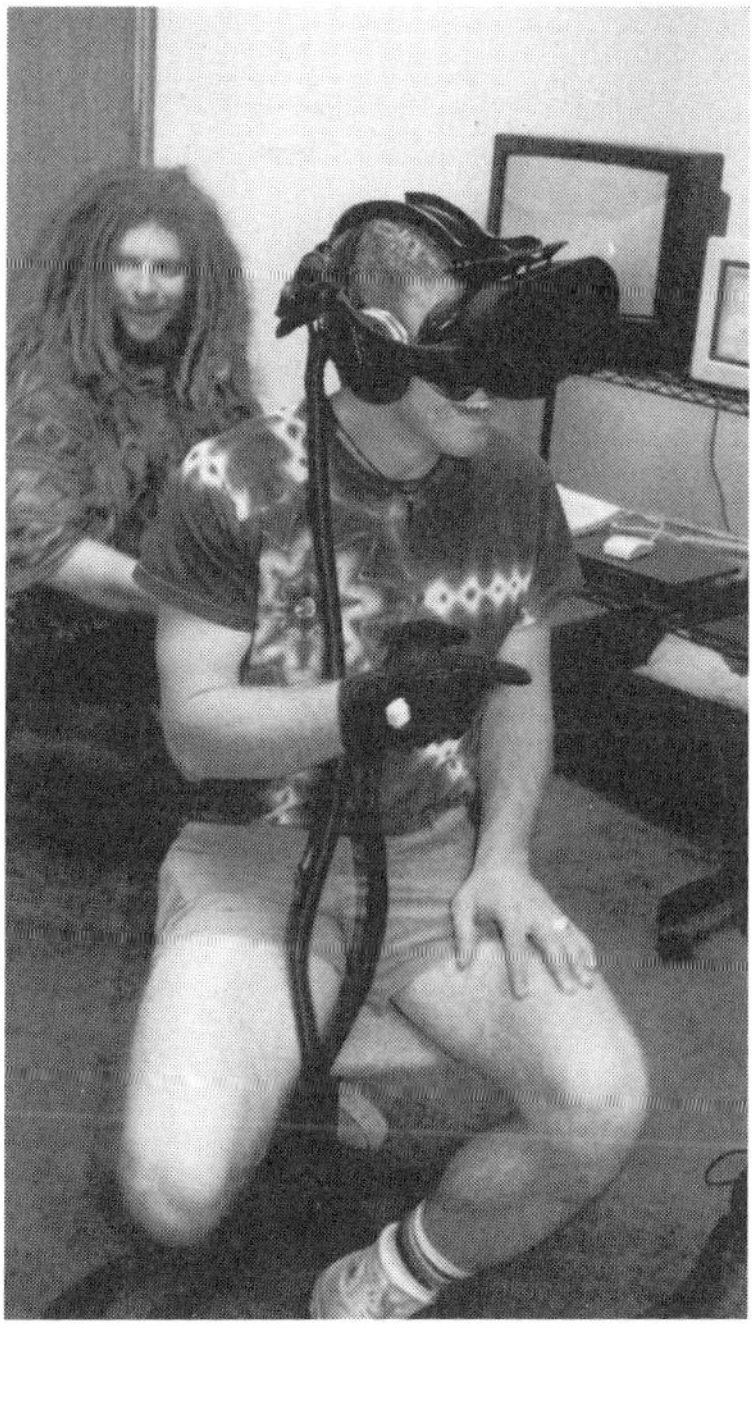

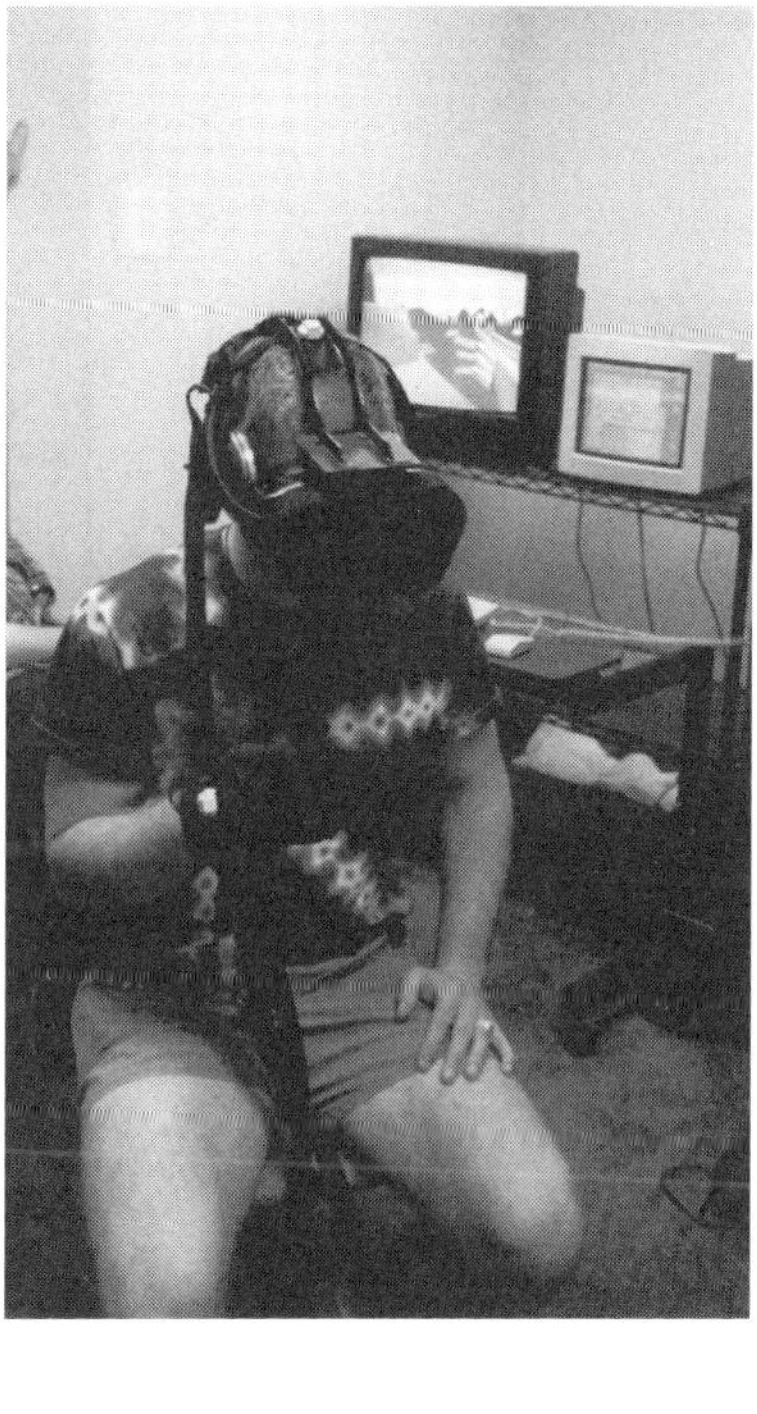

オをデザインしたロウ・アダムス氏は、人工現実感に大いに興味をそそられるという。
「コンピューターのゲームの中に私が表現しているのは、人間が長い文明の中で培ってきた神話や伝説の世界なのです。人工現実感を使えば、これらをもっと生き生きと、大きなスケールで表現できるかもしれない」とアダムス氏は新しいコンピューター・ゲームの構想を練る。

人間の本性のエッセンスを込めた伝説や神話の世界は、コンピューター・ゲームの中ばかりでなく、われわれの現代の社会生活の中に意識されない記号としてはめ込まれている。これらが人工現実感の中で新しく可能になった表現を通し、新たな形で解き放たれるかもしれない。

世界をよりあるがままに表現する手段として、人工現実感は「何か」について説明するのではなく、「何か」をそのまま表現する可能性を持ったメディアだ。

通常何かを説明するには、その対象より簡単な構造を持った手段を用いる。3次元の物体を2次元の図面で表したり、絵画を言葉で表現して説明するという、より次元の低い手段で分析して、これを組み合わせて理解しようとする。

複雑な物理現象を理解するのに、方程式で解析し結果をそのまま数字で見せられても、専門家はこれを使って心の中に物理現象を合成して理解することができる。しかし素人は数字からこれを組み立てる方法を知らない。もし計算結果を使って、そのままの姿を3次元のCGで表現してくれたら、もっとその現象を多くの人が理解できるだろう。

**ウィザードリィ／ウルティマ**
米国で生まれたロールプレイング・ゲームの名作。ダンジョンズアンド・ドラゴンズに刺激されたグリーンバーグがアップルII用に作り、1981年、サーテック社より出された。ウルティマはギャリオットが作った魔法世界から宇宙の果てまでをさまようロールプレイング・ゲーム。今も続編が作られている。

文字や絵というコミュニケーションの手段を使って表現され伝えられるものより、世界のダイナミックなシミュレーションモデルは、より人間の感性に近い形の表現を許すのかもしれない。しかし人工現実感のシステムに作られる世界の大きさを決定するのは我々のイマジネーションだ。コンピューターの専門家であるより、芸術や科学の広い知識と、新しい表現力がそれを利用する人間に求められる。

また、より精神に近い形で表現された世界は、ある意味では他人の脳の中の世界であり、誰かによって作り出された心の世界の記録でもある。

これらを自由に扱える人工現実感は脳の中に刻まれた経験をも記録したり伝えるメディアになりうるのだろうか?

## 4 ビッグ・ピクチャー

アメリカの業界ではすでにいくつかの調査会社が、人工現実感のビジネスへの可能性のリサーチを開始した。医学分野のイメージング、航空宇宙、エンジニアリング、自動車工業、建築、海運、製造業、旅行業、トレーニング、テレロボティクス、テレコム、教育、エンターテインメント、心理療法、遠隔地での実験などを可能にするテレサイエンス……と応用分野のリストは長々と、このテクノロジーが何にでも効く薬とでもいわんばかりに続く。

では実際に、人工現実感の近未来の応用はどんなものが考えられるのだろう。今もっとも具体的な研究が進んでいるノースカロライナ大学のウォーレン・ロビネット氏はいう。

「今進めているHMDのプロジェクトの中で具体的にイメージしているのは、医学や建築やエンジニアリングへの応用です」

医学では医学生のトレーニングのために、実際の身体を使わずいろいろな視点から状態を観察できる仮想身体を利用する構想もある。また実際の診断のサポートとして、診断機器を使って得られた人体の立体画像を、HMDなどを使い実際の身体とスーパーインポーズして使うX線ビジョンも検討されている。

例えば超音波診断装置で得られた妊婦の胎内の画像を、HMDで見ながら医師が診察をするといった応用が考えられる。小型の透視ビジュアライザーが、超音波診断装置から得られた画像をシースルー型のHMDに映し出す。医師の頭には超小型カメラがついており、天井に埋め込まれた赤外線LEDからのビーコンを受け、頭の位置が検出される。これによって医師の頭の位置から見える超音波による胎内の画像を、妊婦の身体の同じ位置に重ねて表示する。身体の内部と外部を同時に見ながら、的確な診断が可能になる。

またX線などのビームをがんなどの腫瘍部に集中して照射して治療を行う場合、もっとも患部に有効に作用し、周辺部に影響を与えないようにターゲッティングするために、人工現実感によるシミュレーションが有効であると考えられている。

とりあえずは、コンピューターで作られたモデルを使った実験的なものを作るが、実際の



（左頁）ノースカロライナ大学がイメージする人工現実感の医療への応用。医師が手に持っている透視ビジュアライザーが、足元にある超音波診断装置を介して、妊婦の胎内の画像を、HMDに映し出す（ノースカロライナ大学提供）

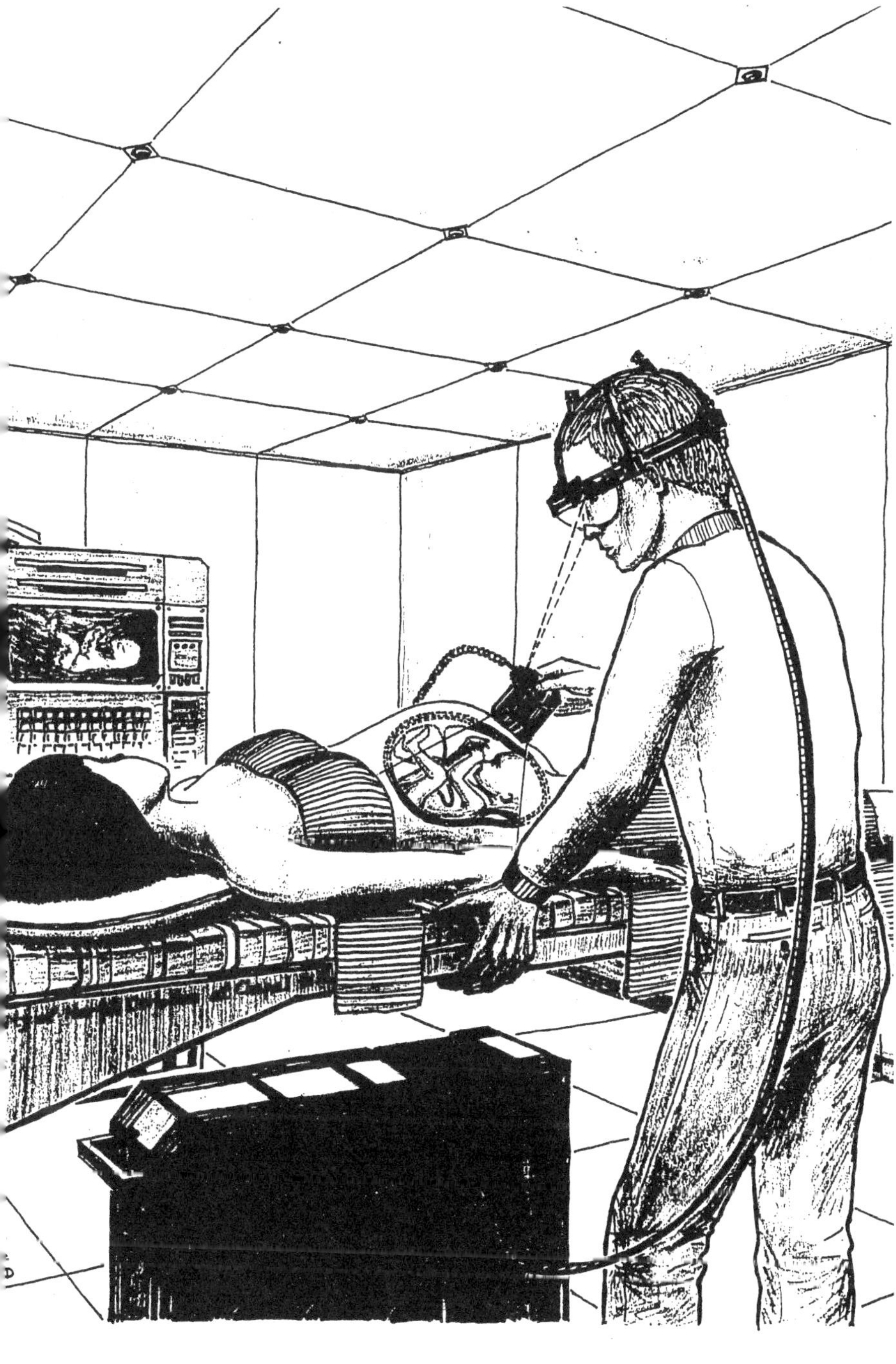

患者を扱えるようになるまでには、位置の精度や信頼性を向上させなくてはならず、時間がかかりそうだ。しかし手術中に患者の心電図や血圧などの生体データなどを表示して、医師が患者から目を離さずに周辺のデータを得ることは比較的簡単にできる。

現在のマイクロ・サージャリーでも、局部を立体顕微鏡で撮影し医師が細かい手術をする例はある。メスをもしマイクロ・マニピュレーターにするなら、これはもう遠隔手術の領域に入るといえる。この方式を拡張していくなら、テレオペレーションを行うロボットが遠隔地にいる患者を直接手術するということも夢ではない。宇宙ステーションや遠隔地で専門の医師がいない場合に役立つはずだ。

エンジニアリングの分野では、複雑なシステムを取り扱ったり、メインテナンスや修理を行うのにも役に立つ。対象のシステムをＨＭＤで見ると、各部の図面やマニュアルが一緒に表示され、各部の動きや操作方法を示すアニメーションが同時に表示される。

また広域の建築のウォークスルーも将来は可能だろう。部屋の中のシミュレーションばかりでなく、建築現場の現在の風景に、今後作られる部分を重ねて表示したり、建物に関係する情報を見る人に表示することもできる。

さらに複数の視点から得られた情報を総合して、フィールドで見えないものを見る応用も考えられる。丘の向こうから走ってくる移動体や人などを、飛行機や丘の向こうが見える位置からの情報を相互に補完的に利用して見える形にする。このような情報を提供できるコミュニケーションのシステムを作れば、都市の中を歩き回る際自分の行きたいところを指示し



**マイクロ・サージャリー**
顕微鏡を使って微細な部分に対して行う手術。拡大した画像と特別の機器を使い、微細な血管や神経を縫合したりする。

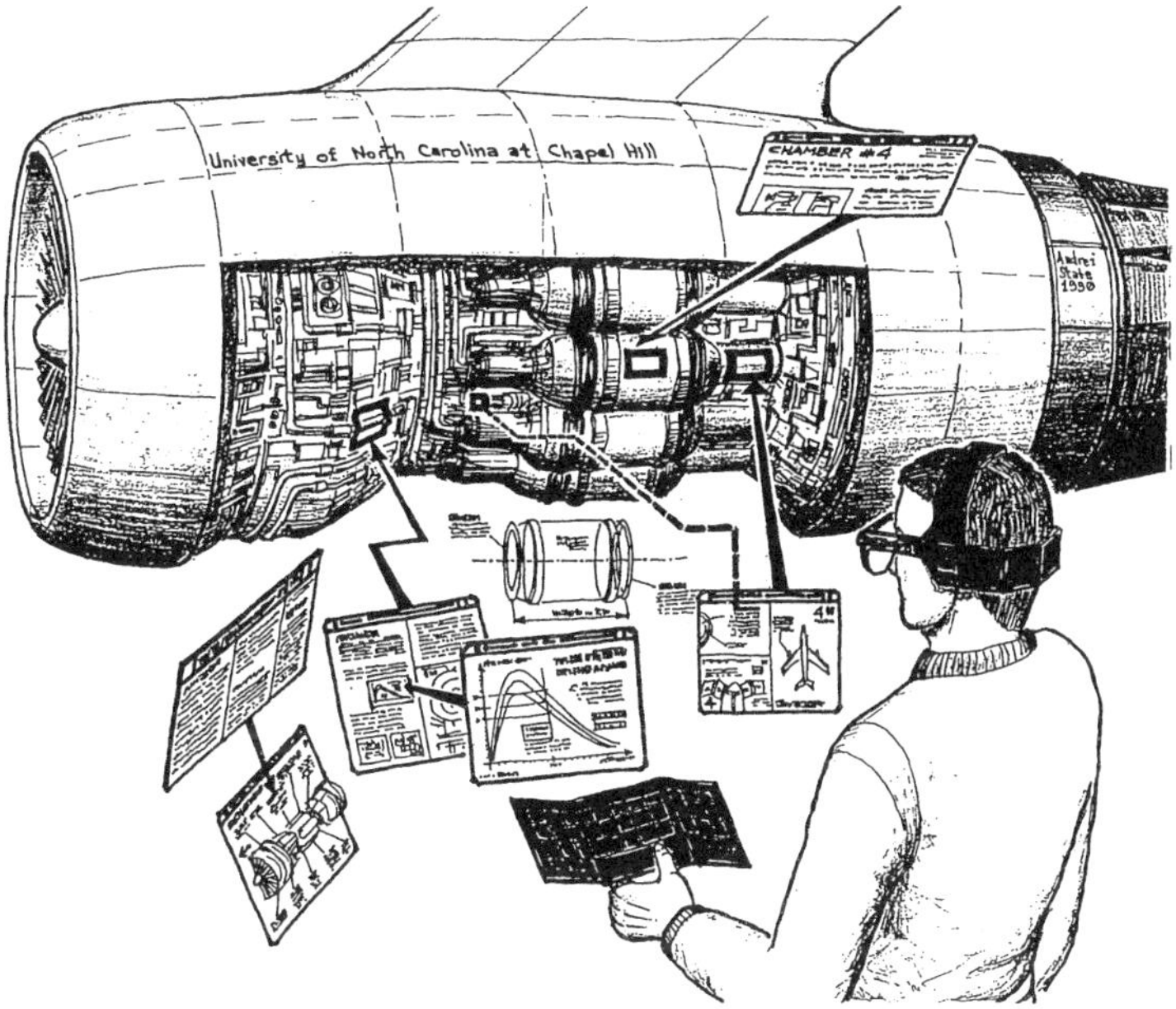


ノースカロライナ大学がイメージする人工現実感のエンジニアリングへの応用（ノースカロライナ大学提供）

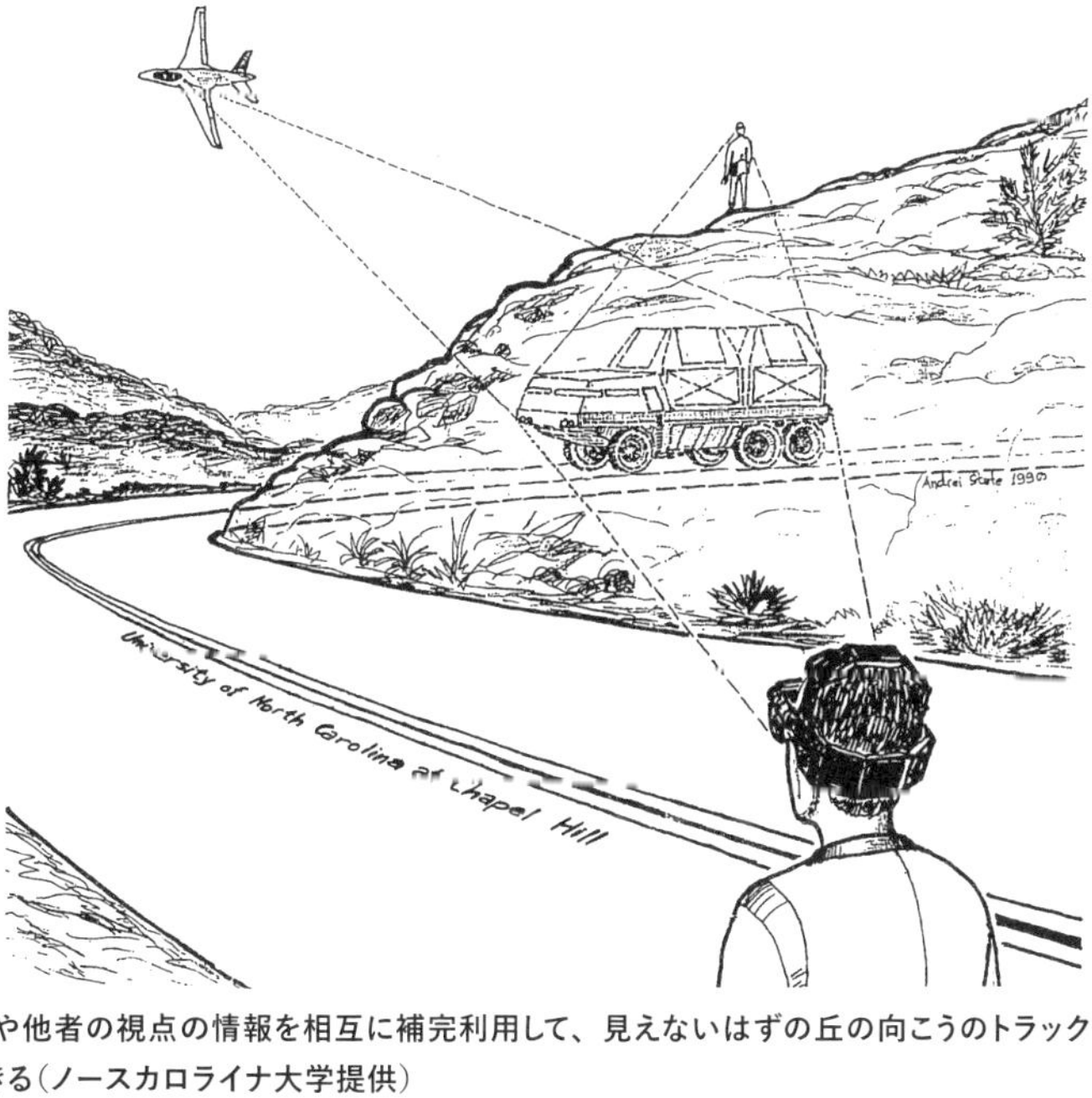


飛行機や他者の視点の情報を相互に補完利用して、見えないはずの丘の向こうのトラックも見ることができる（ノースカロライナ大学提供）

てくれる、大規模な個人用のナビゲーション・システムが作れるかもしれない。

　ノースカロライナ大学で考えられているような医学、薬学、建築などへの応用が示すように、科学や工学全般にわたってモデルを可視化して、より複雑度の高い問題を理解するために人工現実感の手法は有力なツールを提供する。

　問題の理解は、すなわち問題の解決への道であり、また一般的な意味で教育でもある。より多くの要素を含んだ、宇宙、核融合、経済モデル、社会モデルといった、従来の方法では見通せない問題が増えている現在、問題の複雑さをそのまま理解して、かつ操作できる方法が求められている。

　スーパーコンピューターや次世代のコンピューターが、トリリオンのスケールでプロセスをこなすようになり、こういう問題を解くツールとして使われる時、コンピューターとそれを使う人の間はキーボードを叩くように細い糸でつながれているのではなく、もっと太く、かつ日常的な感覚で理解できる方法でつながれなくてはならないだろう。それを人工現実感と呼ぶのか、またほかの名前で呼ぶべきかは分からない。

　ウィリアム・ギブスン氏の『ニューロマンサー』が示すように、未来にはより高速で広範囲のネットワークが地球上を覆い、コミュニケーションは今では考えられないほどの多量のデータを扱うようになるだろう。

「ワイルドなアイデアですが、ケーブルテレビが各家庭に何百万チャネルもある時代がきたら、何が起きると思いますか？」と、ロビネット氏は真顔で問いかける。



**トリリオン**
現在のスーパーコンピューターは毎秒数百億回の演算をこなす。今世紀中には超並列コンピューターを使って1兆回（トリリオン）レベルの演算（一般的には1兆回レベルの演算速度をテラ・フロップスという単位で表現する）が可能なコンピューターを実現しようと各所で計画が進んでいる。完全な人工現実感のシステムを作るには、実際このオーダーの計算能力が必要だといわれている。

そんな時代には、ネットワークに接触した人間は、画像や音声という限られた手段を超え、ネットワークを通して脳の意識そのままを伝え合うのかもしれない。ＳＦの中には高度にネットワークが発達した社会で、その上を流れる情報が日常人間が接する情報量をはるかに超えてしまう世界が描かれている。

そんな世界を描いたヴァーナー・ヴィンジ氏の『マイクロチップの魔術師』（新潮文庫）は、ネットワーク社会の中で出会う人々が、ネットワーク上の仮名（ハンドル名）でいろいろな姿になって登場するため相手の実体が分からず、お互いの「真の名前」を求めて闘争を繰り返すドラマを主題にしたものだ。というのもこの小説が描く社会では、相手の本当の名前を知れば、相手を支配することができるためだ。昔から魔術の世界で、この世のものには俗世の名前と違う本当の名前があり、対象の本当の名をいい当てれば相手に魔法をかけられるという信仰をＳＦへと展開したものだ。

ものの真の名前を知る。それは対象の本質を見極めるということだ。今までそのものの本質を表現する手段がなかったがために、なんの対処法もなかったものごとが、表現の手段を得ることによって理解され動かせる。そんな世界の本質を持ち上げられるテコの支点を人工現実感が持ちえれば、このテクノロジーは本物になるだろう。

この小説の原題は『True Names』。長いあとがきを書いているのは、マービン・ミンスキー氏だ。人工知能の分野を追求する中で、氏の興味は人間の心をどうとらえるかに移っていく。人間の心には、心を持たない小さな機能を果たす部分「エージェント」があり、これら



**ハンドル名**
パソコン通信などで、利用者のＩＤにつけられたニックネーム。

**マービン・ミンスキー氏**

の集合体が心を形成する。人間の身体の中でも、手は足のことを知らず、目は耳のことを知らない。こうした自律的な小さな部分の集合体が全体として人間の身体を形成するように、エージェントの集合体である脳が心を持っているように見えるのだ、と氏は主張する。

このように、人間が生きているということが、究極的には脳というハードウェアの中で動いているソフトウェアで表現されてしまうとすれば、一体何が起こるのだろうか。脳の機能をそのままコンピューターの中に展開していけば、ロボットは心を持つことになる。

人間の脳のソフトウェアをそのままコンピューターの脳に「ダウンロード」する。そんな野望をミンスキー教授ばかりでなく、カーネギー・メロン大学のハンス・モラベック氏などロボットを研究する人々は抱いている。恐ろしいことに、人間は完全にコンピューターの中にコピーされたり、そのコピーをいくつでも作れるようになるというのだ。

SFXの鬼才ダグラス・トランブル監督が作りあげた映画「ブレインストーム」には、人間の脳に取りつけて完全に五感の経験を記録できるマシンが登場する。脳に直結したマシンはややこしいデバイスを使わなくても、味覚や臭覚といった感覚をもコントロールする。これによって人はついにレコードされた死をも再生して体験できるようになる。

自分の完全なコピーをいくつも作り、その内容を遠くの星に電波で送ったり、自分の好きなところにロボットを送って経験をさせる。これらをまた頭にアップロードして、いながらにして宇宙の隅々までを体験する。昨日までの自分のバックアップをとっておき、過去へさかのぼる。1991年正月映画として話題になった映画「トータル・リコール」(原作は



**ダグラス・トランブル**
SF映画の名作、スタンリー・キューブリック監督の「2001年宇宙の旅」やスティーブン・スピルバーグ監督の「未知との遭遇」でSFXを担当し、特撮の専門家として有名になる。映画のコマ数を多くして、高度な特殊効果を作り出す「ショウスキャン」を開発する。

P・K・ディックの「追憶売ります」／新潮文庫『模造記憶』所収）にも、火星旅行の記憶を脳に直接伝え、地球にいながら火星でのバカンスを楽しむビジネスが登場する。

もしそんなことが可能になったとしたら、人間にとって生とか死はまったく別の意味を持ったものになってしまうだろう。ダウンロードを果たした肉体はもう不要になり、「コピー」コマンドの次に「デリート」されてしまうのだろうか？

## 5 鏡の中の生態系

薄暗い部屋の中に明るく輝く水槽の中には、1匹の魚がゆっくりと泳いでいる。水底にはギリシャ建築風の柱やモダンなオブジェが置かれ、その間をぬうように魚は身をくねらせる。魚からちょっと離れた場所には、奇妙な形をした生物が3匹ほどふわふわと、あてどもなく漂っている。

まるでキノコのようでもありクラゲのようでもあるこれらの生物は、仲間達と徐々に一緒になりながら水槽の隅の方を移動していく。手を振って「おいでおいで」の仕草をすると、どうやらこちらの存在に気づいたのか、フラフラとこちらにやってくる。目をパチクリさせながら、まるで小さな子供のようにこちらの方を「一体何がいるんだろう」という顔で覗き込む。

P・K・ディックの『模造記憶』

**ダウンロード／アップロード**
中央のコンピューターなどからネットワークを介して、端末のメモリーにファイルをコピーするのがダウンロード。逆に端末側からファイルをホスト側に移すのがアップロード。

すると突然背後から魚が寄って来た。彼らは怯えたようにうろうろしはじめ、色が真っ青に変わった。「怖いよう、怖いよう」と口々に叫び始め、魚から離れようと必死にもがく。魚はサメのような凶暴な顔をして、口をあんぐりと開け彼らに襲いかかろうとする。これは大変とばかりこちらも思わず手を伸ばし、追い払う動作をすると、「いて！」と声をあげ、さすがに人間は怖いのか逃げていく。しばらくして水槽に平和が戻り、また静かな時が流れ始める。

あたりをもう一度見回そうと横を向いたとたん、魚が今度はこちらに突進してくる。もう避けられない、食べられる、と叫びそうになった途端、魚はこちらの身体をゴーストのように通り抜けた。

これは「バック・トゥー・ザ・フューチャー2」の中に登場するような、21世紀の3Dジョーズ映画の一場面ではない。水槽の中にいる地球上では見たこともない不思議な動物たちは、実は生き物ではなく、プログラムによって作られ、コンピューターの画面の上に現れた動物のイメージを持った化身なのだ。彼らはコンピューターの中から永遠に外に出ることはなく、CRTの中に煌々と光り輝く水槽の中で永遠の生命を享受する。少なくとも電源が切られるまでは。

富士通研究所のヒューマンインタフェース研究部で飼われているこれらの「仮想生物」は、それぞれが自らの行動様式や判断基準を持ち、論理的な環境の中で本当の生物のように行動する。有機物質の肉体を持つわけではなく、シリコンの上に電気信号のパターンとしてしか

富士通の仮想生物システム

存在しない彼らは、時としてプログラミングされた感情を見せ、我々の見慣れた生物に限りなく近い実在感を与える。

「生き物らしさって何でしょうね。生き物をずっと眺めていても飽きない、そういう楽しさを再現できないかと考えました。楽しさとか可愛らしさを実現するのは難しい作業です。我々がコンピューターなどの作ったものの中に、まったく別の世界を感じるのは、きっと心理的な働きなのです」と研究者はいう。

コンピューターの中にドラマを作る。これが彼らの夢なのだ。

これらの「生物」は我々が通常認識する生き物ではない。生き物そっくりの偽物だ。それらを生き物らしいと感じるのは、ここに今いる自分という存在だ。

生き物らしい映像は、生きていることの1つのメタファーだ。何かに何かを例え、それによって何かを知る。メタファーとは、あるものからあるものへ移しかえること。そのもの自身を直観的に知るということを除き、我々は世界を言葉や図、ある感覚からある感覚へと移しかえながら理解していく。つまりメタファーとは人間の世界に対する認識の方法そのものであり、かつ認識というものを説明するため、それ自体がまたメタファーでもある。この移しかえの機能は、広い意味でコミュニケーションの働きそのものともいえる。

マッキントッシュの画面の上の、デスクトップを暗に示すデスクトップ・メタファーを介して、我々は机の上で行うようにコンピューターと対話する。次の世代のコンピューターは、コンピューターの中にインテリジェントな人のような存在「エージェント」が出てきて、人



**エージェント**
人間の秘書のように機能し、コンピューターと人間の間を取り持ってくれるプログラム。

間とコンピューターを仲介するといわれる。

遠い将来のコンピューターは、昔の詩人が世界のすべてを言葉で写し取ろうとしたように、世界そのものをその中に表現しようとするのだろうか。遠い未来の世界を描こうとするSFは、人類が亡びた後も、過去の地球環境や人類の意識をその中に記憶し、再生し続ける主なきマシンを描く。

人間の精神の拡張であるコンピューターは、今ついにその本質に気づきはじめた。人間の精神が作りあげたモデルとしてのソフトウェアで動くコンピューターは、次第に精神に似た振舞いを始める。コンピューターの中の小さな精神は、まだ小さく幼い。心、もしくは心が作る世界のモデルのごく一部を持ったシリコンのマシンは、まだ心を構成するエージェントの一部を表現できるに過ぎない。しかし激しい勢いで進化を続けるマシン達は、いつかその臨界点に達するだろう。

いつの日か、人工現実感のチューリング・テストをパスしたリアリティー・エンジンによって、コンピューターの中のリアリティーを日常のリアリティーと区別できなくなる日がやってきた時、鏡の中に映った自分と対話しながら人類は眩暈の中に自らの判断を失っていくのか、それとも自らの存在を再発見し、新たな世界へと旅立てるのだろうか。

まだ誰もその答えは知らない。



**チューリング・テスト**
英国の数学者チューリングが提唱した、機械が知的であるかをテストする方法。人間が隣の部屋のコンピューターとテレタイプを介して会話をした時、相手が人間だと思えれば知的だと判断する。

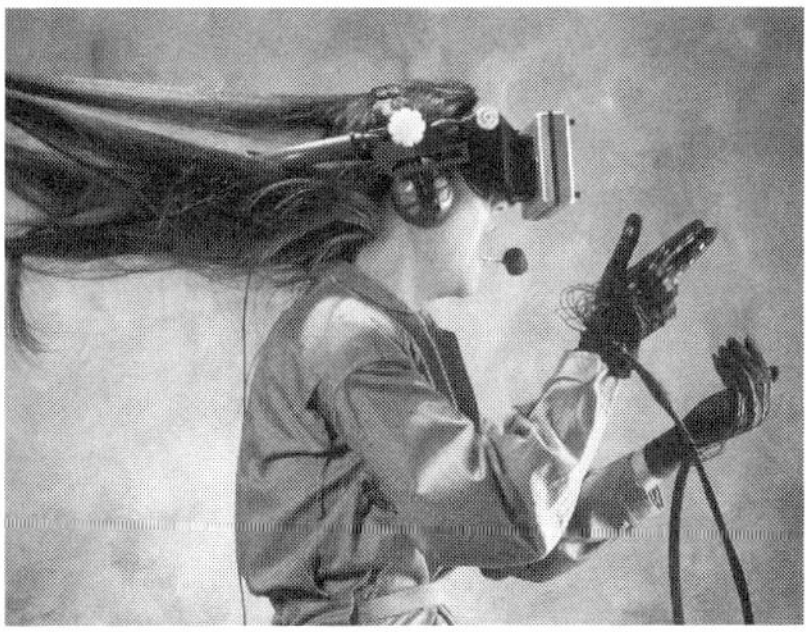

# あとがき

「湾岸戦争で人工現実感の分野は10年加速した」と東京大学名誉教授の石井威望氏（現慶応大学環境情報学部教授）は話す。敵地の格納庫に突き進むミサイルの頭につけられたCCDカメラからそのまま送られてくる画像を世界が目の当たりにし、リアルタイムでオンラインの戦争が進行する。メディアの力が作り出す1990年代のトレンドを予感させるようなこの事件は、まさにテレプレゼンスの世界そのものが作りだす印象を、世界中の家庭のテレビへと送り込んだ。

コンピューターとメディアの結婚が産み落とした子供——人工現実感は、我々のリアリティーというもののとらえ方に大きな挑戦状を叩きつけた。人類が道具というものを持った時から起こった心の外化が、今もっとも速いビークルに乗って加速していく。

現実とは何か？　この古くて新しい問題は、コンピューター・フリークだけの疑問に留まらない。我々がひそかに信じているリアリティーという絶対世界に挑戦するが如く、ある可能世界の姿を紡ぎだすリアリティー・マシンの出現で、ついにリアリティーは相対的な世界像でしかないことが暴露された。おおげさにいえば、哲学の根本的な問題にも挑戦しかねないこの新しいテクノロジーの台頭に、世界は震撼した（はずである）。

石井氏は我々が思う実世界と人工現実感は、数学における実数と虚数、ユークリッド幾何と非ユークリッド幾何の関係に似ているという。実数の世界だけ、ユークリッド幾何学だけを使ったのでは、数学のすべての問題は解けない。現実的でない虚数を使うことにより、実数の範囲では解けない高次方程式の解も得られる。人工現実感の中に作られる虚の世界は、実の世界とは別の現実であり、かつ両者を含む全体が、より大きな現実という概念に包含されるのだろうか。

人工現実感というまだ本当の名前を持たず、海のものとも山のものとも分からないテクノロジーについて、解説するというのも乱暴な話だ。

もともと取材の中で自分の興味から首を突っ込み、この世界の面白さと不思議さにいい知れぬ驚きと恐怖を感じた。いくつかの紹介記事を書いていたところ、ちょうどこの分野の単行本を企画中の工業調査会の迫田彰夫氏のインタビューを受け、ミイラを取るべき人間がピラミッドの主のような顔をして講釈する羽目になった。

まだ評価の定まっていないこのような分野について、本を書くことにはいくぶんの危険も伴う。マスコミでも面白おかしく取り上げられてはいるものの、人工現実感の全体をまとめたものがまだなかった。このため、あえて1990年までの現状を記録に残し、関係者の今後の批判の対象としてもらおうとキーボードに向かった。

日本の関係者への取材に加え、1990年10月にサンフランシスコで開かれた「サイバーソン」に参加し、多くの関係者に会う機会に恵まれた。その後米国を2週間ほど歩き回り研究者、ビジネスマンやこの分野に情熱を燃やす人々に出会い、この本に必要な資料を集めた。

人工現実感について、私が最初にまとまった話を聞いたのは、1988年の夏ボストンでのことだった。ちょうどNASAを離れたウォーレン・ロビネット氏が、MITのメディアラボに講師として講演に来ており、NASAの研究のビデオをまじえ興味深い話をしてくれた。その頃職を探していた氏は、名刺を持っておらず、紙の切れ端に名前と連絡先を書き、もしよい仕事があったら教えてくれ、といっていた。

同じくNASAのスコット・フィッシャー氏と会ったのは、同じ頃、ボストン・コンピューター・ソサエティー（BCS）の会合での席だった。NASAでの再会を約し、その後1989年夏に訪れることがかなった。ヨーロッパを旅しながら将来を模索していたロビネット氏とは、ノースカロライナ大学のプロジェクト・リーダーとしてサイバーソンの会場でまた会うことになる。ノースカロライナ大学も氏に案内してもらい、今度は日本にきてもらう話も進んでいる。

しかし、この本を書くもっとも大きな力となったのは、作家のハワード・ラインゴールド氏との出会いだ。『思考のための道具』という氏の著書を読むことで、米国のコンピューターの世界について教えられることが多かった。私自身この本に登場する多くの人（インフォノウト）に会い、彼らの夢をじかに聞く機会があった。彼らインフォノウトの多くは、自分の夢を今や人工現実感の世界に表現するサイバーノウトとなって活躍している。

ARPAネットワーク上で1990年初めからバーチャル・リアリティーのオンライン会議が始まり、いよいよこの分野が動き出した。この会議のモデレータをラインゴールド氏が務めていることを知り、電子メールを介してコンタクトをしたところ、氏がバーチャル・リアリティーの本を書こうとしていることを知った。ラインゴールド氏はその後「ハイパーネットワーク日出会議」のキーノート・スピーカーとして来日。私も氏の日本での取材に立ち会う機会を得た。

その後サイバーソンに参加して日本の現状について話すことになり、米国での取材先などについて、いろいろアドバイスやアレンジをお願いした。氏は米国、日本ばかりでなく欧州にも取材を重ね、『バーチャル・リアリティー』という本を今年出版する予定になっている。拙書は氏の大きな構想には及ばないが、できるだけ日本の最新の現状も含めて紹介し、今後この分野を研究したいと思う人のガイドブックになるよう心がけた。

サイバーソンの会場では、日本工業技術振興協会が人工現実感とテレイグジスタンスの研究を産官学で始めるニュースが伝わっており、米国の関係者が日本の動向に大変関心を払っていることを知った。米国のアイデアをまた日本が勝手に拝借した、という印象を持たれないよう、国際協力を早くからスコープに入れた研究が望まれる。

人工現実感の大陸はまだほとんどが未踏のままだ。テクノロジーをよりリアルなものにしようと努力を続ける現代のライト兄弟やエジソン達の夢を紹介し、彼らの開拓史の序章に立ち会った。彼らの挑戦に続くのは誰だろうか？

⚜　⚜

この本は、多くの方々のご協力をいただかなくては成しえなかった。ラインゴールド氏を招いたネットワーキング・デザイン研究所の会津泉氏、野々村文宏氏や博報堂の皆さんには米国の取材でいろいろお世話になった。米国でも忙しい中で時間を割いて取材に快く応じていただいた研究者や企業の方々や、日本では人工現実感の分野の第一人者である、名古屋大学の月尾嘉男氏（現東京大学教授）、東京大学先端科学技術研究センターの舘暲氏、東京大学の廣瀬通孝氏、筑波大学の岩田洋夫氏、ATR通信システム研究所の岸野文郎氏や竹村治雄氏、NTTの外村佳伸氏やヒューマンインタフェース研究所の皆さん、日商エレクトロニクスの菊池望氏には、取材ばかりでなくいろいろアドバイスをいただき感謝している。またすばらしい写真を提供していただいた写真家の岡田明彦氏、研究の成果や製品の写真を快く提供していただいた大学や企業の方々にもお礼を申し上げたい。延びた締切りを辛抱強く待っていただいた、迫田彰夫氏には終始お世話になった。最後になったが、この本はまた、いつも私の仕事を支えてくれる家族の協力なくしては書きえなかったことを記して感謝したい。

1991年3月3日　服部　桂

## VR30——もしくは長いあとがき

ここまで読み進めていただいた読者は（こちらが先という場合もあるとは思うが）、どのような感想を持たれただろうか？

現在のVRブームと同じような現象がずっと昔にあったことに驚く人も、当時の記憶が蘇ってなつかしさを覚える人も、今後のビジネスのヒントを見つけたいのに最新の研究やプロダクトの情報がないと物足りなさを感じる人もいるのではないかと思う。

昔の本をこのような形で再び世に出すことにはいくぶん戸惑いもあったが、読み返してみると、書いた本人にとっても新しい発見があり、当時は無我夢中で書いていた内容の意味が、時間が経って読み解けるようになったものもある。

ここでは、あとがきというより、30年という時間が経った現在、VRについて考えるところを述べて、その失われた時をなんとか埋めてみたいと思う（こちらを先に読み、他の章と比較していただいてもかまわない。話題など重なる部分もあるが、時代のズレを読み取っていただければと考える）。

当時を振り返ってみると、世界はかつてない大きな激動を経験していた。1989年1月8日に日本は昭和から平成になったが、中国では6月4日に天安門事件が起き、ドイツでは11月10日にベルリンの壁崩壊という未曽有の事件が発生し、戦後を決定づけた冷戦が終わりを告げていた。その頃スイスのCERN（欧州原子核研究機構）では、研究者のティム・バーナーズ＝リーがネット上に増えすぎた情報をどうにか整理しなくてはならないとWWWを作っており、日本では10月に開業したばかりの幕張メッセで12月13日から初のマルチメディア国際会議が開催され、ニコラス・ネグロポンテ、ジョン・スカリー、ビル・ゲイツ、アラン・ケイなどの錚々たる面々が訪れて、新しい時代の到来を告げていた。

そして翌1990年の2月6日には、東京の外苑前にある

TEPIAでアドバンスト・インターフェースの展示が始まり、VPLの製品を使った日本初の一般向けデモが公開されることになった【第1章51ページ】。すでにアメリカの研究者や国内での取材も始めていたので、すぐさまこの会場に駆け付け、2月17日と19日両日にわたって新聞に記事を掲載した。アメリカでも最初のVR関係の会議が続々と開催され、まさにVRブームのビッグバンが起きた年とも言えるが、それに合わせるように本書を書くことになった。

それからの90年代はまさにデジタル化が加速した時代で、アメリカではクリントン政権でアル・ゴア副大統領が21世紀のインフラとして「情報スーパーハイウェー」を提唱し、デジタル・カルチャーを標榜する雑誌「WIRED」が創刊され、インターネットが商用利用されるようになり、ヤフーやアマゾン、グーグルといった現在GAFAと称される今日の世界を支配するネット企業が次々と起業していき、世紀末という暗いイメージを吹き飛ばすようなネットバブルが起きることになった。

## 人間の支配から人間の拡張へ

過去の話ばかりで恐縮だが、未来の話をする前に、まずはVRのルーツに踏み込むために、時代をさらに遡ってみたい。

昨年2018年の12月9日のこと、コンピューター史上非常に重要なイベントが世界中で開催されていた。それはパーソナル・コンピューター誕生のきっかけになった出来事の50周年を祝うもので、VRが話題になる20年も前の話だった。

1968年のこの日、サンフランシスコでコンピューター学会(FJCC)が開催されており、そこでスタンフォード大学の研究所SRIの研究者ダグラス・エンゲルバートが、未来のコンピューターの姿をイメージさせる衝撃的なデモを行い、それが「すべてのデモの母」と呼ばれるようになったのだ。

その映像は現在YouTubeでも確認でき、われわれには古いパソコンで書類を操作してコピペしたりリンクを張ったりするような映像にも見えるのだが、当時の研究者たちは、机上で行っていた作業がコンピューター上でそのまま行えることに驚きの声を上げた。それは未来（＝21世紀）を描くSFそのものに見え、多くの人が、ちょうど同年公開されたスタンリー・キューブリック監督の「2001年宇宙の旅」の世界が出現したような印象を受けたという。画面には遠くシリコンバレーで同じシステムを使うチームのメンバーも映像で登場し、遠隔地にあるコンピューター同士をネットワークでつないで、リアルタイムで情報を共有したり共同作業したりすることが可能になるというビジョンも語られた。

当時のコンピューターの主流は部屋ほどのサイズのメインフレーム（大型電子計算機）と呼ばれるもので、さらに小さなミニコンと呼ばれる冷蔵庫やキャビネット程度の大きさのものもあったが、パンチカードや紙テープに1行ごとに穴をあけてプログラムを読み込ませるかキーボードで文字を入力するしかなく、結果はプリンターに無機質な数字が打ち出されるだけ。パネルにやたらとランプやスイッチが並んでおり、ディスプレイはコマンドや作業状況を表示する小さなテレビのようなものしか付いていなかった。おまけにそれらの性能は、現在のスマホの数十万分の1程度だった。

ところがエンゲルバートが見せているのは、そうした間接的で煩わしい方式ではなく、書類をそのまま表示して、いま思ったことをすぐに書いたり切り張りしてその場で修正したりできる、リアルワールドに近い直接的で人間の思考の流れに沿ったものだったのだ。それはいま思えば、バーチャルオフィスをイメージする初のVRデモだったのかもしれない。

当時はコンピューター科学の講座を持つ大学はまだ少なかったが、1956年にはすでにダートマス大学で人工知能会議が開催されており、未来のコンピューターは人間の知性にせまる能力を持ち、チェスを指したり会話したりするばかりか、いずれ人間に成り代わって世界を支配するという、現在のシンギュラリティー議論のような話が語られていた。同じスタンフォード大学ではAIという言葉を提唱したジョン・マッカーシー教授がスタンフォード人工知能研究所（SAIL）を設立しており、コンピューターが人間のように高度な判断をし、ロボットが労働を代替するオートメーションが支配する世界を実現しようと研究していた。

　ところがその同じスタンフォードにあったSRIで働くエンゲルバートのオーグメンテーション研究所は、人間を置き換えるのではなく、人間の能力をコンピューターによって拡大しようというまったく逆の発想で運営されていた。まさにこれは機械を知的にするAIとは正反対の、人間の知性を拡張するIA（Intelligence Augmentation もしくは Amplification）の発想だった。

　この年に日本は明治100年を祝っていたが、戦後23年が経って復興期から所得倍増計画によるいざなぎ景気を謳歌する高度成長期が訪れ、GDPで西ドイツを抜き世界第2位の経済大国になるという時代だった。1964年の東京オリンピックで東海道新幹線や首都高速道路も開通して都市インフラが整備され、日本初の超高層ビルである霞が関ビルが完成した。

　アメリカではアポロ計画が人類の月面着陸を目指し、テクノロジーの目覚ましい発展で経済が活性化する一方、マーチン・ルーサー・キング牧師やロバート・ケネディ議員が暗殺され、世界を見渡すと、ベトナム戦争が激化し、フランスの五月革命や中国の文化大革命も勃発し、日本では東大闘争や成田空港の反対闘争も激化し、戦後の若者と戦前の旧体制の軋轢がさまざまな社会制度や国際政治の混乱を招いていた。

　若者はロックとドラッグで親世代の世界に対抗するカウンターカルチャー運動を巻き起こし、「情報は自由になりたがっている」と主張するスチュアート・ブランドが1968年に出した雑誌「ホール・アース・カタログ」が、ドロップアウトしたヒッピーたちの生活を地球規模の意識で目覚めさせる時代のバイブルとなり、この雑誌の最終号に書かれた当時の若者の生きざまを象徴するような「Stay Hungry, Stay Foolish」という言葉は、スティーブ・ジョブズが2005年にスタンフォード大学の卒業式で、自分の人生を決定づけた言葉として引用することで、世界的に有名になった。

　今年はその1年後の1969年7月にアポロ11号が月面着陸を果たして50年経ったことを記念して、ニール・アームストロング船長に焦点を当てた映画「ファースト・マン」が公開された。これもまた世界史を大きく塗り替えるような話だったが、映画の中で再現された当時の現場の様子を見ると、「空飛ぶスパム缶」と揶揄された宇宙船が、重厚長大を象徴するような巨大なロケットを使って力まかせにやっと月まで飛んだようにも見える。

当時使われていたコンピューターは、地上では大型機だったが、月面とのやりとりは電波でも2秒以上かかるので、現場への指令は地上から送っていては間に合わない。そこで中央の司令塔には頼らず判断できるよう、特製の小型コンピューターAGC（Apollo Guidance Computer）が司令船と着陸船に搭載されていた。それは当時やっと使われ始めた集積回路（IC）を数千個使って手作業で丁寧に作られ、メモリーは磁化したロープ状のコアロープメモリーを使ったもので、世界初のパソコンとも言えるものだったが、いまの電卓程度の性能しかなかった。インテル社が日本のビジコン社の依頼で電卓用に世界初のマイクロプロセッサーを開発したのもこの年だった。

## パーソナル・コンピューターの誕生

エンゲルバートのデモを見て感動していた観客の1人に、ユタ大学で学んでいたアラン・ケイがいた。CGやVRの元祖ともされるアイバン・サザランド教授の指導の下、グラフィックスを扱うソフトを研究している博士課程の学生だったケイは、エンゲルバートのデモに出合って天啓を得たかのように、未来のコンピューターを実現しようと活動を進め、研究が始まったばかりの平面型パネルを使って、ほとんど画面ばかりのタブレット型の本のようなコンピューターを構想して、ダイナミックな本という意味を込め「ダイナブック」と呼んだ。その頃に描かれたイメージのイラストを見ると、その姿は現在のiPadそのもので、すでに半世紀も前にパイオニアは現在の姿を予測していたように思える。

そのデモの後に彼は、未来のコンピューターは会社の奥座敷に構えて全員を管理するような大型の機械ではなく、個人が自分のアイデアでいつでも使えるものでなくてはならないと考え、「パーソナル・コンピューター」という言葉を提唱した。そして1970年にゼロックスの研究所PARCに移って、ALTOと呼ばれるパーソナル・コンピューターの原型を作るのだが、それを1979年に見学に来たスティーブ・ジョブズが見てヒントを得て、その結果マッキントッシュというマシンが世に出ることとなる。

1984年のアップルのテレビCMには、ジョージ・オーウェルのディストピア小説『1984年』を下敷きに、ビッグ・ブラザーと呼ばれるIBMを模した超大型コンピューターが支配する超管理社会に、個人が小さなマッキントッシュを持って挑むというイメージが高らかに謳われている。

実はアラン・ケイを指導していたアイバン・サザランド教授の研究室では、すでに現在のVRの基本となるHMDシステムが作られていた【第1章56ページ】。当時は表示デバイスとしてブラウン管しかなく、位置決めセンサーも主に機械式だったため、太いパイプに吊るされたような形でコントロールされるシステムだったが、すでにこの頃にはコンピューターの作ったワイヤーフレームによる3D画像を手で操作することができた。そういう意味では、VRはパーソナル・コンピューターの誕生と同時にこの世に存在していたことになる。

VRとパーソナル・コンピューターには直接の関係はないように思えるが、VRがもたらした、利用者自らが自分の視点で情報に向き合い操作するというパラダイム転換と、個人を中心に据えたパーソナル・コンピューターの出現は、情報科学の歴史の中で軌を一にして人間中心主義を宣言した双子の現象だと考えるべきだろう。

アラン・ケイの考えたコンピューターを最初に実現したのは、大型コンピューターのメーカーではなく、ホーム・ブルー・コンピューター・クラブという趣味の若者の集まりや、主にそれから発展したアップルのような小さなベンチャー企業だった。大型コンピューターを扱う会社は、企業の利用を前提とした恐竜のように大きな機械を作っており、パーソナル・コンピューターはただのオモチャだと無視して機能のない（ダム：damb）

端末としてしかとらえていなかった。ところが、それは初期の哺乳類のように周辺で増え続け、それらが冷戦の生き残りのために発想されたインターネットなどと連帯していき、デジタル革命の気候変動で右往左往している恐竜のようなメインフレームと呼ばれた大型のマシンを駆逐していくことになる。

## コンピューターと脳

　こうしたコンピューターのパラダイム転換は、スマホとネットが当たり前になった現在では当然のように思える。しかし近代のコンピューターは、16世紀の科学革命後、17世紀のパスカルなどの機械式計算機が元になり、18世紀の産業革命時代の後の19世紀にバベッジの階差機関のような大きな機械が作られてきたものの、手計算では間違いが多く煩雑な大量の計算をこなすために作られた、数値計算の道具以上の存在にはなっていなかった。

　コンピューターを大型そろばんから論理機械へと飛躍させたのは、イギリス人の数学者アラン・チューリングだった。

　20世紀に入って、論理学が発展して分野を超えた学問分野の基礎を統一的に記述しようとし、哲学者のバートランド・ラッセルとアルフレッド・ノース・ホワイトヘッドが１９１０年から『数学原理』を発表し、その流れをくんだ世紀の大数学者ダフィット・ヒルベルトが、すべての命題は公理から定理を証明していけば矛盾なく体系化できるという大統一理論のような主張をしていた。ところが１９３１年に、クルト・ゲーデルがこの主張は不完全であることを証明し、１９３６年にアラン・チューリングが、計算しても決定できない問題があることを証明してヒルベルトの夢を打ち砕いてしまった。

　チューリングはその証明のために、人間の論理思考をモデル化するという前代未聞の方法を駆使した。それが「チューリング・マシン」と呼ばれるようになり、コンピューターのＤＮＡとも言える基本論理となった。現代のコンピューターはチューリングの論理を基礎にして発展し始め、プリンストン高等研究所にいたフォン・ノイマンが、アメリカで第２次大戦中に大砲の砲弾の軌跡計算用に作られた電子式コンピューターＥＮＩＡＣに応用した。ノイマンはチューリングの発見をいち早く理解し、計算手順までをプログラムとしてコンピューター本体に記憶させるノイマン方式を提唱し、戦後のコンピューター開発の基礎を確立した。また当時コンピューターは戦時にしか必要ない特殊なものと思われていたのに対し、シミュレーションなどの技法を通し、科学全般や経済の問題などを対象とした社会の基本的な道具になることを見抜いていた。

チューリングはもともとコンピューター作りを目指していたわけではなく、数学的証明のために理論を考えただけだったが、数学者であったことから第2次大戦中にイギリス軍でドイツの暗号エニグマを解読する任務につき、戦後にはそうした経験を通してイギリスのコンピューター製作に情熱を傾けることになった（しかしイギリスはコンピューターを戦時の特殊な装置としてしか考えておらず、戦後に計算機を公開してビジネス化したアメリカに大きく水を開けられる）。

もともと彼が本当に実現したいと考えていたのは、ただ計算が速いマシンではなく、人間の脳を機械で実現することだった。幼い頃に脳のメカニズムを解説した科学書を読んで、脳を模した機械を作れば人間の心や魂も再現できるのではないかと考えたからで、夭折した親友の魂をコンピューターの中に探し求めていたという説もある。

チューリング・マシンの想定する基本機能を実現することは、プログラムを書いてコンピューターを動かすことだが、それは心の働きを記述して人間が行うありとあらゆる活動を模倣することでもある。彼は開発当初から、初期のコンピューターでチェッカーのような盤面ゲームを行わせたり、ラブレターを書かせたり、音を出して音楽を演奏させたりしており、機械の脳であるコンピューターを子どものように教育して学習させることによって、プログラムとして明確に記述できない未知の問題をも扱って解決できる道があると考えていた。

さらにチューリングはコンピューターが人間のように思考することができるようになり、いずれ人間と区別できなくなる日が来ると考え、キーボードを介して会話してもほとんどの人が相手を人間だと思えるようになれば、そのコンピューターは知的であると考えてかまわないとする、人工知能の判定基準「チューリング・テスト」を1950年に提唱している。

彼はコンピューターというものを、さらに人間存在そのものを模倣する人工物だと考えていたので、人間が五感を使って外界からの情報を取り入れ学習して判断し、外界に対して働きかける身体的な機能をも視野に入れていた。人工知能の研究は当初は、ゲームやルールベースのエキスパートシステムのように論理計算に終始しており、身体を持った人工物としてのロボットは別の機械工学的存在だと考えられていた。

しかしコンピューターはそもそも人間そのものを対象としていると考えるなら、現在使われているパソコンなどは、脳だけを切り離した、手足が付いていない不完全なモデルとさえ考えられるだろう。手足の部分は機械的な肢体である必要はなく、ネットワークという末梢神経につながったありとあらゆる装置や人間を含む外界とのつながりを指すとするなら、インターネット全体が利用者のコンピューターにとっての身体であり、また当の利用者も他のコンピューターにとっての身体という関係が成り立つと考えられなくもない。

## 人とマシンとサイバネティクス

そうしたコンピューターという機械と人間の関係が大きく変わったのは、やはりENIACを生み出すことになった第2次世界大戦という舞台だった。ドイツ軍の空襲に備えるため、高射砲で敵の爆撃機を捉えて撃ち落とすための研究がなされた。敵機をレーダーでとらえてから弾が上空まで届くのに10秒以上かかるため、経路を予想し、天候等の要素を加味していかに精度を上げるかが課題となった。それに使われるコンピューターはただ計算をすればいいのではなく、リアルタイムで不確定な事象に対して人間の射手と一緒に動作しなくてはならない。つまりマシンと人間の緊密な連携が必要になったわけで、こうした新しい研究を任されたのがMITの数学教授ノーバート・ウィーナーだった。

ウィーナーは戦後、マシンと人間が一体となって作業する関係を研究するにあたり、船頭が流れに棹差して舟をあやつるイメージになぞらえ、ギリシャ語の舵手を意味するキベルネテスという言葉から、新しい分野を「サイバネティクス」と名付けた。サイバネティクスは当初は兵士の操る武器にコンピューターを加えて一緒に制御するために考えられたが、それは人間と道具一般との関係にも敷衍でき、特に人間の脳を模したコンピューターと人間の関係は、通常の道具以上の全面的で複雑な様相を呈し、人間同士の関係に近いものまでになる。

サイバネティクスという言葉は戦後、新たに人間に対峙する存在となったコンピューターと人間の関係ばかりか、原爆という人類を滅亡させるかもしれない、人の手に負えなくなった巨大テクノロジーと社会がどう付き合うかという、より大きな問題をも喚起していた。そこでメイシー財団がテクノロジーと人間の未来について1946年から1953年にかけて「サイバネティクス会議」と呼ばれる会合を開き、そこにはフォン・ノイマンをはじめ、グレゴリー・ベイトソンやマーガレット・ミード、ウォーレン・マカロックなどの有数の学者が招待され、人間や自然を一体のシステムとして扱う戦後の新たなシステム的な世界観が語られた。

サイバネティクスの考え方は戦時中に進歩した数理的計画制御のための技法オペレーションズ・リサーチ（OR）とも呼応し、社会主義国だったチリのサルバドール・アジェンデ政権で計画経済を推進するための「サイバーシン計画」では、国全体をORなどでサイバネティクス化し、生産や経済を制御する国家システムにまで応用された。このユートピア的な計画は、いまでは「社会主義者のインターネット」とも言われ、1973年にピノチェト将軍による軍事クーデターが起きて頓挫したが、IoTやファクトリー・オートメーション（FA）などが進んでいけば、国全体をサイバネティクス化するという構想は、現在のネット社会ではそれほど荒唐無稽な話ではないかもしれない。

さらにサイバネティクスの具体的応用としては、GEが人の腕とマシンの手を一緒にしたハンディーマンや、人間にエクゾスケルトン（外骨格）を付けたロボット型のペディピュレーターなどを試作しており、これらは実用化しなかったが、現在のロボット開発全般や、サイバーダイン社のロボットスーツHALなどにも受け継がれている。

## ARPAからサイバースペースへ

サイバネティクスはその後大きく発展することはなかったが、1957年10月4日に旧ソ連が世界初の人工衛星スプートニクを打ち上げることで、アメリカの科学技術コミュニティーが大きな変化を被る転機が訪れた。原爆開発で米国の後塵を拝したソ連が、宇宙に弾頭を打ち上げることのできるICBMを完成させたことは、現在の北朝鮮のミサイル開発にも似た混乱を引き起こし、それが「スプートニク・ショック」と呼ばれ、大戦を経て世界のリーダーとして自信を持っていたアメリカの自負心を打ち砕いた。

国防総省は米国の宇宙開発と兵器開発を加速させるため1958年にARPA（高等研究計画局）という組織を立ち上げ、宇宙開発のためにNACA（米航空宇宙諮問委員会）も同年NASA（米航空宇宙局）に改組した。ARPAは当初は偵察衛星などの宇宙開発と核実験探査をメインに行っていたが、宇宙開発の仕事はNASAに取られ、ベトナム戦争の激化でベトコン対策のための枯葉剤やドローン開発などに移行した。核攻撃に対しても有効な分散型のネットワーク研究も行われ、BBN社にいた心理学者J・C・R・リックライダーの「銀河間コンピューターネットワーク」などの構想とRAND研究所でポール・バランが提唱したパケット通信の技術を合わせて、1969年10月29日には西海岸の4カ所をつないだARPAネットの実験が開始された。

初期のコンピューターはまだ一度に1つの仕事しかこなせないバッチ方式の処理しかできなかったが、戦後にソ連からの爆撃を想定して、カナダや北極方面に向けたレーダーによる早期警戒システムを作るために、MITでは時分割方式で複数の利用者が同時に使えるWhirlwind（ホワールウィンド＝つむじ風）というコンピューターが作られていた。これを元にしたIBMのコンピューターAN/FSQ-7を使ったシステムはSAGE（半自動式防空管制組織）と呼ばれ、アメリカやカナダの基地に設置されたコンピューターが回線でつながれ、北アメリカ全土の上空にある飛行物体を追跡できるものだった。

システムの操作は、レーダーの画面で敵機の機影を見つけると、ライトガンと呼ばれるポインティング・デバイスでマーキングし、それに対して追跡し迎撃するというもので、それはまるでゲーム機を操るような感じだった（1962年にはこれを髣髴とするような、世界初のコンピューターゲーム SpaceWar! がMITで作られている）。SAGEが着工された1957年にはソ連のICBM出現でその効力は疑わしいものとなったが、リアルタイムでグラフィックスを使ってインタラクティブに動く広域のコンピューターネットワークが初めて作られることで、そのノウハウはその後のコンピューター開発に大きな影響を与え、航行管制システムや鉄道の予約システムなどにも応用されることになる。

しかし当時はこうしたオンラインで状況に反応して、その場で問題解決ができるコンピューターの需要は民間では工場での機械制御ぐらいしかなかった。しかしMITでは、SAGEで使われたIBMの真空管式コンピューターをトランジスター化したTX-0やTX-2を使って、画面を使ってコンピューターを操作する研究が行われ、博士課程の学生だったアイバン・サザランドが1963年に「スケッチパッド」(Sketchpad) と呼ばれる描画や操作が可能な、初のインタラクティブCGのシステムを生み出すことになる。サザランドはさらにCGの3D化を目指して研究を進め、コンピューターの中で計算された仮想の対象を空中に投影して手で操作できる、HMDを使った「ダモクレスの剣」と呼ばれるシステムを完成させる。

それこそがコンピューター時代に初めて作られたVRシステムだったが、サザランドは開発当初から「究極のディスプレイ」という論文で、外界や部屋全体をディスプレイ化し、不思議の国のアリスのようなファンタジー世界を実現させるさらに雄大なVR世界の実現を夢見ていた。それはエンゲルバートのシステムやアラン・ケイのダイナブックのように、論理を言葉で表すのではなく、現実に見えているものを、ビジュアルを使って直感的に操作する新しいコンピューターのパラダイムとも呼応するものだった。

しかし結局、VR自体を開発する明確なインセンティブは、当時はパイロット養成のためのフライトシミュレーターから始まった軍事や宇宙開発などの特殊な分野にしかなく、最初に実用的なHMDを研究したのは、ジェット戦闘機のパイロットが極限状態で戦闘するためのスーパーコックピット【第1章80ページ】や、宇宙ステーションでのパネル操作やテレオペレーション【第1章35ページ】のための装置だった。

## パソコンやゲームによる一般化

そうしたテクノロジーの潮流が、80年代に入ってパソコンやゲーム機によるインタラクティブCGの普及によって次第に一般化していった。専門家の特殊な技能を必要としたコンピューターを素人が使うには、目で見て手で触れるような日常感覚に近い操作法が必要だったが、そうしたヒューマンインターフェースの研究が始まった頃は、まだコンピューターの性能が低くて画像や音声などの大量の情報を処理する余裕がなく、本体の高性能化が優先されたため傍流の研究としてしか扱われなかった。

パソコンの性能はプロが使う大型機とは比べ物にならなかったが、それらが80年代の通信の自由化によって、徐々に電話のネットワークと接続されるようになり、パソコン通信などを介してコミュニケーションの道具として使われるようになっていった。そこでは電子掲示板などのコミュニケーションツールが開発され、人々がつながって見えないコミュニティーを作るようになったが、そうした世界を垣間見たSF作家がそこに未来を見て、人間とマシンが協働するサイバネティックスのアイデアを再発見する。

そしてウィリアム・ギブスンが80年代初頭に『ニューロ

マンサー』『クローム襲撃』の中で「サイバースペース」という言葉を使って以来、1960年にできた「サイボーグ」(サイバネティック・オーガニズムの略)という言葉以降忘れられていた、コンピューターと人間が関係するありとあらゆる場面に「サイバー」という言葉が入り込んだ。

その最も典型的なイメージを誰にもわかる形にしたのが、五感をコンピューターやネットワークと全面的につなごうとするVRだった。82年に製作された映画「トロン」は、アーケードゲームの開発者が、物質転送機によってゲームの作るバーチャル世界にそのまま入り込んで、トロンという名前のシステムとドラマを繰り広げるもので、ゲームに興じる人々が感じるサイバースペースそのものを映像化したものだった。

しかし当時はまだ、コンピューターと人間が、どういう形で対話するのがいいのかについても、統一的な見解はなかった。MITメディアラボの前身にあたるアーク・マック【第1章41ページ】では、コンピューターの画面に指を触れて操作したり、テレビカメラで人間の動作を読み取ったりして指示する研究も行われていたが、これらも元はARPAの資金による軍事オペレーションと関係したものだった。

アーク・マックではコロラド州のスキーリゾートとして有名なアスペンの街を複数の16ミリフィルムカメラで撮影した映像をビデオディスクに入れて、画面を見ながら道を曲がる操作をすると画面がそちらに切り替わる、グーグル・ストリート・ビューの祖先のような「アスペン・ムービー・マップ」というシステムが作られていたが、これも1976年にウガンダのエンテベ空港で起きたハイジャック事件での人質救出作戦のため、イスラエル軍が現地の実物に近い施設を作って訓練したことにヒントを得たものだった。

## マルチメディアとインターネット

90年代になってパソコン自体の性能が急激に向上し、画像や動画、音声を扱えるマルチメディアの時代がやって来ると、VPLの発表を受けて、VRの世界が一般にも普及すると期待感が高まった。当初はVRという言葉しかなかったが、その後はシースルー型のＨＭＤを使って外部の世界にコンピューターの作った情報を重ね合わせて表示するものをＡＲ（Augmented Realityの略で、Artificial RealityのＡＲとは別）、現実と仮想的な情報を組み合わせて扱うＭＲ（Mixed Reality）、これらを総称するＸＲ（Extended Reality, Cross Reality）という言葉もでき、研究も細分化していった（下図参照。本書では特にこれらのカテゴリー別には論じてはいない）。

その一方で、ゼロックスのＰＡＲＣでは、コンピューターが外の世界のありとあらゆるものに埋め込まれてネットワーク化した、現在のＩｏＴの祖先ともいえる「ユビキタス・コンピューティング」の研究が始まっていた。この研究を主導するマーク・ワイザーは、コンピューターとのコミュニケーションは道具を使うことを意識してはならず、魔法のように、利用者が思ったことを願って普通に指示すれば、コンピューターがそれをキャッチして反応しないとならないと主張し、「カーム（calm：静かな）・コンピューティング」と呼んだ。

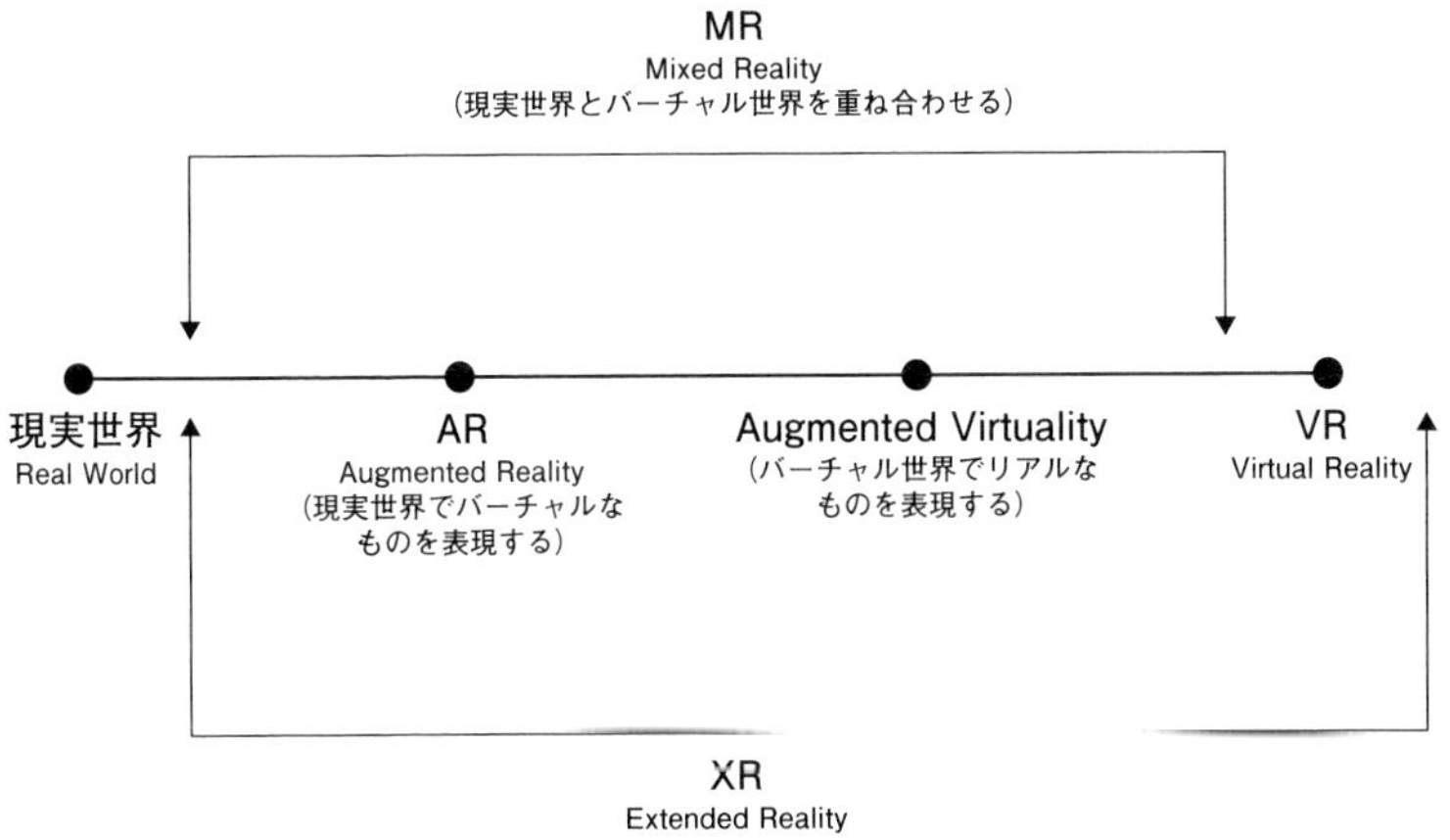

そして、HMDのような装置を使って操作を意識しないといけないVRとユビキタスは真逆の関係だと主張し、環境側をインテリジェント化すべきだとした。

VRはこうした時代に、コンピューターと人間のサイバネティックな関係の1つの理想として注目され、マルチメディアの行き着く目標とも考えられたが、HMDはまだ高価で性能が不十分なままソフトも増えず、研究所内にとどまっていた。

90年代にはプレイステーションやセガサターンやドリームキャストのような高度なグラフィックスを駆使したゲーム機がたて続けに発売され、1995年には任天堂がHMD型のバーチャル・ボーイを出したが、データグローブを元にしたファミコン用のパワーグローブともども中途半端な製品となり、市場では成功しなかった。

こうした3Dグラフィックスや新規デバイス開発は停滞していたが、むしろ大きな変化はインターネットによるコミュニケーションの革命からやって来た。1995年のウィンドウズ95の発売前後から、商用利用が可能になったインターネットへの関心が高まり、通信回線の速度が上がることで、グラフィックスを駆使したウェブによるホームページや情報検索が新しいパソコン利用の中心的な存在となり、80年代にパソコン通信で顕在化したサイバースペースの感覚を、より多くの人々が共有することになった。

パソコンの高性能化とネットワーク化の進展で、より小型化したコンピューターとしてのモバイル端末が普及し始めると、1997年10月15日にはMITメディアラボ主催のウェアラブル・シンポジウムが開催され、デバイスをメガネや腕時計、服のように身に着けるウェアラブルという新しい概念が提唱されるようになり、翌年10月14日には日本初の「ウェアラブル・シンポジウム2010」を開催することになった。

HMDもある種のウェアラブル端末だが、それを軽量化してメガネのようにしたスマートグラスや、アップルウォッチのような腕時計型コンピューターも実用化され、靴や服地に縫い込んだセンサーや機能素子を使って、音声や身振りで情報環境を操ることもできるような研究が活発化した。これらは身に着けることによって、常時サイバースペースと接続することが可能になるため、各種のナビゲーションやセキュリティー、健康管理などへの応用が考えられている。またそれを拡大するならライフログとして、生活一般の情報を記録して人生全般を管理する新しい利用法も拓けるかもしれない。

またIoTなどの普及によって、住環境や都市のインテリジェント化が進めば、ARやMRを活用してユビキタス環境と連携させることで両者の長所を合わせることもでき、現在はまだ目立つHMDなどのデバイスも今後は通常のメガネ程度に軽量化して、手軽に使えるようになるだろう。またもっと将来には、部屋などに設置されたレーザーで直接眼に描画するデバイスも実用化されるはずで、デバイスを意識しないVRも一般化するだろう。そうした時代には、ユビキタスとVRを融合した、もっと違う概念を提唱して統一的に論じる必要も出てくるだろう。

## 縮まる人と情報の距離

VRが今後、どのような展開をするかを予想することは難しいが、ここではコンピューターが人間とどういう形で結びつくかというサイバネティクス的な観点から、これまでの話を整理して、両者の距離感によって関係性がどう変わり、それによってどんな世界観の変容が生じるのか、歴史的な経緯を表にまとめて比較してみることにする（次ページの表参照）。

こうして見ると、VRは、コンピューターの高度化とパーソナル化によって、メインフレームと呼ばれる大型コンピューターがミニコン、パソコン、モバイルからウェアラブルに至る過程で、情報を見る視点が個人へと移っていく過程に必然的に位置づけられるテクノロジーであることがわかってくる。

サイズ別に見た各世代は、ほぼ15年間隔で出現しており、これにムーアの法則を当てはめると性能が千倍規模で向上す

**コンピューターと人間の距離から見た歴史的パースペクティブの変遷**

| サイズ別世代 | 年代 | 人との距離 | 使用感覚 | 支配論理 | 体制 | 相互関係性 | 規範 | 時代的様相 | 存在様式 | 利用法 |
|---|---|---|---|---|---|---|---|---|---|---|
| メインフレーム | 1950〜 | 100m〜 | 論理 | 判断 | 組織 | 近寄り難いボスにお伺い | 神学 | カトリック的聖書の時代 | 固体 | 経営判断 |
| ミニコン | 1965〜 | 10m | 視覚 | 選別 | 結束 | 必要なら相談できる | 哲学 | プロテスタント的近代 | ゲル | 部門計画 |
| パソコン | 1980〜 | 1m | 聴覚 | 同意 | 友好 | 自由に無駄話 | 生活 | 産業革命以降の大衆化 | 液体 | ビジネス |
| モバイル | 1995〜 | 10cm | 触覚 | 本能 | 恋愛 | 恋人のように親密 | セックス | 近現代の個人主義 | 気体 | ゲーム |
| ウェアラブル | 2010〜 | 1cm〜− | 内観 | 無意識 | 退行 | 私自身 | 禅 | ポストモダン | プラズマ | 運勢 |

コンピューターのサイズがほぼ15年ごとに小さくなっていくと、人間との距離も1ケタずつ縮まっていく。それに従ってコンピューターと人間の対話における感覚や使用論理も変化し、より緊密で親しい関係が構築されていく。その変化は歴史的に古い時代の体制が個人中心の形に変化していく様とも呼応する。現在はウェアラブルの時代になったばかりであり、昔の時代と比べてより感情や情動に近い利用法が求められるようになってきている。

ることで、次の世代が実現していることがわかる。そして利用者との距離も、１００メートル単位から世代ごとに10分の1になっていく。主に使われる感覚は抽象的な論理から、視覚、聴覚、触覚と肌感覚に近くなっていく。距離が近くなると人間の付き合いと同じく関係性は親密になっていき、利用法はマスでパブリックなものからローカルでプライベートなものになっていく。

こうした様相は中世から近世、現代へと移行した歴史的な時代の特徴にも呼応する。現在はモバイルからウェアラブルに移行中の時期と思えるが、それはさらに距離を縮め、脳波で情報機器をコントロールするものや体内に埋め込まれたインプラント型も出現し、いわゆるサイボーグのような環境も論議しなくてはならなくなるだろう。それらが未来のポスト近代的な社会の規範を規定することになるなら、こうしたメディアが活用される社会がどうなるかを想像してみるのも無駄なことではないだろう。

小さくなったコンピューターは逆に台数が増え、個々の性能は低いものの互いにネットワークでつながるようになり、全体が協調することで広域の情報を扱うようになる。これは個人がつながって形成される社会組織の姿と相似形だ。VRはこうした個人と近くなった情報環境から、人が主観的に仮想世界に入っていくための1つの方法であり、ネットワークを介して全体をも俯瞰するための方法でもある。そういう意味では現在の情報環境は、社会全体の構造や無意識を反映した巨大な鏡のような存在になりつつあると考えられる。

メディア学者のマーシャル・マクルーハンは、15世紀中盤に活版印刷が発明されることで、それまでは写本で貴族や教会しか保有していなかった聖書などの書物が、一般庶民にも手が届くようになることで知の革命が起き、科学的で合理的な考えが広くシェアされることで、ルネッサンスが加速して時代が中世から近代へと移行したと主張した。これは現代では、大型コンピューターによる情報の独占が、パーソナル・コンピューターで民主化した姿に匹敵する。

しかし読書を中心とした視覚の論理は人と対象との関係を遠ざけ、論理が支配する中央集権的な国家を強化し、権力が大衆を支配する傾向を加速して人間の疎外につながった。そしてその傾向を19世紀の電信から始まりテレビに至る、聴覚や触覚を復活する電子メディアが打ち破り、それを引き継ぐのがコンピューターだと考えた。

電子メディアの伝える情報は音のように拡散していき中心を持たず、誰もが中心となれる。ネットの世界では人々は、経済や報道など各種のサービスを行う社会システムの周辺にいるにもかかわらず、あたかもその中心に位置するように操作できる。それは太陽のような国家という中心の周りを人々が回る地動説を、人々を中心にした天動説に引き戻すような「逆コペルニクス的」な革命だ。

コンピューターとネットワークはまさにそういう意味で、情報の中心を個人に引き戻すのと同時に、逆に社会全体を読み替える新しいパラダイムを現実のものにしたと言えるだろう。しかしこうした近代以前の非合理な世界観を復活させたとも考えられるネット社会は、SNSの炎上やフェイクニュースなどにもあふれている。マクロからミクロの視点まで、VRにはそのギャップを埋める役割も期待されている。

## サイバースペースのマック・デイ

VRの父とも呼ばれるジャロン・ラニアーは、いまはどうしているのだろう？　本書を出すことを決めてから、1997年にVPLを去った後の彼の動向が気になっていた。ニューヨークのカリスマエージェントのジョン・ブロックマンも、ジャロンに連絡するよう何度も勧めてくるが会う機会が作れない。聞くところによれば、最近は大学で教えマイクロソフトでホロレンズ開発を手伝っているという。

そういえばラニアーは、2010年に『人間はガジェットではない』（ハヤカワ新書）を出版し、ネットが巨大化する現代社会で人間が便利さに流され自主性を失っていくと警告を発し、テクノロジーの未来に悲観的な意見を述べていた。その一方で2017年には、自伝ともいえる『Dawn of the New Everything』（Henry Holt）を書き、幼少期の体験から30年前のVRブームについても振り返っている。この本の中で彼は、VRの定義として「映画、ジャズ、プログラミングという20世紀の偉大な3つのアートを組み上げた21世紀のアートの形」から始まって「コードという考えを不要とするコンピューターの利用法」まで52本を挙げており、まだVRというテクノロジーに興味を失ったわけではなさそうだ。

昨年1月のWIREDのインタビューでは、AIは「人々から大量のデータをとって、のちにさまざまに改変された形態で再生する」フェイクで、VRには「人々が存在する」リアルがあると主張しており、両者を対立する概念と捉えている。そして最後に最も望ましいVRの定義について聞かれ、（長い沈黙の後に）「音楽と知覚の中間に位置するもの」と答えているのを読んで、VRについて最近どう考えているのか聞いてみたいと思って秘書に連絡すると、意外なことに突然電話がかかってきた（それは偶然にも、最初のマッキントッシュが発売されたのと同じ1月24日のことだった）。

「その定義ね。つまりずっとVRに求めているのは、言葉や論理じゃないシンボルを超えたコミュニケーションという意味なんだ。最近はHMDやコンピューターも安くなって皆が使えるようになったのはいい事だと思うけど、昔から革新的に何かが進歩したとは思わないな」と、あまり最近の状況を楽観視してはいなそうだったが、「でもね、VRは確実に社会に浸透している。妻が数年前に病気になって手術したんだけど、執刀医がVPLのシステムで訓練して上達したと言ってくれたんだ」と嬉しそうに話してくれた。

もともとエアーギターを演奏するためのデータグローブ開発からVRに至った彼は、言葉にならない何かを形にする、つまりコード化できない、もしくはコード化する必要のないプログラミングをいまもずっと追求し続けているのだろう。アラン・チューリングがコンピューターに人間そのものを求めていたように、それはプログラムを書いてアプリを作るという便利な機械との関係を超えた、もっと大きな夢の世界への直接的アプローチでもある。彼の本には幼少期に突然世を去った美しい母リリアンの写真が掲載されており、以前に会った時に彼がその出来事が自分の人生を変えたと話していたことを思い出した。

VRはゲームやエンターテインメントの場面での注目度が高いが、やはり感情や職人技などを伝達する、非言語的な分野で本領を発揮するものなのだろう。これからのインターネットで広がるコミュニケーションも、VTuberやアバターが人気を博しているのを見るにつけ、過去にブームになったハビタットやセカンドライフのように、3Dキャラクターを使って、文字だけでは伝えられないもっと対面に近い対話ができる方法がもっと開拓されていくのではないかと思える。

VRの世界は新しいデバイスやソフトばかりが話題になるが、VRで表現されるコンテンツを製作することはいまでもハードルが高い。Unityなどのゲームエンジンが普及し、プログラマーでなくても優れたコンテンツを作れる道が開け、VRを使ってそのまま手や身体全体で絵を描いたり、簡単にアバターになれたりするソフトも人気になりつつあるが、まだ万人向けではない。

そこで思い出すのが、インターネットが始まった90年代から00年代初頭までの状況だ。ウェブのコンテンツを作るのには手間がかかり、ほとんどはプロの作ったサイトのコンテンツを見ることが主流で、なかなか普及しなかった。それが爆発的に伸びたのは、ブログや簡単なSNS、YouTubeなどで素人が誰でも日々大量のコンテンツをアップロードできるようになってからだ。VRも一般人が日々ツイートするような手軽さで、VTuberになったり、いろいろ面白いコンテンツを作れるまで簡単になれば、状況は大きく変わっていくだろう。

## パラレルワールドの未来

ケヴィン・ケリーは『〈インターネット〉の次に来るもの』（NHK出版）を書いてネット時代のトレンドをするどく分析したが、VRが普及することで「これからのネットの通貨は経験になる」と述べている。文字による説明だけでなく、当事者の視線に近い映像を使ったり、その場にいるような映像を共有したりすれば共感も得られやすい。

ドローンや360度全天周カメラの普及によって、環境全体の情報を送りあって、相手のいる場所で会っているような疑似体験もできるようになってきた。ジャーナリズムの現場でも、戦場や災害地の悲惨な状況など、VRで現場にいるように伝える試みが始まっている。スポーツの中継にも、選手の目から見た映像を使えるようになってきた。そういう意味では、人々がより理解しあえ、5G以降のコミュニケーションの質を上げるテクノロジーとして、VRがより広く使われるようになっていくことは十分考えられる。

さらにケリーは、これからネットの中の世界の情報が増え、より精密にリアルの世界を模倣していくことで、バーチャル世界がデビッド・ガランターが『ミラーワールド』（ジャストシステム）で主張するようなパラレル世界になっていくと予測する。

現在すでに、生産現場では新製品の設計段階から徹底的なモデル化を行い、VR化したイメージでテストやマーケティングまで行い、実際にそれが製品化された後に問題を起こしても、VRイメージ内で検証や改良が行えるまでにバーチャル化が進んでいる。自動運転の車のソフト開発のためには、VR化された都市が使われ、その中でまずトレーニングが行われているという。オンラインゲームでも、全世界のユーザーがネット上で共通のバーチャル世界を構築する試みが行われている。

まさにボルヘスが『創造者』の中で述べた王国と1対1のスケールで描かれた地図は、現実をそのまま反映したミラーワールドとも言えるサイバースペースの中に生まれつつあり、ボードリヤールが予言したように、現実のシミュレーションとしての地図が現実世界に先立って存在するシミュラークルとして機能する時代がやってこようとしているのかもしれない。

VR世界はまた、当初から「欲望のスポンジ」とも言われていたが、われわれのすべての世界観を吸収していくのと同時に、その中にわれわれ人間の存在自体を映していこうとするのだろう。

ハワード・ラインゴールドが91年にVRの本を発表したとき、テッド・ネルソンが言うロボット・セックスを指すディルドニクス（dildonics）という言葉でVRの未来予測記事を書いたが、世間はVRの最初の応用はバーチャル・セックスだと騒いだ。VRには様々な可能性があるが、新しいコミュニケーションの可能性を一段高めてくれるテクノロジーは、常に人間の生存可能性の広がりを感じさせ、それはパトスやエロスとして表現される何かを伴うものだ。

こうしたパラレル世界を構築し理解するためには、「人工生命」の考え方も再評価しなくてはならないだろう。人工生命はVRと同じ時期に、生命現象のプロセスをソフトウェア的にとらえ、経済や社会の複雑な現象を理解するために研究され、デビッド・ゼルツァーのVRを評価するためのAIPキューブの中の自律性を表現する手法としても注目された。生命の動きに学ぶ世界の表現理論としてVR世界構築のためにも活用すべきだろうが、現在はAIばかりが注目され、自律世界をどう表現するかについての論議が不十分であることは気になる。

ここ半世紀あまり、コンピューターの発展とともに進展してきたVRだが、そのルーツをさらに遡れば、人類の遠い祖先たちが狩猟の成功を祈って描いた洞窟画から始まり、絵画や彫刻を介して表現されたさまざまな作品や、近代のジオラマや映画表現まで、広い意味では人類の文明を可能にしたすべての想像力の問題にまで行き着く。

コンピューターという人間の脳を模した人工物の発明によって、その想像力はさらに大規模で直接的に表現され、われわれの世界をより強力にドライブするようになった。ところがわれわれはまだ、VRがいかに現実を忠実に表現するかばかりに気をとられ、それがリアルかフェイクかという論議に拘泥しているばかりで、VとRのギャップは埋まりそうもない。

メディアラボのニコラス・ネグロポンテ教授はVRが出てきた当初、この言葉はバーチャルとリアルという2つの矛盾する言葉を組み合わせた「撞着語法（oxymoron）のチャンピオンだ」と揶揄するような言い方をしたが、その数年後に、VRこそは「重複語」（pleonasm）だと言い換えた。バーチャルはリアルの反対語ではなく、バーチャルとリアルは同義語で、さらにバーチャルこそ人間のリアルを担保する創造力や認識力の源泉だという意味だろう。

バーチャルの反対語はアクチュアルでありリアルではない（ピエール・レヴィ著『ヴァーチャルとは何か』（昭和堂）参照）。VRは想像力のもたらす可能世界の選択肢であり、その中から選ばれた何かが現実のアクチュアルなものに収束するのであって、バーチャルな想像力こそ、リアルを可能にするわれわれという絵を成り立たせているキャンバスであり潜在意識そのものなのだ。そういう意味で、VRはやはり人間の感性そのものを受け取り未来を表す、ヴァーナー・ヴィンジが言う「本当の名前」なのかもしれない。

平成が終わる現在、その30年を回顧・総括する特集が各所で見受けられるが、VRもその大きな流れを象徴する1つの現象だ。まだITやネットの本当の姿を誰も理解していなかった頃に、VRは誰もが直感的にわかる姿で未来を見せてくれた。この30年間に、コンピューターがありとあらゆる分野に急速に普及し、誰もがいままで知らなかったサイバーな世界と日々向き合うようになり、工業社会のパラダイムを情報社会へと転換していった。そう考えるなら、平成こそVR時代だったと言ってもいいかもしれない。

本書の出版を可能にしてくれた翔泳社の編集者である秦和宏さんと、すばらしいデザインをしていただいた大下賢一郎さんに感謝するとともに、こういう形で著者の原論ともいえるデビュー作が再び世に出たことを喜びたい。本書は著者の想いで過去の記録を甦らそうとしたものだが、単なる過去へのノスタルジーではなく、過去の原点の理解こそ未来を見る唯一の方法であるという確信の表明でもある。

2019年3月4日　服部　桂

**VR 年表**

| | |
|---|---|
| 1936 | アラン・チューリングがチューリング・マシンを提唱 |
| 1946 | フォン・ノイマンが ENIAC を発表<br>メイシー会議開催 |
| 1948 | ノーバート・ウィーナーがサイバネティクスを提唱 |
| 1950 | アラン・チューリングがチューリング・テストを提唱 |
| 1956 | ダートマス会議で AI が論議される |
| 1957 | ソ連がスプートニク衛星を打ち上げ |
| 1958 | ARPA や NASA の設立 |
| 1959 | SAGE の稼働開始 |
| 1960 | モートン・ハイリグが HMD を考案<br>マンフレッド・クラインズとネイザン・S・クラインがサイボーグの概念を提唱 |
| 1962 | センソラマ発表<br>世界初のコンピューターゲーム Spacewar! 発売<br>アイバン・サザランドのスケッチパッド |
| 1965 | GE がハンディーマンを試作<br>アイバン・サザランドの論文「究極のディスプレイ」 |
| 1968 | ダグラス・エンゲルバートが「すべてのデモの母」と呼ばれるデモを行う<br>アイバン・サザランドが HMD システム「ダモクレスの剣」を開発<br>映画「2001 年宇宙の旅」公開 |
| 1969 | ARPA ネット実験開始 |
| 1972 | アタリのアーケードゲーム「ポン」、家庭用ゲーム機オデッセイ発売 |
| 1977 | 映画「スター・ウォーズ」公開 |
| 1978 | アスペン・ムービーマップ開発<br>アップル II 発売 |
| 1979 | マービン・ミンスキーがテレプレゼンスの概念を提唱 |
| 1981 | スーパーコックピット VCASS 開発<br>ヴァーナー・ヴィンジの小説『マイクロチップの魔術師』発表<br>IBM PC 発売 |
| 1982 | ウィリアム・ギブスンの小説『クローム襲撃』でサイバースペースが登場<br>リドリー・スコット監督の映画「ブレードランナー」公開<br>データグローブ開発<br>ATARI 創業<br>映画「トロン」公開 |
| 1983 | ファミリーコンピュータ発売 |
| 1984 | マッキントッシュ発売<br>ウィリアム・ギブスン『ニューロマンサー』発表<br>「サイエンティフィック・アメリカン」VPL 特集<br>シリコン・グラフィックス（SGI）創業 |
| 1985 | VPL 社創業<br>つくば科学万博開催<br>MIT メディアラボ設立 |
| 1986 | アメリカでルーカスが Habitat の提供を開始 |
| 1988 | メガドライブ発売 |
| 1989 | Texpo'89 で初の商用 VR の RB2 が登場<br>WWW 開発開始<br>パワーグローブが米国で発売<br>岡嶋二人の小説『クラインの壺』発表 |
| 1990 | サンタ・バーバラで会議／ファースト・ステップ会議<br>サイバーソン開催<br>富士通ハビタット提供開始<br>スーパーファミコン発売 |

| | |
|---|---|
| 1991 | ユビキタスの概念が誕生<br>NHK がハビタットを使い「ネットワークベイビー」を制作<br>英 Virtuality 社創業<br>ICAT 会議開催<br>小池一夫、叶精作の漫画「横浜ホメロス」連載 |
| 1992 | 映画「バーチャル・ウォーズ」公開<br>名古屋 VR エキスポ開催 |
| 1993 | IVR 産業展開催<br>岐阜県に VR テクノセンター完成 |
| 1994 | ソニープレイステーション発売<br>セガサターン発売 |
| 1995 | 任天堂バーチャル・ボーイ発売 |
| 1996 | 日本 VR 学会設立<br>岐阜県に IAMAS 設立 |
| 1997 | MR プロジェクト開始<br>MIT でウェアラブル会議開催 |
| 1998 | 岐阜県にテクノプラザ完成<br>ウェアラブル・シンポジウム 2010 開催 |
| 1999 | ウォシャウスキー兄弟の映画「マトリックス」公開 |
| 2005 | マイクロソフト Xbox 発売 |
| 2007 | NHK が「電脳コイル」を放送<br>アップル iPhone 発売 |
| 2012 | オキュラスが開発キットを開発 |
| 2013 | グーグルグラスが開発者向けに提供開始 |
| 2016 | マイクロソフト HoloLens が開発者向けに提供開始 |
| 2018 | Magic Leap が開発者向けに提供開始 |
| 2019 | オキュラスクエスト発売<br>5G 開始 |

2017年のVRの会議で旧交を温めるパイオニアたち。左から、スコット・フィッシャー、ジャロン・ラニアー、トム・ファーネス（Catherine Griffiths 氏提供）

## VR開発者の系譜図

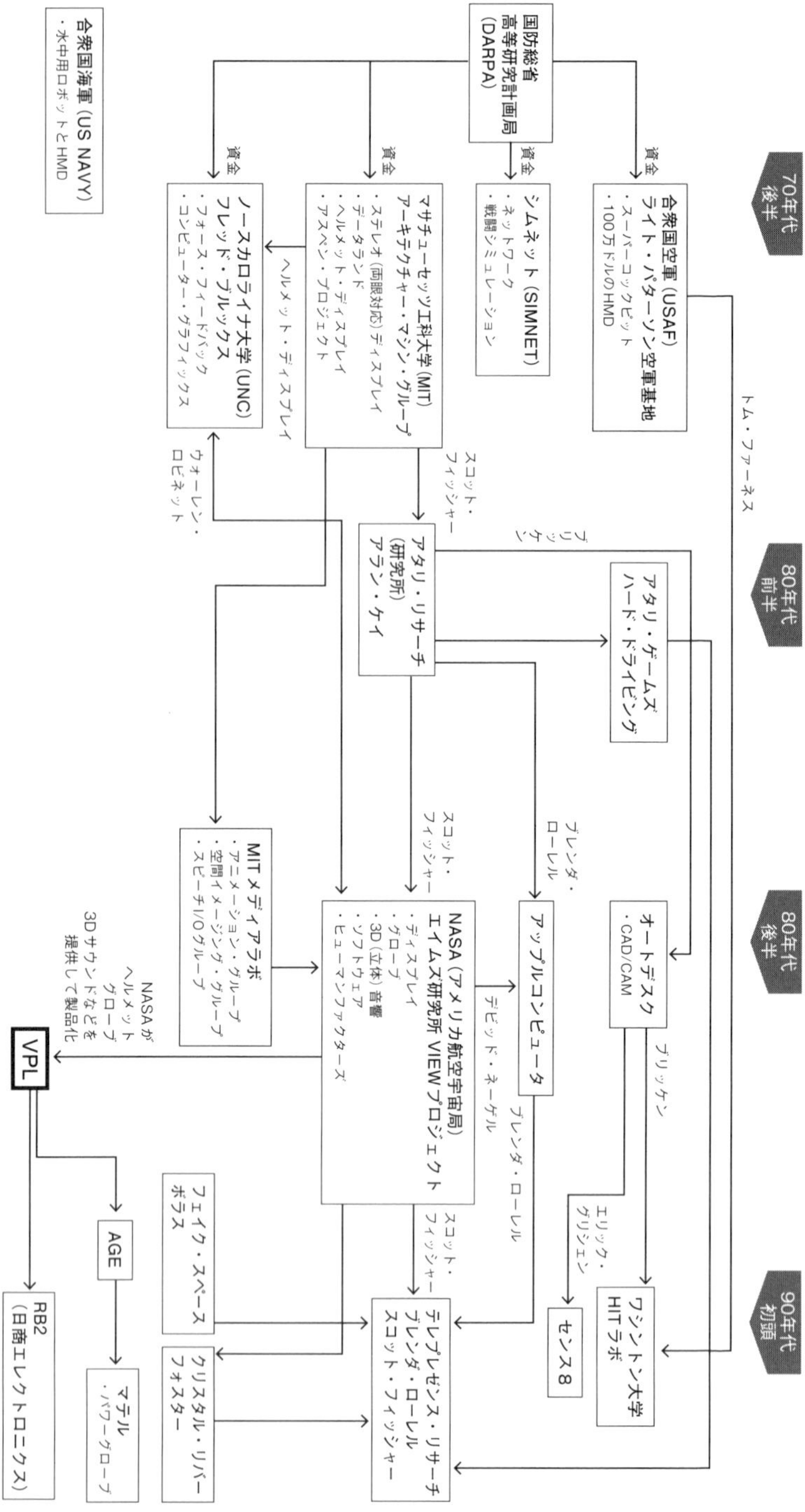

70年代後半
80年代前半
80年代後半
90年代初頭
国防総省
高等研究計画局
(DARPA)
資金
資金
資金
資金
合衆国空軍(USAF)
ライト・パターソン空軍基地
・スーパーコックピット
・100万ドルのHMD
シムネット(SIMNET)
・ネットワーク
・戦闘シミュレーション
マサチューセッツ工科大学(MIT)
アーキテクチャー・マシン・グループ
・ステレオ(両眼対応)ディスプレイ
・データランド
・ヘルメット・ディスプレイ
・アスペン・プロジェクト
ノースカロライナ大学(UNC)
フレッド・ブルックス
・フォース・フィードバック
・コンピューター・グラフィックス
合衆国海軍(US NAVY)
・水中用ロボットとHMD
ヘルメット・ディスプレイ
トム・ファーネス
スコット・フィッシャー
ウォーレン・ロビネット
アタリ・リサーチ
(研究所)
アラン・ケイ
ブリッケン
アタリ・ゲームズ
ハード・ドライビング
スコット・フィッシャー
ブレンダ・ローレル
MITメディアラボ
・アニメーション・グループ
・空間イメージング・グループ
・スピーチI/Oグループ
NASA(アメリカ航空宇宙局)
エイムズ研究所VIEWプロジェクト
・ディスプレイ
・グローブ
・3D(立体)音響
・ソフトウェア
・ヒューマンファクターズ
アップルコンピュータ
オートデスク
・CAD/CAM
デビッド・ネーゲル
NASAが
ヘルメット
グローブ
3Dサウンドなどを
提供して製品化
VPL
ブリッケン
ブレンダ・ローレル
エリック・
グリシェン
スコット・
フィッシャー
AGE
フェイク・スペース
ボラス
テレプレゼンス・リサーチ
ブレンダ・ローレル
スコット・フィッシャー
センス8
ワシントン大学
HITラボ
クリスタル・リバー
フォスター
マテル
・パワーグローブ
RB2
(日商エレクトロニクス)

鼎談

# VR創世期を知って初めて未来が見えてきた

服部 桂
著者

廣瀬 通孝
東京大学教授／
東京大学バーチャルリアリティ教育研究センター長

GOROman
近藤義仁
株式会社エクシヴィ代表取締役社長

ＶＲ創世期から現在に至るまで何が起き、これからどんな世界がやってくるのか？　この分野をずっと東京大学の第一線研究者として牽引し、現在は東京大学バーチャルリアリティ教育研究センターのセンター長も務める廣瀬通孝教授と、オキュラスにいち早く注目してオキュラス・ジャパンを立ち上げて最近のＶＲブームの火付け役となり、GOROmanのニックネームで知られる株式会社エクシヴィの近藤義仁社長に大いに語ってもらった。

## 初のVR本が出た時代

服部　旧著『人工現実感の世界』は1990年までの話で、当時の状況はかなり調べていたつもりですが、私はその後の動きはきちんとフォローしていません。そこでお二人のお話を伺いたく、まずは、この世界を黎明期からずっと見てこられた廣瀬さんに、出版当時の思い出などをお聞きしたいと思うのですが。

廣瀬　服部さんは私との最初の出会いって覚えてますか？　確か90年の7月です。実はアメリカの留学から帰ったその日に、服部さんからアポの電話がありました。帰国の日程は限られた人たちにしか言ってなかったのに、さすが新聞記者だと思って驚きました（笑）。

服部　そうでしたっけ。あまり覚えていませんが、89年ぐらいから取材していたら、いろんな人に廣瀬さんがキーマンだと言われて、ぜひお会いしなくてはと思っていたので。

廣瀬　実は私も舘暲先生とVRの本を書こうと計画していたんですが、後から始めた服部さんの本が先に出ちゃった。やっぱり新聞記者と大学の先生とでは、原稿を書くスピードがこんなに違うのかと愕然とした思い出があります。

服部　私は新聞記事でVRの話を書いてはいましたが、書籍化など考えたこともなかったんです。ところが、記事を読んだ工業調査会という出版社の迫田彰夫さんという編集者が、VRの本を書ける筆者を紹介してくれと訪ねてきたのでいろいろ紹介しただけなんです。それが結局、「うまくいかなかったので、あなたが書いてくれ」という話になり、初めて書いた本でした。

廣瀬　この本が出たのはすごく早かった。世に出た最初のVRの本がこれでしたよね。

服部　1991年5月に出て、ハワード・ラインゴールドの本[1]が7月に(92年にソフトバンクから邦訳本が刊行)、翌年には廣瀬さんたちの『バーチャル・テック・ラボ』[2]も出版され、いろいろな本が続きましたね。

廣瀬　やはり一般向けの書籍が出たという意義は大きかった。総合的に広く取材していて、研究者にもとても役立つ本でした。しかしわれわれはシステムを作る側なので、いろいろこだわりがあって、詳しく書いていると時間がかかる。服部さんはジャーナリストとして俯瞰的な目で見ていますが、それにしてもものすごい取材力でね。

服部　ありがとうございます。私は専門家ではないので、もっと多くの、新聞読者ぐらいの人にもVRの面白さを知って欲しかっただけなのですが、ご評価いただいて光栄です。
しかし私が早く書けたのは、1990年10月にサンフランシスコでサイバーソンというVRを一堂に集めた最初の会議に招待されたからです。そこで日本の現状を発表しました。WIREDの創刊編集長になるホールアースのケヴィン・ケリーたちが仕掛けていた会で、VPL社を始めとした全米のVRベンチャーが集まっていて、ついでにその後も各地を取材することができて一気に情報が集まったから

---

[1]『Virtual Reality』
ハワード・ラインゴールド著
Simon&Schuster

[2]『バーチャル・テック・ラボ』
舘暲／廣瀬通孝著、工業調査会

なんです。

廣瀬　当時はまだインターネットを十分には使えないから、海外のアポを取って取材するのはすごく大変でしたよね。80年代の中ごろ、私も欧米を2カ月間視察する機会があったのですが、インターネットで情報を得ることもできなかったので移動の効率が悪く、大西洋を何度も往復することになり、旅行代理店が「こんなに長い航空券の綴りは初めてだ」と驚いていました。

服部　そうですか。私も若かったからどうにか乗り切れた気もしますね。当時はメールも普及していなかったので、製品紹介をした章では興味を持った読者が連絡できるよう、きちんと住所も書いてあります。いまではもう、ほとんどの会社はなくなっていると思いますが。

廣瀬　90年代初頭はVRの報道も増えてきて、そこにVRの伝道師としてヒッピーみたいな姿のVPLのジャロン・ラニアーが出てきてブームになり、六本木のABC（青山ブックセンター）などのオシャレな店で、ちょっとエッジの立った人たちがVR本を買っていましたね。

服部　アメリカでは60年代のドラッグ・カルチャーで育った世代の人々が、これがドラッグの次のファンタジー世界を実現する、といった論議をしていましたからね。日本でも学会やテクノロジー専門誌ばかりか、ビジネス誌や女性誌、はたまたオカルト雑誌までが騒いでいました。それがいつのまにか消えていきましたが、あれは結局、90年代のデジタルやネット文化の幕開けを象徴する歴史的な事件だったのかもしれません。

廣瀬　実は数年前、すごく驚いた話があったんですよ。とある学生が駆け込んできて、「先生、HMDっていう面白いデバイスがあります。これはすごい、世界を変えますよ！　うちでも買いませんか」と真顔で言ったんです。

近藤　それってまるで釈迦に説法だけど、意識高い系の学生さんですね(笑)。

廣瀬　きっとオキュラス(Oculus)の製品を見たんだと思いますけど、こっちは30年以上前からHMD研究しているのに、一体どうなってるんだと苦笑い。昔の話を知らない若者が、第2次VRブームを初めてのように騒いでいるのを見て唖然としました。

服部　その後にはネット時代になってVRMLが話題になったり、日韓ワールドカップでの大型展示、映画「マトリックス」やARが出てくるアニメの「電脳コイル」などがちょっと話題にはなりましたが、結局はVR初期の話が、きちんと世間で継承されていなかったんですね。

廣瀬　残念なことです。服部さんが本を書いた頃は、1989年6月7日にVPL社がVR製品を発表して世界を騒がせた、本当のVR元年と言える頃。VPLの担当者は、この日こそはコロンブスがアメリカを発見した「コロンバス・デイ」ぐらい意味があると息巻いていましたが、世間の記憶が風化してしまった。

服部　それは私やメディア側にも責任があるとは思いますが、今回はその失われた30年をつなぐという意味で、まずは廣瀬先生と当時のVRとの出合いを教えていただけますか。

## 日本のVR研究のルーツは東京電力

廣瀬　実は日本のVR研究の1つの大きな震源地は東京電力だったんです。1986年頃に、私の恩師の東大の石井威望先生が東京電力と共同研究をされていて、電力グリッドをコンピューター制御する計画を手伝うように言われました。それまで手作業でやっていた作業をフローチャート化せねばならず、あまりに複雑になり東電の人も困っていました。

服部　廣瀬先生はもともと、分散型システム構築のためのソフトウェアの研究がご専門でしたね。

廣瀬　そうなんです。結局そのためにはフローを平面ではなく3Dで表示して操作するしかないということになり、そのための調査に2カ月ぐらい海外に出かけました。それがさっきの大西洋の数往復になりました。

服部　そういえば、その話は新聞で取材に行きました。大きな画面に立体図が表示され、それを手でつかんで移動させてフローを変えたりするすごいデモ【第2章144ページ】を見ました。言葉で指示するのではなく、図形を動かして操作するビジュアルプログラミングですね。

廣瀬　そうそう、そのシステムです。そしてその調査の際、MITのメディアラボにも行ったところ、VRをAIPキューブ【第1章105ページ】で理論化したデビッド・ゼルツァー教授に会ったのです。データグローブにポヒマスのセンサーを付けてCGのオブジェクトを手で操作するデモなどを見せてもらって、VR研究のすごさを実感しました。そしてVPLが87年にデータグローブを出した際には発表会にも行き、東電と東大ですぐに購入しました。

服部　当時は何百万円もしたでしょう。VPLの製品は日商岩井が扱っていましたね。

廣瀬　そのときは東電が原発関係で使っていた三井物産経由でした。その後にポヒマスのセンサーを扱っていた日商岩井がVPLの製品の総代理店になりました。

服部　そういう経緯で、日本で最初のVR研究が始まっていたんですね。そしてその後にUCバークレーのローレンス・スターク教授の研究室に留学されたんですね。

廣瀬　スターク先生の所には1989年に行ったんですが、そこにはNASAのエイムズ研究所から、スティーブ・エリスやスコット・フィッシャー、マイク・マグレビーなどの有数のVR研究者が勉強に来ていました。

服部　そこではNASAのHMDなどを使って研究していたんですか。

廣瀬　いや、研究室には古いブラウン管タイプのHMDしかありませんでした。最先端のものはエイムズの方です。NASAは当初、空軍のトム・ファーネスのHMD【第1章82ページ】を使おうとしていたけれど、大きすぎるし、非常に高いものだった。そこで独自のシステムを開発し、そこにVPL社が出入りしていたと記憶しています。

服部　なるほど。そういうつながりでVPLは製品化できたんですね。私も88年くらいに、NASAのエイムズ研究所に取材に行ったのですが【第1章34ページ】、セキュリティーチェックがすごく厳しくて、1カ月ぐらい待たされましたね。

廣瀬　被験者で入ると簡単に入れるからと言われて、研究者としてはちょっとプライドを傷つけられたんだけど、僕はよくNASAに出入りしていました。

服部　VRの初期の開発現場に自由に出入りとはすごい。その後、VRを扱った最初のサンタバーバラの会議にも出られたんですね。

廣瀬　日本から舘先生もいらして、当時のVR研究者がほとんど集まった会議でした。83年に『アーティフィシャル・リアリティー』【第1章72ページ】という本を書いたマイロン・クルーガーが、自分がパイオニアだと主張してもめてました(笑)。あとはノースカロライナ大学の大御所でIBM360の基本OSを作ったフレッド・ブルックス教授や空軍でスーパーコックピットを作っていたトム・ファーネス、

あとはスコット・フィッシャーやスティーブ・エリスを始めとしたNASAのグループもいました。

## 80年代に出たパソコンがビジュアル化

服部　ちょっと話が戻りますが、廣瀬さんが最初にVRに出合ったときには、どういう感想を持ったんですか。

廣瀬　3DCGのオブジェを手でつかめるなんて、これはすごい！　とぶっ飛びましたよ。だからすぐデータグローブを購入したわけです。当時はまだHMDはなくて手作りするしかなかったのですが、89年になるとVPLがEyePhone（アイフォン）というHMDを出して本格的なVRが始まりました。EyePhoneって発音がiPhoneと同じで、いまのスマホがHMDに使われているのを見ると不思議な因縁を感じますね。

服部　そうですね。でも当時はまだコンピューターも性能が低くてHMDのディスプレイの画質も荒く、VPLの製品だけでVRの可能性は感じられたんですか？

廣瀬　実はこういう分野を漠然と面白いなって思い始めたのはもっと前なのです。82年ごろに大学同期の先生がアメリカの留学先を探しに出た旅に一緒にくっついて行って、ディズニーのエプコットセンターを見学して、テーマパーク型の大型映像に触れた頃からですね。

服部　まだその頃は、マイコンと呼ばれる初期の装置が進化したパソコンが世に出たばかりですね。近藤さんはその頃はどうされていましたか。

近藤　82年には小学校の2年生でしたが、すでにパソコンを使って遊んでいました。親がプログラマーだったので、NECのホビー向けのPC-6001mk2というパソコンを買ってきてくれたので、家で自由に使えたんです。それでBASIC言語でプログラミングをして、簡単

な絵を描くCG作りみたいなこともしていましたね。

廣瀬　そのマイコンが大発展するわけですよね。私はその頃、大学の大型計算機センターの委員をしていました。当時は大型計算機全盛の時代だったので、「マイコンはそのうち大型計算機を抜く」と言われても、あまり実感は湧かなかった。

服部　83年にファミコンが出て、84年にはアップルのマッキントッシュが出た頃ですね。しかし当時の専門家は、本音ではパソコンなんて性能が低いオモチャだと思っていましたよね。

廣瀬　私もそうでした。大学院時代の70年代に師匠の石井先生の部屋を訪ねたとき、「マイコンっていうのがあって、これは自動車にも搭載されるんだ」と嬉しそうに見せてくれたんですが、私は「面白そうに見えますが、これには産業的価値をあまり感じません」と答えました。これは一生の不覚だと思っています(笑)。

服部　しかし80年代には通信の自由化があり、NTTが三鷹で、電話とテレビをひっつけたキャプテンという家庭向けシステムを実験し、コンピューターとネットワークが結びつく未来の情報システムをニューメディアと呼んでいました。いま思うとインターネットのウェブみたいな発想でしたが、同じ頃には東大で村井純さんなどがJUNETで初期のネットの実験を始めていましたね。

近藤　キャプテンってありましたね。その頃にはまだ、音響カプラー[3]で電話にパソコンを接続する時代で、ものすごくスピードが遅かった。初期にはまだ電話に電話機以外のものをつなぐのは違法で、後に法律が改正されてからやっと、モデムをつないでパソコン通信をできるようになりましたよね。

廣瀬　海外出張のときに、パソコン通信のためにドライバー持っていって、

ホテルの電話機を分解するアヤシイ奴がいるとか、いろいろ偏見の目で見られましたけどね。

近藤　モジュラージャックというのがあれば電話の回線を外せるけど、そうじゃないやつはそのまま電話機を分解しないといけなかったですからね。

服部　そんな時代にすでにVRの萌芽があったということですか。

近藤　すでにスペースインベーダー[4]とかのビデオゲームは70年代末に出ていたし、家庭用のゲーム機を使えば、画面をインタラクティブに操作できるレベルにはなっていたわけですからね。

服部　そうした状況の中でVRの開発も静かに進行していたわけですが、それを可能にしたのは何だったんでしょうか。

廣瀬　それはマッキントッシュを中心とした、パソコンの出現による画像の民主化じゃないでしょうか。それまで大型計算機の時代には、CADなどのグラフィックスはあったけれど高価で普及しておらず、CGなどを研究して映像表現をしている東京大学名誉教授の河口洋

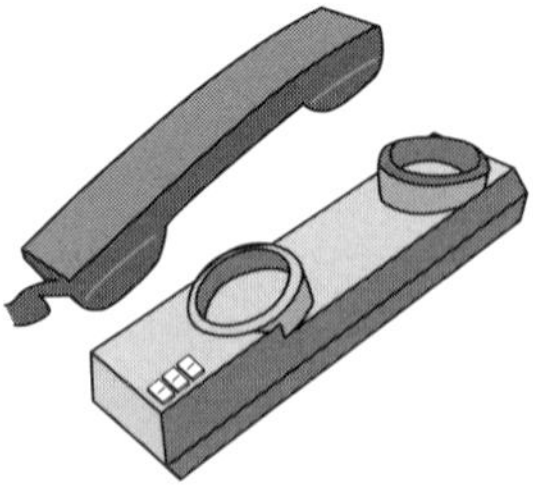

[3]音響カプラー

[4]スペースインベーダー

一郎さんのような人はまだ特殊だった。しかし、ゲームなどもできるマイコンやその進化形であるパソコンでは、インタラクティブに画像を扱うことが当たり前になった。

近藤　僕がパソコンを使い始めた頃は、もうグラフィックスを扱えるようになっていました。しかし逆に、当時はBASICのコマンドを打たないと絵が描けないような世界だったので、絵を描いているのはデザイナーとかアーティストではなくて、あくまでプログラマーが映像表現を模索する時代でしたが。

服部　でもVRは、さらに3DインタラクティブCGまで使う、一段上のレベルの発想ですよね。ジャロン・ラニアーがVRのスティーブ・ジョブズということなんでしょうか。

廣瀬　80年代の終わりぐらいって、インターネットはもとより、エリック・ドレクスラーという学者がナノテクノロジーを提唱したり、マイクロマシン[5]やロボット型の自動走行車が出てきたり、急に大きな革新的なテクノロジーがいろいろ生まれたちょっと面白い時代でしたね。

服部　レーガン大統領の時代で、アメリカがミサイル防衛のために「スター・ウォーズ」を標榜し、コンピューターの高度化を進めていました。しかし日本が強くなり、バブルの時代には世界のトップを走り始め、日米ハイテク摩擦が起きていましたね。そして当時の通産省が主導した第5世代コンピューター計画[6]や日米スパコン摩擦[7]

---

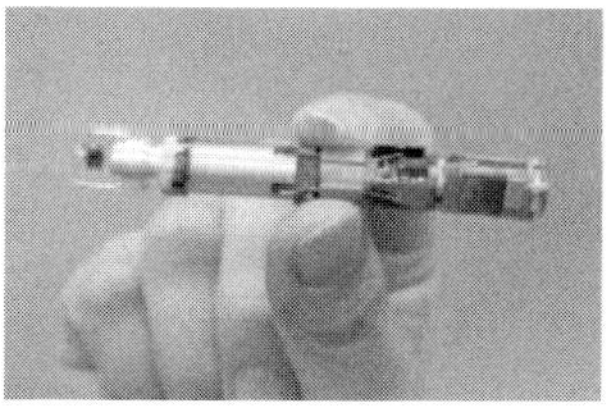

**[5]マイクロマシン**

でアメリカに睨まれ、IBM産業スパイ事件[8]で日立や三菱の社員がつかまるという事態にまでなった。

近藤　まるで最近、中国のIT分野の力が強くなって、ファーウェイのCFOが捕まったという話とそっくりですね。

廣瀬　当時は理解できなかったけど、何か時代が大きく変わる地殻変動が起きていたんですね。メディアラボの人が、CG専用機やスパコンをいずれ手のひらサイズにするのが夢だと言っていて、そんなことは信じられないと思ったけれど、現在のパソコンできちんと実現していますからね。

服部　80年代後半には、大型機の市場を、パソコンやワークステーションと呼ばれる小型機が抜くという逆転現象が起きています。ムーアの法則[9]が続いていくと信じていれば予測はできる話なんでしょうが、なかなか体感としては理解できないですね。そして90年代になると、パソコンでも普通に映像や音声を扱えるようになって、マ

---

**[6] 第5世代コンピューター計画**
通商産業省(現経済産業省)が1982年に立ち上げた国家プロジェクト。第5世代コンピューターは、述語論理による推論を高速実行する並列推論マシンとそのオペレーティングシステムで人間と対話するなど、高度なAI機能を備えるとされた。

**[7] 日米スパコン摩擦**
1980年代半ばに、日本製のスーパーコンピューターの対米輸出について、米国より圧力があったとされる事件。導入キャンセルが相次いだ。

**[8] IBM産業スパイ事件**
日立製作所や三菱電機の社員など6人が米IBMの機密情報を不正な手段で入手したとして、FBIのおとり捜査で逮捕された1982年の事件。またその後、富士通は裏でIBMと著作権をめぐって交渉していることが判明した。

**[9] ムーアの法則**
米インテルの共同創業者、ゴードン・ムーア氏が1965年に提唱した「半導体回路の集積密度は1年半～2年で2倍となる」という説で、氏の経験則に基づいた法則である。近年は技術的なハードルが示唆されているが、2018年時点ではおおむねその法則に沿って半導体は進化している。

ルチメディアというブームが起きましたが、近藤さんはその頃はVRのブームは意識していましたか。

近藤　当時のパソコン雑誌で、結構VRの特集をやっていたんで読んでましたよ。僕はもともとゲームからこの世界に入ったんで、例えばセガの体感ゲームR-360とかで遊んでいましたね。R-360は1回500円もするゲームマシンでした。セガの屋上で本体が外れて転がって、ビルから落ちそうになったという話も聞きましたけど(笑)。

服部　一番VRと関係ある原体験としては、やはりゲームですか。

近藤　あとはパソコンで絵が描けるということが大きかった。例えばBASICのLINEとかCIRCLEというコマンドを使うと、パソコンにいろんな線や図形を簡単に表示できるんです。それってすでにある種のCGで、なんか感動がありましたよね。文字しか出ないはずのパソコンはつまらないけど、コマンド打っただけで図が描けて色が塗れるなんて、小学校低学年でその楽しみに触れてはまってしまいました。

廣瀬　その頃のパソコンでも3Dは扱えたんですか？

近藤　すでにワイヤーフレームで表現できていましたが、当時はまだその意味が分かりませんでした。1987年にはファミコン用の3Dグラスのシステム[10]はありましたよ。

## 分野として認知された90年代

服部　それでは第1次VRブームのその後の話に行こうと思うんですが。

廣瀬　VRについていろんな新聞や雑誌が取材するようになってきて世間にも認められてきました。役所も注目し始め、文部科学省の科学技術研究費の重点領域研究のテーマにVRが選ばれました。日本経済

新聞がICATという国際会議を開き、96年には日本バーチャルリアリティ学会(以下、VR学会)ができました。

服部　そういえば2016年に日本VR学会20周年のイベントがあり、岩田洋夫会長をはじめとしたなつかしい面々にお会いできました。学会ができた意義はどう考えられますか。

廣瀬　学会ができると、学者になる人が論文を出せるようになります。VR元年当時は論文を出す先は情報処理学会などしかなく、出しても異質だからとはじかれる。VR学会ができれば、若手の研究者が専門家として大手を振って歩けるようになります。論文は成果ですから、職も得られるわけです。今の若手の教授たちはこの学会で育っています。

服部　当時は工学系の世界では、CGなどの表現系の研究者は、絵を描いて論文になるのかと偏見の目で見られていましたね。学問は原理を究めるのであって表現ではないという考えが支配的だったと思いました。

廣瀬　そうですね。学会ができることによって、VRが学問分野として主張できるようになり、学者や研究者が育つようになった意義は大きいですね。VR学会はそういう活動に発表の場を与えたわけです。

---

[10] ファミコン3Dシステム

服部　VR学会以外にも、いくつか国や地方自治体がVR関係のプロジェクトを手掛けて話題になっていましたね。

廣瀬　私がまず手掛けたのは、当時の通産省でハイビジョンや原子力の普及啓蒙を担当する新映像産業室のプロジェクトでした。そこの室長の鈴木正徳さんという方と、小児病院に入院して学校にもいけず外出もできない子どもたちに、遠足などのわくわくどきどきを楽しんでもらおうという疑似体験として、そのプロジェクトを始めました。

服部　そういえば、日本で最初に国のお金をかけて作られていた本格的CG映像を、デジタル・ハリウッドの前身の会社に取材に行ったことがありましたが、原発施設の中をウォークスルーする映像でした。

廣瀬　当時は情報関係の予算項目はなく、エネルギー特別会計を使うしかなかったんです。第5世代コンピューターのプロジェクトにも原発への応用の話が出てきます。情報特別会計として別建てにすべきだったと思いますが、当時はまだ情報に対する認知が進んでいなかった。

服部　ほかにも通産省の管轄ではMR研究がありましたが成果は出たんですか。

廣瀬　キヤノンが中心になってエム・アール・システム研究所を作りましたね。ARグラスや、今でいうグーグル・ストリートビューみたいな研究をしていましたが、技術マネジメントの問題でビジネス化はできなかったようで残念ですね。ただ、研究のレベルは相当先端的なところに達していましたよ。

服部　国以外では岐阜県の梶原拓知事が、となりの愛知県のソフト政策に対抗するように、県内の産業育成のためにえらく熱心にVRを推進していましたね。

廣瀬　岐阜県は先進的でしたね。私も月尾嘉男先生のご紹介で、梶原知事にはよくお会いしました。1994年には国際会議（VSMM）を開いて、独自に学会を作る構想も、もともとは知事の発案です。VRテクノセンターやMVLリサーチセンターなどのVR研究や産業応用のための施設、またクリエイター養成のための教育機関IAMAS[11]も設立するなど、非常に熱心でした。IAMASからは真鍋大度さんのような優れた人材が出ていますが、産業応用の方は完全着火とまでいかなかったかな。

服部　私も岐阜県に取材に行き、月尾先生に呼ばれて名古屋でVR会議[12]にも引っ張り出され、大分県の平松守彦知事の進めるハイパーネットワーク会議にラインゴールドを呼び、日本文化デザイン会議などで地方自治体をいろいろ回って講演しましたね。

廣瀬　結局のところ、地方で本気で取り組んでいたのは岐阜県ぐらいだったのでは。そしてブームは沈静化していき、研究成果が実用化されたのは科学博物館のマヤ文明展[13]や凸版印刷の故宮とかのVRを使

[11]IAMAS

[13]2003年に開催された「マヤ文明展」

[12]1991年に名古屋で開催された「国際ヴァーチャルリアリティシンポジウム」のパンフレット

った大型展示でした。第1期のブームでVRの研究者は育ちましたが、産業応用という面ではなかなか目立った成果は出なかった。

### 企業の応用

服部　VPL社も90年に倒産して97年には完全になくなってしまいましたが、HMDは各社が作っていましたね。

廣瀬　ソニーも1996年にグラストロンという製品を出しましたが、HMDが何であるかが分かっていなかった。目の前に200インチの大画面が見えるメガネという売り方しかしていなくて、ヘッドトラッキングシステムが付いていなかったのでVR用ではなかった。

近藤　すごく遠くの方に、ただ大画面が見えるだけのテレビや映画観賞用の製品でしたね。

廣瀬　せっかく飛行機になれるはずの製品を、「滑走路を速く走れます」としか宣伝していないようなもので、もったいなかったですね。

服部　近藤さんは第1次ブームの頃にはVRをどう見ていましたか。

近藤　その頃から、パソ通や雑誌記事でVRの情報とかは入ってきて興味を持っていましたね。僕はグラフィックスが優れていてゲームなどに強いシャープのX68000というパソコンを使ったんですけど、富士通のアバターを使ったパソコン通信のハビタットやFM TOWNSとかがマルチメディアで宣伝していたことは覚えてます。

服部　当時はCD-ROMのドライブが付いていたのは世界でFM TOWNSだけ。アップルのスカリー会長が日本でマルチメディア会議を開き、すべてのマックにCD-ROMドライブを付けると宣言したらファンが大騒ぎしていた時代でした。

廣瀬　90年代後半の大きな変化は、携帯電話の普及ですね。90年代半ばから急に普及が加速して、2000年には加入電話を追い越し、一気にITの勢力地図が変化した。それまでの基本にあった何かが終わったんですよ。

服部　そうですね。最初のVRはいかにコンピューターと3Dで対話するかというインターフェースの部分に集中していたけど、ウィンドウズ95とインターネットでパソコンが家庭に浸透し始め、1999年にiモードが出てネットとモバイルが結びついた。

近藤　90年代にはポリゴンが出てきて、ゲームも3Dを意識するようになってきて。それとパソコン通信などが結びついて世界が変わってきましたね。僕の場合はパソコン通信のホストプログラム自体を作っていて、そこでのハンドル名がGORO だったので、いまGOROmanって呼ばれているんですが、そこでは自分の本名もない世界でした。

服部　すでにその頃からバーチャルしてたんですね(笑)。

近藤　そうそう。中学生の時点で、バーチャル側にいたんですが、そのほうが楽しいんですよ。

廣瀬　それは本当に今に通じる考え方ですね。バーチャル的な世界を実感している人々の一群が醸成されだした。

近藤　90年になると、セガのバーチャファイターとか出てきて、めちゃくちゃはまって、ゲーム筐体ごと買ったりしたんですけど。

服部　VRという言葉を意識していたわけではなかったんですか？

近藤　してましたよ。当時のNICOGRAPH なんかのCGのイベントでも必ずHMDの話題が出てくるんで、こういう時代になるなと感じてい

ました。ソニーのグラストロンや、ファミコンの古いシステムも使いましたよ。

廣瀬　よっぽど先進的な人じゃないと、なかなかそこまではやってませんでしたよね。

服部　HMDなどを使ったゲームなどは？

近藤　ファミコン用のHMDを改造してはんだ付けして、それをパソコンにつないで自作のゲームとか作っていました。パワーグローブもたたき売られていたので、つないでみましたね。

服部　そういえばHMDで思い出したのですが、90年代末にはウェアラブルも出てきて、廣瀬先生と1998年に文化服装学院でシンポジウム[14]を開催しましたね。

廣瀬　最近はAIのブームですが、AIは80年代の第2次ブーム以降に冬の時代を迎え、その後の人的なつながりが途絶えてしまっているんです。ところがVRは、その後にARやMRなど関連の強い技術が次々と開発され、さらにウェアラブルなどの新しい話題が途切れず出てきたので、最初の流れが完全には途絶えずにそのまま現在のブーム

---

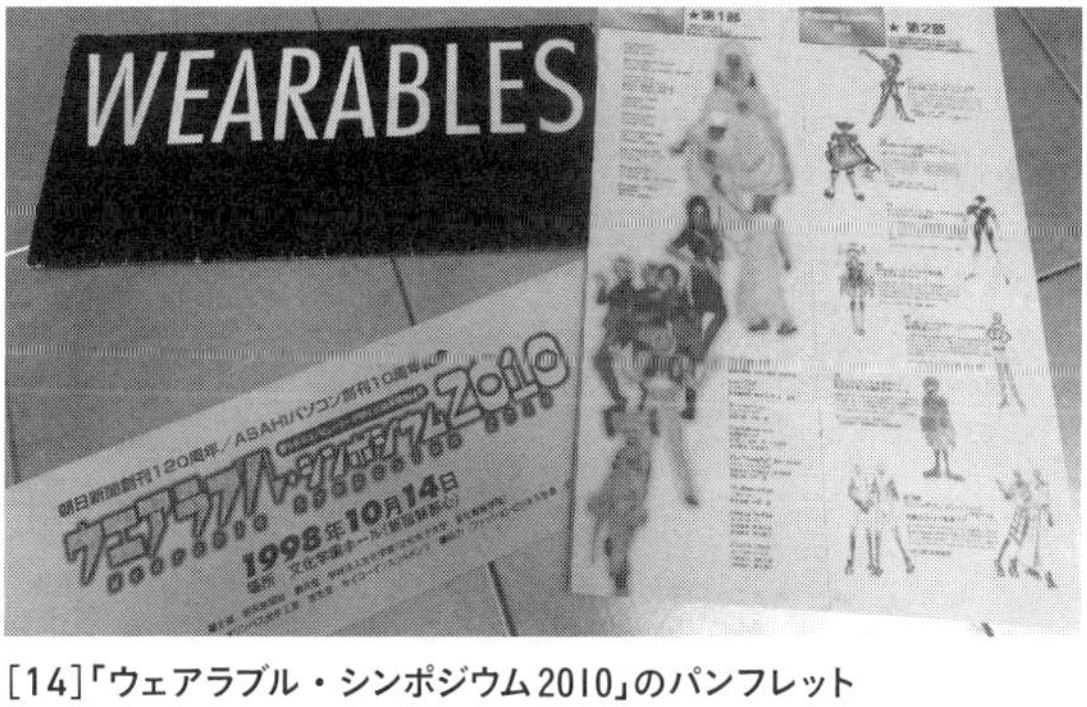


**[14]「ウェアラブル・シンポジウム2010」のパンフレット**

につながっているんですよ。

服部　近藤さんはウェアラブルとかは意識はしていましたか？

近藤　パームパイロットとか持ち歩いていましたから、意識はしていました。その中でも一番影響を受けたのは、カーネギーメロン大学のジョニー・リー[15]という学生が、任天堂Wiiのリモコンをハックしたのを見たことですね。リモコンに赤外線を発して反射光をキャッチするカメラが付いているので、頭に赤外線を反射するバーを付けて、リモコンでヘッドトラックできるんです。それを使って頭を動かすと、画面の中の世界をその目の位置から見たように動かしてくれるので、画面の中に入ったように見えるんです。これを使えばゲームの中に入れるような没入体験がくるなって思って、HMDを改造していろいろ作ったんです。例えばバーチャファイターを外から眺めているだけじゃなく、観戦席で見ているような体験もできるようになるんです。自分でも実際に、初音ミクのライブにアバターとして参加できるコンテンツ[16][17]を手がけたこともあります。

服部　まるで昔流行した映画「トロン」みたいな世界ですね。初期の開発者はHMDなどのテクノロジーに注目していたけど、近藤さんはコン

**[15]ジョニー・リーのWiiリモコンハックは次のURLから閲覧できる**
**https://www.ted.com/talks/johnny_lee_demos_wii_remote_hacks?language=ja**

[16]10人同時にアバターで参加できる「Hatsune Miku VR Special Live "ALIVE"」

[17]10人同時にアバターで参加できる「Hatsune Miku VR Special Live "ALIVE"」
"ぶれないアイで"by Mitchie M feat. 初音ミク
3D modeled by 加速サトウ

テンツ側の人なんですね。

近藤　こういうゲームをやりたいとか、中に入ってみたいコンテンツがあっても、それを実現する装置やソフトがなかったので、自分で作ってたんです。

服部　オキュラスの創業者のパルマー・ラッキー[18]さんも同じような体験をしたっていうことですね。

近藤　そうですね。彼は今26歳なんですけど、ハードウェアのいろんなハックとか、特に小型のゲーム機を直して顔に着けるとかやってて。いろんなものを修理してお金稼いで、HMDのコレクターになってたんですよね。軍で使っていたものなんかも集めて。

廣瀬　HMDは90年代の前半ぐらいで開発がちょっと停滞してしまっていましたね。だから技術系の人たちは、イリノイ大学のCAVEのような大型ディスプレイに移行し、東大でも前方と上下左右が3Dスクリーンで構成され、その中に入れるCABIN[19][20]を作っていました。まともなHMDがないので、博物館などでの大型展示の方に行っ

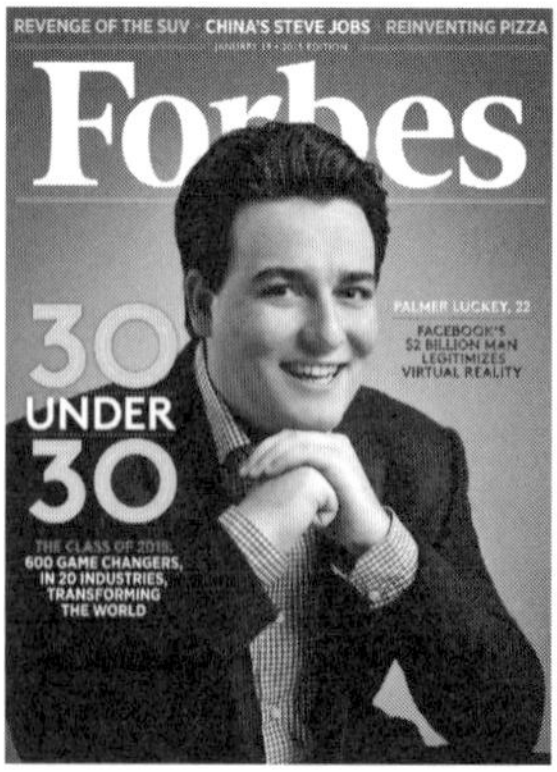


**[18]パルマー・ラッキーが表紙を飾ったフォーブス誌(2015年)**

[19]CABIN外観

[20]CABIN内部

ちゃって、ある種のフラストレーションがたまっていた。

服部　そういう状況を劇的に変えたのが、非常に安価で高性能なHMDを出したオキュラス社だったということですね。

近藤　そうです。オキュラス社の作ったOculus Rift(オキュラスリフト)はスマホの普及で改良され安くなったパネルやジャイロセンサー技術を転用してましたから。あともう一つ大きい変化は、安価なゲームエンジンが出てきたことだと思うんです。昔は数百万円以上したものが、UnityやUnreal Engineなどの個人でも買えるものが出てきた。これもスマホが普及してアプリ開発者が増えたからです。

服部　Oculus Riftの優れたところはほかにもあるんですか。

近藤　視野角も広くなった。レンズは単なるプラスチックのレンズなんですけど、ゆがみや色収差の補正などを、NVIDIAなどの高性能な画像処理用のプロセッサー（GPU)で全部やってるんですね。オキュラス創業者のパルマーは、設計図もオープンソースにして公開し誰でも作れるようにするというコンセプトで始めたんです。おかげでVRが個人で買えるパーソナルな存在になった。80年代にパソコンがコンピューターを安くして誰にでも使えるようにしたような話が、VRでも起きたということです。

服部　頭や身体の位置検出は、昔はポヒマスの磁気センサーを使ったり、複数のカメラで追ったりしていて高かったように記憶していますが。

近藤　現在はHMDに外部を見るカメラが複数付いていて、外部の風景を撮影して画像処理して、自分の位置や角度を検出するインサイドアウトと呼ばれる方式を使うようになってきました。

服部　ポヒマスなどと比べて精度は十分なのですか？

廣瀬　信じがたいぐらい高くて、下手をしたらポヒマスを上回るぐらいじゃないですかね。

服部　将来はHMD自体が邪魔になり、部屋に設置したレーザーで直接網膜に描画するなんていう話になるかもしれませんが、とりあえずはグーグル・グラス[21]的なものが主流なんでしょうかね。

近藤　とりあえずはメガネ型でしょうね。しかしグーグル・グラスは、本格的なARを実現するには不十分で、ただの通知デバイスでしたね。ウインクするだけで写真が撮れるのは便利でしたが。

服部　もうちょっと格好よくなったとしても、あれを着けてる人に勝手に写真を撮られてるんじゃないかとか、プライバシー問題や文化的な摩擦も克服できていませんでしたね。

近藤　プライバシー問題が絡むと普及は難しいんじゃないかなと思います。カメラが付いていると言うと問題になりますが、赤外線センサーと呼べば意外と大丈夫。オキュラスも製品版では、HMD側に赤外線LEDが30個以上入っていて外を照らし、そのパターンを撮影して位置決めをするため赤外線カメラが付いていますが、それをセンサーと呼んでいます。

---

[21]グーグル・グラスのイメージ画像（YouTubeのGoogle Glassチャンネルより）

服部　第2次ブームが起きた理由というのは、価格や性能以外にありますか。

近藤　Oculus Riftの開発機が出てきて、高度な数学は分からなくても、ゲームエンジンがアシストしてくれるので、デベロッパーの間口がものすごい広がったのがキーだと思います。つまりパソコンの時代にマシン語しかないところにBASICが出てきて、おかげで僕も小学生ながらゲームを作ったりできたんですけど、それに近い状況が起きている。

服部　おかげでコンテンツ作りが簡単になったということでしょうか。

近藤　そうです。ゲームエンジンがあれば、光学の知識とかベクトルとか行列とかの計算が一切分からなくても、マウスでドラッグアンドドロップするだけで、VRアプリが作れるぐらいになっちゃったんです。教育現場でもVR導入が始まり、高校や中学でUnityのインターハイのようなコンテストも行われていますよ。

廣瀬　いまはソフトとHMDがワンセットで売られているんです。昔は機種ごとに独自のソフトで、専門家がプログラムを作るしかなかった。残念ながら、日本の電子機器メーカーはHMDにしてもハード中心のガジェット指向なんです。ソフトを機種に関係なく自由に開発できることが本当は重要なんです。

近藤　今はマルチプラットホームに対応したミドルウェアのUnityに対応してないと使ってもらえない、みたいな状況ですね。

廣瀬　機械情報工学科のうちの研究室に文学部の心理学科から来て、自分の指が伸びた感じでピアノを弾けるVR[22]を作った女性がいるんですよ。どこで勉強したのか聞いたら、Unityを使って独学でと言われ驚きました。

近藤　うちのスタッフに、モーションデザインや3Dアニメの担当の者がいます。入社時にはプログラムは一切書けなかったんですが、歓迎会のビンゴ大会で1等賞になってOculus Riftの開発キットをもらったんです。それにはUnityのライセンスも付いてたんで、それから独学で覚えて、今はVRディレクターからプロダクトディレクターになっちゃったんですよ。コードが分からない人でも、そこまでVRのアプリやツールを作れるという時代です。

服部　昔は長時間HMDを使っているとVR酔いになると問題になっていましたが、テクノロジー的に克服しないといけない課題はありますか。

近藤　ハードウェアの進歩とコンテンツの作り方の知見がたまってきているので、VR酔いはそれほど問題じゃなくなっています。しかし、まだ長時間着けると目も疲れるし、もっと快適に使えるよう工夫が必要ですね。

## これからのVRコンテンツとは

服部　そろそろ未来の話もしたいのですが、VRの利用を大きく変えるようなトレンドはないのでしょうか？　5Gが出るとVR配信が加速するし、直近では東京オリンピックなどのイベントに広く応用されるとか。

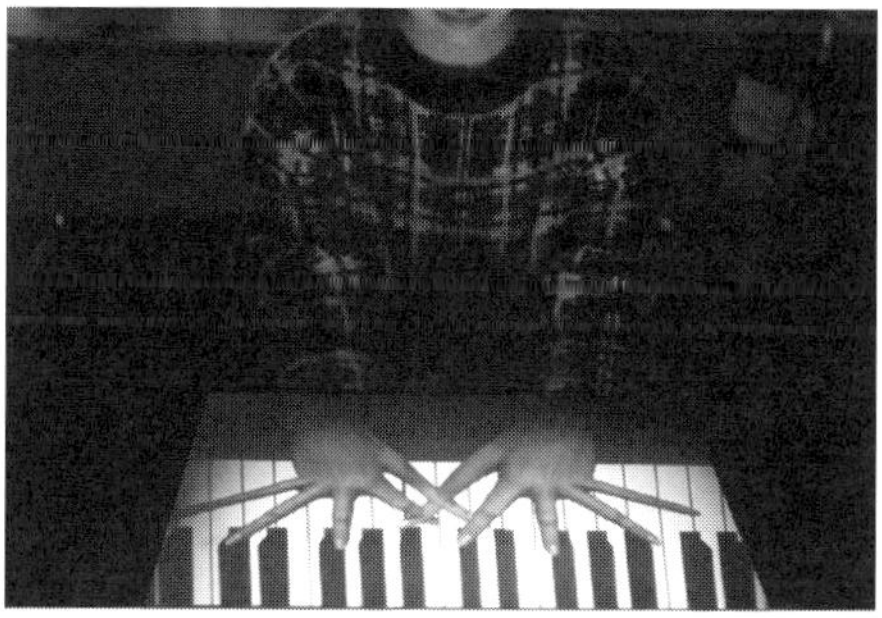

**[22]自分の指が伸びたかのようにピアノが弾けるVR「えくす手」(提供：東京大学 廣瀬・葛岡・鳴海研究室)**

廣瀬　どうですかね。そういう大きなイベントが牽引力になる時代が終わったような気がしますね。eスポーツなんかは可能性があると思いますが。

近藤　最近は自分の動きをトラッキングしてバーチャルなキャラクターになるVTuberが流行っていて、関連機材を買う人がすごくいるんですよ。VTuber経由でライブに行けたり、本人と会えたりするイベントも多くなっています。

服部　以前に3Dのアバターを使ったSNSのセカンドライフが流行して、いまでも存続しているらしいですが、結局は期待されたほど流行しませんでしたね。次の「ソサエティー5.0」などと言われているネット社会を、またセカンドライフのようなもので実現することは可能でしょうか。

近藤　VRChat[23]っていう仕組みがあってすごく流行ってるんですけど、それこそまさに、ハビタットとか、セカンドライフの先のVRシステム的なイメージなんです。Unityを使うと、そのワールド自体を構築できるんで、自分の表現したいアート作品をプログラムして美術館を作って、そこにいろんな人が来てもらう面白い試みをしてい

---

[23]VRChatのイメージ(https://www.vrchat.net/)

る人がいます。昔のホームページをVRで作っている感じです。

服部　フェイスブックがオキュラスを買収したということは、そういうVR世界の構築を目指しているということなんでしょうか。

近藤　そうですね。僕がフェイスブックにいたときと比べると、VRやARのスタッフは10倍ぐらいになってるんじゃないでしょうか。すでにFacebook Spaces[24]という、アバターになってコミュニケーションを取れる試みが始まっています。スマホからもログインできるんですが、VRの中にまたスマホがあって、そこでしゃべったりもできる奇妙な世界です。

廣瀬　多分、限界質量のようなものがあって、ある程度のユーザー数やクオリティーが出てくると、一気に普及するということもあるかもしれませんね。

服部　フェイスブックのユーザー20億人がVR世界に入れるようになると、リアルワールドよりバーチャル世界の比重が高まって、社会全体に大きな影響も出てくると思いますが。

---

**[24]Facebook Spaces（提供：フェイスブックジャパン）**

近藤　例えば、VRChatは無料で使えるんですけど、その中で自分の作ったアバターとか服とかコンテンツを販売できるようになったら、専用の通貨みたいなのができるでしょうね。実際に自分たちがつくったアイテムを売ってる人はもういるので。

服部　エストニアみたいに電子通貨を国レベルで導入する時代になると、世界経済自体が予想もしない大きな変動を示す事態にもなるかもしれません。これから10年くらいのレンジでどういうシナリオが描けるでしょうか。

近藤　まずPCが出てきて、クリエイターがすごく増えましたよね。例えばDTMによって曲を作る人とかCGクリエイターとか、それ以前にはまったくない仕事が生まれました。僕がなったゲームプログラマーもそうなんですよ。つまりパーソナル化した瞬間、1日パソコンの前に8時間座っているだけで、新しい仕事が発生してクリエイターが生まれる。同じようなことがVRでも起きるんじゃないかと思っています。

服部　人生100年の高齢化社会には役に立ちそうですね。

廣瀬　VRはそういう社会にすごく向いていて、高齢者こそVRで恩恵を受けるんじゃないでしょうか。現在は高齢者に無理やり運転させようとしてるけれど、やはりそれは危ないから、家にいてVRで外とつながれるほうがいいと思います。

近藤　よくブレーキとアクセル踏み間違えて交通事故も起きていますしね。すごく面白いと思ったのが、アバター化して自分をアニメキャラにしたり、おじさんが女の子の姿で先生になって講義したりする話。定年後にアバター化してボイスチェンジして、かわいい子になれるような変身サービスも市場があるのではないでしょうか。

廣瀬　ある程度以上の年齢になると、家にこもっているだけで働く術がな

いのが現状ですが、VRでちょっと仕事して小銭稼いで、それをビットコインかなんかに投資するとか、そういう生態系ができれば面白いでしょうね。

服部　超ハイレゾシアターで宇宙に行ってみたいな、スケールの大きい話はないですか？

廣瀬　堺屋太一さんが以前に、昔からVR的なものは予測していたと仰ってました。ただ当時はジュリアナ全盛の頃だったので、ああいう大型施設に人が集まるイメージをしていたらしいですが。ネットが出てきたおかげで、みんながリアルで集まるっていう概念から背を向け始めた点で、予測が間違っていたと感想を述べておられました。

服部　あと、廣瀬さんも以前から研究されていますが、ライフログとか、24時間健康管理をしてくれる医療への応用はいかがでしょう。

廣瀬　確かに健康管理への応用は大切ですね。しかし高齢男性の一番大きなリスクファクターはコミュニケーション不足です。女性はよく電話などでおしゃべりしていますが、男性は会社を辞めると社会から隔絶され孤立して孤独感にさいなまれて。

服部　それは私もこの歳になって実感します。テクノロジーはもともと世の中を便利にして良くしたいと願って作られているはずなのに、プライバシー侵害やフェイクニュースなどのネガティブな結果を生むこともありますよね。VRについて心配な点はないですか。

廣瀬　ネガティブという話でもないですが、現在の社会は働いてお金を貰うことが前提になってますが、将来は逆にお金払って働く時代が来るかもしれない。それによって自分の役割が与えられれば、ある程度満足が得られて長く生きていける社会ができるのでは。

近藤　最近はボランティアで働いている方って多くなっていますが、そういう流れがすでに起きているんだと思うんですけどね。

服部　確かにそういう逆転現象が起きてくるでしょうね。これまで工業社会の時代には当然と思われてきた常識が、情報社会になると突然壊れてしまうパラドックスが起きる可能性もあるでしょう。キャッシュレスが進むとお金の概念も大きく変わってくるでしょうし、男女の垣根がLGBTQで曖昧になり、国家や家庭や道徳や愛などという基本的な概念も揺らいでくるかもしれません。

廣瀬　養老孟司先生風に言えば、「そんなもの当たりめえだろう」ってことですよね。だって1万円札だって、国家っていうものが存在しなくなった瞬間、ただの紙っぺらになるわけですよね。

近藤　そうですよ。信用してるから価値があるに過ぎないですからね。

服部　ケヴィン・ケリーなんかは、これからのコミュニケーションの通貨は、データや情報を基本にしたお金ではなくて、VRなどを介した言葉にならない経験になると主張しています。ネット社会では、万人向けのニュースなどは限りなくタダになっていき、人々は希少性や信用、他人と共有するのが難しい経験にしかお金を払わなくなってきています。

近藤　そうですね。現在のグーグルで使えるのは文字や画像なんかの検索ですが、VR時代にはそこに「体験検索」みたいなものが生まれると思っています。だから他人の体験、例えばバンジージャンプをしようと思ったら、事前に他人の体験を検索してVRで練習しておくとかできる時代になるんじゃないのかな。

服部　「気持ち検索」とかもできたら面白いですね。

近藤　例えば、VRを使って女性の立場になって満員電車に乗る疑似体験を

すれば、男性でも女性のいやがる気持ちが理解できるかもしれない。

廣瀬　第２次ブームもそろそろ面白いだけの時期は過ぎて、今後有望視されてるのは、やっぱり何かの訓練とか、視点を転換する体験をして、他人の気持ちになれるという分野の応用でしょうね。例えばキャビンアテンダントの訓練システムに使えば、お客さんの目線から見ると自分がどう見えているかがわかり、お客さんへのサービス向上にも役立ちます。

服部　視点をただ想像で移すのではなく、具体的に見せて体験していくというのは大切ですね。

廣瀬　そういう例は、映画「トータル・リコール」にもありましたよね。しかし体験がビジネスになるのかまだ疑問です。最近はネットのコンテンツなどにお金を払わない習慣が定着しているようで、そういう意味では経済学は破綻するかもしれない。

服部　そうなったら、お金じゃなくて、例えば体験自体を交換するようなことになる。体験を通貨にしてしまうようなことも起こるんじゃないでしょうか。

近藤　未来は体験と体験の物々交換の時代に戻ってくるみたいなことになるかもしれませんね。

廣瀬　昨日も２時間ぐらい、他人が「こういう鉄道模型作りました」っていう映像をブログで見てたんだけど、本を読むよりもよっぽど面白いですもんね。

服部　人間は社会的動物ですから、どれだけ友人の先にいる他人の気持ちを推測できるかで進化し、それによって大きな群れを作っても共同生活ができ文明が発達したわけですから、気持ちや体験の共有はコ

ミュニケーション技術の基本ですね。それをVRが良くするのであれば。

廣瀬　最近はVRの研究者の中には、情動を扱うシステムを研究している人もいます。うちの研究室で作った「扇情的な鏡」[25]では、鏡に映った自分の表情をコンピューターが加工していろいろ変えてくれ、それを眺めることで自分自身の気持ちのありようを再発見するという試みをしています。心理とVRをセットにした分野も可能性があると思います。

服部　コンピューターは計算とかチェスなどの頭の働きは真似できたんだけど、手足が付いてなかった。ロボットができ、VRで手足が付いて自分もサイボーグ化していくという意味じゃサイバネティクスの世界が蘇ったような状況ですね。

廣瀬　身体と頭の関係っていうのは昔から言われているけれど、そういう文脈ではあまり語られてないかもしれないですね。ロボットになって本来の自分の体はどういう存在なのかと考える。健全な精神は健全な肉体に宿る、という昔から言われている言葉を思い出します。

服部　この本の中で主張したいのは、コンピューターは本来、ただの計算を速く行うマシンではなく、人間を人間以外のものを使って再現す

---

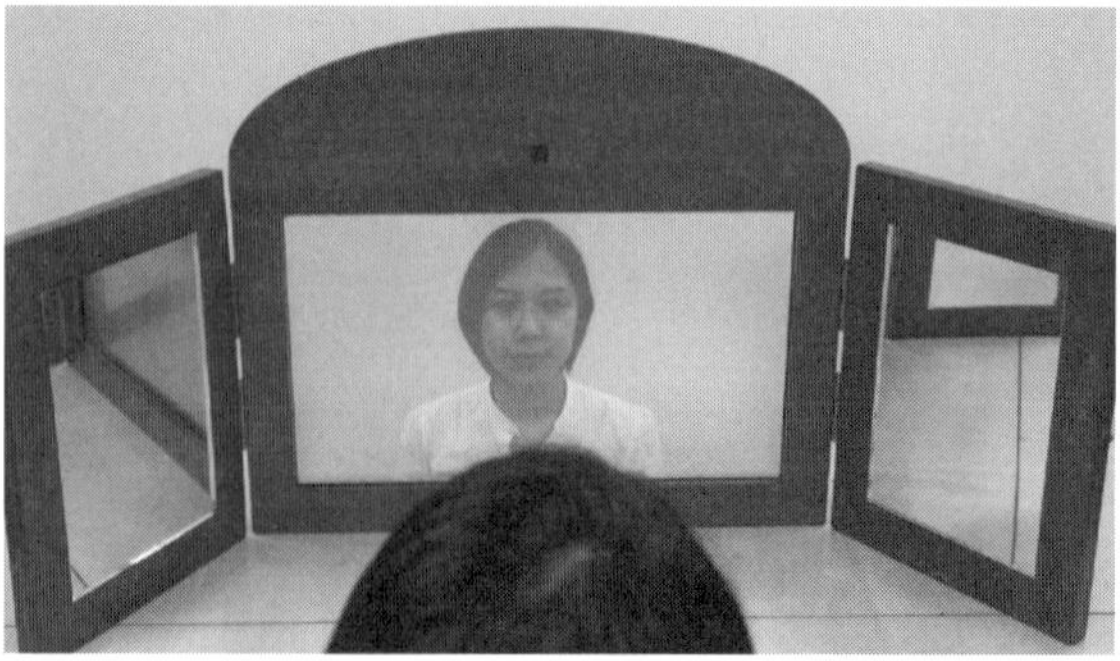

[25]「扇情的な鏡」(提供：東京大学 廣瀬・葛岡・鳴海研究室)

るテクノロジーだということです。車は人間の足を機械化したものだし、ドライバーは指の延長線となるものだったが、コンピューターは人間全般の能力を扱うものになるんじゃないかということです。このトレンドを大げさに言うならば、コンピューターが人間の存在を問い直すとでも。最近はAIが注目されていますが、VRとどういう関係になるのでしょうか？

廣瀬　AIとVRの関係っていうのは面白い。その両者をどう位置づけるかと言われれば、AIはやっぱり頭を扱い基本的には身体のことはあまり考えないんだと思う。VRはやっぱり身体中心ですよ。AIのように理詰めでくるような世界とはやっぱり違うだろうと思いますね。

服部　AIはArtificial Intelligenceの略で、大型の高性能のコンピューターで人の頭を真似して代替しようとする思想で作られていますが、60年代後半にはパーソナル・コンピューターという発想[26][27]が出てきて、これをひっくり返したIA、つまりIntelligence Amplifierという考えが唱えられるようになりましたが、まさにVRはAIじゃなくてIA。しかしAIとIAは敵対する概念ではなくて、両者を包含する「人類2.0」みたいなさらに上のサイエンスも必要になるのではないかと思いますが。

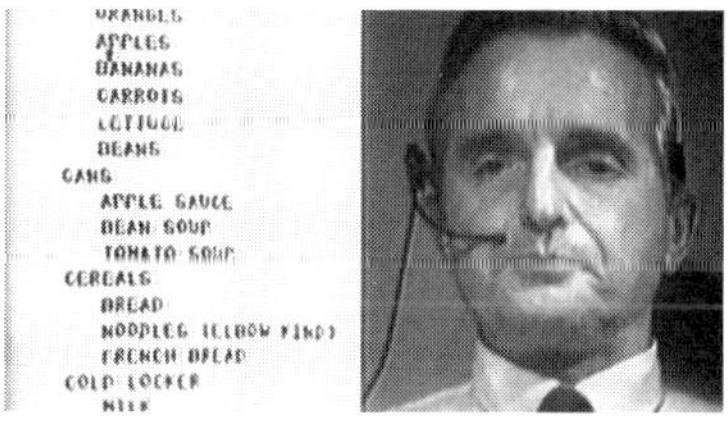


[26]ダグラス・エンゲルバートのデモ。ここで披露した未来のコンピューターのイメージは、大きな衝撃を与えた

[27]エンゲルバートのデモに衝撃を受けたアラン・ケイは、未来のコンピュータとしてイラストのようなダイナブックを発想した

廣瀬　VRによって誰もが家に引きこもっていてもどうにかなる世界が実現したとしても、人間には頭だけじゃなくて身体もあるから、それとどう付き合っていくかは大きな問題ですね。でも高齢化はVRにとっては福音かもしれないですよ。これからは欧米ばかりかアジアも高齢化社会になり、それをどうやって軟着陸させていくかっていう問題がありますからね。

近藤　僕が思ってるのは、VRを今のうちに極めておけば、体が動かなくなっても困らない社会ができるんじゃないかなということです。例えば手足が動かなくなっても、VRで十分補助できる機能は実現できますから。

服部　高齢化社会になるとVRが役立つことはわかりますが、それ以外にもありますか。

近藤　弊社でも最近取り組んでいるのが、VRを使ってキャラクターになること。例えば離島のような全然仕事がない人たちが、VRのキャラになってネット経由で東京の薬屋さんで働くなんてことができる。自分のリアルの姿をさらさなくていいので、変なリスクもない。アバター化していろいろな仕事をやり取りするようなことはできると思います[28]。ほかにも、AniCast®[29][30][31]というツールを提供していて企業にも採用されているんですが、キャラクターになりきって

---

**[28] ホームアバター**
紙のメタファであった従来のホームページに代わる概念。アバターが一般化した社会ではVR技術を用いて遠隔地からアバターになって店頭で働いたり、双方向のコミュニケーションも可能となる。受付、窓口などが人からアバターへ変化していく。企業ホームページも企業のイメージキャラクターとなるホームアバター化の動きがある。

**[29] AniCast®** AniCast
VR技術を使ってアニメ映像制作・アニメライブ配信をより直感的に行えるというコンセプトで開発されたツール。自身がVR空間に入り、撮影環境の構築からキャラクターになりきっての演技、撮影が可能。VR空間内で実写撮影のように撮影することができ、制作に時間と手間のかかっていたアニメ的表現を個人でも簡単に、かつ直感的に表現可能に。

[30]AniCast® で制作されたコンテンツ

[31]AniCast® で制作されたコンテンツ
©うたっておんぷっコ♪/©Gugenka®
https://shinonomemegu.com

自分を表現するという人たちも増えてくるでしょう。

服部　VRのレベルを上げていくには、イーロン・マスクが火星移住計画をぶち上げたような、現状を超えた高い目標を持つことも必要ではないかと思いますけど。

廣瀬　人間が危険を冒してまで宇宙に行きたがるのは、たぶん生存のために絶対必要な本能だからなんですよ。限られた資源の範囲内では、食い合いになるから。外に興味持つ人の方が生き残れる。今地球上には、もうフロンティアはほとんどないから、老人ばかり増えて若い人は大変だと思いますね。

服部　宇宙という外に飛び出すという考えもありますが、究極のVRの対象は人間の内面へのインナースペースのハッキングかもしれない。

廣瀬　サイバースペースを構築して、その中で十分活躍できる環境を探るという方向もあるかもしれませんね。

近藤　そうした新しい場所の中で、自分の承認欲求も満たしつつ、もう一つ違うレイヤーの人生が持てる世界が来るんじゃないでしょうか。

## リアルの逆襲

服部　フェイスブックなどのサイバースペースが大きくなり、バーチャルなものの方がより大きくなって、そちらがメインになっていくことは十分考えられますが、人間は肉体を持ち食べなくてはならないし寿命も限られた存在で、リアルなものの制限を常に受けるわけですが、そこでリアルとは何か？　ということが気になりますね。

廣瀬　デカルト的に言うと、「我思う、ゆえに我あり」の「我」の部分が、世界を感じる主体なので、それこそがリアル。

近藤　僕は脳がある種のコンピューターで、それがこのリアル空間を作り出しているという考え方です。それこそ僕がスマホで1日中ツイッターやっていたら、それこそがリアルなんですよね。

服部　前の時代の人間から見ると、パソコンをやっている世界はリアルの反対で、パソコンばっかりやってるな！　と文句が出そう。

近藤　そうそう。中学のときとかは、先生にすごく怒られました。パソコンイコール悪そのものみたいな。でも今や、パソコン使う仕事がほとんどじゃないですか。

廣瀬　歴史では大体、否定されるものやさんざん悪口を言われるものが生き残って、最後に次の時代を作っていますからね。

近藤　VRの現状も、ちょうど8ビットパソコンが出てきた頃に、いろいろ批判されていた時期と重なって見えますね。

廣瀬　結果的に、この流れは絶対進みますよね。HMDをどうやって普及させようかと考えていたら、スマホがすでにもうHMDじゃないですか。

近藤　まさかこんなふうに普及するとは、誰も想像も付かなかった。

廣瀬　過去30年VRやってきて、少なくともこうなるだろうと思っていたことはことごとく覆ってきて、想像もできなかった答えが出て来てますね。

服部　VRが本来求めていたものが実現して制約から解き放たれたら、人類はどこにいくのかが心配になります。

近藤　幸せと感じる脳みその可能性を増やせるのがリアルよりVRだった

ら、そっちにいっちゃうのかな。

廣瀬　結局はクオリティーかもしれないですよ。今だと、誰かが大事に持っている本を破ったら、その人は怒りますよね。デジタル化しておいたから破ってもいいとは言わないと思うんです。だけど、あるクオリティーを超えた瞬間に、リアルなものとデジタルなものから感じる気持ちのバランスが崩れる。

服部　所有という概念がなくなっちゃう。すると、みんなバーチャルで、レンタルでいいということになり、誰も物を買わないから今のリアル経済にとっては困ったことが起きるわけですよ。そうなると21世紀、これから消えるものはなんでしょう。

廣瀬　その論でいくと、すべてなくなりますよね。生き残るのはコンサルだけ。新聞社や大学などは、確実になくなりますよ。学校っていう概念自身が近代にできたものですから。定時に若者が部屋に集まって先生がしゃべってるなんてものは、100年後や200年後には、誰にも理解できない過去の遺物になっているかもしれないですよね。

服部　近藤さんは全部バーチャルになるところまで行っちゃった方が、今より幸せになると思いますか？

近藤　僕は昨日、予定を間違えてこの鼎談の場所に来ちゃったんですよ。なんで移動しなきゃいけないんだ、って改めて思いましたね（笑）。VRがもっと発達したら、サイバースペースの中で対談できるのに。

服部　ずっと昔から人類の悲願だったような、みんながVRの世界に生きることが本当にできるのかなっていうとちょっと分かりませんが。

近藤　僕の本[32]に書いたんですけど、新しいテクノロジーを受け入れるまでに、「キモいの谷」とも言えるキモズム（キャズムをもじった言

葉)というギャップがあると思うんです。昔はパソコンもキモがられたし、日本上陸前のiPadをアメリカから買ってきて電車の中で使ってたときも、一体何だと好奇心の目で見られましたが、見慣れると当たり前になるじゃないですか。だからVRもいずれそうなるのではないかと。

廣瀬　しかしVR空間に出ていくのと、そうじゃない現実に残るのと、どちらがいいかって分からないですね。新しいところに若者が行くのがいいのか、年寄りの方が向いているのか。

服部　最近は、昔は若者専用だったスポーツクラブやカフェやコンビニに押し寄せている、高齢者の比率が非常に高くなっているように感じます。

近藤　老人ホームにVRを入れたらいいと思いますね。おじいちゃんやおばあちゃんが、病気でなくても病院に集まって井戸端会議しているじゃないですか。そうしたお年寄りのコミュニティーには、VRがすごく向いていると思うんですよ。それこそバーチャルゲートボールとかもできれば面白い。

廣瀬　リアル側が高齢者ばかりで、若者がVRに退避してしまっては、経済は本当に危なくなってしまうでしょうね。その流れを逆転させる必要も出てくるでしょう。

---

[32]『ミライのつくり方2020-2045』
GOROman著、星海社

服部　現在は工業社会から情報社会に移行する過程で、デジタルやVRが社会レベルの組織やライフスタイルを大きく変えている途中だと思いますが、情報社会の未来は工業社会の効率や生産性をさらに増す延長線上にあるのではなく、工業時代以前の近代以前の感性や身体性を再発見する時代なのかもしれません。

廣瀬　歴史から学ぶというのは大切です。私の好きな鉄道の世界でも、日本国有鉄道という国の作った巨大企業がつぶれて、第２章としてJRができて新しいサービスやビジョンがどんどん出るようになりました。

服部　VRも第１次ブームの歴史をふまえて、今後の展開を考えないとだめですね。

近藤　この本の役割ってそこかなって思います。『人工現実感の世界』に載ってる会社って、ほぼもうないですよね。面白いのは、この本にすでに書かれている話を、今またなんだかんだと同じように繰り返していることですよね。

服部　私も当時は意味も分からず取材して書きましたが、最初の驚きの中に見えていた夢のようなものは残っており、現在に共通する事項が多いです。新しいテクノロジーを発見した若い世代の人たちが、昔の話を知らずに繰り返しているように見えるので、ぜひ歴史に学んでほしいと思います。

廣瀬　そうですよ。「ジャロン・ラニアーって知ってる？」って聞いても、どのぐらい知ってるかっていうと、知らない人が多いと思います。

近藤　この本の新しいバージョンを買う人って現在VRをやってる人たちだと思うんですよ。だから、そういう人たちが歴史に学んで、過去の失敗の地雷を踏まないように学んでほしいと思いますね。

服部　僕らのような古い世代の人たちにも、80年代や90年代の情報化やIT化の歴史を振り返ってもらい、現在の元になった、やっと過去として見られるようになった時代の状況を再認識してほしいです。

廣瀬　「車輪の再発明を恐れるな」ということですね。

近藤　そうそう。

服部　長時間ありがとうございました。お2人のおかげで、つくづくこの本を書いてよかったと思え、とても感謝したいです。

（了）

プロフィール

**廣瀬 通孝(ひろせ みちたか)**

1954年神奈川県生まれ。東京大学大学院情報理工学系研究科教授。機械情報学、ヒューマンインターフェース、バーチャルリアリティを専門とする。1996年に日本バーチャルリアリティ学会設立に参画し、2010年から2年間会長を務めたのち特別顧問。2018年に東京大学バーチャルリアリティ教育研究センターを立ち上げセンター長に就任。東京テクノ・フォーラム21ゴールド・メダル賞、電気通信普及財団賞などを受賞。著書に、『トコトンやさしいVRの本』(監修、日刊工業新聞社、2019)、『いずれ老いていく僕たちを100年活躍させるための先端VRガイド』(星海社、2016)、『技術はどこまで人間に近づくか』(PHP研究所、1992)、『バーチャル・リアリティ』(産業図書、1993)、『バーチャルリアリティ』(オーム社、1995)、『電脳都市の誕生』(PHP研究所、1996)など多数。趣味は鉄道模型とマンガ。

**近藤 義仁(こんどう よしひと)**

1975年愛知県生まれ。VRエヴァンジェリスト。業界では中学時代に始めたパソコン通信で使っていたGOROman という名前で知られる。ゲームプログラマーとして働いた後、2010年に株式会社エクシヴィを立ち上げ代表取締役社長に就任。2012年オキュラス社のHMD「Oculus Rift DK 1」に出合い、オキュラス・ジャパンチームを立ち上げ、国内でのVRの普及に努める。2018年エクシヴィでVRアニメ制作ツールAniCast® を発表。個人でもVRコンテンツの開発、VRの普及活動を広く行う。代表作は「Mikulus」「Miku Miku Akushu」など。2017年「VRクリエイティブアワード2016」個人部門最優秀賞受賞。著書に『ミライのつくり方　2020-2045』(星海社、2018)。

## 著者プロフィール

# 服部 桂（はっとり・かつら）

1951年生まれ。早稲田大学理工学部修士。1978年に朝日新聞入社。1980年代に米通信系ベンチャー企業出向後、MITメディアラボ客員研究員。科学記者、「ASAHIパソコン」副編集長、「DOORS」編集委員、「PASO」編集長などを歴任。1994年に朝日新聞初のインターネット連載。その後、デジタル面、be を担当。2011年からジャーナリスト学校でメディア研究誌「Journalism」を編集。2016年に退職後は関西大学客員教授、早稲田大学、女子美術大学、大阪市立大学で非常勤講師。
著書に『人工現実感の世界』『人工生命の世界』『マクルーハンはメッセージ』など。訳書に『ハッカーは笑う』『謎のチェス指し人形ターク』『チューリング　情報時代のパイオニア』『〈インターネット〉の次に来るもの』など多数。



装丁・本文デザイン　大下 賢一郎
DTP　BUCH+

VR《ブイアール》原論
人とテクノロジーの新しいリアル

2019年5月22日　初版第1刷発行

著　者　服部 桂
発行人　佐々木 幹夫
発行所　株式会社 翔泳社（https://www.shoeisha.co.jp）
印刷・製本　日経印刷 株式会社





ISBN978-4-7981-5894-5　Printed in Japan